여성과 경제

한국에서 여성 호모에코노미쿠스로 살기

홍태희

Women and
the Economy

박영사

참을 수 없는 존재의 가벼움에 닻을 달아 준

나의 스승이자 도반이고

전생의 원수이자 현생의 연인인

남편 김병용에게

이 보잘것없는 책에

한없는 사랑과 존경을 담아 드린다.

들어가는 말

여성은 왜 더 가난하고, 더 많이 저임금 노동을 하며, 더 많이 가사노동을 하는가? 이 책은 이런 우리의 의문에 답하기 위해 집필되었다. 필자는 이를 여성의 경제 문제라고 보고, 성별이 경제에 어떤 영향을 미치는지를 밝히기 위해 필을 들었다. 경제는 먹고사는 문제이다. 생산해서 생산물을 나누고, 이를 소비하면서 사람은 살아간다. 모든 인간은 먹고살아야 한다는 측면에서 경제의 중요성은 남녀가 다르지 않다. 그러나 현실 속에서 먹고사는 일에 모든 사람에게 동등한 권한이 주어지는 것은 아니다. 누구는 잘살고 누구는 못 산다. 이렇게 우리는 경제적으로 불평등한 세상을 산다. 그리고 못 사는 사람 무리에 유독 여성이 많다는 사실에서 우리의 이야기를 시작한다.

우리는 많은 여성문제 중의 핵심이 경제 문제라고 본다. 경제적 독립만 가능하면 여성은 원하지 않는 종속적인 불평등 관계에서 어느 정도 벗어날 수 있다. 경제적으로 먹고살 만해지면 여성도 자신의 꿈의 실현을 위해 한 걸음 더 세상 속으로 갈 수 있다. 그 가능성을 열기 위해 이 책은 성별에 따른 경제적 불평등을 조명한다.

따라서 이 책에서는 운명으로 결정된 생물학적 남성과 여성이 어떻게 사회적 성 역할을 하며, 이런 역할이 각각의 성별에게 어떤 경제적 결과를 가져오는지를 살펴본다. 물론 성별을 기준으로 논의를 전개하는 것은 상당히 애매한 측면이 있다. 분명 성별의 차이는 생물학적 차이인데 이것의 작동은 문화적이고 사회적이기 때문이다.

우리가 이 책에서 강조하는 것은 여성의 삶에 각인된 불평등은 결코 운명이나 생물학적인 것이 아니라는 점이다. 이 불평등은 사회적으로 만들어졌고, 기존 질서를 유지하기 위해 끊임없이 재생산되고 있다는 것이다. 이것이 성별에 대한 우리의 기본적인 관점이다.

물론 우리는 여성과 남성을 분리하고 비교해서 설명하지만, 여성과 남성은 상대적인 개념이다. 이 양성이 사회적으로는 결합해서 하나의 잣대가 된 성별관계 속에서 각 성의 정체성이 결정된다. 성별관계는 사회적인 권력관계이며 생산과 분배의 관계이다. 이 권력관계 내 힘의 불균형은 약자(을)와 강자(갑)를 만든다. 갑은 손쉽게 경제적 잉여나 사회적 지위를 가지고 공동의 자식까지 자신의 자식으로 족보에 올린다. 약자는 경제적 잉여를 빼앗기고, 사회적 지위는 없으며, 자신이 낳은 자식에게 자신의 성을 붙이지도 못한다. 이 원초적인 동시에 사회적이며 강력한 성별관계의 불균형을 바로잡는 것이 이 책을 쓴 첫 번째 목적이다.

현재 대한민국의 젠더문제는 또 다른 변혁을 맞고 있다. 2016년 강남역 살인사건 이후 전개된 대한민국의 젠더문제가 성폭력에 대한 폭로로 'Me Too 운동'으로 전개되고 있다. 그러나 좋은 세상을 만드는 일에 가장 가슴 뜨거워야 할 20대 남성이 동의하지 않는 상황도 목격한다. 이 역사적 변혁이 어떤 결과를 가져올지 모르지만 젠더의 문제는 근본적인 문제라서 일시에 해결되거나 하는 일은 없다. 다만 젠더의 문제를 한국보다 좀 더 많이 해결한 국가가 있다는 점을 고려한다면, 영영 풀리지 않는 문제는 아니라고 본다.

다시 생각해 보자. 한국은 4·19혁명과 5·18민주화 운동, 6·10항쟁으로 민주주의를 지킨 나라다. 이런 시대적 변혁을 거치며 2002년 '오 필승 코리아'를 외치고, 2016년 촛불 혁명으로 세계가 놀란 시민 의식을 보여 준 나라에서 OECD 최고의 남녀 임금격차를 가지고 있다는 것은 수치이다. 누구보다 유능하고, 누구보다 헌신적이며, 누구보다 따뜻하고, 나이가 들수록 능력을 보여 주는 한국 여성이 OECD 최고의 임금격차를 보인다는 것은 웅녀 자손의 망신이다.

여성은 생산에는 세상이 요구하는 것을 다해야 하고, 분배에서 기꺼이 양보하는 겸양을 갖추어야 한다. 무엇을 좀 해 보려면 유리천장과 유리벽에 부딪히고, 따지고 들면 보상은커녕 욕이라도 듣지 않으면 다행이다. 자신의 힘으로 이룬 경제적 가치를 제대로 갖지 못하는 상황을 우리는 역사 속에서 많이 보아 왔다. 노예, 농노, 노비의 삶이었다. 그렇다면 여성은 여전히 온전한 인간으로 대접받지 못하고 있는 것이 아닌가?

이 문제는 결코 여성만의 문제가 아니라 대한민국의 문제이다. 임금 격차가 사회적으로 결정된다는 것으로도 우리는 알 수 있다. 이것은 한 사회의 문제이다. 그런데 그 사회의 모습이 좀 심하다. 한국은 2020년 세계경제포럼(WEF)의 성 격차지수 세계 153개국 중에 108위이다. OECD 국가 중에는 최하위권이다. 2018년 영국 이코노미스트지의 유리천장지수도 OECD 중 최하위이다. 한국은 여성에게 임금을 덜 주는 것뿐 아니라 여성의 능력도 제대로 살리지 못하고 있다. 이런 가운데 세계에서 가장 낮은 출산율과 높은 이혼율은 여성문제에 대한 해명과 대안을 제시하지 않으면 한국 사회 전체가 재생산의 위기에 빠진다는 사실을 분명히 보여 준다.

이 수치스러운 상황과 앞으로 올 재생산 위기에서 대한민국은 같이 연대해서 빠져나와야 한다. 성별 간의 혐오가 비정상적으로 증대되는 한국 현실을 극복하기 위해서 그리고 등을 돌리는 20대 청년들에게 왜 여성들이 혜화역에서 모이고, 왜 그렇게 억울해하는지에 관해 더 많은 정보를 주는 것이 이 책을 쓴 두 번째 목적이다.

마지막으로 이 책은 여성 문제에 관한 객관적 접근을 통해, 이 문제를 해결할 대안을 찾는다. 한 방에 해결 보는 도깨비방망이는 아니지만, 문제에 한 걸음 더 다가가 부족하지만, 대안을 모색하는 것이 이 책을 쓴 세 번째 목적이다.

본 저서는 총 III부로 기획되었다. 이 중에 I부는 왜 책이 집필되어야 하는지, 무엇이 문제인지에 대한 내용이다. 따라서 본 저서의 이론적 기둥이며 분석의 잣대가 되는 부분이다. 핵심 내용은 여성의 일생 전체에 걸친 경제 문제이다. 즉 남녀의 삶 속에서 성별이 어떻게 작동하는지를 살펴본다. 1장에서는 여성과 남성은 다르냐는 근본적인 문제를 던진다.

2장은 여성과 남성이 출생부터 차이가 난다는 사실을 확인한다. 3장에서는 여성과 교육의 문제를 살펴보고 이에 따른 경제적 결과를 확인한다. 4장은 여성과 남성의 결혼이 왜 성별마다 다른 경제적 결과를 가져오는지를 보는 것이다. 그리고 I부의 마지막 5장은 여성과 남성은 경제적으로 다르게 늙고 죽는지를 본다.

II부는 생산과 분배 그리고 소비 과정에서 성별은 어떤 역할을 하고, 그것이 여성들의 경제적 삶에 어떤 영향을 미치는지 살펴본다. 무엇보다 왜 여성이 가사와 육아를 담당하는 역할을 할 수밖에 없었는지를 확인하며, 생산과 재생산, 그리고 분배의 문제 속에 있는 젠더문제를 환기한다. 이를 위해 6장에서는 왜 여성은 남성과는 다르게 생산활동을 하는지를 살펴본다.

7장은 여성과 분배의 문제이다. 왜 여성은 생산의 결과물을 더 적게 분배받고, 더 가난한지를 설명한다. 8장은 여성이 자산시장과 금융부문에서 배제된 이유를 설명한다. 9장은 여성과 기업경영 문제를 조명한다. 여성기업인이 드문 이유를 살피고, 여성기업인의 경영상의 어려움을 확인한다. 그리고 10장에서는 여성의 몸이 사고 팔리는 성매매 문제를 다룬다. 여성의 몸은 어떻게 소비되고 있고, 한국의 성산업 팽창이 여성에게 어떤 영향을 미치는지를 살펴본다.

III부에서는 제도가 여성의 경제에 어떤 영향을 미치는지를 살펴본다. 11장에서는 여성과 자본주의의 관계를 조명한다. 경제 문제를 결정하는 자본주의 체제가 여성을 어떻게 이용하고, 폐기하는지를 살펴본다. 12장에서는 과학의 발전이 여성의 경제에 어떤 영향을 미쳤는지를 알아본다. 13장에서는 폭력과 여성의 경제의 문제를 살펴본다. 폭력은 힘으로 사람을 굴종시킨다. 과거에 노예를 굴종시키기 위해 채찍질이 필요했다. 이런 상황이 현재 여성에게도 펼쳐지고 있다는 인식 아래 먼저 전쟁과 같은 총체적 폭력과 여성의 문제를 다룬다. 아울러 가정폭력, 데이트 폭력, 성폭력은 왜 발생하고 어떤 경제적인 배경을 가졌는지를 본다.

14장에서는 권력과 여성의 경제 문제를 본다. 이를 위해 국가와 정치 같은 공권력이 여성을 어떻게 지배하고 배제하며, 이런 여성 지배와 배제의 경제적 결과가 무엇인지를 본다. 15장에선 법과 여성의 경제 문제를 살펴본다. 마지막으로 16장에서는 종교가 여성을 어떻게 보는지, 그리고 종교의 가르침이 여성의 경제에 미치는 영향을 확인한다. 그리고 우리는 여성의 경제 문제 해결을 위한 대안을 '한 걸음 더 나아가기 위해 무엇을 할 것인가'라는 공간을 마련하여 각 장의 마지막에 첨부했다.

이렇게 큰마음은 먹었지만 능력의 부족으로 원고는 너절했다. 그런데도 그 뜻을 이해하고 출판을 기획해 준 이영조 님과 거친 원고를 옥고로 편집해 준 황정원 님 그리고 박영사의 모든 분들에게 감사한다. 1981년 경제학에 입문한 후로 박영사의 책들로 많이 배웠다. 나머지 남은 책의 허물은 저자의 부족 탓이다.

2020년 벽두에 하누리를 바라보며
저자 씀

차 례

표 · 그림 차례

▍그림 차례

▌표 차례

제 **1** 부

삶에서 죽음까지의 과정에서 겪는
여성의 경제적 현실

이 책의 1부에서 우리는 경제적인 관점에서 '여자의 일생'을 쫓아간다. 여성의 삶을 관통하는 경제 논리가 무엇인지, 그에 따라 여성만이 겪는 현실의 경제 상황과 문제점에 대해 이야기한다. 따라서 이 책의 1부에서는 경제 문제에 미치는 젠더의 영향에 한 걸음 더 다가가기 위한 인식론적 기초를 닦는다.

이러한 여정을 떠나기 위해 가장 먼저 이루어져야 할 작업을 1장에서 한다. 그래서 1장은 여성과 남성, 즉 성, 성별 그리고 성별관계에 대한 이야기이다. 경제 문제를 여성과 남성 두 젠더로 나누어 비교해서 살펴보면 결국 우리는 '젠더는 과연 무엇인가' 하는 근본적인 물음에 직면하기 때문이다. 이와 같은 우리의 의문에 대해 인류 역사 속에서 늘 그래 왔던 것처럼 현재에도 여성과 남성이 다르다는 점을 강조한 훈수들이 도처에서 날라든다. 그러나 우리는 적어도 경제 문제에는, 밥과 빵 앞에서는 다른 점보다는 같은 점이 더 많다는 것을 분명히 한다.

2장에서 우리는 여성과 남성의 탄생에 대해 이야기한다. 나라마다 지역마다 시대에 따라 정도의 차이는 있지만 탄생 과정에서부터 여성과 남성은 다른 대우를 받는다. 이런 상황에 관해서 경제적 관점에서 살펴본다. 그리고 왜 사람들은 점점 더 적은 수의 자손을 가지려 하는지에 관해 경제학의 대답을 들어본다.

3상에서는 생물학적 성이 사회적 성으로 완성되는 과정인 교육에 관해서 이야기한다. 연약한 아기로 태어나서 건장한 성인으로 성장하면서 받은 교육 과정에서 여성과 남성은 어떻게 다른 경험을 하는지, 그로 인해 어떤 경제적 결과가 초래되는지를 알아본다.

4장에서는 우리는 양 성별이 만나서 벌어지는 경제 문제를 알아본다. 남녀가 함께 만드는 사회적 관계인 연애, 결혼과 그 사회적 관계의 해체 과정인 이혼에 관해서 이야기한다. 결혼과 이혼이 가지는 경제적 결과를 통해 가족의 형성과 해체의 의미를 되새겨 본다.

사회적이며, 혈연적인 관계로 구성된 가족은 하나의 집합체인 사회적 존재이지만, 그 내부에는 또 하나의 사회가 있고, 생산과 분배에 대한 경제적 결정을 해야 한다. 우리는 가계 구성원 사이의 의사 결정 과정을 확인하면서 이 같은 결정이 여성에게 가져오는 경제적 결과에 관해서 설명한다.

5장에서 우리는 늙음과 죽음에 관해서 설명한다. 여성노인과 남성노인의 경제적 상황을 비교하면서 왜 유독 여성노인이 가난한지를 해명한다. 또한, 죽음과 죽음 후에도 여성은 남성과 다른 대접을 받는 상황을 설명한다.

1장

. . .

여성과 남성은 다른가? 달라지는가?

이 책의 시작과 끝은 돈과 젠더(성별)이다. 그리고 우리가 이렇게 성별을 따지는 이유는 경제에 미치는 성별의 영향이 크기 때문이다. 그래서 우리는 이 책에서 여성이라서 남성과 다른 삶을 사는 이 세상을 조명하고, 이렇게 다른 경험을 하는 이유와 상황이 펼쳐지는 현실을 해명하며, 변화의 방향을 모색하려 한다.

따라서 1장에서 우리가 함께 풀어 갈 문제는 '여자란 무엇이냐'라는 가장 근본적인 질문이다. 이는 다르게 말해 여성과, 남성과 함께 살면서 설정되는 여성이라는 존재는 남성과 어떻게 다른가 하는 질문이다. 그리고 질문에 대한 대답을 우리는 이 책에서 여성과 경제의 관계를 해명할 논리 전개의 고리로 사용한다. 따라서 1장에서 우리는 다음과 같은 물음을 던진다.

첫째, 여성은 무엇이고, 여성과 남성은 어떻게 다른가?
이 문제는 결국 여성과 남성으로 다르게 태어나는가, 여성과 남성으로 살면서 만들어지는가, 아니면 사회 속에서 설정되느냐 하는 오래된 문제이다. 그런데 이미 우리가 잘 알듯이 이 수수께끼 같은 문제의 해답은 시대마다 지역마다 상황마다 다르게 변한다. 자연히 우리의 작업은 역사의 퍼즐을 다시 맞추고, 그 속에서 인류 보편을 끌어내는 것이다.

둘째, 여성은 밥과 돈을 두고 벌이는 경제라는 전쟁터에서 남성과 다르게 행동하는가?
여성이든 남성이든 먹어야 산다. 따라서 사회적 생산물의 소비에서 남성과 여성은 크게 다르지 않다. 그러면 살펴보아야 할 것은 생산물의 생산 과정이다. 가치를 생산할 때 여성은 남성과는 다르게 행동하는지, 다르게 행동하도록 강제되는지를 살펴보자.

셋째, 여성과 남성은 사회적 생산물을 다르게 분배받는가?

밥을 나눌 때 성별에 따라 어떤 성별은 찬밥, 어떤 성별은 더운밥을 먹는다면 이런 분배 방식은 결국 특정한 성별에 대한 차별이라고 말할 수밖에 없다. 경제학은 성별에 따라 다른 경제적 결과물을 받게 되는지, 성별이 밥과 돈의 분배 과정에 어떻게 영향을 주는지에 대해 답을 한다.

넷째, 여성과 남성의 관계, 성별관계를 분석 단위로 잡아야 하는가?

경제 현상을 분석할 때 분석의 잣대는 현상을 재구성하는 역할을 한다. 개인이 주체가 된 민주사회를 사는데도 젠더는 여전히 관계 속에서 정체성을 확보한다. 특히 현실 속에 여성은 남성이란 주체를 동원하지 않으면 존재 자체가 자기동일성을 확보할 수 없는 존재이거나 '비체'[1]이다.

이런 문제에 답하기 위해서 한 걸음 더 들어가 보자! 인간으로 여성은 온전한 존재자이고 실존이지만, 현실 속에서 상대적으로만 정체성을 확보할 수 있는 존재, 타자성의 존재이다. 따라서 분석의 단위를 남성과 여성의 관계, 즉 성별관계로 보아야 현실이 제대로 보인다. 성별관계가 여성의 문제, 특히 분석의 장이 사회과학, 그중에 특히 경제학인 경우에는 핵심 고리임이 분명하다.

따라서 1장에서 우리는 성별관계를 현실 속에서 고착화한 제도를 주목한다. 여성과 남성의 관계를 현실 속에서 체현시킨 것은 가부장제라는 제도이다.[2] 이에 따라 현실 속에서 다양한 형태로 발현되는 가부장제의 다양성과 공통점을 살펴본다. 어느 지역, 어느 시대의 어떤 가부장제이건 정도의 차이는 있지만, 여성이 질 수밖에 없는 아킬레스건으로 작동한다. 따라서 가부장제의 질곡에서 벗어날 길을 열고, 벗어난 미래를 설계해 보는 것은 이 장에서는 물론이고 이 책 전체를 관통한 희망 사항이다.

---

1 비체(abject)란, 어떤 것으로 고정되지 않는 존재를 말한다(이현재, 2016).
2 가부장제는 남성이 가장 역할을 하며 가족 구성원 전체를 이끌어 가는 제도를 말한다. 이 제도로 남성은 가족 모두에게 지배권을 행사한다. 월비(S. Walby)는 가계 내에서의 가부장적 생산관계, 시장노동에서의 가부장적 관계, 국가와의 가부장적 관계, 폭력, 성성(sexuality)에서의 가부장성, 문화나 제도 속의 가부장적 관계를 가부장제의 구조라고 본다(Walby, 1990).

1. 여성으로 태어나는가? 여성으로 만들어지는가?[3]

여성과 경제라는 문제에 제대로 접근하려면 우리는 시작부터 가장 근본적이고 가장 논쟁적인 주제부터 다시 정리해 볼 수밖에 없다. 여성이란 무엇인가? 한 인간이 가지는 세상의 범위는 자신의 인식 범위이다. 누구나 자신의 인생을 자신이 중심이 되어 자신의 운명과 의지에 따라 살다가 죽는다. 그러나 누구나 특정한 성별을 가지고 태어나기 때문에 하이데거(M. Heidegger)의 인간 현존재의 존재성[4]을 벗어나서 한 걸음만 중생의 세계로 들어서면 존재자로서의 인간이 등장한다. 이 존재자로서의 인간은 구체적인 성별, 국적, 피부색, 인종을 가진다. 물론 인간 존재 자체는, 즉 대자존재로서의 인간은, 어떤 성별도 가지지 않은 것이라서 누구나 부처이고, 누구나 세계의 주인이며, 누구나 소우주의 중심이다. 그러나 우리는 여기서 여러 제약 속에 있는 존재자, 구체적인 인간에 대해서 말한다.

현실에서 인간, 즉 중생계의 평범한 인간 대부분은 자신 앞에 놓인 세상이 규정해 준 자신을 살아간다. 이런 상황 속에서도 인간은 각자 자기중심적으로 인식할 수밖에 없다. 혹 엄청난 객관성을 유지하여 자기 자신과 자기 앞의 존재, 즉 타인을 '존재 그 자체로' 이해한다고 하더라도 이 또한 찰나일 뿐 인간 인식의 간주관성을 확보할 수 없는 진실 앞에서 누구도 다른 사람의 존재를 완전히 파악할 수 없다. 우리는 타인을 자신처럼 이해할 언어가 없다.

그러므로 언어로 포착될 수 있는 존재자는 상식의 세계에서 그저 습관적으로 인정하는 나와 너이다. 그래서 세상에는 세상살이하는 각 사람 수만큼의 존재자가 있고, 그들은 흑인 아니면 백인 등의 언어로 분류되는 것처럼 모두 자신의 젠더를 가지고 있다. 가장 큰 분류의 범주는 젠더로서 사람은 남성 또는 여성으로 분류된다. 그리고 현실 세계에서는 생물학적 기준으로 남성과 여성으로 인정

---

3 이 책에서는 'nature vs. nurture theory'의 대립과 융합으로 젠더를 이해한다. 젠더를 어떻게 이해하는가에 대한 논쟁과 논의는 끝나지 않았고, 여러 가설이 중첩되어 있다. 페미니즘적(feminist) 이론과 진화론적 이론은 결국 포스트모던적(post modern theories)인 가설로 합류되었다. 탄생설과 양육설(nature vs. nurture theory)은 대립하고 있는 듯 보이지만 서로를 지지하고 있다. 결국 우리의 관점은 인류학적(anthropology of women theory) 입장으로 진화인류학적으로 귀결된다. 이 책에서 젠더 그리고 특히 여성은 생물학적 여성을 기준으로 하나 이 생물학적 특성이 교육과 경험을 통해 변한다는 것이다.

4 철학의 영역에서 존재론은 인간이란 무엇인가라는 인간의 자기동일성 문제의 해명이다. 이에 대해 실존철학의 해답은 인간 현존재의 대자존재성이다. 이에 대해서는 하이데거의 『존재와 시간』을 참고할 수 있다.

한다. 그러나 유전자적 차이로 설명해도 이런 분류의 정당성은 종종 무너지고, 여성임과 남성임의 기준은 모호하며, 여성도 남성을, 남성도 여성을 완전히 이해할 수 없다. 거기에 젠더의 다양성을 고려한다면 성 소수자와 '성 다수자'도 서로를 완전히 이해할 수 없다. 여기에다 도나 해러웨이(D. Haraway)가 상상하거나 현실로 그려 놓은 사이보그에서 반려종까지 존재자에게로 연결되면 젠더를 여성과 남성으로 나누는 것은 야만이거나 무식이거나 폭력이다(해러웨이, 2019). 이렇게 우리는 모두 각자의 젠더 속에, 창 없는 모나드로 갇혀 있다. 그런데도 우리 모두의 젠더는 관계 속에서만 실현되니 우리는 갇혀 있을 수도 없다.

이런 존재론적 회의와 고민은 현실 속에서 당장 먹고 사는 문제를 다루는 사회과학적 입장에서는 사실 고려 대상이 아니다. 사회과학은 아주 단순하고 무식하게 그리고 효율적으로 인간 존재를 나눈다. 남성 또는 여성, 흑인 또는 백인, 무슬림 또는 기독교인, 소득 일 분위와 십 분위, 자본가와 노동자 등으로 나누어 그들의 특징 중 숫자로 나누어 관리할 수 있는 영역만을 학문의 대상으로 삼는다. 이 존재자들의 경제적 특징의 평균을 내어 해당 인간의 경제적 특성으로 만드는 것이 사회과학인 경제학의 주된 업무이다.

이 중에 인간을 구획 짓는 가장 크고 간단한 기준은 성별이다. 즉 생물학적이고 유전적인 여성과 남성이다.[5] 물론 2015년 스웨덴, 2017년 현재 노르웨이에서 '제3의 성(hen)'을 공식 문서에도 사용하는 것을 추진했고, 2018년 독일에서도 제3의 성을 공식적으로 인정한 상황이지만 아직도 세상은 그렇게 세심하게 분류에 신경을 쓸 여유가 없다. 단순하고 속 편하게 인간 세상을 생물학적 성별 유전자 단 두 가지 형태(XY, XX)로 양분하고 있다.[6]

이렇게 인간을 분류할 때 가장 전형적인 갈라치기 방법은 '생물학적 성(sex)'으로 나누는 방법이다. 물론 다양한 성 소수자가 있다는 것만으로도 이런 분류는 문제시된다. 그런데도 이런 분류가 가장 간단하고 명료한 것은 사실이다. 그

---

5 여성주의 경제학의 경우 오랫동안 이 문제를 해결하기 위해 인간에게 운명적으로 주어진 '성(sex)'과 성의 사회적 역할인 '젠더(gender)'와 젠더 간의 사회적 관계인 '성별관계(gender-relations)'를 구분하려고 노력해 왔지만 여전히 구분은 무디고 생물학적 성이 경제 현상에 미치는 영향으로 환원되는 경험을 하고 있다(홍태희, 2014).

6 여기에서 밝히는 성별에 대한 관점은 지극히 과도기적이고, 상식적인 수준의 것이라고 할 수 있다. 즉 이 책 전체를 통해 지속적으로 우리는 인간을 단지 여성과 남성으로 구분하고, 비교해서 설명한다. 그러나 이런 이분법이란 주디스 버틀러 같은 학자들의 관점에서 보자면 가부장적이고 이성애적 담론에 매몰된 단견이다(Butler, 1990).

러나 이런 분류라는 것은 운명적인 결정론으로 흐르기 십상이라서 다른 분석 도구로 젠더, '사회적 성(gender)'이라는 개념을 등장시킨다.

사회적 성으로 개념을 전환하자 더 큰 혼란이 왔다. 꼼꼼히 따져 엄밀하게 적용하려 해도 결국 생물학적 성의 다른 이름으로 사용되는 결과를 가져오거나, 논점을 흐리는 작용을 하게 된다. 결국 '과연 생물학적 성(sex)과 사회적 성 사이(gender)를 칼로 무 자르듯이 나눌 수 있는가' 하는 문제에 봉착한다.

이처럼 한 사람에게 사회적으로 만들어진 성과 태어나자마자 확인된 성(성별 유전자 X, Y) 사이의 경계가 무엇인가 하는 것은 그리 간단한 문제가 아니다. 물론 여성문제를 해결하려는 이들에게, 특히 사회과학적 연구를 통해 이 문제를 해명하려는 사람들에게 사회적 성 개념, 일명 '젠더'는 많은 영감을 주었고, 훌륭한 분석의 잣대를 제공한 것도 사실이다. 그러나 이 개념은 사실 현실을 풍자하는 개념이라고 할 만큼 애매모호하고, 대개 생물학적 성을 배경으로만 작동한다.

조금 더 들어가 보자. 인간의 삶과 그와 얽힌 사회문제를 근본적으로 이해하려고 할 때 우리는 두 종류의 인간이 있다는 사실에 가장 먼저 직면한다. 여성과 남성이다. 그리고 이런 생물학적 성 차이가 여성과 남성에게 다른 인생의 경험을 하게 한다는 사실에 봉착한다. 따라서 다른 생물학적 성을 가진 인간을 비교하고, 이를 여성성이나 남성성으로 나누어 설명하는 것도 충분히 설득되는 세상 이해의 시작이다. 사실 인간의 사회적 경험은 많은 경우 생물학적인 성을 배경으로 한다. 그리고 그런 사회적 경험은 사회적 성을 만든다.

따라서 생물학적 성과 사회적 성 사이의 경계는 모호하다. 그렇지만 우리는 의도적으로 이를 구분한다. 왜냐하면 사회적 성, 젠더는 여성도 하고 싶은 것이 있고, 할 수 있는 것이 있는데 이것을 해서는 안 되는 것이라는 사회적 잣대가 생물학적 성의 정체성을 왜곡한다는 측면을 강조한다는 점에서는 분명히 가치 있는 개념이기 때문이다.

이처럼 우리는 사회적 성과 생물학적 성에 대해 지적 엄밀성을 가지고 따지자면 절대 가볍지 않은 많은 문제에 직면한다. 왜냐하면 여성성이라는 것을 어떤 집단이 규정한다면 이런 규정은 생물학적 여성이 직면한 삶의 내용, 특히 경제적 삶에 모종의 영향을 준다. 이타적이며, 모성 본능을 가지고 있으며, 전쟁을 싫어하고, 축구를 싫어하며, 바느질하길 좋아하는 존재라는 여성성을 다수 여성이 구현하고 있을 때 다시 생물학적 여성은 여성성을 가진 존재라고 규정되는 동의어 반복 같은 상황에 직면하기 때문이다.

이런 한계에도 불구하고 우리가 이렇게 길게 이야기하며 성별 차이를 단지 운명이라거나 생물학적이라고 치부하고 넘어가기 어려운 이유는 이런 차이의 영향이 사회적으로 만들어지고, 구체적으로 분배되는 빵의 크기와 연관되기 때문이다. 물론 사람 중에는 청빈과 고행의 구도자나 무소유를 실천하는 이도 있지만, 보통 사람에게는 주린 나의 배를 채우는 것이 우선시되며, 내 몫이 얼마냐가 가장 중요한 문제이다.

따라서 인간 사회는 누가 밥을 짓고, 먹고, 얼마나 먹을지를 결정하는 방식을 고민했고, 그 결과 성별, 혈연, 피부색, 종교 등의 기준을 세웠다. 이 중 인간 세상을 가장 간단하게 나누고, 분명하게 구획하는 기준이 생물학적 성이다. 이 성별은 세상의 어떤 기준보다 강력하고 근본적으로 밥과 빵의 생산과 분배를 결정하는 기준이 된다. 그리고 이를 관리하는 대표적인 제도가 가부장제이다. 이 제도의 작동 방식에 따라 인간은 누구나 운명적으로 결정된 성별의 종류에 따라 세상의 권리를 차이 나게 가지게 되어 있다. 여기에다가 여성의 존재는 단지 성이라는 생물학적 기준만이 아니라 인종, 피부색, 종교 등 여러 기준이 복합적으로 작동하는 교차성(intersectionality)을 통해서만 확보할 수 있다.[7]

그렇지만 이 책에서 우리는 젠더와 섹스에 대한 긴 논쟁은 뒤로 잠시 물리고 일단 생물학적 성에 집중하며, 생물학적 여성이 사회적으로 겪는 경험에 대해서 초점을 맞춘다. 물론 경우에 따라서는 사회적 성 개념인 젠더를 사용한다. 사실 이 어설픈 혼합이 여성의 현실이고, 여성학의 현실이기도 하다.

그래서 일단 우리는 생물학적 여성이라는 존재가 무엇인가 하는 물음을 제일 먼저 띄운다. 그러면 우리의 첫 대답은 여성은 자궁을 가진 존재, 즉 출산의 기능을 가진 존재라는 생물학적 정의를 내릴 수밖에 없다. 다음으로 우리

---

7 교차성은 사회적 억압이란 늘 이야기해 오듯 성, 민족, 인종, 계층 등의 요소로 분리되어 작동하는 것이 아니라 서로 연관되고 가중되어 한 개인의 삶을 억압한다는 개념이다. 특히 여성에 대한 억압에는 이런 다양한 요소가 복합되어 나타난다. 따라서 여성주의 학문방법론에서는 중요한 개념이다(한우리 외, 2018).

가 만약 자궁을 가진 존재의 사회적 현존을 설명하자면 결국 시몬느 보부아르(S. Beauvoir)의 '제2의 성'이나 주디 버틀러(J. Butler)의 이야기에서 대답을 찾을 수밖에 없다. '여성은 남성의 보조적 존재이다.'

남성이라고 정의되는 인류는 보편이며 하나인데, 여성이라고 정의되는 인류는 특수이며 여럿이다. 남성은 세상 어디서나 어떤 시대이거나 인류의 보편이며, 기준으로서의 자기동일성을 갖는 데 비해, 여성은 사회가, 시대나 지역이 만들어 준, 각 남성의 상대로만 자기동일성을 확보하는 존재이다(Butler, 1991: 27).

물론 누구나 자신이 자기 삶의 주체이고, 유일하게 자기동일성을 스스로 확보할 존재이다. 즉 누구나 자기가 세계이고, 중심이다. 따라서 실존적 관점에서 젠더의 차이를 말하는 것은 불가능하다. 모든 존재가 즉자존재로서는 여성과 남성으로 고착되어 있지만, 대자존재로서의 인간은 여성이든 남성이든 실존 그 자체가 된다. 이는 차이를 말할 수 없는 지평이다.

현실에서는 차이가 분명하다. 여성은 세상의 모든 잣대(인종, 계급, 연령, 종교 등)에 따라 다른 계급에 속한다. 교차적 억압 속에서 종속성과 타자성으로 존재하는 여성은 사실 자신의 언어도, 표현 방식도, 삶의 목표도 지니지 못한 존재이며, 단지 자신과 세계를 연결하는 관계 속에서만 그 존재가 채워진다.

이런 여성의 타자성이 사회 속에서 어떤 역할을 하게 되는지 살펴보자. 무엇보다 여성은 인간을 생산할 수 있는 기능을 가진 인류이다. 이것까지는 사실이다. 그러나 대개 동물 세계에는 새끼를 생산하는 능력을 가치가 있다고 본다. 암소가 비싸고 암탉이 귀하다. 그러나 인류는 다르다. 여성의 재생산 능력에도 불구하고 여성의 가치를 하찮게 여긴다. 이를 유지하기 위해 여성의 타자성이 작동하면서, 이유도 없는 여성혐오나 폄하까지 등장한다.

그래서 종속성과 타자성으로 존재하는 여성은 이웃 나라와의 전쟁에서도 별 쓸모가 없고, 돈벌이를 둘러싼 임금 협상에서도, 승진 경쟁에서도 전투력이 없으나, 기꺼이 헌신하고 희생하는 존재라고 규정한다. 또한 더 적은 보수나 더 낮은 지위를 쉽게 받아들일 수 있는 특성을 가진 존재라고는 취급을 받는다.

우리는 이렇게 규정되어 버린 여성의 현실을 대한민국, 즉 한국 여성을 대상으로 설명하려고 한다. 즉 한국 여성이라는 존재로 살아가는 여성을 대상으로 한 경제 이야기를 하려고 한다. 이는 한국 여성의 임금격차가 OECD에서 가장 큰 것과 OECD 국가의 여성 중 가장 헌신적이고 욕심 없다는 특성으로 한국 여성을 규정짓는다는 것의 관계를 강조해서 전개한다.

즉 이 책은 한국 남성을 삶의 동반자로 살아가는 여성을 대상으로 한다. 이는 미국 남성과 사는 한국 여성은 다른 형태의 삶을 산다는 것을 전제로 한다. 이 것이 이 책을 관통하여 우리가 주목하고, 설명하고, 해명할 사실이다.

그러면 여기서 우리는 '여자란 무엇이냐'라는 질문에 이렇게 대답하자. 우리가 주제로 삼은 여성은 현재 대한민국에서 매일 확인하는 존재, 생물학적으로 엄마가 될 가능성을 가지고 있으면서, 평생에 걸쳐 사회가 원하는 삶을 살기 위해 자신의 정체성을, 즉 자신의 시간과 삶을 채워 가는 존재이다. 한국 여성, 이들이 이 책의 주인공이다.

2. 여성과 남성은 어떻게 다른가?

배가 몹시 고픈 여성과 남성이 맛있는 음식 앞에 서게 되면 별반 다르지 않은 마음을 가진다는 것은 분명한 사실이다. 그러나 우리의 궁금증은 그다음 어떤 상황이 전개되는가에 있다. 누가 먼저 그 음식을 먹느냐는 문제는 누가 그 음식에 대한 사회적 권리가 있느냐는 문제이다. 즉 자신의 욕망을 실현하려면 사회적 권리가 있어야 한다. 이런 경우 대개 여성은 제일 좋은 음식을 남성의 그릇에 담아 주고 나서, 자신은 남은 음식으로 주린 배를 채운다. 여성이 같은 욕망을 가지고 음식 앞에 섰지만 다른 경제적 행위를 하고, 다른 경제적 보상을 받는 이유는 무엇일까?

아내와 남편이 직장에서 일하다가 저녁에 돌아온 후 아내는 부엌으로 급히 가서 밥을 하고 남편은 소파에 앉아서 TV를 시청하는 매우 흔한 풍경을 보며 우리는 또다시 이런 질문을 할 수 있다. '왜 여성이 밥을 하는가?' 이런 문제에 직면하면 우리가 겨우 대답으로 찾을 수 있는 것은 '당연한 일이 아니냐!', '세상 살이가 원래 그런 것 아니냐!', '아내의 도리가 아니냐!'라는 대답 등이다. 좀 더

친절한 답안은 '여성에게는 타고난 모성애가 있어서 배고픈 사람을 돌보는 것을 좋아해서 그러는 것이다'라는 대답이다.

이런 대답을 들어도 쉽게 상황에 수긍하지 못하는 이들을 위해 조금 더 현실에 다가가서 보자. 우리의 첫 번째 가설은 이런 흔한 일상이 사실 기획된 일이고, 그 기획의 결과가 남녀 사이에 다른 경제적 결과를 가져온다는 것이다. 두 번째 가설은 자신에게 더 좋은 경제적 편익을 누리기 위해 인류는 성별을 불문하고 못 할 것이 없는 종족이라는 점이다. 그러면 맛있는 고기를 자신의 차지로 만들기 위해서 남성은 인류의 일상을 어떻게 설계한 것인가? 설계나 기획에 의하지 않으면 같이 먹을 음식을 혼자 차리고, 자신이 차린 음식을 먼저 먹지 못하는 여성들의 상황이 자연스럽게 받아들여질 수가 없다. 만약 누군가 대가를 치르지 않고도 편익을 누리고, 그것을 세상의 이치라 하고, 이에 따른 도덕적 부담 따위를 가질 필요도 없는 것이라면 누리는 입장에서는 참으로 멋진 설계임이 분명하다.

인간이 만든 세상을 한번 정면으로 보자. 여성이 손수 밥을 짓고도 밥을 먼저 먹지 못하는 규범적 법칙에 순종할 수밖에 없는 것은 사회가 다른 선택을 허용하지 않기 때문이다. 만약 이런 현실이나 저런 현실 중에 여성이 선택할 수 있는 것이라면 그 경제적 선택과 결과는 달랐을 것이다. 이처럼 한 사회의 모든 상황은 인간의 본성이라기보다는 역사 속에서 결정된 사회적 행동방식이 규정한다는 것이 더 진실에 가깝다.

여성과 남성은 이기적이라는 점에서 별반 다르지 않다. 모성은 동일하게 작동하는 본성이 아니다. 세상에는 엄마이지만 팥쥐 엄마도 있고, 아빠이지만 가시고기 같은 아빠도 있다. 그러면 문제는 인간 본성의 문제이기보다 사회적 관계에서 발생하는 의무와 권리의 문제이다.

이와 관련해서 우리가 잠정적이나마 해답을 찾고자 하는 구체적인 물음은 여성과 남성이 경제적 결정을 할 경우 왜 여성은 남성과 달리 자신의 이익극대화를 하지 않는가 하는 점이다. 그리고 이 질문에 대한 답은 하지 못하는 것이 아니라 하지 못하게 한다는 것으로 이해한다.

그러니 결국은 상식적으로 인정되는 남녀의 역할 차이의 배경을 인류 역사 속에 관철된 힘의 질서나 규범에서 찾을 수밖에 없다. 인류의 역사에서 여성의 삶과 남성의 삶의 내용이 다르다면 그것은 각자 인생의 희망 사항과는 달리 시대가 정해 준 여성과 남성의 역할 차이가 만들어 준 현실이다.

이처럼 우리가 이 책에서 논의할 층위는 존재론적으로 자기동일성을 확보하는 자유로운 실존이 아니라, 현실 속에서 자신의 의무와 역할을 수행하는 역사 속의 인간이다. 그런 인간은 여성이나 남성으로 태어나 서로 다른 경제적 행위를 하고, 서로 다른 경제적 결과를 맞는다.

이런 결론에도 경제적 관점에서 이 문제를 거론해야 한다면 우리는 먼저 남녀의 생물학적 차이에서 시작해야 한다. 남녀의 차이는 무엇보다 생물학적인 차이임이 분명하다. 구체적으로는 생물학적 유전자(XX, XY)의 차이다. 인간 사회에는 예외적인 젠더가 물론 분명히 있지만 큰 무리로 나누어 보아 생물학적 젠더는 남녀의 생식기의 차이를 기준으로 한다.

누구나 자신의 생물적 몸을 근거로 살아가고 있다는 점에서 아이를 낳고 젖을 먹일 수 있는 특성과 신체적 발육 및 그에 따른 힘과 재능 그리고 교육을 받은 인간의 행위는 그렇지 않은 성별과 생물학적 차이에 근거한 차이를 가질 수밖에 없다.

따라서 경제 문제에서 여성과 남성이 어떻게 다르게 행위를 하는가 하는 문제의 가장 깊은 심연에는 분명 생물학적 차이가 있다. 물론 성전환 수술도 예사로 하는 세상에서 성기의 차이가 무슨 의미가 있느냐고 반문할 수 있지만, 이는 여전히 상대적으로 소수다. 다수인 유전적 성별의 차이가 생물학적 차이는 근본에 있고, 그리고 이런 차이는 불가역적인 측면이 있어서 운명적이라고 할 수 있다. 그러나 우리의 관심은 단지 생물학적 남녀의 차이뿐 아니라 이 차이가 사회적으로 어떻게 발현되느냐에 있다.

따라서 발현의 사례는 인간의 역사 전체다. 사실 역사 속에서 여성과 남성은 그것을 해석하는 역사가의 시각을 거쳐서 왜곡되기도 하고, 확인할 수 있는 기록 자체의 분량에서도 확연한 차이가 난다는 어려움을 갖는다. 그렇지만 지금 우리는 먼 옛날의 이야기만 하는 것이 아니다. 오늘날 대한민국에서 일어나는 사건과 그 사건으로 이루어지고 만들어지는 역사도 대상으로 한다. 그리고 사회과학으로 경제학이 만나는 사료의 형태는 일단 통계자료일 수밖에 없다.

이처럼 우리는 이 책에서 경제적 측면에서 대한민국에서 여성과 남성이 자신의 삶을 역사 속에 새겨 나가는 현실을 자료 속에서 확인한다. 그리고 여성은 배려심 깊고, 감성적이고, 세심하며, 연약하고, 보살피길 좋아하고, 남성은 이성적이고 분석적이며 강인하고, 무심하다는 차이로 맞추어질 수밖에 없다는 이 시대의 상식을 만난다. 그리고 이러한 상식이 '82년생 김지영'들을 행복하지 못하게 하는 현실도 확인한다.

그러나 우리는 이런 상식조차도 단지 유행이거나 이 시대의 대세이며, 역사, 관습, 법률과 같은 제도로 보완하지만, 그저 우리의 '아비투스', 습관일 수 있다고 본다. 우리는 이런 습관이 상식인 현실을 확인하며, 다시금 여성의 삶 특히 여성의 먹고사는 삶과 관련된 상식과 습관을 바르게 바꿀 방법을 찾는다.[8] 왜냐하면 지금까지의 아비투스를 지켜 나가는 것이 가능하지도 바람직하지도 않기 때문이다.

3. 왜 여성과 남성은 밥을 두고 다르게 행동하는가?

여성과 남성 간에 밥과 돈을 두고 취하는 행동에 차이가 난다는 것을 일단 인정하고 들어가자. 그러면 우리는 '호모에코노미쿠스(경제적 인간)'의 자신의 이익극대화 행위를 전제로 하는 기존의 경제학원론의 많은 가설과 이론을 포기해야 한다. 그리고 오히려 여성의 경제학과 남성의 경제학을 분리하여 연구하는 작업을 시도해야 한다(여기서 제3의 성에 관한 토론은 일단 접자). 즉 남녀의 행동 방식의 차이를 인정하고 접근할 때 우리는 두 경쟁자의 자기 이익극대화 전략을 이중적으로 이해해야 한다.

가령 왜 여성은 남성에 비해 적게 버는가 하는 문제에 답을 하려면 먼저 왜 여성은 남성과 다른 경제 행위를 하는지를 살펴보아야 한다. 동시에, 우리의 관심의 범위를 '왜 여성은 자신의 이익극대화를 추구하지 않느냐?' 하는 문제로도

---

8 코델리아 파인(2014)은 그의 책 『젠더, 만들어진 성』에서 남성과 여성의 생물학적 차이를 부정한다. 이는 유전적 차이를 강조하는 잘못된 관점이 만든 것이라고 한다.

확장해야 한다. 경제적 편익을 두고 벌이는 전쟁에서 여성이 위에서 제기한 것과 같은 타자성과 종속성의 특징을 보이면, 제대로 전쟁도 치르지 않으면서 패배라고 할 수 있는 찬밥 차지를 기꺼이 받아들일 수도 있기 때문이다. 그러면 그것은 엄밀히 말해 전쟁도 경쟁도 아니다.

이야기를 다시 해 보자. 여성이 찬밥을 먹고, 남성이 따뜻한 밥을 먹는 것이 순리에 맞는 자연스러운 상황이라면 우리는 경제학에게 이렇게 물을 수 있다. 여성은 애초부터 누구를 위하여, 혹은 지기 위해 존재하는가? 물론 한 인간 사회에서 패배한다는 것의 의미는 분명 다면적이다. 보기에 따라 단기적으로는 패배라고 보이더라도 장기적으로는 패배가 아닐 수 있다. 그러나 여기서 경제적 패배라고 함은 더 적은 경제적 편익을 본인의 의지와는 상관없이 받아들여야 하는 것을 의미한다.

그러면 당장 눈앞에 승진을 위한 전쟁이 펼쳐지는 회사 내의 상황을 상상해 보자. 이는 경제학의 게임이론(bargaining model)에서 흔히 경쟁 모형을 설명하는 방식이긴 하다. 여성과 남성이 승진을 위한 대결을 하고 있다고 하자. 합리적 예측은 더 유능한 사람이 승진하는 것이다. 이는 더 좋은 것을 누리기 위해서 더 많은 돈을 내야 하는 경제학의 기본 원리에도 부합한다. 그러나 만약 예측이 어긋나고, 다른 결과가 발생한다면, 즉 무능한 남성의 승진이 결정된다면 우리는 당연히 그 결과의 정당성을 의심하고, 경제학의 기본 원리를 의심할 수밖에 없다. 아니면 적어도 이런 경제의 기본 원리가 맞지 않은 상황에서도 경제학이 건재하다면, 경제학에는 이중의 잣대가 있으며 남성의 경제학과 여성의 경제학이란 두 가지 종류의 경제학이 있다고 규정할 수밖에 없다. 또한 여성의 경제를 남성의 경제와 구분하여 이야기해야 하는 이유도 생긴다.

이기적이고 합리적 경제인이 왜 이같이 비경제적인 선택을 내렸는지에 대해 우리는 기존의 경제학뿐 아니라 다른 경제학(여성의 경제학), 다른 경제학뿐 아니라 경제학 밖 세상으로 가서야 무엇인가 대답을 찾을 수 있다. 그리고 나서 우리는 아마 다음과 같은 가설을 세우는 정당성을 확보하게 되고, 앞으로 확인할 경제학적 현실로 직시하게 된다. 가령 세계적으로 높은 자리에 앉은 여성은 드물다는 현실에 대해 다음과 같은 가설이 등장한다.

❶ 여성이 승진하지 못한 것은 유리천장 때문이다.

❷ 여성은 원래 고위직에 오르는 것을 싫어한다.

❸ 고위직은 경쟁이 치열한데 여성은 경쟁하는 것을 싫어하고, 경쟁에 발생하는 위험을 피하려는 본성을 가지고 있다.

❹ 여성이 고위직으로 가지 못하는 것은 종교적으로 금지되어 있기 때문이다.

❺ 어쨌든 남성이 우수하다.

현실 속에서는 위의 가설 모두가 살아서 힘을 가지고 영향력을 미친다. 이 책에서 해명할 우리의 과제는 이처럼 서로 부딪히는 가설이 범벅이 되어 있는 여성의 현실을 체계적으로 정리하여 그 원인을 확인하려는 것이다. 물론 이것은 그리 간단하지 않다. 여성의 존재가 교차성을 가지듯이 여성의 현실도 교차적 사실로 구성되어 있다. 따라서 체계적 정리는 불가능할 수도 있다.

그럼에도 일단 시험 삼아 경제학의 유산을 가지고 시도해 보자. 같은 경제적 목적(승진)을 가지고 있는 여성과 남성은 어떻게 다르게 행동하는가? 둘 사이에 어떤 정보도 교환하지 않는 것이 확실하다면 잘 알듯이 시장균형의 최적점은 도달할 고려 대상이 아니다. 그저 현실의 각 상황에서 자신의 이익을 위한 인간들의 선택이 있는 것이다.

사정이 이러하니 이 분야의 여성문제 연구가 게임이론[9], 실험경제학, 행동경제학 분야에서 집중적으로 이루어진 것은 우연이 아니다. 먼저 실험경제학의 경험을 통해 설명하자. 최근 실험경제학 분야에서는 동물의 이해할 수 없는 행동을 연구하기 위해 실험이 진행되듯이, 일반적 상식과 다를 수도 있는 인간의 행동 방식을 이해하기 위한 연구가 활발하게 진행되고 있다.

이에 대한 실험경제학의 대부분 연구 결과는 남녀가 경쟁과 위험에 대해 확실히 다른 태도를 보였다고 한다. 여성은 위험을 피하고 남성은 기꺼이 위험을

---

9 게임이론의 접목은 신고전파의 균형 개념으로 시작된다. 게임이론을 이용해서 여성문제를 설명하려는 학자들은 베커(G. S. Becker)의 선한가부장개념, 공동선호모형 속에 매몰되어 존재를 인정받지 못한 여성젠더의 문제를 지적하며 베커, 민서(J. Mincer)의 '가족경제학(Family Economics)'을 비판한다. 이들 중에는 가계 내부를 게임을 하는 상황으로 파악하여 협조적 게임이론과 비협조적인 게임이론을 분석 기법으로 제시한 학자들도 있다.

감수하며, 보수를 나눌 때 여성은 기꺼이 6대 4로 나누어 먹는데, 남성은 9대 1로 나눈다는 것이다. 이는 남녀 차이에 대한 전형적인 주장이다(Eswaran, 2014).

이러한 전형적인 주장을 뒷받침하는 연구 결과 35건을 재검토한 줄리 넬슨(J. Nelson)은 이같이 남녀가 다르다는 연구 결과에서 명백한 증거를 찾을 수 없으며, 대부분 연구 설계와 연구 과정에 나타나는 편의에 의해서 과장된 것이고 남녀 간에는 차이보다 동질성이 더 많다고 한다(Nelson, 2017).

그래도 일단 여성과 남성의 차이를 강조하는 연구를 살펴보자. 게임이론도 이런 양성의 상황을 해명하는 데 제격이다. 가장 많이 인용되는 것은 최후통첩 게임이다. 최후통첩 게임에는 게임하는 두 경기자 중의 한 명에게 보수 분배의 권한을 준다. 그러면 게임의 상대는 이를 수용해야 한다. 이 같은 상황에서 남녀는 어떻게 행동할까? 그 결과는 놀랍게도 여성이 남성보다 자신의 보수를 평균적으로 더 적게 책정한다는 것이다(Eswaran, 2014).

그 이유는 무엇일까? 흔히 여성이 남성보다 상대방을 더 배려하는 성품을 가져서 그런다고 한다. 그러나 이런 설명에 대해서 우리는 의문을 가진다. 과연 여성이 상대 경기자(경쟁자)에 대해 이런 배려를 하는 것은 태생적인가? 아니면 후천적으로 만들어진 것인가? 우리는 오히려 여성이 자신의 호모에코노미쿠스로서의 본성을 자신 안에 꽁꽁 감출 수밖에 없는 사회적 상황의 결과로도 본다.

다시 실험경제학의 연구 성과에 의존해서 가장 흔한 게임이론의 사례인 죄수의 딜레마 게임 상황을 그려 보자. 두 경기자가 있다. 이들은 서로 의논 없이 자신의 이익을 위한 선택을 해야 한다. 이 같은 딜레마에서 경기자들은 1회 게임에서는 자신의 이익을 극대화하기 위한 선택을 하고 최악의 보수를 받게 된다. 그러나 이런 게임을 반복하면 대부분 경기자는 점점 협조적이게 된다(Eswaran, 2014).

게임이론의 연구 결과 이 남녀 두 명을 경기자로 죄수의 딜레마 게임을 하면 경험적으로 여성은 처음에는 상대방 경기자 남성보다 협조적으로 응한다. 그러나 반복해서 게임이 진행되면 여성도 점차 남성처럼 비협조적인 태도를 보인다고 한다. 이 같은 실험경제학의 결과는 많은 의미를 내포한다. 협조적 성품을 보인 첫 번의 경험을 반복하면 여성도 점차 변해서 결국 자신의 이익극대화 전략을 선택한다. 이 사실은 여성성이라고 칭하는 협조와 배려의 태도가 사회적 관계에서 나오며, 경험과 교육을 통해 변할 수 있다는 것을 보여 준다.

여기서 한 걸음 더 들어가 보자. 이번은 경기자가 여럿인 게임의 경우이다. 그리고 게임의 보수로는 일종의 공공성을 가진 가치재가 분배된다. 그래서 이런 게임을 흔히 공공재 게임이라고 한다. 이 경우에도 남녀의 차이는 드러난다. 남성은 게임의 보수가 자신에게 귀속되지 않고 전체를 위한 것일 때, 협조적이지 않은 행태를 보인다. 그에 비해 여성들은 자신의 개인적 이익과는 조금은 무관한 게임에도 기꺼이 협조적이다.[10] 왜 이런 태도가 나왔을까? 이것은 여성의 본성에서 나온 것일까? 아니면 오랜 사회적 요구에 따라 만들어진 행위인가?

실험경제학의 이와 같은 연구 결과들을 배경으로 남녀의 행위 패턴의 차이와 그 원인을 유추해 보자. 노동시장에서 남녀 노동자가 서로 다른 행동 방식을 취한다면, 이 행위로 인한 경제적 결과도 다르게 된다는 것을 추측하기 어렵지 않다. 가령 임금 협상 시에 여성 근로자와의 협상은 경영진의 입장에서는 남성 근로자에 비해 쉽다는 것은 정설이다. 그 경제적 결과는 여성 저임금이고, 그에 따라 여성이 남성보다 자신의 이익을 위해 치열하게 행동하지 않는다는 해석도 부가된다.

이렇게 시작하면 우리가 여성 저임금의 원인을 찾을 때 '여성이 원해서'라고까지 논리가 비약될 수도 있다. 그러면 이런 상황을 염두에 두고 한 걸음 더 들어가 보자. 남녀가 서로 다른 경제적 결과를 받는 것이 남녀의 행위 방식의 차이 때문이면 다시 아래와 같은 질문에 답해야 한다.

❶ 여성은 태생적으로 남성보다 이타적인가?

❷ 여성은 세속적 욕심(부, 권력, 명예 등)이 남성보다 적은가?

❸ 여성이 이타적으로 행동할 수밖에 없는 사회적 기제가 작용해서 이타적인 행위를 하는가?

이러한 질문에 대해 한마디로 답을 하기는 쉽지 않다. 많은 연구 결과와 상식은 현실 속에서 남녀가 다르게 행동한다는 것만 강조한다. 그리고 그것이 자신

---

10 이런 여성의 태도가 사회가 여성에게 요구한 것이라고 해도 이를 통해 흔히 여성성을 배경으로 한 연대경제나 공유경제의 가능성을 점쳐볼 수도 있다.

의 밥과 돈같이 선호하는 가치라고 해도 여성은 남성보다 이타적으로 행동한다고 쉽게 이야기한다.

실험경제학의 연구 결과를 좀 더 살펴보자. 동성 집단과 혼성 집단이 있다. 그리고 각 구성원은 자신의 이익을 위해 경쟁하는 상황이다. 실험의 결과에 따르면 동성 집단과 혼성 집단에서 다른 행태가 확인된다고 한다. 여성은 동성 집단에서 자신의 이익을 위해 훨씬 더 전투적이고 경쟁적으로 행동한다. 그런데 이성과 같이 있는 집단에서는 덜 경쟁적이고, 오히려 이타적으로 행동한다는 것이다. 즉 여성은 여성끼리 있을 때는 용감하다가 남성들과 같이 있는 집단에 속하면 겁을 내고, 위험 회피적 행동을 한다는 것이다.

왜 여성들은 이렇게 자신의 태도를 상황에 따라 다르게 설정하는가? 학자들은 여성이 남성에게 잘 보이려고 이같이 행동한다고 본다. 위험을 피하려는 여성을 남성이 더 매력적으로 본다는 것이다. 사실 '겁쟁이 여성' 전략은 여성의 오랜 생존 전략이다. 겁 많음, 이타심, 배려심 같은 것이 타고난 성품과 연관되지만은 않는다는 것이다. 다시 말해 여성은 자신의 본성이나 자신의 욕망을 기꺼이 숨기고 행동하는 데 익숙한 성별이라는 것이다. 그리고 이미 말했듯이 여성의 이러한 이중성은 일종의 생존 전략이다. 여성은 경쟁적이고, 이기적이며, 강력할 때 존재 자체가 부정될 수 있는 존재다. 따라서 여성은 남성으로부터 인정받을 존재로 있어야 무난히 존재할 수 있다. 그리고 그 인정이란 대개 여성성이란 덕목을 실현할 경우에 발생한다. 그러니 이중적 전략을 세울 수밖에 없다.

이런 여성의 이중성의 배후에는 불평등한 권력관계가 있다. 즉 여성과 남성은 불평등한 지위를 가지고 있다. 특히 남녀의 경제 행위의 차이는 무엇보다 강력하게 그 행위가 이루어지고 있는 공동체의 권력관계, 즉 성별관계가 설정한 제도적 조건과 관련된다고 할 수 있다. 그러나 성별관계는 하나의 잣대로 작동하는 기제가 아니다. 즉 자본주의나 가부장제 등 하나로만 설명되지 않는 다중체계이다(앤 퍼거슨, 2019). 다양한 인간 지배 체제가 복합적으로 작용하여 역사적 현실로 등장한다. 만약 그곳이 아마존의 모계사회라면 여성은 자신의 욕망을 향해 좀 더 적극적으로 행동하는 강인한 여전사로 살 것이다. 그러나 거기가 아마존이 아니고 엄한 가부장 사회라면 여성은 별수 없이 배려하고 헌신하는 존재가 될 것이다.

자신의 욕망을 자신의 몸속에 꼭꼭 숨기며 기회에 따라 펼치는 이 이중성이 여성이 세상을 살아가는 생존 전략이다. 여자는 약해도 어머니는 강하다 등의 이야기는 여성의 존재 방식을 잘 대변한다. 따라서 여성과 남성의 태생적 생물학적 차이에 따른 결정론으로, 여성성이란 수사만으로는 남녀의 삶이 구획될 수 없다.

좀 더 자세히 살펴보자. '여성은 남성보다 겁쟁이인가?' 하는 문제를 풀어 보자. 이는 성별 임금격차 문제와 더불어 가장 많이 연구되는 경제학의 주제 중의 하나이다. 남녀 임금의 격차가 나는 이유를 설명할 때 흔히 야간 근무나 생명 수당 같은 노동을 주로 남성 노동자가 담당하기 때문이라고 한다. 사실이다. 여성이 남성보다 용감하지 못하고, 겁이 많고, 위험을 회피한다는 것은 인간 세상의 상식에 속한다. 많은 경제학 연구의 결론도 여성은 겁쟁이라고 한다. 그러니 저임금을 받는다는 이야기다.

위에서 이미 소개한 것처럼 이런 결론이 과연 충분히 객관적인 증거를 가졌는지에 대해 확인한 넬슨은 이러한 연구가 얼마나 많은 편견을 가지고 이루어지고, 편견을 생산하는지를 밝힌다. 많은 연구에서 차이보다 동질성이 더 많은 여성과 남성을 차이가 있다는 것만 강조한 나머지 작은 차이도 '완전히 다르다'라고 해석하게 만든다는 것이다. 세상에는 이에 반하는 사실들도 많다(Nelson, 2017; 홍태희 2018).

여기서 우리는 유전적 차이를 넘어선 사회적 차이를 만들어 가는 여성의 상황을 주목할 필요가 있다. 왜 여성과 남성이 다르게 행동하는지는 물론 성별 유전자의 힘과 생존을 위한 진화생물학적 노력이라고 할 수 있다. 여성은 육체적으로 남성보다 약하다. 그러나 이것만으로 다 설명되지는 않는다. 성별 유전자의 차이를 기본적으로 인정하더라도 삶 속에서 실현되는 여성성의 발현은 지극히 사회적으로 구성된다.

그리고 구성 내용도 사회적 조건 속에서 훈련과 교육을 통해 변화되어 간다. 이것이 이 책에서 우리가 성별을 이해하는 기본 방식이다. 유전자적 결정에 의한 성별은 그 발현 방식에 있어서 사회적으로 구성된다는 것이다. 그리고 이 사회적 구성은 사회적 성(젠더)이나 사회적 성 역할로 이해된다.

여성성[11]과 남성성이란, 기본은 유전적 결정에 의하지만 사회적으로 발현된다는 것이다. 그리고 남성성과는 달리 여성성은 남성성의 보완적 역할로 규정된다는 것이다. 이것이 인간 사회를 작동시키는 가장 기본 구조이다. 이 기본 구조가 실체화된 것이 가부장제이다. 물론 역사상 여러 형태의 구조가 있었지만, 현재 인류가 경험하는 구조는 가부장제이다. 이 가부장제 아래에서 남성은 남성의 역할을, 여성은 여성의 역할을 하며 산다.

따라서 공동체의 언어에서부터 생활 양식은 물론 법률과 종교 그리고 죽음까지의 모든 것에서 기본 구조인 가부장제가 작동하며, 이 모든 것이 어우러져 그 공동체의 문화를 만든다. 이것이 앞으로 우리가 이 책에서 이야기할 것들의 배경이다. 바로 기본 구조가 만든 큰 얼개이며 삶의 양식 자체인 문화이다.

그렇다면 우리는 이야기의 실마리를 자연히 폴브레(N. Folbre)가 제시하던 '제한의 구조(structure of constraint)'에서 풀 수밖에 없다.[12] 각 문화가 각 사회 속에 떨어진 인간을 여성으로 또는 남성으로 길러 내고, 길러진 성별에게 요구되는 역할을 수행하며 각자는 인생 전체를 걸쳐 자신의 사회적 젠더를 완성하게 한다. 즉 여성과 남성은 생애 전체를 거쳐 그 문화가 용인하는 '성 역할(gender role)'을 하면서 살고, 문화가 용인하는 방식으로 죽는다는 것이다.

이렇게 생물학적인 여성이 문화를 통해 사회적 여성이 되어 경제적 행위를 하는데, 그 과정과 결과에 미치는 젠더의 영향을 집중적으로 조명해 보는 것이 이 책에서 우리가 알아보고자 하는 것이다. 경제는 사회의 구조 전체 속에 일부분이지만 전체를 관통하여 가장 강력하고 근본적인 요소이다. 경제도 근본적이고 성별도 근본적이다. 따라서 성별의 경제 문제를 해명하는 것은 각 사회의 작동 방식 전체를 아우를 수 있는 좋은 시작점이다.

---

11 남성과 여성의 차이에 주목하는 '문화적 생태 여성주의(cultural ecofeminism)'는 남성성의 특징은 분리, 권력, 가부장성, 여성성의 특징은 연대, 돌봄, 모성 등으로 본다. 이들은 이것이 여성의 단점이 아니라 오히려 여성성의 강화를 통해 사회문제를 해결해야 한다고 주장한다. 길리건(C. Gilligan), 노딩스(N. Nodings), 루딕(S. Ruddick) 등이 이런 주장을 한다.

12 폴브레에 따르면 삶, 특히 여성의 삶에 영향을 미치는 것은 경제만이 아니라 종, 계급, 성, 나이, 국가 등 여러 가지이다. 그녀는 이 제약의 집합 속에서 특정 사회의 선호가 결정되고, 시간과 더불어 변화하기도 한다고 하며 '제한의 구조(structure of constraint)'라는 개념을 만든다(Folbre, 2005).

4. 왜 성별이 문제가 아니고 성별관계가 문제인가?

본 장의 마지막 과제는 앞으로 나아가기 위한 분석의 기본 구도를 마련하는 것이다. 이미 우리가 위에서 설명했듯이 여성의 경제 문제에 접근하기의 출발점은 성별의 사회적 결정이다. 정확하게는 생물학적 여성 유전자를 가진 인간이 가부장제 문화를 통해 사회적 여성이 되는 과정에서 나타나는 특질은 종속성, 타자성, 교차성 그리고 이중성이다. 즉 여성은 남성을 기준으로만 존재하는 제2의 성이다.

이처럼 여성은 남성에 대하여 정체성을 확보하는 존재이므로 사회구조의 기본적인 구조는 두 젠더 사이의 관계, 즉 '성별관계(gender relations)'이다. 성별관계는 가장 근본적인 구조이며 삶에 뿌리박힌 문화라는 측면에서 시대와 장소에 따라 달라진다.[13] 물론 특정 공동체의 성별관계는 하루아침에 이루어진 것은 아니다.

성별관계는 오랜 세월 각 시대가 요구하는 모습으로 존재하며 진화한다. 그리고 근대에 들어서, 특히 1차, 2차 여성운동기 전체를 걸친 지난 200여 년 동안 늘 타자성으로 존재하는 여성을 성별관계의 주체이며 보편으로 변화시키려는 시도가 있었다. 그리고 21세기 현재에 우리는 또다시 새로운 길을 가고 있다.

다시 강조하지만, 앞으로 우리가 살펴볼 여성의 문제는 단지 생물학적인 차이에 의해서 발생한 것이 아니다. 오히려 이것은 사회문화적 차이에서 발생한다. 즉 여성이나 남성이라는 규정은 지극히 사회문화적 산물이고, 특정 시대와 사회의 규범이 인간에게 내재시킨 삶의 내용이다. 사회가 여성과 남성으로 이루어져 있는데 그 사회에 속하는 것만으로 여성과 남성의 내재화된 삶의 내용이 다르게 된다면 성별을 규정하는 사회문화적 발현이야말로 특정 사회를 규정하는 첫 번째 특징이라고 할 수 있다.

그리고 이 첫 번째 특징의 영향력은 단지 각 집에서 '누가 설거지를 하느냐, 마느냐'에서 '누가 상속을 얼마나 받을지는 물론 세금을 얼마나 내느냐, 유산을 얼마나 받느냐'까지 강력한 역할을 하게 된다. 이런 의미에서 모든 사회는 나름의 여성과 남성의 차이를 설계하는 제도로 만든 성별화된 사회이다.

---

13 하욱(F. Haug)은 성별관계가 개인적이거나 자연적인 관계가 아니라, 가치생산을 하는 사회적 관계이며, 생산관계로서 사회의 물적 토대의 기초로 이해한다. 나라마다 자본주의의 작동 방식이 다르듯이 사회마다 성별관계도 다르다. 이런 관점에서 하욱은 성별관계를 복수인 성별관계들(gender-relations)로 쓰여야 한다고 주장한다(Haug, 2001).

이 제도가 성별관계이다. 성별관계는 남녀의 차이는 물론 가계 내에서 생산과 분배를 결정한다. 아울러 성인지적 관점에서 거시경제를 해석하는 기본적인 도구이며, 미시경제에서 각 경제주체가 자신의 이윤극대화를 이루는 기준이며, 한 국가가 작동하는 기본 방식이다. 성별관계는 젠더 간의 관계를 매개로 하지만 양성 간의 개별적이거나 자연적인 관계가 아니라 노사관계처럼 물질적 가치를 생산하는 사회적 관계이며 권력관계이다(홍태희, 2014).

<그림 1-1> 성별관계와 성별관계 변화의 원인

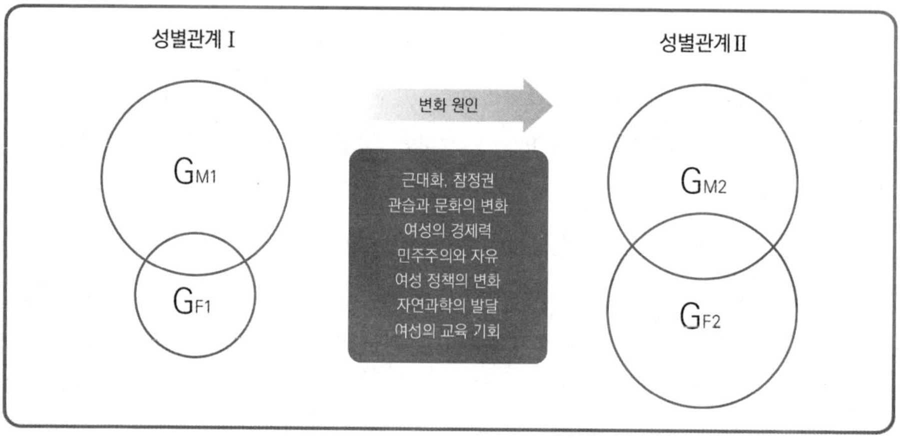

성별관계 I

G_{M1}

G_{F1}

변화 원인

근대화, 참정권
관습과 문화의 변화
여성의 경제력
민주주의와 자유
여성 정책의 변화
자연과학의 발달
여성의 교육 기회

성별관계 II

G_{M2}

G_{F2}

자료: 홍태희(2014) 재인용.

<그림 1-1>에서 보듯이 성별관계는 시대와 상황에 따라 변한다. 특정 사회는 시대마다 나름의 성별관계(성별관계 I, 성별관계 II)가 있다. 그리고 각 성별관계는 남성젠더(GM1, GM2)와 여성젠더(GF1, GF2)의 조합이다. 이 권력관계의 거버넌스에 따라 각 젠더를 구성하는 성격이 결정된다. 이러한 성별관계 I 은 사회의 변화에 따라 성별관계 II 로 바뀔 수 있다. 사회적 변화의 대표적인 것은 근대화, 인구 감소, 민주화, 과학의 발전 등을 꼽을 수 있다(홍태희, 2014).

바로 이 성별관계에 따라 누가 무엇을 생산하고 가질지를 결정하며, 얼마나 생산해서 얼마나 팔 것인가를 결정한다. 아울러 사회마다 성별관계가 다르므로, 각 거시경제의 특성을 나타내는 좋은 기준이 된다. 만약 각국 여성의 경제 상황에 대한 비교 분석을 하자면 먼저 그 사회의 성별관계의 성격을 살펴보아야 한

다(홍태희, 2014).

이처럼 사회적으로 성별이란 서로를 마주하는 대자존재로서만 의미가 있다. 그렇지만 우리 역사의 기록이나 우리의 상상이 원시공동체 사회나 아마존 지역 원주민 사회의 모계사회적 전통을 이야기하지만 가장 주도적인 인류의 성별관계의 모습은, 그 강도가 문화에 따라 차이가 있지만, 가부장제이다.

가부장제가 불균형한 권력관계를 의미한다는 점에서 가부장적 성별관계도 다스리는 자와 복종하는 자의 구도이다(Hartmann 1979: 11). 이는 일자리에서의 차별뿐 아니라, 일상 속 벌어지는 수많은 성폭력이나 가정폭력 등의 원인이며, 동시에 남성들이 누리는 젠더권력과도 연결된다.

5. 한 걸음 더 나아가기 위해 무엇을 할 것인가?

1장에서 우리는 이 책에서 생물학적 여성을 주제로 하지만 그 여성의 상황에 대한 해석은 지극히 사회적으로 형성된 여성을 통해 이루어진다고 설명했다. 그리고 사회적으로 형성된 여성이란 남성과의 관계인 성별관계를 통해서 이해할 수 있다고 했다.

그렇다면 사회적 여성은 종속적이고 이중적이며 교차적이며 타자성을 배경으로만 존재한다. 이런 여성을 비체로서가 아니라 주체로서 등장시키는 일은 또 다른 인간의 역사를 만들어 가는 일이다. 무엇을 하든 가장 먼저 해야 할 일은 여성을 온전한 인간으로 인식하는 태도이다. 그래서 대안은 무엇보다 사회의 성인지 감수성을 키우는 것이다. 2018년 현재 영국의 대학가에서 여성에 대한 지칭으로 차별적 용어인 'woman'이 아니라 포용적 언어 'womxn'을 쓰기 시작했다고 한다. 단지 'man'의 부속물로의 'woman'이 아니라는 여성의 주체 선언을 용어로 실천하는 운동이 벌어진 것이다. 더욱 중요한 점은 여기서 'womxn'은 단지 생물학적 여성뿐만 아니라, 성전환 여성까지 포함한 좀 더 포괄적 개념이라는 것이다. 바른 말은 대상이 되는 존재도 바르게 하는 기능을 한다. 한 걸음 더 나아가기 위해 먼저 말부터 바로 세워야 한다.

2장

• • •

여성과 남성은 다르게 태어나는가?

2020년 현재 대한민국에는 2,584만 4천 명의 여성이 살고 있다. 한국의 총 인구(5,178만 명)의 49.9%이다. 이 책의 2장에서 우리는 여성과 남성의 출생을 경제학적 관점에서 검토한다. 여성과 남성은 같은 인간이지만 다른 성별을 가지고 있다. 운명적으로 결정된 이 성별의 다름은 남성과 여성의 탄생부터 다른 경제적 현실을 가져온다. 이런 현실의 차이는 단지 각자의 삶뿐 아니라 서로의 삶에 그리고 결국에는 각 공동체의 재생산 문제로까지 연결된다.

탄생의 문제를 경제학적으로 해명하기 위해 우리는 2장에서는 먼저 왜 인류는 점점 더 적은 수의 자손을 가지려 하는지, 대한민국은 왜 초저출산 사회로 가고 있는지를 해명한다. 이를 자녀의 존재가 주는 경제적 측면에서의 비용과 편익을 통해 설명한다. 다음으로 우리는 출산과 양육에 대한 경제학적 해석을 살펴본다. 그리고 인간의 탄생은 특히 인간을 직접 생산하는 여성에게 특별한 의미가 있을 수밖에 없다는 점을 고려하여 출산이 여성에게 주는 편익과 비용에 관해서 설명한다. 2장에서는 이를 통해 여성은 왜 남성보다 적게 태어나는지, 특히 가부장제가 엄격히 작동하는 사회에서 경제적으로 어떤 의미가 있는지를 해명한다. 아울러 뿌리 깊은 남아선호사상이 경제적으로는 어떤 의미가 있는지를 확인한다. 이와 함께 어떤 요인으로 남아선호가 한국에서는 점차 약화되었는지를 여성의 경제 문제와의 연관에서 설명한다. 마지막으로 문제의 해결을 위한 대안을 제시한다.

1. 왜 인류는 점점 더 자손을 적게 가지려 하나?

2018년 대한민국에는 32만 6천9백 명의 신생아가 태어났다. 이는 2017년보다 무려 8.6%가 감소한 수치로 1만 4천4백 명의 아이가 전년보다 덜 태어났다. 이 중 여아 출생아 수는 2017년에 비해 감소한 15만 9천1백 명으로 전체 출생아의 48.7%이며, 출생 성비는 105.4명이다. 대한민국은 물론이고 현재 지구촌의 최고 권력자인 인류 전반은 점점 더 부유해지고 있다. 인류의 영향력이 미치지 않는 곳이 없으며, 인류가 두려워할 천적도 없다. 아울러 인류는 생산력의 발전에 힘입어 그 어떤 시기보다 물질적으로 풍족하다.

<그림 2-1> 한국의 성별 인구 비중   <그림 2-2> 한국의 성비 추이

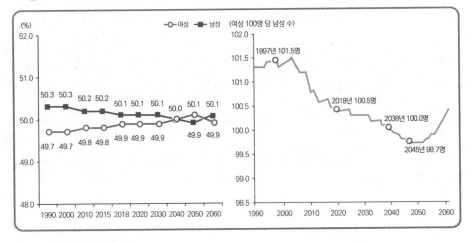

자료: 통계청, 「장래인구추계」.

인구의 급속한 증가에 비해 식량의 더딘 증가로 인한 인류의 비극에 대한 맬서스(T. Maltus)의 인구론[1]의 분석은 잘못되었다. 현재 지구촌의 상황을 잘 설명하지는 못한다. 기하급수적인 인류의 증가에 대한 예언과는 다르게 인류는 점점 더 적게 후손을 가지고 있다. 이는 생태계에서는 매우 이례적인 상황이다. 한국

---

1 맬서스는 1798년에 쓴 "인구론(An Essay on the Principle of Population)"에 인구는 기하급수적으로 증가하는 데 식량은 산술급수적으로 증가한다고 하면서 발생할 인류의 파탄을 막기 위해 산아제한을 주장했다.

의 상황은 더욱 극적이다. 한국의 합계출산율은 1990년 1.57명에서 2018년 0.98명으로 크게 감소했다.

<표 2-1> 출생아 수, 출산 순위별 출생 성비, 조출생률 및 합계출산율

(단위: 천 명, 명, 인구 1천 명당 명, 가임 여성 1명당 명)

	총 출생아	여아	남아	출생 성비	첫째아	둘째아	셋째아 이상	조(粗) 출생률	합계 출산율
1990	649.7	300.1	349.6	116.5	108.5	117.1	193.7	15.2	1.57
2000	640.1	304.7	335.4	110.1	106.2	107.4	143.6	13.5	1.48
2008	465.9	225.8	240.1	106.4	104.9	105.6	116.6	9.4	1.19
2010	470.2	227.3	242.9	106.9	106.4	105.8	110.9	9.4	1.23
2011	471.3	229.1	242.1	105.7	105.0	105.3	109.5	9.4	1.24
2012	484.6	235.6	249.0	105.7	105.3	104.9	109.2	9.6	1.30
2013	436.5	212.6	223.9	105.3	105.4	104.5	108.0	8.6	1.19
2014	435.4	212.1	223.4	105.3	105.6	104.6	106.7	8.6	1.21
2015	438.4	213.5	224.9	105.3	106.0	104.5	105.5	8.6	1.24
2016	406.2	198.2	208.1	105.0	104.4	105.2	107.4	7.9	1.17
2017	357.8	173.5	184.3	106.3	106.5	106.1	106.4	7.0	1.05
2018	326.9	159.1	167.8	105.4	105.2	105.8	105.8	6.4	0.98

자료: 통계청, 「인구동태통계연보(총괄·출생·사망편)」 각년도, 「2018년 출생·사망통계(잠정)」 2019. 2.

그러면 여기서 출산을 둘러싼 가설을 경제학적 가설부터 좀 더 살펴보자(김상대·정유미, 2009: 94). 이미 위에서 설명한 맬서스의 출산에 대한 가설은 인간의 생존 가능성과 관련된다. 식량의 증가 속도보다 인구의 증가 속도가 큰 현실이 발생하면 소득이 줄고, 결혼이 연기되고, 자녀의 수도 줄어든다는 것이다.

이외에 다윈(C. Darwin)의 가설(theory of evolution)도 꽤 잘 알려져 있다. 자녀를 출산한 부모의 자식들은 그 외 사람보다 가임 능력이 출중하다. 그 자녀들이 다시 출산하게 되는 과정에서 적자생존한 인간의 가임 능력은 점점 더 우수하게 되고, 지구촌 인간의 수도 점점 더 많아진다는 가설이다. 좀 더 주류 경제학의 영향을 받은 출산에 대한 경제학적 해석은 하비 라이벤슈타인(H. Leibenstein)

에 의해 제기되었다. 그는 결혼의 효용에서 결혼의 비용을 뺀 순효용의 크기로 출산율이 결정된다고 했다(Leibenstein, 1975).

이런 가설 중에 어떤 것이 더 설득력이 있느냐는 사실 각 나라의 시대적 상황마다 다르다. 물론 특별한 이유가 없는 한 결혼한 부부는 역사 이래 언제나 그랬던 것처럼 자녀를 둔다. 그런데 예전과는 달리 인간의 생물학적 수태 가능성과는 별개로 인간은 자녀의 수를 통제하고 점점 더 적은 아이를 둔다. 이는 왜 발생한 현상인가? 이렇게 이해하기 어려운 현상에 대해서 경제학은 다음 네 가지 이유로 설명된다.

❶ 자녀의 값이 비싸져서 자녀에 대한 수요가 줄었다.
❷ 소득 증가와 함께 열등재인 자녀에 대한 수요가 줄었다.
❸ 적은 수의 자녀를 가지거나 아예 안 가지는 것이 시대의 유행이다.
❹ 인류는 이전 시대의 선조보다 손쉽고 싸게 자녀 수를 통제할 방법을 가지게 되었다.

물론 나라마다 이러한 사정은 조금씩 다르다. 한국이나 일본같이 극단적인 초 저출산국도 있고, 아프리카의 많은 국가는 여전히 지나치게 출산율이 높기도 하다. 그러나 그런 아프리카 국가도 그 이전 시대보다는 저출산이다. 이처럼 저출산 현상은 전 세계 어디서나 공통으로 확인되는 특징이다. 이런 의미에서 '맬서스 가설(Malthusian theory)'은 오류임이 분명하다.

긴 진화의 과정은 동물에게 자신이 감당할 자식의 수를 미리 알아 이를 조절할 능력을 주었다. 생식은 대부분 동물의 본능이고 인간도 동물의 일종이라는 것을 부인하기 어렵다는 것을 인정하자면 이는 생태계 전체에 있어서 상당히 이례적인 사건이다. 전 세계적으로 그 이전 시대보다 부유해진 인류가 비교적 쉽게 의식주 생존 조건을 조달할 수인데도 자신의 2세를 가지는 자연스러운 일에 이렇게 반자연적인 태도를 보이는 것은 매우 이상하다.

이에 대한 경제학의 설명을 들어 보자. 경제학은 부모가 자녀를 갖는 일도 수익과 비용의 관점에서 설명한다. 경제학은 자녀를 가지는 행위를 자녀에 대한 수요라고 한다. 그리고 흔히 자식을 가지는 일을 순리라고 말하나 출산을 제어할 수 있는 현대에서 이는 순리라기보다는 비용편익의 계산에 따른 선택의 결과라고 본다. 이는 인류가 본능을 넘어서 본능을 통제하고, 기꺼이 이를 관리하며 자신의 계산에 따라 출산을 계획하고, 개인적 선택에 따라 피임하고, 원하지 않으면 낙태까지 하며 자식을 선택할 마음과 현실적 능력을 갖추었기 때문이다. 물론 원하지 않는 임신을 했으나 법적 제약으로 무조건 출산해야 하는 나라들도 있지만, 이들 나라가 대세는 아니다.

사실 출산을 결정하고, 선택할 수 있다면 가장 큰 문제는 돈이다.[2] 따라서 자녀를 갖는 결정은 무엇보다 경제적 선택이다. 물론 자녀를 갖는 것은 본능이다. 그러나 자녀의 존재는 인간의 선택 중에 어떤 선택보다 장기적으로 지속해서 강력하게 경제적 복지에 영향을 준다. 피임 기술, 특히 먹는 피임약은 물론 사후 피임약까지 개발된 현재 많은 나라에서 낙태도 법적으로 가능하여 자녀도 선택할 수 있게 되었다.

그러면 선택의 조건은 무엇인가? 그것은 특히 부모의 자원배분의 결정과 연관된다. 왜냐하면 출산과 양육은 비용을 수반하기 때문이다. 이러한 비용을 감수하고도 자녀를 갖는 것은 사람이 자식을 두는 이유와 현재 점점 더 자녀를 갖지 않으려는 이유는 관련이 있다고 할 수 있다. 사실 한국의 경우 저출산의 중심에는 경제 문제가 있다(홍태희, 2002).

먼저 자녀를 일종의 재화로 보고 설명하자. 비용을 지불하고 자녀를 소비하는 것은 자녀가 투자재와 소비재의 기능을 동시에 가지기 때문이다. 소비재의 기능은 자녀를 가짐으로써 부모의 효용이 증가한다는 측면을 강조한다. 이때 자녀는 일종의 기쁨을 주는 존재로 설정된다. 이런 소비는 무엇보다 경제력에 영향을 받는다. 마치 사치재의 구매가 소득에 비례하듯이 자녀가 주는 기쁨을 위한 자녀 소비는 소득에 영향을 받는다. 동시에 자녀는 장기적으로 효용을 제공하는 내구재 역할을 한다.

---

2 2018년 한국인의 낙태 이유는 직장, 학업 등 사회생활에 지장이 있어서가 33.4%, 경제 문제가 32.9%, 자녀 계획이 31.2%이다(한국보건사회연구원, 2019).

반면 투자재로서의 자녀의 기능은 소비재와는 다르다. 자녀가 당장 기쁨을 주는 것은 아니지만, 미래에 편익이 발생할 가능성이 있다. 오랫동안 자리 잡은 유교의 영향에 따라 가문의 대를 잇는 존재로서의 아들은 소비재가 아니라 한 가문의 유지를 위한 필수재에 가까웠다. 상속과 제사 등의 사회적 행위가 아들이 없으면 불가능했으며, 아들이 없는 가정은 주위의 폄하를 당해야 한다. 따라서 필수재인 아들을 가지기 위해 어떤 어려움에도 아들이 태어날 때까지 출산을 해야 했다. 아울러 농경사회라면 자녀는 필요한 노동력의 공급처 기능을 한다. 따라서 자녀를 낳는 것은 일종의 노동공급 기능이 있었다.

만약 노후의 생활이 자녀의 도움으로만 가능한 사회라면 자녀의 투자재적 성격은 더욱 강해진다. 자신의 노후는 물론이고 사회적인 성공의 잣대로 자식의 성공이 대리변수로 사용되고, 이런 사회에서는 부모는 자녀와 자신의 미래를 위해 자녀에 대한 인적자본 투자에 최선을 다한다. 이처럼 자녀는 부모에게 만족감과 안정감을 주고 가계의 현재와 미래의 생산에 필요한 생산요소로서의 가치를 가지고 있다는 점이다.

출산율이 점점 떨어지는 현상을 경제학의 기본적인 설명 방식에 따라 자녀에 대한 수요와 공급으로 설명하자. 자녀의 수요에 영향을 주는 변수에는 소득, 육아 비용, 자녀의 수와 질 사이의 관계, 유행 등이 있다. 소득의 증가는 대체효과와 소득효과를 동시에 일으킨다. 소득이 증가하면 육아를 위해 포기해야 하는 시장노동의 포기분이 증가하여 비싸진 자녀를 덜 소비(저출산)한다. 대체효과이다. 소득효과는 소득이 올라가면 사치재인 자녀를 더 소비하려고 한다. 이 두 가지 효과의 상호 작용에서 소득과 자녀의 관계가 결정된다. 일반적으로 소득과 자녀 수는 부의 관계이다. 대체효과가 더 크다는 것이다.

자녀를 기르는 데는 회계비용과 기회비용 두 가지를 고려해야 한다. 회계비용은 자녀를 기르기 위한 출산비, 식비, 교육비 등 직접 비용을 말한다. 이에 비해 기회비용은 자녀를 낳고 기르기 위해 부모가 포기했던 다른 가능성을 말한다. 만약 비용이 지나치게 비싸지면 자녀의 가격이 올라가니 수요의 법칙에 따라 자녀에 대한 수요량은 줄어들 것이다. 이 비용이 한 가계가 지불할 수 있는 예산선 밖에 있으면 부부는 자녀를 갖지 않을 것이다.

마지막으로 짚고 넘어갈 점은 대부분의 사람은 사회가 요구하는 행동 양식을 실현하는 의사 결정을 한다는 것이다. 가령 사회가 소수의 자녀를 잘 키우는 것이 중요하다며 "잘 키운 딸 하나 열 아들 안 부럽다!"라는 분위기가 생기면 선택은 영향을 받는다. 즉 '많이 낳을 것인가, 적게 낳아 잘 키울 것인가?' 하는 선택 앞에서 사회의 분위기에 영향을 받는다. 또한 자녀 수의 결정은 한 사회의 관습이나 분위기, 유행은 물론 부모의 교육수준이나 소득수준에도 영향을 많이 받는다. 사실 자녀를 많이 둔다는 것은 자녀의 질을 떨어뜨릴 뿐 아니라 많은 기회비용의 지불을 의미한다. 따라서 부모의 현명한 선택은 질을 추구하는 동시에 기회비용을 줄이는 것이다.

위에서 이미 소비재와 투자재 그리고 노동력으로서 자녀의 가치에 대해서 설명했지만 다시 자녀가 주는 편익에 대해 살펴보자. 자녀는 부모에게 기쁨과 고통, 효용과 비용을 동시에 주는 존재이다. 자녀를 가짐으로써 발생하는 기쁨이나 안도, 행복을 위해 자녀를 낳고 기른다. 자녀의 존재만으로도 행복하다는 것이 대다수 부모의 마음이다. 아울러 자녀를 갖는다는 것은 일종의 투자이다. 즉 자녀는 투자재적 측면이 있다. 자식은 부모의 가업을 계승하고, 혈통을 잇고, 부모의 노후를 책임지는 존재이다.

이는 인류사회가 불과 300여 년까지는 대부분 농경사회였고, 그동안 농경사회의 생산력을 떠받친 것은 가족 노동력이었기 때문이다. 따라서 그 오랜 역사속에 자녀를 가진다는 것은 노동력을 확보하는 가장 효율적이고, 지속적이며 안심되는 투자 방법이었다. 가족 구성원을 중심으로 한 노동력의 의미는 어느 나라 할 것 없이 근대와 현대를 맞으면서 경제 구조의 변화로 산업사회로 바뀌면서 어느 정도 퇴색된 것도 사실이다. 그런데도 여전히 많은 나라에서 자녀는 노동력의 핵심이다. 물론 산업화를 이룬 대부분 나라에서 노후의 경제적이고 사회적인 기반이 충분히 보장된 것은 아니다. 이런 사회보장제도의 공백을 여전히 자녀가 메우고 있고, 부모는 이에 대비하여 자식에게 투자하고 있다. 사회보장제도가 제대로 정비되어 있지 않을 때 자녀를 키움으로써 이후 노후에 안전판으로 사용하는 투자 개념이다.

아울러 자녀는 일종의 과시적 소비 대상이다. 현재 많은 선진국에서 사회 고위층이나 부자들은 다자녀를 둔 이들 중에는 본인의 존재를 과시하기 위해 다자녀를 두는 경우도 있다. 이처럼 자녀는 한 사회 속에서 베블런 효과를 발생시키는 대상이다. 이웃, 친척과 친구들에게 자녀가 있는데 본인에게 자녀가 없다는 사실에 대해 평균적인 현대인은 일종의 약점이거나 결핍으로 이해한다.

그런데도 전체적인 추세가 초저출산으로 가는 것에는 이같이 자녀가 없어서 느끼는 결핍보다 이를 위한 비용이 더 크기 때문이다. 자녀의 비용은 무엇인가? 2016년 한국 여성가족부가 육아정책연구소와 함께 9세 이하의 자녀를 둔 어머니나 출산 계획이 있는 임신부 등 1천202명을 대상으로 조사했다. 그 결과 자녀가 있는 가계의 가구당 육아 비용은 월평균 107만 원으로 전체 소비 지출액 345만 원의 3분의 1에 달한다고 한다.[3]

이 같은 육아 비용에 대해 '매우 부담'으로 느끼는 어머니는 33.3%이고, '조금 부담'으로 느끼는 어머니는 56.7%이다. 따라서 90%가 부담을 느끼고 있다. 이러한 양육비 부담이 현재 한국의 저출산의 주요 원인이 된다는 응답은 94.6%에 이른다. 또한, 자녀에 대한 양육 비용 지출로 부부의 노후 준비를 제대로 할 수 없다는 대답도 92.8%이다. 이처럼 자녀를 두는 대가는 현재의 소비에 대한 포기뿐 아니라, 부모의 노후 복지에도 부정적 역할을 한다. 이처럼 자녀를 가지는 것이 손익분기점을 넘어서서 손해라고 한다면 부모의 합리적 선택은 출산을 포기하는 것이다.

1980년부터 2011년까지 한국의 교육비 지출은 약 40배 증가했다고 한다. 이런 증가 추세는 한국의 경제 성장률보다 빠른 것이어서 지출의 지속 가능성 자체가 문제가 될 수 있다. 이는 한국 가계의 지출 중 교육비 비중이 꾸준히 빠르게 증가하였음을 보여 준다. 이 기간에 한국의 평균 자녀의 수가 줄어들었음에도 교육비는 오히려 증가했다는 것만으로도 한국에서 자녀를 갖는 비용이 빠르게 증가했음을 보여 준다. 2017년 국회예산정책처에 따르면 2015년 한국의 교

---

3 이 조사는 2016년 7월부터 12월까지 육아 소비 및 지출액, 양육 가치관, 육아 문화 인식 등에 대해 설문조사와 심층면담을 통해 이뤄졌다. 육아 비용으로 주로 지출하는 항목은 '돌봄 및 어린이집·유치원 비용'(20.9%), '식료품비·외식비'(14.9%), '사교육비'(14.4%) 순이었다. 0~3살 영아를 둔 가정은 '식료품비 및 돌봄기관 비용'(38.8%)이, 4~6살 유아를 둔 가정은 '돌봄 기관 비용'(37.2%)이, 만 7~9살 초등 저학년 자녀를 둔 가정은 '사교육비 비용'(64.1%)이 가장 큰 부담 항목이라고 답했다(최희석, 2017).

육비 지출 비중(5.52%)은 OECD 평균(1.56%)의 3.6배나 된다(국회예산정책처, 2017).

이러한 현상은 한국뿐 아니라 여전히 유교적 혈연주의가 어느 정도 영향을 주고 있는 중국도 마찬가지이다. 중국의 정책 당국은 그간 산아제한을 위해 오랫동안 관철했던 '한 자녀 정책'을 2013년부터 완화시키다가 2016년에는 모든 부부가 두 아이를 가질 수 있게 했다. 그러나 신생아 수가 2016년 증가했지만 2017년과 2018년 다시 감소했다. 이는 둘째 아이를 갖기 위해 불법도 마다치 않던 중국에도 그사이 민심이 많이 변했다는 것을 말한다. 최근에는 50% 이상의 중국인은 둘째 아이 갖기를 원하지 않는다는 조사가 나왔다. 중국의 이런 변화도 높은 양육비 부담 때문이다. 중국인 과반수가 자신의 생활수준이 자녀를 키우는 비용 때문에 떨어지는 것을 우려해서 둘째 아이를 포기한다고 한다.

출산의 또 다른 비용은 출산과 양육으로 인한 부모의 시장노동에서의 경력단절이다. <그림 2-3>은 현재 한국 여성의 현실을 잘 반영한 노동시장 경력단절 상황을 보여 준다. 그림에서 보듯이 한국 여성의 생애 동안 시장노동공급을 나타내는 곡선이 여전히 뚜렷한 M형 곡선을 나타낸다. 이는 결혼과 출산, 그리고 자녀 양육으로 한국 여성이 노동시장에 참가할 수 없음을 말한다. 특히 최근 한국에서는 35~40세 여성들의 취업률이 감소하는 경향이 뚜렷한데 취학 자녀를 둔 여성이 아이 성적을 잘 관리하기 위해 발생한다는 연구 결과도 있다(김대일, 2018). 왜 출산과 양육이 여성 노동에 특별한 의미가 있는지를 알 수 있다.

물론 한국 사회는 이러한 여성의 경력단절 문제를 해결하기 위한 다양한 노력을 했다. 그러나 별 효과 없이 단지 초산 연령이 늦어지면서 시장노동의 최저점이 오른쪽으로 평행이동하는 결과를 가져왔다. 물론 최근 10년간 여성 전체 고용률은 1.5%p 상승하였다.

이는 일종의 풍선효과와 같은 것이다. 여성 노동의 문제가 자녀 양육과 밀접한 연관이 있다는 점을 든다면 이제까지의 정책은 단지 출산을 뒤로 미루는 효과를 발생시키는 동시에 초산을 늦추어 아이와 산모의 건강에 위협이 되는 측면도 생겼다.

<그림 2-3> 연령대별 여성고용률

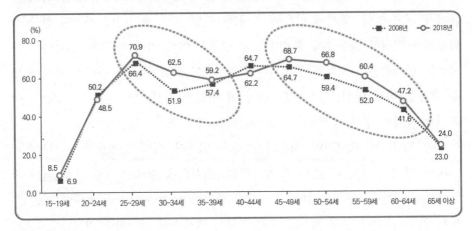

자료: 통계청, 「경제활동인구조사」.

　한국 조세연구원이 2007년 발간한 보고서 「저출산 대책으로서 재정 정책이 여성의 출산, 노동공급, 결혼 결정에 미치는 효과」에 따르면, 한국 여성의 소비와 여가 변수의 크기가 커질수록 여성의 효용이 커진다고 한다(조세연구원, 2007). 이는 왜 한국에서 저출산 현상이 발생하는지 바로 알려 준다. 물론 한국에서의 조사 결과만이 아니라 많은 나라에서 동일하게 관찰되고 있다. 출산과 양육은 소비와 여가의 크기를 작게 하여 결국 담당자인 여성의 효용을 감소시킨다는 것이 근대와 현대를 관통하여 작동하는 시대정신이 된 상황이다.

　그럼 이와 같은 저출산의 원인에 대해서 좀 더 자세히 살펴보자. 저출산의 배경에는 과학의 발전이 있다. 특히 의학의 발전이 출산 억제를 가능하게 했다. 과거보다 발전한 산부인학의 성과로 피임이 쉬워지고, 의학의 발전과 더 나은 생활환경과 음식으로 유아사망률이 줄어든 것이 저출산의 원인이다. 물론 대가족이 핵가족으로 변하는 인구구조의 변화가 생기고, 부부 중심의 사고방식이 정착하였고, 개인주의적 경향이 강해진 것이 이 방향으로의 변화를 주도하는 힘이기도 하다.

　기독교적 문화의 영향력이 점점 커지면서 유교적 혈연주의가 약화되기도 했다. 그러나 거듭 강조하듯이 좀 더 중요한 것은 경제적 문제이다. 자녀의 가격이 비싸졌기 때문이다. 알파고까지 등장하고 시중 로봇까지 만들어지는 시대에

혼자 먹고살기에도 빠듯한 보통 사람들에게 자녀는 일종의 먹지 못할 감 같은 존재가 되고 있다. 위에서 인용한 조세연구원의 위의 보고서에 따르면 한국 사람들에게 자녀가 많을수록 총효용은 늘어난다. 이에 비해 자녀가 늘 때마다 증가하는 한계효용은 오히려 줄어든다고 했다. 이 보고서는 첫 자녀가 가져다 주는 효용을 화폐 단위로 약 1억 2천만 원 정도로 환산했다(우석진 외, 2007). 이 크기는 자녀의 수가 증가할수록 줄어든다는 것이다(홍태희, 2014).

이와 같은 전 세계적인 저출산 경향은 위에서 이미 설명했듯이 맬서스(T. Malthus)의 인구가설을 정면으로 부정한다. 맬서스에 따르면 식량은 산술급수적으로 증가하는데 인구는 기하급수적으로 증가하며 인류는 결국 파국에 이를 수밖에 없다. 그러나 현재 적어도 세계 인구는 맬서스의 기대처럼 기하급수적으로 증가하고 있지 않다. 높은 생산성에도 전 세계적으로 인구증가율은 뚜렷하게 감소하고 있다. 특히 선진국에 진입한 나라들의 출산율은 더 급속하게 줄었다. 아래 <그림 2-4>는 한국의 합계출산율을 보여 준다. 이 그림으로도 한국의 저출산 현상은 확연히 드러난다.

특히 여성의 경우 출산과 육아에 따른 기회비용도 많이 발생하여, 자신의 삶과 어머니로의 삶 사이에 힘든 선택을 하고 있다. 둘째 아이를 포기하는 현상이 자연스러워지고, 더 이상 사회가 둘째 아이를 강요할 수도 없다. 그러니 출산율이 급격히 저하된 것이 한국의 현실이다. 2011년 한국의 합계출산율[4]은 1.24명으로 평균 1.75명을 출산하는 OECD 국가 중 가장 낮은 수준이었다. 이러한 한국의 출산율은 2013년 1.18명으로 더 줄어 각종 대책이 무효하다는 것을 보여주었다. 이런 추세는 2014년, 2015년을 거치면서 조금 개선되는 듯 하지만 2017년 한국의 출산율은 1.05명, 2018년 0.98로 더 떨어졌다.

조출산율도 2016년보다 0.9명이나 감소한 7.0명으로 역대 최저치이다. 이런 추세로 가면 한국은 가장 빨리 지구에서 사라지게 될 것이라는 경고가 나올 정도이다. 그리고 이런 경고와 예측은 우리가 앞으로 대책을 어떻게 세우냐에 따라 결과를 달리해 나타날 것이다.

---

4 합계출산율은 여성 1명이 가임 기간(15~49세) 동안 낳을 것으로 예상되는 평균 출생아 수, 조(粗)출산율은 인구 1천 명당 출생아 수를 말한다.

<그림 2-4> 한국의 합계출산율

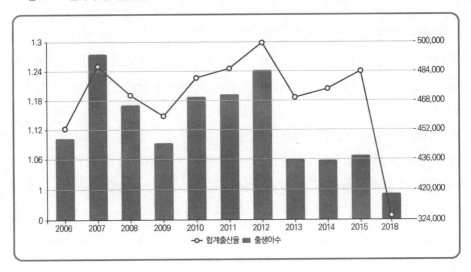

자료: 통계청.

　물론 저출산 현상은 여러 요인이 중첩되어 발생한다. 무엇보다도 과학기술의 발전에 따른 피임 기술의 보편화와 낙태 가능성이 크게 기여했다. 산아를 조절할 능력이 있어야 저출산이든, 고출산이든 가능하기 때문이다. 물론 이 같은 피임의 가능성도 하늘에서 저절로 떨어지지 않는다. 이는 경제력이 있어야 가능한 일이다. 피임에는 돈이 든다. 사실 가난한 아프리카 국가의 여성들은 피임할 경제력이 없어서 출산하는 경우가 허다하다. 즉 어느 정도의 경제 성장과 함께 경제력을 갖춘 일반 국민이 출산이나 낙태를 선택적으로 결정할 가능성이 생긴다.

　아울러 낙태에 대한 국가나 사회의 통제 정도도 원인이 된다. 낙태가 엄격하게 금지된 국가의 출산율은 그렇지 않은 국가보다 높다. 이는 세계적인 저출산 속에서 특히 가난한 나라에서 21세기에도 여전히 사회나 가계가 경제적으로 감당할 수 없는 출산이 이루어지고 있고, 여전히 높은 유아사망이 발생하는 것도 가족 계획을 할 제도적 여건이나 경제적 능력이 마련되지 못한 탓이다.

2. 경제 성장과 출산율의 경제학

출산율 저하는 경제 성장과 깊은 연관이 있다. 대부분의 나라에서 경제 성장과 함께 출산율이 떨어지고, 선진국의 출산율이 개발도상국의 출산율에 비해 낮다. 경제 성장의 결과로 국민소득이 증가하면 자녀를 양육할 경제력이 커지고, 이에 따라 더 많은 자녀를 가질 것으로 예상했는데, 현실적으로는 출산율이 낮아진다. 그 이유는 이미 위에서 설명했다.

경제 성장은 우리에게 다양한 삶의 가능성을 가져다 주었다. 특히 경제 성장은 단지 물질적인 영역의 변화만을 가져온 것이 아니다. 경제 성장은 민주화와 더불어 인권의 가치도 높여 주었다. 여권이 신장되어 여성의 몸에 대한 자기결정권이 높아지고 합법적 낙태의 길도 열렸다. 이런 경제 성장과 출산율의 부의 관계를 경제학은 다음과 같이 설명한다.

❶ 부의 소득효과이다. 경제가 성장하면 사회보장제도가 정착되고 노후 생활이 비교적 안정될 수 있다. 그런 경우 자녀의 존재가 가져다주는 투자재로서의 매력, 미래의 보험 기능이 축소된다. 그러나 육아 비용은 오히려 증가하여 자녀의 총비용은 증가한다. 따라서 소득이 증가하면 자녀의 효용이 감소하고, 출산율이 떨어진다.

❷ 양육비의 증가이다. 경제 성장을 하면 숙련이 요구되는 일자리가 증가한다. 따라서 자녀의 취업을 위한 교육비 부담이 늘어나며 육아 비용이 증가하고 자녀의 총비용이 증가한다. 따라서 출산율이 떨어진다.

❸ 육아의 기회비용 증가이다. 소득이 증가하면 여성의 취업 기회도 늘어나 육아의 기회비용이 증가한다. 가격이 올라가면 수요량이 줄듯이 자녀를 위해 포기해야 하는 기회비용이 커지니 자녀수가 줄어든다. 즉 아이를 기르지 않고 일을 하면 벌 수 있는 소득이 증가할수록 육아의 기회비용이 증가하므로 출산을 하지 않게 된다.

❹ 만혼과 비혼의 증가이다. 출산율은 자녀에 대한 수요뿐만 아니라 자연 출산력이나 가임 능력 등 공급 측 요인도 고려해야 한다. 경제 성장과 함께 인적자본 축적의 기회가 늘어나고, 여성의 노동시장 참가율이 늘고, 만혼과 비혼이 증가하면서 아예 출산을 않거나, 가임기를 놓치는 경우도 많기 때문이다.

여기서 짚고 넘어가야 할 점은 분배와 출산율과의 관계이다. 경제 성장의 결과는 대부분 자본주의 국가에서 불공평하게 분배된다. 일부 슈퍼스타나 부자가 다자녀이기는 하지만 고소득 계층이라고 무조건 더 많은 자녀를 가지는 것은 아니다. 이런 가운데 자녀를 위해 써야 할 소비재의 가격은 고급화되어 양육 비용이 증가하는 것에 비해 저소득 가정의 소득 증가는 충분히 이루어지지 않는다. 그러니 저소득 가정에서는 아이를 가질 엄두를 내지 못한다. 불평등한 소득 분배는 자녀 수의 격차도 가져온다.

경제 성장은 대부분의 나라에서 민주화를 동반하며 인권을 강화한다. 사람을 귀하게 여기는 사회적 분위기 속에 자녀 수보다 자녀의 질을 선택하는 부모의 의사 결정이 이루어지게 된다. 예산은 한정되어 있는데 더 좋은 교육의 기회를 제공하려면 자녀 수를 통제하는 수밖에 없다.

이처럼 경제 성장은 특정 국가의 산업구조 변화를 동반한다. 인간의 노동력보다 기계가 경제를 이끄는 시대로 변하면서 나타나는 인구학적 변화를 대부분 자본주의 국가는 산업화하는 과정에서 경험했다. 이는 많은 학자의 실증분석의 결과로서 확인된다. 그 특징은 다음과 같다.

❶ 경제 성장은 혈연주의를 해체했다. 돈은 사회의 가치관을 바꾸고, 경제 성장을 어느 정도 성취한 나라는 혈연주의나 집단주의보다 개인주의가 주목을 받는다. 자연히 자식의 노후 보험 기능이 점차 상실된다. 따라서 더는 자식으로 노후의 삶을 보장받으려는 분위기도 사라진다.

❷ 경제 성장은 유아사망률을 떨어뜨렸다. 성장과 함께 변화된 사회상으로 많은 아이를 낳을 필요가 없어졌다. 특히 경제 성장은 국가의 기능을 강화했다. 국가 차원에서 지속적인 노동력 공급을 위해 의료에 대해 지원을 강화해 부유한 가구는 물론이고, 가난한 가구의 유아사망률도 줄어든다.

❸ 경제 성장은 여성권을 강화했다. 저출산 현상에는 여성권의 강화도 큰 요인으로 작용한다. 많은 연구에서 확인된 바에 의하면 여성은 남성보다 더 적은 자녀를 원한다고 한다. 만약 특정 사회에서 여성에게 낙태할 권한이 주어진다면 출산율은 훨씬 떨어진다. 이는 낙태를 허용하는 많은 국가에서 관찰되는 사례이다. 아울러 여성의 권한이 커져 가계 내에서 자신의

협상력이 강화될 때 자녀의 수는 줄어든다. 가령 가계 내에서 여성이 자신의 출산을 결정할 힘이 있으면 여성은 대개 더 적은 아이를 가지는 선택을 한다(Eswaran, 2014).

❹ 여성고용률과 출산율은 양의 상관관계이다. 가계소득이 낮아지면 출산율은 낮아질 수밖에 없다. 양성평등이 된 선진국에서 고학력 여성의 출산율 상승은 고용 기회 증가와 출산율 증가의 선순환으로 작동했다고 할 수 있다.

놀라운 점은 이러한 기본적인 가설이 나라마다 그리고 시대마다 그 인과관계를 변화시킨다는 점이다. 다 로차와 푸스터(J. M. Da Rocha and L. Fuster)의 연구는 이를 실증한 대표적인 사례이다. 이들은 OECD 국가를 대상으로 실증분석한 결과 여성고용률과 출산율 사이에 강한 양(+)의 상관관계가 있다는 것을 발견했다. 상식적인 기대와는 다르게 여성의 경제활동참가율이 증가하면 오히려 출산율이 증가한다는 것이다(Da Rocha and Fuster, 2006).

여성이 전업주부로 있으면 출산율이 높을 것으로 추측되지만, 선진국에서는 그 반대의 현상이 나타나는 것이다. 이는 여성의 시장노동을 위해서는 탁아 시설 같은 제도적 여건이 큰 영향을 미친다는 것을 추측해 볼 수 있다. 동시에 여성의 경제력이 출산율을 높였다고 해석될 수 있다. 현실적으로 자녀를 가진다는 것은 단지 어머니의 보살핌만이 아니라 경제력이 있어야 키울 수 있다는 것이다.

OECD 국가를 저출산 국가와 고출산 국가로 나누어서 살펴보면, 고출산 국가의 여성 경제활동참가율이 오히려 더 높은 것을 발견할 수 있다. 이는 저출산율이 단지 경제 성장과 역의 상관관계에 놓이는 것이 아니라 전 사회가 이 문제를 관리하고, 해결하는 방식에 따라 현실화된다는 것이다.

이처럼 저출산 현상의 핵심에는 인류가 경제 문제와 더불어 자식보다는 자신의 삶을 우선하는 사회적 분위기가 있음을 의미한다. 여기서 사회 분위기는 정말 중요한 역할을 한다. 출산율과 성장률 사이의 관계는 같은 조건의 나라 사이에도 차이를 나타낸다. 이는 출산율이 소득과 관련되지만, 돈만으로 다 결정되는 것이 아니라는 것도 알려 준다.

무엇보다 각 사회의 규범이나 제도, 종교 등이 규정하는 인간의 역할이 출산의 결정에 큰 역할을 한다. 따라서 시대가 변하면 개인의 자유를 제한하는 구조도 바뀌므로, 출산은 당연히 유행을 탄다. 친지, 이웃이나 일가친척들이 다들 아이 셋 정도는 두는 분위기라면 아이가 한 명인 집은 흔들릴 수밖에 없다. 따라서 사회가 좀 더 적극적으로 출산정책과 대책을 고민해야 한다.

가장 중요한 점은 행복한 가정이 되어야 한다는 점이다. 행복한 부부가 되어야 자녀도 행복하고, 출산 결정도 쉬워진다. 결혼해서 행복하지도 않고 사는 것이 힘들고 미래에 대한 희망도 보이지 않는데 아이를 낳을 수는 없기 때문이다. 따라서 이 문제는 여성이나 남성의 관점이 아니라 이들이 함께 사는 생활 기반의 경제적 안정성은 물론 이들 간의 권력관계인 성별관계가 얼마나 민주적으로 작동하는 가에도 달린다(홍태희, 2014).

3. 출산과 양육에 대한 경제 이론

주류 경제학의 전통 속에서는 가계 내의 결정을 사적인 영역이라고 보고 각자 개인의 선택이라고 치부한다고 했다. 그러나 현대 경제학에 와서는 인간 삶의 경제적인 측면에서 이런 사적인 선택에 대해서도 주류 경제학의 잣대로 연구를 진행했다. 특히 자녀를 가진다는 것을 매우 중요한 경제적 행위로 보고 연구하고 있다. 가장 즐겨 사용하는 모델은 '출산의 편익과 비용(benefit and cost of fertility)'에 대한 연구이다.

이 분야의 대표적이고 선구적인 연구는 라이벤스타인(H. Leibenstein)에 의해 이루어졌다(Leibenstein, 1975). 그는 자녀가 주는 효용에서 자녀를 위해 지불해야 하는 비용을 차감한 순효용의 크기에 따라 자녀의 출산 가능성이 결정된다고 했다. 이를 뒷받침하는 경제 이론은 '합리적 선택이론(rational choice theory)'이었다. 즉 합리적인 경제인은 출산으로 얻을 수 있는 효용이 비용보다 클 때 출산한다는 것이다.

이러한 방향의 연구를 좀 더 진척시킨 사람은 이스터린(R. Esterlin)이다. 그는 미시경제학의 이익극대화 조건을 이 분야에 적용한다. 가계의 예산제약 조건 아래에서 자녀가 주는 효용과 양육하는 데 드는 비용을 고려한 후에 가계 전체의 효용을 극대화하는 곳에서 자녀 수가 결정된다고 설명한다(Esterlin, 1975).

오쿤(A. Okun)은 이들과는 다르게 기회비용과 열등재 개념을 이용하여 출산과 양육을 설명한다(Okun, 1975). 소득이 증가하면 다른 재화에 비해 양육비가 상대적으로 많이 증가해서 자녀의 상대가격이 상승한다. 자녀의 상대가격이 높아지면 자녀에 대한 수요가 감소한다고 설명했다(홍태희, 2014).

이러한 논의들은 인적자본론을 개척한 베커(G. S. Becker)가 가계라는 사적인 대상에 관한 연구를 본격적으로 시작한 사회적 분위기를 타고 등장한 신고전파 경제학의 해명이다.[5] 이러한 연구들은 40여 년이 지난 현재에도 가장 설득력 있는 설명 방식으로 받아들여지고 있다. 이 같은 접근에 대해 인간 존엄의 핵심인 탄생과 생명을 어떻게 돈의 잣대로 규정하느냐는 윤리적인 비판도 따르고, 과연 효용과 비용을 잘 계산할 수 있는지에 대한 계량화 논란도 있지만, 출산과 자녀라는 비교적 오랫동안 터부시된 현상에 관한 연구라는 의의는 확보했다.

주류 경제학의 편익과 비용 문제는 '외부효과(externality)'라는 주제로 연결되었다. 코즈의 정리(coase theorem)를 이용하여 이 문제에 접근하는 학자들은 자녀의 출산이 과연 출산의 직접적인 행위자인 부모에게만 귀속되느냐 하는 문제를 제기한다. 이는 자녀가 분명 부모의 자녀이지만 결국 한 사회의 구성원을 생산한다는 측면에서 일종의 공공재적 성격을 가진다는 것이다.

최근에는 세계적인 저출산과 재생산의 위기 및 여성의 경제적 권한과 출산의 관계에 대한 고민을 담지한 새로운 관점이 등장했다. 이는 자녀의 공공재적 성격을 강조한다. 따라서 폴브레(N. Folbre)같은 학자들은 자녀 양육의 비용을 부모에게 전가하는 것은 부당하다고 한다(Folbre, 1994).

현재 자녀가 생기면 세계 어디서나 대부분 가계는 자녀를 위해 소득의 많은 부분을 지출한다. 동시에 양육을 주로 담당하는 어머니들은 시장노동을 포기하

---

5 신고전파 경제학 내부에서도 문제를 해결하려는 시도가 생겼다. 그 대표적인 작업이 베커(G. Becker)를 중심으로 만들어진 '신가계경제학(new home economics)'이다(Becker, 1991).

고, 무급 돌봄노동을 하게 된다. 즉 가계는 출산과 무임 돌봄노동으로 시장노동 참여에 제약을 받게 되고, 가계 전체의 소득에 영향을 받는다. 이런 과정은 단지 아이를 키우는 때의 비용에만 그치지 않는다. 시장소득을 배경으로 작동하는 연금 등에 영향을 주면서 노년 시기까지 연결되어, 여성 빈곤화 과정의 원인이 되기도 한다. 여기서 자녀의 양육 비용은 개인이 지불하나, 편익은 사회가 누리는 측면이 있다. 즉 자녀가 주는 사회적 편익은 부모만 누리는 것이 아니라는 말이다. 자녀가 자라 사회의 일원으로 활동하게 되면 그가 만드는 가치를 사회가 공유한다.

이처럼 자녀를 직접 키운 사람이나 부모만이 아니라 사회 구성원, 즉 제삼자가 무임승차로 혜택을 볼 수 있다. 즉 이들이 자라 노동력이 되어 세금을 내고, 국방의 의무를 지고 부모 세대를 부양하는 과정에서 키우지 않은 사람도 혜택을 받게 된다. 사실 대부분의 인간이 아이를 쳐다보는 것만으로도 저절로 웃음이 나는 편익부터, 그 아이가 커서 사회의 일원으로 활동하는 것까지 자녀를 낳고 기르는 일에는 '비용의 사적화(privatization) 과정과 혜택의 사회화(socialization) 과정'이 동시에 작동하므로 부모의 선택에는 고민이 따를 수밖에 없다.

따라서 사회적으로 부모와 비부모의 경제적 형평성 및 결혼과 출산을 꺼리는 사회 현상까지 이어지면서 사회적인 문제가 된다. 따라서 학자들은 이를 국가가 나서서 자녀를 가진 부모에게 경제적 지원 및 사회적 인정을 해야 하는 근거로 설명한다. 국가가 나서서 자녀가 사회에 가져다주는 외부성을 내부화시키지 않으면 출산율은 자연히 낮아지게 되어 있다. 현실적으로 많은 나라에서 육아 비용이 갈수록 증가하나 그에 대한 사회적인 보상이 충분히 이루어지지 않고 있다. 한국이 그 대표적인 나라이다. 자연히 자녀를 가질 동인이 줄어든다.

비주류 경제학의 입장에서도 출산과 양육은 중요한 문제이다. 하지만 이런 재생산 영역은 주류 경제학에서와 마찬가지로 오랫동안 분석의 대상이 되지 못했다. 그러나 2차 여성운동 기간에 전개된 가사노동 가치 논쟁과 함께 어떻게 자본주의라는 경제 체제와 이 체제에 노동을 제공하는 출산과 육아 문제를 볼 것인가 하는 것에 대한 관점에 접목되었다.

자연히 가부장제와 자본주의 사이의 연결 고리와 그에 따른 여성에 대한 이중 착취 구조가 관심을 끌었다. 아울러 임금의 기원에 관한 연구와 함께 자본주의에서 필요한 노동력을 확보하는 만큼 지불되는 것이 임금이라는 임금생존비설과 함께 자녀를 양육하는 것의 제도적 조건에 관한 관심도 생겼다.

4. 왜 출산은 여성에게 더 큰 경제적 의미가 있는가?

이런 물음의 답은 분명하다. 여성이 출산의 주체이기 때문이다. 몸소 자녀를 낳고 키우기 때문에 여성에게 더 특별한 경제적 의미가 있을 수밖에 없다. 여성이 자녀를 가진다는 것은 생물의 조건으로 치자면 삶의 의미를 완성하는 것이지만 현실적으로는 자기 삶의 일정 부분을 포기해야 하는 것이다. 이는 단지 임신 기간의 여성의 육체적 노고만이 아니다. 오히려 그 이후의 긴 육아의 책임을 지게 되기 때문이다. 아울러 임신과 육아로 에너지와 시간이 소모되니 직장이나 개인 조직 내에서 많은 어려움을 감수해야 한다.

따라서 여성은 자신의 임신 앞에 심각한 고민을 할 수밖에 없다. 만약 대부분 여성들이 자녀 대신 자신의 삶을 찾는 쪽으로 선택한다면, 저출산은 당연히 발생하는 일이고, 사회는 심각한 재생산의 위기에 빠질 수 있다.

그러면 지금부터 이 문제에 대해서 좀 더 다가가자. 먼저 우리가 주목하는 것은 저출산과 여성의 사회 진출의 증가의 관계이다. 경제학의 설명처럼 여성의 사회 진출에 따른 소득 증대는 육아의 기회비용을 높였다. 비싸진 것을 덜 선호하는 호모에코노미쿠스답게 여성은 더 적은 수의 자녀를 원하게 된다. 이에 따라 발생하는 인구학적 변동을 그 사회의 시대 정신이 지지하면 이 변동은 더 속도를 낸다. 잘 알듯이 한국의 저출산 현상을 부추기는 것에 한국 사회의 남아선호사상의 약화가 작용한 것과 같은 이야기이다.

한국 여성은 육아와 가사노동으로 인한 경력단절로 인해 자녀가 일정 정도 커서 재취업에 성공하더라도 평균 20% 정도의 임금 손실을 보게 된다. 따라서 국가는 이 문제를 심각하게 받아들이고 임신과 출산, 육아에 대한 보상책을 마련해야 한다. 이를 보완하기 위한 육아휴직 및 모성보호 제도를 서둘러 정착시키지 않는다면 20%의 가치 절하를 무릅쓰고도 출산을 감행하는 것은 점점 더 어려운 일이 될 것이다.

그런데 국가의 보육비 지원은 충분하지 않으면서 겨우 생색만 내는 상황이고, 사실 학생들의 무상급식도 곱게 보지 않는 사회 분위기에, 아이를 맡길 유치원이나 학교의 부패까지 더해지면 출산율 증가는 불가능하다. 2018년 한국 사회를 뒤흔든 사립 유치원 비리와 아동학대, 사립 고등학교 입시 부정을 쳐다보는 국민은 마음속으로 출산을 포기하게 된다.

저출산 문제를 실제로 해결하기 위해서는 시장노동에 종사하는 여성의 육아부담을 줄여야 하고, 이 부분에서는 기업의 역할이 중요하다. 그러나 자신의 이윤극대화를 금과옥조로 삼고 있으며, 다른 기업과 치열한 경쟁 속에 있는 기업의 상황에서 적극적인 친육아정책이나 여성 친화적으로 기업을 경영하기는 쉽지 않다.

물론 국가도 출산과 육아의 중요성을 인지하고 있고, 각종 장려금이나 보조금을 지급하며 노력하고 있다. 더욱이 아버지의 육아휴직까지 독려하며 독박보육에서 여성을 해방시키려고 하고 있다. 이러한 시도는 상당히 중요하다. 육아해 본 적이 없어서 점점 더 육아에 참여하기 어렵게 되는 남성 육아의 악순환을 방지하기 위해 출산 후 가능한 빠른 시기에 남성들의 육아휴직을 권장하는 것도 그나마 좋은 대책이 될 수 있다(홍태희, 2014).

2019년 8월 현재 한국의 비경제활동인구 1,633만 명 가운데 가사로 등록된 인구는 남성은 14만 2천 명, 여성은 573만 5천 명이다. 남성은 전체 전업주부의 10%에 못 미친다. 사회는 급속히 변하고는 있지만, 한국에서 여전히 가사노동이 여성의 일로만 받아들여진다는 것을 말해 준다. 아울러 2018년 현재 2세 이하 보육시설 이용이 OECD 국가 상위권에 있으면서도 한국의 여성 경제활동참가율이 현재 OECD 36개국 중에 32위이다.

무엇이 이런 불균형을 가져오는가? 물론 주요인은 경제이다. 한국에서 아버지가 주벌이인 가계가 전체의 95.6%에 육박한다. 즉, 아버지 대부분이 돈벌이해야 하므로 육아에 신경을 쓸 틈이 없다. 이미 위에서 설명했듯이 공동체마다 작동하는 성별관계에 따라 누가 육아를 담당하는가가 결정된다. 이 성별관계를 결정하는 근본적인 배경은 특정 사회의 문화이다.

한국의 문화가 용인한 남성 가부장 중심의 성별관계에 따라 여성이 가사와 육아를 담당하게 되는 것이다. 사회의 육아와 관련된 제도적 장치가 부족한 것도 또 다른 원인이다. 다른 복지국가보다 육아를 위한 보육기관이나 보육제도가 미흡하다. 이렇게 보육시설이 미흡한 상태에서는 부모가 육아에 책임을 질 수밖에 없는데, 육아에 대해 전혀 경험이 없고 보육에 대해 교육받지도 못한 아버지가 육아를 담당하는 것은 어려움이 따른다. 이런 이유로 대부분 한국 가정에서 여성이 전적으로 육아 문제를 담당하게 된다.

물론 여성이 육아를 전담하는 문화에 변화가 없는 것은 아니다. 이미 많은 국가에서 육아휴직 기간의 일정 부분을 남성이 사용하도록 하는 파파쿼터제(아빠 할당제)를 도입하고 있고, 한국도 마찬가지로 적용하고 있다. 한국의 남성 육아 휴직자 비율이 2015년 현재 7%에 그치고 있다. 이는 90%에 육박하는 스웨덴과는 매우 다른 사정이다. 비록 이 숫자가 매년 빠르게 증가하고 있으며 2018년에는 17%로 증가했으며 남성들도 육아휴직에 찬성하고 있다는 점에서 정책의 효과적인 사용을 기대해도 된다.

아래 <표 2-2>는 한국 신혼부부의 출산 현황을 보여 준다. 흥미롭게도 한국 신혼부부가 가질 자녀 수는 아내의 취업 여부와도 관련되지만, 주택 보유와도 연관된다. 2015년 기준으로 신혼부부의 평균 출생아 수가 부부의 근로 형태와 주택 소유 여부에 따라 큰 차이가 있다. 이는 초저출산 시대를 여는 한국만의 특수한 사정이다.

무주택 부부가 집값을 마련하기 위해 출산과 둘째 아이를 포기하고 있다는 것이다. 이는 혼자 외벌이로는 도저히 꿈꿔 볼 수 없는 집을 마련하기 위한 이 시대 젊은 부부의 모습을 잘 보여 준다. 이처럼 초저출산의 배경에는 천정부지로 오른 집을 장만해야 하는 경제적 부담이 크게 작용했다고 할 수 있다.

<표 2-2> 한국 초혼 신혼부부의 자녀 출산 현황

	평균 출생아 수(명)	자녀 없음(%)	자녀 있음(%)
맞벌이	0.72	42.1	57.9
외벌이	0.90	29.9	70.1
주택 소유	0.88	31.6	68.4
무주택	0.77	38.5	61.5

자료: 통계청.
주: 신혼부부 2015년 11월 1일 기준 혼인신고 후 5년 이전 부부; 2015년 11월 1일 주택 소유.

5. 왜 여성은 남성보다 적게 태어나는가?

　여아든 남아든 적게 태어나는 것이 현재 세계적인 추세임은 의심할 여지가 없다. 이는 특히 한국에서 매우 두드러지게 나타나는 현상이다. 이 가운데 우리가 주목하는 것은 과연 성비에는 어떤 변화가 일어나고 있는가 하는 점이다. 그러면 논의를 좀 더 구체화시켜서 성별 출생률에 대해서 살펴보자. 역사 이래로 그리고 전 세계적으로 여성은 남성보다 적게 태어난다.

　이는 인류가 늘 남아를 선호했다는 남아선호사상의 현실적 결과인 듯 보이기도 하지만 영장류인 인간종의 타고난 생물학적 특징이기도 하다. 자연적으로 두면 남아와 영아의 자연 성비가 103~107(여아 100명당 남아 수)에 이른다. 즉 남초의 이유는 생물학적이고 자연적이다. 그러나 근대화와 함께 인간이 전문적인 산아 조절의 능력이 생긴 이래 나타나는 남초 현상은 인위적이다. 즉 인공적 성별 감별과 낙태가 가능해지자 전 세계적으로 남성이 늘고 있고, 이로 인해 남녀 성비의 불균형도 커지고 있다.

　인공적으로 성별을 조절하는 이유는 여성의 사회적 가치가 남성에 미치지 못하기 때문이다. 한 사회적인 분위기 속에 발생하는 남아선호의 결과이기도 하다. 한국의 경우 1990년대까지 극심한 남아선호가 있었고, 불법적으로 그러나 공공연하게 시행된 태아 성별 확인 후 낙태가 저질러졌다.

　이렇게 배 속에서 여아라서 세상에 태어나지 못한 생명이 늘어났고, 1990년

대의 출생 성비가 116.5명으로 자연 수준의 성비 106을 훨씬 뛰어넘었다. 당시에 한국에서는 아들은 반드시 있어야 하는 존재로 여겼다. 현재 이런 성비 불균형이 한국 사회에서는 <표 2-2>에서 보듯이 급격히 줄어들어 2018년 105.4명으로 어느 정도 극복되었지만 전 세계적으로는 여전히 관철되고 있다.

이를 뒷받침하는 조사 결과도 많다. 허드슨(V. M. Hudson)은 0~4세 남녀 어린이 성비 격차가 큰 나라가 늘고 있다는 연구 결과를 발표했다. 그는 2015년 조사에서 출생 성비가 세계 평균치인 107.0보다 높은 나라는 총 21개국인데, 이는 20년 전인 1995년의 6개국에서 15개국이나 늘었다고 보았다. 그는 성비 불균형이 아시아와 동유럽, 아프리카에서 심해졌다고 한다(Hudson, 2015). 그리고 한국은 그나마 성비가 정상화되고 있다고 했다.

이렇게 남아 숫자가 많이 늘어난 이유에 대해 허드슨은 성 감별 기술이 널리 보급된 것을 든다. 지난 20년간 현대식 의료기기를 이용한 성 감별 의료기술이 초음파 검사들을 가능하게 하고 이것이 세계적으로 보편화되면서 성 감별이 쉬워진 탓이라는 것이다. 아울러 성별 감별 이후 낙태 시술도 과거보다 비교적 손쉽게 진행된다는 것이다.

유엔인구기금(UNFPA)이 2015년에 발표한 「세계인구 전망 보고서」에도 같은 현상이 확인된다. 성비 불균형이 심한 나라 중에 중국이 119.1로 가장 불균형이 심했고, 다음으로 아제르바이잔 115.0, 베트남 113.8, 수단·남수단 112, 조지아 111.5, 인도 111.1 순이었다.

이처럼 가난하거나 종교의 영향이 강한 나라, 전근대적인 남아선호가 남아 있는 나라를 중심으로 성비 불균형이 나타난다. 물론 이런 성비 불균형 현상도 전 세계적으로 줄어들고 있다. 그러나 아시아 국가 특히 중국과 인도의 경우 오히려 심각해지는 상황으로 이해된다. 두플로(E. Duflo)의 연구에 따르면 1990년 중국의 출생 성비가 111, 인도가 106이었으나 2009년에서 2010년은 각각 118과 109로 증가했다고 한다(Duflo, 2012).

이처럼 전통적 남아선호사상이 존재하면서, 국가가 낙태에 대해서 엄격한 법적 제약을 두지 않고, 일정 정도 의료기술의 발전을 누릴 수 있는 나라를 중심으로, 태아의 성별을 확인하는 기술의 발전과 더불어 여아에 대한 낙태가 더욱

더 공공연하게 자행되고 있다.

주목할 점은 이러한 태아 감별 후 자행되는 '여아살해(젠더사이드, gendercide)'는 여성이라는 존재의 사회 속에서의 가치를 바로 보여 준다. 실제로 경제 성장이 물질적 풍요와 발전된 의료 서비스를 가져와 더 많은 인류가 더 잘살 수 있는 상황이 되어 있는데, 다른 한편으로는 가장 잔인한 형태의 젠더사이드로 여성의 탄생 자체를 막고 있다.

이와 같은 젠더사이드의 근본 원인은 여성이 사회적으로 저평가되었기 때문이다. 우리가 잘 알듯이 동물은 대개 출산력을 할 수 있는 암컷이 더 가치가 높다. 그러나 인간의 경우는 다르다. 여아의 탄생을 기피하는 것은 인간에 대한 모독이고 여성에 대한 폄하이다. 그러나 이런 상황이 별 저항 없이 수용되는 사회라는 것은 그 사회가 그만큼 성차별이 만연해 있다는 것의 방증이다.

이런 사회적 현상은 하루아침에 변하지 않는다. 왜냐하면, 이는 개인적 선택의 수준이 아니라 사회적 인식이나 관습 및 삶의 양식에 뿌리를 두기 때문이다. 아무리 국가적 지원이나 법적 제약을 통해 이를 통제하려고 해도, 또한 엄격한 법 적용으로 불법이라고 단정하고, 이를 근절할 사회적인 노력을 기울인다고 해도 워낙 은밀히 진행되는 사적인 영역을 통제하기는 어렵다. 그 가운데 젠더사이드는 감행된다. 자신의 아이를 낙태시킬 만큼 딸을 가지길 기피하는 것은 여성혐오의 극단적인 형태일 뿐 아니라 여성차별의 확실한 증거이다.

다시 묻자. 왜 이런 현상이 동물 세계와 달리 인간 사회에서는 발생하는가? 이는 여성이 더 적은 경제적 가치를 가지는 것과 무관하지 않다. 여아를 가지는 것은 그 효용에 비해 비싼 비용을 지불할 가능성이 생길 수 있다고 본다면 대답은 분명하다.

산부인학의 연구 결과 여아의 출산보다 남아 출산이 산모 건강에 더 나쁜 영향을 미친다고 한다. 따라서 남아선호가 산모의 건강에 해롭다는 과학적 발견에도 불구하고 남아를 가지려는 상황은 우리를 당혹하게 한다. 왜냐하면 남아를 잉태하고 출산하는 자체만으로도 엄마가 더 큰 위험에 빠질 수 있기 때문이다. 이런 위험에도 남아를 가지기를 원한다는 것은 현실적으로 그만큼이나 남아의 가치가 크다는 것이다.[6]

아울러 남아는 키우기도 어렵다. 잘 알려진 것처럼 남아는 여아보다 환경에 취약하게 태어난다. 따라서 유병 확률과 장애 확률이 더 높다. 그렇다면 사실 남아를 낳는 것의 기회비용이 여아보다 훨씬 높다고 할 수 있다. 즉 남아를 두는 것의 기회비용이 생존과 건강 측면이나 향후 생존 기간을 보더라도 훨씬 높다. 그런데도 남아를 선호하는 것은 남아가 주는 편익이 그에 못지않게 크다는 사실이다.

물론 남아가 주는 편익이란 나라나 지역마다, 인종과 종교마다 차이가 난다. 그러나 가장 큰 항목은 남아가 커서 성인이 된 후에 가져오는 소득이 여아보다 어느 나라 할 것 없이 높다는 사실이다.

다음으로 우리가 고려해야 하는 것은 양육 시에 부모가 치러야 할 비용의 차이이다. 다시 말해 비용 편익을 중심으로 이야기하자면 여아의 비용이 많이 드는 것이 문제가 아니라 남아의 편익이 더 높은 탓에 기꺼이 남아를 가지려고 한다는 점이다.

이 같은 남아선호는 그 나라의 산업구조와 연관된다. 즉 인구 경제학적 관점에서 노동공급에 대한 수요와 선호는 성별과 상관관계를 가질 수밖에 없다. 즉, 각 나라와 각 시대 산업계의 노동수요가 남성에 대한 선호를 나타내면, 그것이 어떤 형태로든 성비의 결정에도 영향을 미치게 된다. 이것이 만연하면 사회의 통념이 되고, 통념이 되면 당연한 것으로 받아들여져, 결국 남성에 대한 강한 선호사상을 만드는 것이다.

이처럼 인간 삶의 가장 중요한 부분인 경제적 요인이 인구의 성비 구성의 원인으로 작동한다. 즉 농업사회에는 물리적인 힘이 강한 남성이 필요했으며, 산업사회에도 육체노동을 해야 하는 업종에서는 당연히 남성이 선호되었다. 그런데 사회가 서비스 산업 중심으로 변하면서, 공장이 합리화되어 육체노동의 짐이 덜어지면서 점차 여성 노동의 입지가 강화되고, 여성에 대한 편견이 사라지기 시작했다.

---

6 남아를 출산한 산모가 받은 산화스트레스(Oxidative stress) 정도가 여아를 낳은 산모에 비해 훨씬 높다는 연구 결과가 있다. 스페인 그라나다대학교 연구진이 산모 56명(남아 출산 산모 27명, 여아 출산 산모 29명)을 대상으로 혈액검사를 진행한 결과 여아를 출산한 산모의 세포 및 주요 생체분자의 손상도가 훨씬 낮은 것을 확인했다. 산화 스트레스가 많아지면 생체 산화균형이 무너지며 세포의 유전자에 영향을 미치거나 손상을 주거나 지속될 경우에는 면역체계가 약해지고 암과 같은 질병 및 노화, 치매를 유발하기도 하는 것으로 알려져 있다(서정윤, 2016).

이런 편견이나 악습이 사라지는 것에는 특정 국가의 법률적 조건도 큰 작용을 한다. 유산법이 장자상속제로 딸의 상속을 막고, 호주제 전통으로 남아가 없으면 혈통을 잇는 것이 불가능하다면 남아선호는 쉽게 변할 수 없다.

아울러 여아를 키우는 것이 남아보다 더 신경이 쓰인다는 것도 요인으로 작용한다. 사실 부모 입장에서 성장 과정에서도 딸은 훨씬 키우기 조심스럽다. 남아보다 더 많이 범죄, 특히 성범죄에 노출되기 때문이다. 여성은 범죄 대상으로 쉽게 노출되어 범죄 피해자이면서도 오히려 사회적 비난까지 감수해야 할 상황에 빠지기 십상이다.

이런 상황이니 여아를 두었을 경우 더 많은 걱정을 하지 않을 수 없다. 여성가족부가 2017년에 발표한 「한국의 성평등 보고서」에는 강력 범죄의 경우 남성 피해자는 2010년 4천403명에서 2014년 3천237명으로 줄어든 반면, 여성 피해자는 2010년 2만 930명에서 2014년 2만 1,722명으로 늘었다. 범죄 발생률에서 훨씬 더 높을 뿐 아니라 남성과는 달리 증가 추세이다. 2016년 강남역에서 발생한 여성이라서 살해된 여성혐오 범죄의 경우를 보더라도 여성들이 범죄에 얼마나 취약한가를 알 수 있다.

성인이 되고 결혼 후에도 가정 내에서 여성은 상대적인 열위에 놓이게 된다. 사돈 간의 관계에서까지 '딸 가진 죄인'으로 더 열위에 놓이는 것을 어렵지 않게 확인할 수 있다. 이런 상황이니 가정에서도 남아와 여아 사이에 무의식적이지만 공공연히 차별하는 경우가 여전하다. 가계 내의 자원배분에서 남아의 입지가 여아보다 높은 것이 사실이다. 이러한 성차별도 부모의 경제적 여건이나 가족 구성 형태, 동거 여부에 크게 영향을 받는다는 것이 일반적 상황이다. 가장 힘든 상황에 놓이는 아동은 대개 부모와 같이 살지 않는 가난한 여아이다. 젠더, 가난, 결손이란 세 가지 사회적 핸디캡이 중첩된 여아는 여러 범죄에 쉽게 노출되고, 건강 상태도 가장 나쁘다.

6. 왜 한국에서 남초 현상이 없어지고 있는가?

2016년은 한국 여성의 역사에서 매우 중요한 해였다. 한국의 출산 성비가 자연 성비로 도달했기 때문이다(Hudson, 2015). 세계 최저 출산의 상황 속에서 한국인의 선택은 조싱도, 님싱 부계 전통도 아니다. 한국인들은 자녀의 의미를 그저 우리도 아이가 있다는 증명을 위한 용도로 아이 하나를 두는 정도로 정리했다고 할 수 있다.

한국은 전통적으로 남아를 선호했다. 여전히 유교의 전통이 강하게 삶 속에서 작동하며 부계 전통만을 정당화했고, 산업구조도 농경사회라서 남아를 선호할 수밖에 없었다. 이는 유교의 전통만이 아니다. 비구니를 폄하하는 불교의 전통이나 여성에게 목사 안수를 금지하는 개신교나 여성 사제를 허용하지 않는 가톨릭의 경우도 마찬가지이다. 여전히 남아와 남성은 보편이고 대표이고 전형이다. 따라서 누구나 남성을 원했고, 그 결과 남초의 출산율이 되었다. 그러나 분명 한국은 변했다.

통계청에 의하면 한국의 출생 성비는 1980년 105.3에서 1990년 116.5까지 늘었다가 2000년대에 들어와서부터 완만히 줄었다. 그리고 2013~2015년은 2000

<표 2-3> 한국의 출생아 수와 출산 순위별 성비

년도	출생 성비	첫째 아이	둘째 아이	셋째 아이
1990	116.5	108.5	117.1	193.3
2010	110.2	106.3	107.4	144.2
2011	106.9	106.4	105.8	110.9
2012	105.7	105.0	104.9	109.2
2013	105.3	105.3	104.5	108.1
2014	105.3	105.6	104.6	106.7
2015	105.3	105.9	104.5	105.5
2016	105.0	104.4	105.2	107.3
2017	106.3	106.5	106.1	105.9
2018	105.4	105.2	105.8	106.5

자료: 통계청, 「인구동태통계연보」; 통계청, 「인구동향조사」.

년 이후 최저인 105.3을 기록했다. 이는 한국의 출생 성비가 자연 성비에 도달했음을 의미한다. 특히 셋째 아이의 남아 비율도 1990년 193.3에서 감소해 2015년 105.5로 2018년은 106.5명에 이르게 되었다.

이는 <표 2-3>에서 확인된다. 1990년대 중반 여아 100명당 남아 115명 출생에 이를 만큼 심각했던 성비 불균형이 균형을 잡았다는 것을 보여 준다. 특히 남아선호로 인한 여아 감별 낙태, 즉 가정 내 젠더사이드가 공공연하게 이루어져서 총 출생아 수가 65만 명에 육박했던 1990년의 출생 성비(여아 100명당 남아 수)가 116.5나 되었다. 그러나 이후 2015년에 이르러서는 동 비율이 자연 출생 성비의 범위에 놓이게 되었다. 성 인지적 관점에서 흥미로운 변화 중 하나는 한국의 출생 시 성비의 변화 추이다.

그런 의미에서 한국 사회에 남초의 논리가 더는 작동하지 않는다는 것은 사회의 뿌리부터 흔들리는 경천동지할 일이라고 할 수 있다. 이것이 얼마나 어려운 일인지는 허드슨의 연구가 잘 보여 준다. 그는 2015년 연구에서 한국을 비정상적인 성비가 정상으로 돌아온 유일한 나라라고 했다. 사실 1995년 조사에서는 한국은 성비 불균형은 세계 1위였다. 그는 법과 제도의 변화를 통한 남아선호의 약화를 변화의 요인으로 보았다(Hudson, 2015).

이런 의미에서 한국은 현재 역사의 한 단계를 접고 다른 단계로 이동 중이라고 할 수 있다. 이처럼 한국은 한때 세계 최고치를 기록했던 성비 불균형을 성공적으로 개선한 모범 사례이다. 이런 변화가 무엇을 의미하는지를 정확하게 파악하기 위해서는 조금 더 시간을 두고 지켜보아야 한다. 생각해 볼 수 있는 가설은 아래와 같다.

❶ 호주제의 폐지와 양성평등법의 작동을 통한 제도적 개선이 남초 현상을 제어했다.
❷ 자녀 양육비의 증가가 아들을 낳기 위한 다산을 불가능하게 했다.
❸ 아들을 키우는 것이 딸을 키우는 것보다 위험 요소가 더 많다.
❹ 딸이 아들보다 공감 능력이 크고, 일반적으로 부모를 더 잘 이해한다.[7]
❺ 사회 전반에 걸쳐 성공한 여성들이 확인된다.

❻ 낙태 수술에 관한 법적 규제가 강화되었다.

❼ 딸이 부모에게 더 잘한다.

<그림 2-5> 한국의 영아사망률   (단위: %)

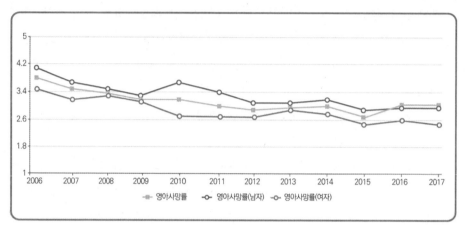

자료: 통계청, 「사망원인통계」.
주: 영아사망률, 출생 후 1년 이내(365일 미만)에 사망한 영아 수를 해당 연도의 1년 동안의 총 출생아 수로 나눈 비율.

   먼저 허드슨의 지적처럼 제도적 보안이 그 원인이라고 볼 수 있다. 아들이 아니라도 대를 이을 수 있는 제도적 장치가 마련되자 사회는 이에 대해 화답하기 시작했다. 아울러 삼포니 칠포니 하는 유행어가 보여 주듯 부모 세대보다 더 어렵게 사는 자식 세대에 자신의 노후를 위탁할 부모가 줄어들었다.

   또한, 아들이 제사를 모신다는 사후 관리도 기독교의 영향으로 제사 문화가 급격하게 사라지면서 설득력을 잃게 되었다. 아울러 아이를 키우는 데 비용이 너무 많이 드니 아들을 낳기 위해 둘째나 셋째 아이를 출산하던 문화가 점차 사라져 가는 것도 성비 불균형의 개선에 영향을 주었다.

   게다가 남아의 사회적 성공은 여아보다 좀 더 불확실성이 많다. 남아는 사회적으로 성공할 수도 있지만, 실패할 확률도 높다. 그런데 여아는 어느 정도 교

---

7 한국보건사회연구원(2017)의 보고서에 따르면 노인들이 가장 자주 접촉하는 자녀는 장녀(36.0%)로 장남(33.8%), 차남 이하 아들(14.4%), 차녀 이하 딸(12.9%), 큰며느리(0.9%) 순이다. 2006년 조사에는 장남(38.0%)이 가장 많았는데 한국 사회의 탈부계 중심이 확인된다.

육을 시키면 안정적으로 산다는 것이다. 따라서 부모의 위험기피 행태가 여아의 탄생을 피하지 않고 받아들인다는 것이다.

또 하나 짚고 넘어가야 할 문제는 결혼 풍습의 변화이다. 아시아권 문화에는 대개 신부가 살림을 장만하고, 살림집은 신랑이 마련한다. 이런 풍습은 특히 한국과 중국에 남아 있다. 현재 중국의 경우 부동산 가격 급등으로 아들에게 집 마련해 주는 것이 부담스러운 부모가 오히려 여아를 선호하는 현상이 나타난다. 최근 신혼집 마련에 신부의 기여가 점점 증가하는 추세라지만 한국의 현실에서 이도 무시하지 못할 요인이다.

또 하나 짚고 넘어갈 점은 딸의 공감 능력이다. 세계 어디서나 병원에 입원한 늙은 부모를 돌보는 사람은 대개 딸이라는 사실이 보여 주듯이 여성은 오랜 성역할 분담의 결과 돌봄의 기능이 탑재되어 있다. 따라서 딸은 부모와 친밀한 관계를 맺고 부모를 아들보다 잘 보살핀다. 특히 자식에게 경제적으로 의존하지 않아도 되는 부모의 경우 아들을 선호할 이유가 없는 것이다.

마지막으로 여성권의 진전이다. 남아를 굳이 선호하지 않는 것은 여성도 사회적 인정과 성공을 할 수 있다는 확신을 하게 되었기 때문이다. 산업화와 더불어 민주화가 진행된 많은 국가에서 여성권의 진전과 함께 여성의 총체적이며 경제적인 지위가 향상되었다. 그에 따라 여성 노동에 대한 지위가 공공부문을 중심으로 보장되어 갔다. 처음에는 교사나 전문직 중심으로 자리를 잡다가 점점 광범위하게 확장되었다. 이를 직접 경험한 사회가 여성과 남성에 대한 편견에서 점차 벗어나며 특정 성별에 대한 선호를 줄이는 것은 당연하다.

7. 한 걸음 더 나아가기 위해 무엇을 할 것인가?

2장에서 우리는 여성과 남성이 탄생하는 일에 대해서 경제학적으로 살펴보았다. 먼저 맬서스의 주장과는 다르게 인류가 먹고살 만한데도 아이를 갖지 않는 이유에 대해서 경제학적으로 설명했다. 그리고 투자재와 소비재 기능을 하는 자녀를 점점 덜 가지려 하는 이유를 경제학적인 관점에서 살펴보았다. 그리고 왜 출산이 여성에게는 큰 영향을 미치는지, 여성의 경제 활동과 출산과 양육의 관계에 대해서 알아보았다.

또한 우리는 탄생부터 겪는 차별의 증거로 세계적으로 여아가 더 적게 태어나는 이유를 설명했다. 그러나 한국에서는 극심하던 남아선호가 점차 사라지고 성비 균형이 이루어지고 있는 이유도 알아보았다.

현재 한국 사회의 문제 중의 하나는 초저출산이다. 아이가 태어나지 않고 있다. 이런 저출산에는 여러 가지 요인이 있지만 가장 큰 요인은 경제적인 요인이다. 정부는 2006년부터 2018년까지 무려 152조 8천억 원을 출산 장려정책으로 썼다. 그러나 출산 장려금이나 기타 대책이 무력할 만큼 저출산 추세는 꺾이지 않고 있다.

출산의 주체는 어머니다. 어머니가 편해야 출산 결심도 할 수 있다. 그런데 한국에서 어머니에 대한 대접은 실망스러운 수준이다. 성평등 지표로 보아 세계에서 꼴찌 그룹에 속하고, OECD 국가 중에 성별 임금격차가 가장 많이 난다면 한국의 저출산은 당연하다. 여성이 겪는 성차별 속에도 한국이 더는 남아를 극단적으로 선호하지 않는 사회라는 것은 조금은 혼란스러운 구석이 있다. 그러나 점차 성평등 사회로 가고 있다는 징표임이 분명하다.

출산율 지표는 사회 지표 중 변동성이 높은 지표이다. 낮아졌던 만큼 높아지기도 쉽다. 현재의 저출산 현상에 대해 너무 세기말적 비관론을 쏟지 말고, 안정된 사회 분위기 속에서 이 문제를 해결하려는 복합적인 노력, 무엇보다 여성을 귀하게 여기는 사회로 변화되어야 한다.

3장

...

여성과 남성은 다르게 성장하는가?

세상에 태어난 후에도 남녀는 다른 길을 간다. 다르게 배우고 다르게 성장한다. 단지 생물학적으로 달라질 뿐 아니라 정서적 상황, 기호나 선호는 물론 사회규범에 대한 인식도 서서히 달라진다. 그러한 의미에서 성장기는 사회가 만들어 주는 성, 즉 젠더가 장착되는 시기라고 할 수 있다. 이러한 과정은 누구에게나 동일하지 않다. 부모의 자녀에 대한 인식은 물론 가족 사회와 학교 및 사회의 교육 목표가 무엇이냐에 따라 다르다. 3장에서는 어린아이가 성장하는 과정에 대한 경제학적 접근을 한다. 이를 위해 먼저 부모가 딸과 아들을 다르게 대하는 이유에 관해서 설명한다. 다음으로 한국은 인적자본 투자에 얼마나 지출하는지를 알아본다. 그리고 한국에서는 여성과 남성 중에 왜 여성이 더 교육을 받는지를 본다. 이를 통해 왜 여학생에게 부모가 인적자본 투자를 더 많이 하는지에 관한 경제학적 이유를 살펴본다. 마지막으로 문제의 해결을 위한 대안을 제시한다.

1. 왜 부모는 딸과 아들을 다르게 키우는가?

인간은 교육을 받으면서 그 사회 구성원이 되어 간다. 성장기 전체가 사회 구성원으로 만드는 교육 기간이지만 전문적인 교육은 특히 학교에서 이루어진다. 그런데 대부분 나라에서 여성은 남성보다 교육 기간이 짧다. 이런 여성의 상대적으로 적은 인적자본의 축적은 유아기를 지나 청소년기를 거치는 과정에서 나타난다. 물론 이 상황은 나라마다 시대마다 성별마다 다르다.

일반적으로 부모는 여아를 사회가 요구하는 성 역할을 충실하게 할 수 있도록 기른다. 물론 사회가 동등한 교육의 기회를 주었다고 하더라도 제도권 내 교육기관을 통한 교육으로만 젠더가 완성되지는 않는다. 여아는 교육 기관 외에 가정과 사회에서 사회가 요구하는 규범이나 관습을 익히는 데 남아보다 훨씬 많이 노출된다. 옷차림과 몸가짐에 대한 지적을 여아는 남아보다 더 많이 받는다.

여기에서 일단 제도권 내의 교육 기관을 통한 인적자본 축적으로 제한해서 설명하자. 교육과 관련된 성별 격차를 주류 경제학적 관점에서 처음으로 해명한 학자는 베커(G. S. Becker)이다. 그의 '인적자본론(Beck's human capital model)'을 가지고 설명하면 다음과 같다(Beck, 1971). 베커는 인적자본 투자를 많이 한 노동자는 상대적으로 많은 인적자본을 가지게 되고, 더 높은 생산성을 보이며 자연히 더 높은 소득을 받는다고 한다. 이를 적용하여 여성의 문제를 설명해 보자. 여성은 남성보다 인적자본의 양이 적거나 질이 낮다. 자연히 시장에서 경쟁력이 없으며 소득이 상대적으로 적다.

이같이 낮은 인적자본, 저숙련, 저임금의 악순환은 여성의 삶 전체를 관통하여 실현된다. 인적자본과 가난(poverty and human capital)에 대한 여러 기존의 연구는 대부분 나라에서 여아로 태어나서 소녀로 성장하는 유아기와 청소년기 전체를 통해 남아보다 더 적은 인적자본 축적의 기회를 얻게 되고, 이는 더 낮은 생산성을 갖게 되고, 비숙련 시장노동에 주로 종사하게 된다고 한다. 결혼 후에는 남편보다 시장노동에 경쟁력이 낮아서 전업주부로 지내거나, 노동시장에서 경쟁력이 있더라도 출산과 육아로 노동시장에서 퇴출당한다는 것이다.

아이를 다 키우고 재취업하더라도 저임금 단순노동 외에 허락되는 일자리는 없다. 이런 여성의 악순환은 여성의 고등교육 기회가 남성에 비해 낮은 것으로

부터 출발한다고 인적자본론은 설명한다. 이런 과정은 성년이 된 후에도 여성 삶의 전 기간 작동한다.

학교 교육을 마치고 사회에 진출해서도 직장에서의 인적자본 축적의 기회도 적다. 즉 같은 숙련 노동이라도 대개 남성 노동이 우대되고, 비숙련 노동을 가진 여성은 직장 내에서의 인적자본 축적 기회가 제한된다. 이런 기회조차 출산과 육아기를 거치고 경력단절을 경험하면서는 아예 얻지 못한다.

여성은 대부분의 나라에서 성장 과정에서 교육의 기회를 더 적게 얻는 것은 물론이며 성인이 되고도 여성 노동은 부과된 봉양과 돌봄의 의무 때문에 자신을 위해 투자할 기회나 시간을 갖기 어렵다. 당연히 기대수익이나 소득이 남성보다 적을 수밖에 없다.

또한, 문제는 적절한 인적자본을 축적한 이후에도 발생한다. 고등교육이나 숙련을 받았다고 해서 시장에 만연한 성차별적인 관행으로 그에 상응하는 일자리를 얻을 보장이 없다. 투자가 가져다주는 대가에 대한 믿음이 없으면 투자는 실현되지 못한다. 특히 교육에 대한 투자는 장기 투자에 해당한다. 대개 고소득 업종이나 전문 업종은 장기간에 걸친 투자가 필요하다.

만약 인적자본 투자 이후에 돌아올 긍정적인 결과에 대한 확신이 없다면 투자는 이루어지기 어렵다. 즉 만약 여성 노동이 숙련 후에도 특정 직종에서 일할 기회가 주어지지 않는다면 장기적으로 투자할 특수직에 대한 인적자본 축적에 투자하기 어렵다. 아울러 여성 노동이 육아와 봉양으로 시장노동에서 물러나리라고 예측한다면 투자는 더욱 망설여질 수밖에 없다.

이는 현재 문제시되는 여성 고위직이나 전문직 비율이 낮은 것과도 연관된다. 아울러 특정 여성 업종에 대한 초과 노동공급으로 인해 발생하는 저임금 현상의 이해에도 도움이 된다. 이처럼 인적자본 투자의 격차는 여성 노동의 임금격차와 여성 노동시장 분절의 근본 이유이다. 인적자본 투자의 질만이 여성에게 차별적 경제적 결과를 가져오는 것은 아니다. 인적자본 투자의 양도 결정한다. 전 세계적으로 여성은 남성보다 적게 배운다. 자연히 기대수익도 적다.

2. 한국은 인적자본 투자에 얼마나 지출하는가?

한국인은 돈을 벌어서 자녀를 대학에 보내려고 산다고 해도 과언이 아니다. 자녀가 있는 부모는 자녀가 태어나서 대학을 가고, 취업해서 경제적 독립을 하거나, 결혼하고 분가할 때까지 자신의 인생 모든 것을 투자한다. 한국의 부모는 가구소득의 25~31%를 자녀 양육에 쓴다. 이 규모를 다른 나라와 비교해 보자. 2015년 미국의 1인당 국민소득은 5만 8천 달러였다. 이 중 양부모 가정에서 쓰는 자녀 양육비는 한 해 평균 대략 1천700여만 원이다. 이를 아이가 17세까지 쓰는 금액으로 합산하면 대략 2억 8천100만여 원이다.

2015년 한국의 국민소득은 2만 8천여 달러로 미국의 절반이 되지 않는다. 그런데 한국의 양육비는 미국보다 조금 적은 수준이다. 이는 한국의 부모는 미국의 부모보다 소득 대비 2배 이상의 비용을 자녀 양육비로 지출한다고 것이다. 여기에다 대학 진학률이 80%를 넘는 한국의 양육비에 대학 졸업까지의 비용은 2015년 대학 졸업까지 대략 3억 896만 원에 이른다.

이처럼 한국 부모는 벌어서 자녀 교육에 다 쓴다고 할 정도로 교육에 투자하고 있다. 주목할 점은 과거 남아선호가 팽배하던 시설에는 남아나 남아 중에도 맏아들에게 집중적으로 투자하던 것이 현재에는 성별에 구애받지 않고 인적자본 투자를 하고 있다.

다른 조사에서도 이런 상황이 확인된다. 한국보건사회연구원이 2015년 8월 현재 아이가 두 명인 기혼 여성(15~49세) 6,172명을 대상으로 조사·분석한 보고서인 「2015년 전국 출산력 및 가족보건·복지실태조사」에 따르면 두 자녀를 가진 가정의 양육비는 교육비, 돌봄비용, 의복, 장난감 등의 비용을 모두 합쳐 월평균 128만 6천 원이다.

이미 위에서 설명했듯이 인적자본에 대한 투자는 나라마다 다르고 성별마다 다르게 주어진다. 아울러 국가, 공동체 또는 가계 내에서 자원의 배분이라고 할 수 있는 교육에 대한 투자는 그 사회의 근간에 어떤 인생관이 작용하는가에서부터 종교, 신념 등은 물론이고 인생의 목표와도 상관된다.

흔히 한국 경제 성장의 원인으로 유교적 자본주의가 거론될 때 '유교적'은 '공부를 중시하는'을 의미하기도 한다. 그만큼 유교권 국가 특히 한국에서는 전통적으로 인생의 목표가 공부하는 사람으로 설정되어 있었다. 따라서 이런 관습은 생활 속에서 지침이 되어 있어서 다른 나라에서는 찾아볼 수 없는 교육열로 나타난다. 이는 <그림 3-1> 한국의 교육비 지출 추이에서 바로 확인할 수 있다. 한국은 생산요소 중에 가진 것이 노동밖에 없어서 인적자본에 투자하는 성장 전략을 가졌고, 학벌을 강조하는 문화를 배경으로 교육에 대한 투자가 개인과 국가 차원에서 추진되고 있다.

학문과 지식에 대한 사회적 염원도 남달라 지식자본 축적을 위해 GDP 대비 연구개발비 투자가 세계 최고이다. 교육을 위한 경쟁이 과열되어 공교육으로는 자녀들이 경쟁력이 없자 사교육까지 받아야 한다. 이러니 생활비의 30% 정도를 자녀 교육비로 쓰는 세계적으로 유례를 찾기 어려운 현상이 생겼다.

<그림 3-1> 한국의 교육비 지출 추이 　　　　　　　　　　　(단위: 십억 원)

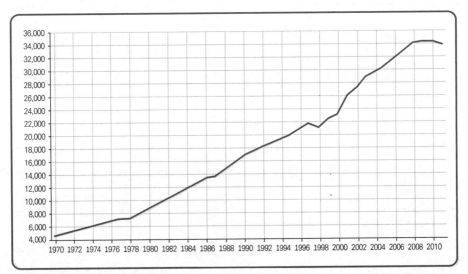

자료: 조우성 · 최혁준(2014).

3. 한국에서는 여아와 남아 중에 어느 성별이 더 교육을 받는가?

전 세계적으로 교육 투자는 남성 편향적이다. 남아 교육에 대한 선호가 있다. 그러나 자녀 교육에 대해서 성별 투자량은 나라마다 시대마다 같지는 않다. 여기서 주목할 점은 부모의 여아 교육에 대한 태도가 나라마나 시대마다 달라진다는 사실이다. 남녀에게 비슷하게 투자하는 나라도 있고, 오히려 여아에게 많이 투자하는 나라도 있다. 이처럼 교육의 성별 격차는 하나의 잣대로 설명할 수 없는 요소가 있다.

이 문제에는 부모의 선호나 인적자본, 사회적 관습과 유행 등 여러 원인이 중첩되어 있다. 물론 성별 격차 문제에 있어서 가장 중요한 것은 특정 사회, 특정 시기의 주도적 가치관이다. 그런데 놀랍게도 여성에 대한 교육 투자가 더 많은 역전 현상이 최근 한국에서 발생하고 있다. 이를 자세히 살펴보자.

<표 3-1> 한국의 연령별 교육 기간

연령	2000 전체 (년)	2000 여성 (년)	2000 남성 (년)	2005 전체 (년)	2005 여성 (년)	2005 남성 (년)	2010 전체 (년)	2010 여성 (년)	2010 남성 (년)	2015 전체 (년)	2015 여성 (년)	2015 남성 (년)
평균	10.6	9.8	11.5	11.2	10.5	12.1	11.6	10.9	12.4	12.1	11.4	12.8
6-19세	5.7	6.0	5.3	4.2	4.3	4.0	4.8	4.5	5.0	4.6	4.3	4.9
20-29세	13.1	13.2	13.0	13.8	13.9	13.6	14.2	14.3	14.0	14.4	14.5	14.2
30-39세	12.9	12.5	13.3	13.6	13.3	13.8	14.0	13.9	14.2	14.5	14.5	14.6
40-49세	11.2	10.5	12.0	12.3	11.7	12.9	13.0	12.6	13.4	13.7	13.4	13.9
50세 이상	7.2	5.5	9.2	8.2	6.7	10.0	9.1	7.7	10.6	10.1	8.9	11.5

자료: 통계청, 「인구총조사」.

2016년 한국의 사교육비 총액은 약 18조 1천억 원에 이르고, 초등학교 24만 1천 원, 중학교 27만 5천 원, 고등학교 26만 2천 원이다. 놀라운 것은 전체 가구 참여율이 67.8%에 이른다는 점이다. 이 가운데 가구소득 대비 사교육 참여율이 극명하게 차이가 나서 소득 100만 원 이하 가구에서는 30.0%나 700만 원

이상 가구는 무려 81.9%에 이른다. 이는 부모의 경제력에 따라 아이의 인적자본 투자의 크기가 결정된다는 것을 보여 준다.

2015년 통계청의 사교육비 조사를 보면 한국 초등학생 사교육 참여율이 남성은 81.9%에 비해 여성은 79.5%로 여성의 수치가 떨어지고, 주당 사교육 참여 시간도 여성은 남성 6.6시간보다 적은 6.2시간이다. 같은 조사에서 중등학교 사교육 참여도에서는 남성 68.5%에서 여성 70.4%로 여학생이 더 높고, 고등학생도 남성 46.8%에 비해 여성은 53.8%로 여성이 높다. 한국 10대는 여학생이 더 오래 공부한다. 2016년의 경우도 아래 <표 3-2>에서 확인되듯이 여학생의 사교육 참여율이 높다.

<표 3-2> 2016년 한국 학생들의 사교육 시간

		초등학교	중학교	고등학교
사교육 참여율 (%)	여성	79.5	70.4	53.8
	남성	81.9	68.5	46.8
주당 사교육 시간 (시간)	여성	6.2	6.4	4.4
	남성	6.6	6.4	3.8

자료: 통계청, 「사회조사」.

사교육 시간도 성장할수록 달라진다. <표 3-2>에서 보듯이 중학교 때는 남학생 6.4시간, 여학생 6.4시간으로 같다. 이후 고등학교에 가면 주당 사교육 시간이 남학생 3.8시간인데 여학생 4.4시간으로 여학생이 길다.

교육을 받는 학생들의 상황에 대해서 알아보자. 한국의 청소년 사이에서 남녀 차이는 그리 크지 않다. 다음 조사는 이를 바로 보여 준다. 학생들이 고민하는 것이 무엇인지에 대한 아래 <표 3-3>의 2016년 통계청이 조사한 자료에 의하면 한국의 청소년은 학업에 대한 고민이 제일 많다. 이는 남성 33.0%와 여성 32.9%로 비슷하다. 여기에 장래 직업에 대한 고민도 비슷한 정도이다. 남성 29.8%와 여성 27.9%로 남녀 청소년 모두에게 고민이 된다.

물론 남학생이 장래 진로에 대해 좀 더 진지하게 고민한다. 그런데 여기서 주목할 것은 여성 청소년은 남성 청소년보다 자신의 외모에 대한 고민이 크다는 점이다. 전체 응답자 중에 외모에 대한 고민은 여성 12.8%와 남성 8.7%로 여학생이 확실히 많다. 이와 같은 통계는 여성 청소년의 현 상황을 잘 보여 준다. 학업 성적과 직업에 대한 고민을 동시에 하면서 여성이라는 타자성을 습득해서 자신이 어떻게 비칠지도 신경을 쓰는 것이다.

<표 3-3> 2016년 한국 청소년이 고민하는 문제(13~24세) (단위: %)

	외모	건강	가정환경	집안경제 어려움	공부	직업
여성	12.8	5.1	1.8	6.1	32.9	27.9
남성	8.7	4.5	2.2	5.6	33	29.8

자료: 통계청, 「사회조사」.

나라마다 어느 정도 차이는 있지만, 산업화와 경제 발전과 함께 여성의 고등교육 수혜율이 높아졌다. 그러나 이러한 평균적인 증가세를 넘어선 극적인 상황이 한국에서 일어났다. 남아선호사상이 여전히 남아 있는 한국에서 여성의 대학 진학률[1]이 남성을 넘어섰다. 게다가 더 놀라운 것은 그 격차가 점점 더 벌어지고 있다는 사실이다. 2016년 여성의 대학 진학률이 73.5%이며 남성보다 무려 7.2%p 높다. 2017년에는 여학생 진학률이 72.7%로 떨어졌지만, 남학생도 65.3%로 떨어져 성별 격차는 7.45%p였고, 2018년 이는 73.8%로 증가하면 남학생 65.9%보다 7.9%p나 더 높다. <그림 3−2>로도 이 사실을 확인할 수 있다.

---

1 진학률은 해당 연도 졸업자 중 상급학교 진학 비율을 말한다. 남학생의 경우 고등학교 졸업 후 바로 대학에 진학하지 않고 군 복무 등의 이유로 진학을 뒤로 미루는 경우가 있으므로 여학생과 비교하는 것에는 통계상 한계가 있다.

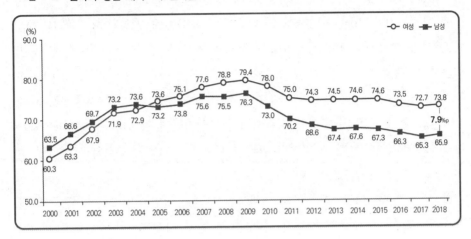

<그림 3-2> 한국의 성별 대학교육 진학률

자료: 교육부 · 한국교육개발원, 「교육통계연보」.

대학교에 진학해서도 여학생들은 더 열심히 생활한다. 단지 학점이나 영어 성적 같은 교육 성과뿐 아니라 전반적으로 더 성실하게 대학 생활을 한다. 대학교육의 대학 등록금 조달 방법에서 통계청 「사회조사」 2016년 지표로 보면 남학생은 부모의 지원을 60.1%가 받는데, 여학생은 55.4%밖에 받지 않는다. 이는 대학생 시절 여성이 진로를 위한 공부에 덜 신경을 쓰는 것일 수도 있고, 여성이 좀 더 적극적으로 경제적 독립을 시도한다고 볼 수도 있다.

4. 왜 한국은 여학생들이 인적자본 투자를 더 많이 하는가?

인적자본 축적 문제는 젠더와 이를 둘러싼 사회적 환경 문제가 더해지면 조금 더 복잡해진다. '왜 시장노동 참가율이 남성보다 현저하게 적은 한국에서 여성의 인적자본에 투자할까?' 하는 의문이 생긴다.

한국 여성이 자신만의 직업을 가지고 살기를 원하는 것에 비해 이를 실현을 나타내는 현실적인 지표는 이러한 염원이 많은 여성에게 실현되지 못했다고 단언할 정도로 분명한 성별 격차를 나타낸다.

한 나라에서 실제로 남녀 간에 어떻게 빵을 나누어 먹는지, 어떻게 땅을 나누어 가지는지가 가장 선명하게 아들과 딸의 교육비에 반영된다. 위에서 언급한 것처럼 노동시장에서 성차별의 원인으로 거론되는 것은 임금차별, 저숙련, 직종분리, 재생산 노동의 부담, 노동조건의 차별 등이다. 특히 여성 노동의 저평가에 대한 이유로는 인적자본 축적이 되지 않아 저숙련 노동에 종사하기 때문이라고 한다. 이렇게 저평가하는 사회적 분위기라면 경제적 논리에 따르자면 투자를 하지 않아야 한다. 그러나 한국의 부모는 적어도 지표상으로 성차별 없이 자식에게 투자하고 있다(홍태희, 2014).

한국에는 매년 14만 명 정도의 여대생이 대학을 졸업한다. 그러나 졸업과 함께 대학 교문을 나오는 순간부터 여학생들은 한국 사회에서의 자신들의 객관적 위치에 대해서 파악하기 시작한다. 실제 현실 생활에서 여성은 제2의 성이다. 여대생들에게 장래 희망을 물었을 때 그들 대부분은 자신의 직업을 가지고, 자신의 꿈을 펼치며 스스로를 부양할 경제력을 가지길 원한다. 그리고 그것에 도달하기 위해 더 열심히 공부하고, 노력한다. 그러니 한국의 높은 여학생 대학 진학률은 바로 이러한 염원의 결과라고 할 수 있다. 그럼 왜 이러한 현상이 발생하는가? 그 이유는 다음과 같이 정리할 수 있다(홍태희, 2014).

❶ 한국의 저출산 현상으로 딸 하나만 가진 부모가 많아지면서 여성에 대한 투자가 증가했다.

❷ 한국의 경제 성장으로 성차별 없이 교육할 사회적 능력이 되었다.

❸ 한국의 성차별적 노동시장 상황에 대한 대비로 여성의 인적자본 투자에 부모가 더 신경을 쓰게 되었다.

❹ 여성들 스스로 자신의 사회적 약점을 알고 이를 극복하기 위해 더 좋은 학업 성취 결과를 내려고 노력한다.

만약 극한의 지역으로 여행을 떠난다면 우리는 좀 더 따뜻한 옷을 준비할 것이다. 현재 한국의 여학생들이 청소년기를 열심히 보내는 것도 이런 맥락에서 이해할 수 있다. 즉 성차별이 만연한 곳에서 살아남기 위한 나름의 무기를 마련하는 것이다. 적어도 한국의 여학생에게 대학의 진학은 바로 살아남기 위한 자구책일 수 있다.

<그림 3-3>은 한국의 남녀 임금격차를 보여 준다. 이는 OECD 전체 국가 중에 최대치이다. 2015년 여성의 전 산업 평균 월급은 236만 2천213원인 데 비해 남성 378만 40원이다. 남성 월평균임금 대비 여성 월평균임금은 2009년 63.5%에서 2013년 64.6%로 남녀 임금격차가 감소했으나, 2014년 63.7%, 2015년 62.5%로 남녀 임금격차가 계속 증가함으로써, 2017년 64.1%로 2010년 이래 가장 큰 성별 임금격차를 보여 주고 있다. 여성의 임금은 남성 임금의 62% 수준에 불과하여 남녀 간 임금격차는 줄어들지 않고 있다. 이를 완전히 해결하는 데 앞으로 적어도 100년이 걸릴 것으로 전망된다.

<그림 3-3> 한국의 성별 월 임금총액 (단위: 원)

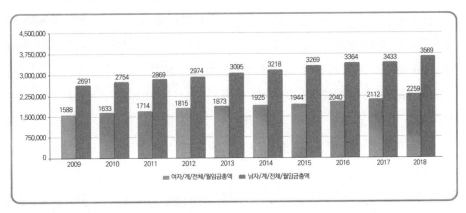

자료: 고용노동부, 「고용형태별 근로실태조사」.
주: 월평균임금 → 월평균 급여 총액에 연간특별급여를 월평균으로 계산하여 합산한 금액(월급여총액 + (연간특별급여 / 12)).

이러한 사정은 큰 변화없이 관찰되어 여성의 월임금총액이 2018년 225만 9천 원인 데 비해 남성은 356만 9천 원으로 남성의 63%에 지나지 않는다.

노동시장의 상황이 이러하다는 것을 아는 한국 여성들은 이런 차별적 소득이 적용되지 않은 일자리를 가지기 위해 미리 준비하지 않을 수 없다. 여기에다가 결혼 후 육아와 돌봄으로 또 다른 어려움을 맞게 될 딸의 처지를 알고 있는 부모는 딸에게 조금이라도 더 투자하여 질곡에서 벗어나게 하려는 태도를 보일 수밖에 없다.

이처럼 인적자본에 대한 투자는 개인의 의지나 시장의 원리로만 결정되는 것이 아니다. 사회적 환경이나 국가정책의 영향은 물론 부모의 염려와 관심도 크게 작용한다. 전문직이나 교육직 등의 직종은 입직 후에는 비교적 성평등적이다. 따라서 여성이 고등교육을 받았을 경우 받지 않을 때와는 달리 성차별적 노동환경에서 벗어날 가능성이 주어져 있다. 이 가능성이 딸의 인적자본 축적에 대한 투자를 견인하고 있다. 다시 말해 성차별적 일자리와 성차별적이지 않은 일자리의 격차가 극명한 상황이라서 오히려 부모는 딸의 교육에 더 투자함으로써 딸의 미래를 안정시키려고 결정한다.

뮐러와 한(W. Müller and D. Haun)의 인적자본투자가설에 의하면 여성들이 교육을 적게 받고 남성들이 교육을 많이 받는 것은 일반적인 현상이지만, 이것도 부모가 속한 계층에 따라 다르다. 농민 계층과 수공업자 계층은 가업을 잇는 것을 중요시하여 딸보다 아들에게 가업을 잇게 하려고 하고, 그 결과 아들을 더 교육한다는 것이다(Müller and Haun, 1994). 그리고 이런 전략에 따라 딸과 아들에 대한 인적자본 투자량이 다르게 나타난다는 것이다. 그러나 자본가 계급이나 고소득 계층에서는 상황이 역전되어 딸이 아들보다 더 높은 고등교육 진학률을 보이게 된다는 것이다. 즉 중산층 이상 가정이나 고소득층의 딸들은 노동 계급의 딸에 비해 성별 교육 격차를 덜 겪게 된다는 것이다(Breen, Lukx, Muller and Pollak, 2009: 11~14).

이 연구 결과는 여성의 고등교육 진학은 가계의 소득수준과 유의미한 양의 상관관계가 있다는 것을 함의한다. 이를 한 나라의 소득수준과 여성의 고등교육 수혜율의 관계로도 확장할 수 있다. 이처럼 고등교육에 대한 투자는 물질적 자원, 관련 정보와 성취 동기가 모두 요구된다. 정리하면 교육수준이 높은 중간계급 이상의 부모가 기꺼이 돈을 내고, 딸은 자신에 대한 투자로 앞으로 살아갈 시간에 대한 인적자본을 축적하는 데 더 적극적인 태도를 보인다.

이는 현재 한국 대학생들의 사교육비 지출에도 그대로 적용된다. 아들보다 딸이 더 대학생 사교육에 적극적이다. 이는 교육을 통한 계층 상승 이동의 가능성을 가장 잘 알고 있는 한국의 부모와 여학생이 교육의 효과를 알고 있고, 교육을 통해 삶을 더 낫게 하려고 투자하는 것이다.

5. 한 걸음 더 나아가기 위해 무엇을 할 것인가?

우리는 3장에서 왜 부모는 딸과 아들을 다르게 기르는지를 보고 한국이 자녀의 인적자본 투자에 얼마나 지출하는지를 알아보았다. 또한 일반적인 나라와는 다르게 한국에서 여학생들이 인적자본 투자를 더 많이 하는 현상에 관해서 설명했다.

교육은 미래 가치에 대한 투자이다. 만약 투자 대상이 미래에 수익을 발생하지 못할 것이라고 예상한다면 투자를 하지 않는다. 그러나 한국에서 여학생은 이제 전 영역에서 남학생보다 우수하다. PISA(Programme for International Student Assessment) 2015년에서 한국 학생들은 전 영역에서 OECD 평균 점수보다 높은 점수를 받았다. 그러나 PISA 2012년에는 수학, 과학은 남학생, 읽기는 한국 여학생의 점수가 높았다. 그러나 PISA 2015년에는 처음으로 전 영역에서 여학생이 한국 남학생보다 높은 점수를 받았다. 그러니 어떻게 얼마나 교육을 받는가 하는 문제이지 애초에 능력의 차이가 나는 것은 아니다.

현재 한국 사회가 직면한 것은 여성의 인적자본 투자가 적게 이루어져서 생기는 문제가 아니다. 한국에서 여학생의 인적자본 투자는 확실히 남성보다 높다. 대학 진학률 자체뿐 아니라 대학 진학 후에도 여학생들의 인적자본 축적의 노력이 사교육비 지출로 나타나고 있다.

그리고 물론 이것을 가능하게 한 것은 위에서 이미 지적한 것처럼 저출산과 경제 성장이다. 경제 성장으로 자녀의 고등교육을 지급할 능력이 있고, 저출산으로 딸이든 아들이든 소수의 자녀를 잘 기를 마음을 먹고, 이를 실행하고 있다. 이처럼 한국의 여학생들이 직면하고 있는 사회적 차별 특히 취업상의 차별을 극복하기 위한 동기로 인적자본 투자가 이루어지고 그 결과 여학생들의 약진이 나타나게 되었다.[2] 그런데도 여학생이 취업이 어려운 것은 인적자본의 문제가 아니라는 말이다. 그냥 여자라서 뽑지 않는 것이다. 그러니 문제는 사회의 성 인지성에 있다. 사회의 성 인지성을 길러 차별과 편견을 무엇보다 먼저 극복해야 한다. 동시에 더 유능한 여성으로 길러 내야 한다.

여기서 교육은 꼭 전문 교육 기관에서 받는 교육만을 말하는 것이 아니다. 여성의 경제 문제와 함께 꼭 실행되어야 할 것은 '양성성(androgyny)'의 개발 교육이다. 인간의 삶은 한 사람 속에 다 있는 'andro(남성)'와 'gyn(여성)'을 통합해 가는 과정이다. 성이 사회적 개념이라면 부모와 사회의 성차별 없는 양육과 교육, 무엇보다 그들의 성평등적인 삶을 통해 사회적 성은 만들어지고 진화되는 것이다.

단지 능력이 있는 여성으로 키워 남성 주류 속에 편입하는 것이 아니라 양성성을 균형 있게 가지도록 교육하여, 성에 대한 기대, 요구, 기대되는 행위로 구성되는 '성 각본(sexual scripts)'을 여성 자신의 삶이 주체가 되도록 바꾸어 나가며, 사회적·경제적으로 떳떳한 인간이 될 교육을 해야 한다.

---

2 한국의 성별 인적자본 투자와 함께 꼭 이야기되어야 할 것이 남학생의 군 복무 문제이다. 역차별 문제까지 등장하는 이 문제에 있어서 남학생에 비해서 군 복무 의무가 없는 여학생은 시간적 이점이 있고, 비교적 유리하게 인적 자본 축적을 한다. 앞으로 여건이 허락되면 용병제 등의 제도 변경을 통해 남학생의 군 복무 문제에 대한 제도적인 보완이 따라야 한다.

4장

•••

여성과 남성의 결혼은 다른
경제적 결과를 가져오는가?

　이 책의 4장에서 우리는 태어나서 자란 남녀가 성인이 되어 만나서 벌어지는 사건에 관한 경제학적 분석을 한다. 연애와 결혼은 인간 삶에서 가장 중요한 영역이라고 할 수 있고, 한 사회의 상황을 구체적으로 가늠해 보는 척도이기도 하다. 그런데도 이 영역은 사적인 영역으로 치부되어 오랫동안 학문적 분석의 대상이 되지 못했다. 그러나 남녀의 경제 생활을 이해하려면 이 부분에 대한 논의가 필요하다.

　4장에서는 이를 경제학의 선행 연구를 바탕으로 설명한다. 이를 위해 먼저 결혼의 전 단계인 연애와 이를 현실적으로 실현한 데이트의 경제학에 대해서 알아본다. 다음으로 사람들이 왜 결혼을 하는지, 결혼에 관한 경제학의 연구를 '결혼의 경제이론(economic theories of marriage)'과 최적결혼모델(marriage premium model)과 '결혼의 비용편익 분석(marriage payment model)'을 통해 알아본다.

　또한, 결혼이 여성에게는 어떤 경제적 결과를 가져오는지를 살펴본다. 결혼이 남녀 간의 자연적인 만남을 기초로 하지만 지극히 사회적인 제도를 배경으로 한다는 점을 주목하고, 결혼의 대체재는 어떤 것이 있는지를 분석한다. 아울러 결혼 후 가정 내의 권력관계를 둘러싼 갈등에 대해서도 경제학적으로 설명한다. 그리고 이혼의 경제적 원인과 결과에 대해서 설명하고, 경제학적으로 이혼이 성립되는 조건을 분석한다. 마지막으로 남녀의 만남에서 여성의 권익을 증진하기 위해 무엇을 할 것인지를 제시했다.

1. 연애는 어떤 경제적 결과를 가져오는가?

연애와 결혼은 인간의 역사에서 가장 오래 유지되고 있는 제도이다. 이 제도가 유지하는 배경에는 인간은 다른 성에 대해 사랑을 느끼는 동물이고, 이성에 대해 자연적으로 좋은 감정을 가지는 것, 즉 사랑을 느낀다고 설명된다. 그러나 경제학은 이 제도의 성립과 유지에, 즉 양성이 만나서 관계를 유지하는 배경에는 양성 간의 일종의 가치 교환이 있고 이것이 일종의 거래처럼 작동한다고 본다. 또한, 이 거래를 일회성이 아니고 지속하는 것이 더 효율적이라고 판단한 인류가 이를 법적 구속으로 제도화시킨 것이 결혼이라고 파악한다.

연애를 경제적 관점에서 살펴보기 위해 먼저 이렇게 물어보자. 연애는 왜하는가? 경제학은 이렇게 답을 한다.

❶ 자원을 교환하기 위해서다. 남녀의 서로 다른 점을 교환함으로써 거래 이익을 얻을 수 있다.

❷ 비용보다 편익이 더 많이 생기기 때문이다. 어떤 비용이 있을까? 먼저 데이트 비용이 들고, 기회비용이 들며, 체력도 소모된다. 편익은 무엇인가? 사랑하면서 느끼는 행복, 안정감, 성욕의 해소, 활력, 자신감 등이다.

❸ 연애는 미래를 위한 투자이다. 최적의 배우자를 고르는 탐색을 위한 투자이다.

과연 그러한가? 남녀가 서로 좋아하는 감정을 가지는 연애를 현실적 시공간으로 옮기면 데이트 또는 만남이 된다. 우리는 양성이 만나서 같이 시간을 보내는 데이트가 사적인 행위라고만 이해하지만, 이는 한편으로 지극히 사회적인 일이다. 따라서 사회적으로 의미 있는 결과를 가져온다.

만약 한국인들이 집 밖에 나가서 데이트[1]하지 않는다면 얼마나 많은 식당과 카페가 문을 닫아야 하는지를 생각할 필요가 있다. 데이트는 무엇보다 일종의

---

1 데이트는 젊은 남녀가 집 밖에서 만나서 사귀는 행위를 말한다. 대부분 사람은 연애하면 데이트를 집 밖에서 한다. 이런 행태는 약 100년 전 미국의 하층민 거주지에서 시작되었는데, 상업자본주의의 발전과 대량생산 대량소비 시대의 경제 행위로 본다.

소비 행위이다. 그리고 그 소비재는 남녀가 동시에 사용하는 상품을 판다. 일종의 공공재 구매 행위이다.

여기서 사회는 남성은 어떻게 행동하고, 여성은 어떻게 하라고 가르치고, 데이트의 에티켓부터, 무엇을 먹고 무엇을 선물할지도 결정해 준다. 더욱이 소비를 진작시키기 위해 데이트의 기본 소비 양식을 만들 뿐 아니라 밸런타인데이와 같은 각종 기념일을 만들고, 이를 국가적 행사로 승격해 소비를 증진한다. 사랑을 내걸고 돈벌이를 한다.

이것만이 아니다. 만남을 위해 옷과 화장품을 구입하고, 사용하는 행위를 통해 각 성별의 성 역할을 학습시킨다. 아울러 남녀는 사랑이 이루어지거나, 깨지거나 하는 과정을 경험하면서 자신의 전략을 반성하고, 구성하며, 재구성하는 과정을 통해 사회화된다.

여기서 양성 간의 관계에 대해서 좀 더 살펴보자. 물론 각 시대나 나라나 지역마다 양성의 관계 방식, 즉 사귀는 방식에 차이가 난다. 그러나 데이트의 핵심은 먼저 선택(즉 자신의 연인으로 낙점)하는 과정과 이를 상대방에게 동의를 받는 과정 그리고 이를 지속하거나 중지하는 과정을 거친다. 미혼인 경우 지속적인 관계를 통해 법적 구속을 가지는 결혼으로 맺어질 가능성도 있다. 물론 첫 과정인 선택은 심리적인 느낌이 강조되지만 이를 유지하는 것은 경제력, 나이, 교육, 외모, 종교, 집안 등이다.

이런 선택의 최종 결정은 게임이론 연구자 존 내쉬(J. Nash)가 주장했던 내쉬 균형을 이룬다. 이는 인류의 역사가 증명하듯, 혹 제 눈에 안경이란 속담으로 표현되듯 다들 모두가 선택하고 싶은 최선의 파트너를 향해 줄을 서는 것이 아니라 기꺼이 차선이나 차악을 선택하는 결단을 보인다.

그럼 이렇게 선택을 해서 서로 좋은 감정을 가진 연인들의 상황을 좀 더 살펴보자. 21세기 현대 젊은이의 연애 방식은 조선시대의 연애 방식과는 다르다. 물론 서로 좋은 감정을 표현하는 사랑의 육체적 방식은 동서고금을 통해 큰 차이가 없다고 하더라도 그것이 가능하게 하는 현실적 요건에는 차이가 난다.

먼저 데이트 비용을 가지고 따져 보자. 나라마다 차이는 있지만 일단 만남에 필요한 돈은 남성이 지급하는 것이 일반적이다. 이는 선진국이나 후진국이나 별 차이가 없다. 그런데 우리의 경제학적 관심은 남성이 데이트 비용을 지급하는 이유이다. '왜 남성이 데이트 비용을 지불하는가?', '누구에게나 귀하고 아까운 돈을 기꺼이 내는 남성의 성 역할의 대가는 무엇인가' 하는 문제는 상대방인 여성이 남성에게 무엇을 제공하는가 하는 문제와 연관된다.

보통 이런 경우 연애에서 여성이 지불해야 하는 대가는 남성성을 인정하고 상대방에게 심리적 안정감과 성적 만족감을 주는 것이다. 따라서 어느 나라 할 것 없이 남성이 비용을 주로 지불한다는 측면을 두고 여성주의자들이 데이트도 일종의 매춘이라고 주장하는 것에는 일견 타당한 측면이 있다. 극단적인 경우로 원조 교제를 들 수 있다. 말은 교제로 표현하지만 성매매가 그 바탕에 있다. 그러면 여성은 무엇을 지불하는가? 그 남성은 자신에게 특별한 사람으로 인정해 주는 동시에 경우에 따라 여성은 자신의 신체에 대한 남성의 이용권을 주어야 한다. 그 외에도 임신이나 성병 또는 여전히 정숙한 여성을 선호하는 사회적 평판의 포기를 비용으로 감당해야 한다.

따라서 이 비용을 고려한다면 여성이 대개 연애에 적극적이고 충동적인 남성과 달리 조심스러운 태도를 보이는 것은 당연하다. 데이트 비용을 지불한 남성은 여성에 대한 정신적이고 신체적인 통제권을 행사하고, 여성은 남성이 제공하는 실질적 편익을 누린다.

2013년 조사에서 미국에서는 84%가 남성이 데이트 비용을 부담한다고 한다. 만약 여성이 비용을 지불하면 남성은 부담을 느낀다고 한다. 한국에서는 오히려 미국보다 여성의 지출 비용이 더 많다는 조사가 있다. 그 원인이 무엇인지에 대해서는 좀 더 살펴보아야 한다. 사실 젊은 여성 중에 성 인지적 사고를 하는 이들은 남성이 지불하는 것에 대해 불편한 감정을 갖는 경우도 있다.

그러면 구체적으로 한국에서 청춘 남녀의 데이트 비용은 어떤 비율로 나눌까? 데이트 비용에 대해선 질문자들이 남성과 여성이 각 6대 4의 비중으로 부담하는 것을 가장 이상적인 비율로 본다고 한다. 데이트 비용에 대해 경제적 부담감이 있다는 질문에 35.9%가 동의했다. 나이가 20대 초반과 월평균 소득이 '30~50만 원 미만'인 청춘 남녀가 경제적 부담을 더 느끼고 있다고 한다. 비용 부담으로 데이트를 연기하고 싶을 때가 있었다는 응답도 전체 응답자의 54.2%였다.[2]

대학내일 20대연구소에 따르면 한국 대학생은 남학생 4만 6천499원, 여학생

3만 2천192원으로 차이가 1만 4천258원이다. 일본은 4만 4천246원과 4만 7천 718원으로 여성이 3천472원 비용을 더 내고, 중국은 남성 3만 1천646원, 여성 2만 7천524원으로 차이가 4천121원에 이른다.

이처럼 사랑은 아름답지만, 실제 사랑하며 보내는 것에 드는 비용 문제를 가지고 있다. 여기서 생각해야 할 점이 바로 데이트 비용의 남녀 배분이다. 미국의 경우 84%를 남성이 내는데 한국은 60%를 낸다는 것은 어떤 의미가 있는가? 통념으로 보자면 한국 여성의 사회적 의식이 발전되어 있고, 양성평등에 대한 인식이 미국보다 투철해서 비용 부담에 동참한다고 설명할 수 있다. 그러나 한국의 성평등 지수는 미국보다 낮고, 여성들의 성 인지성도 미국에 미치지 못한다.

그러면 이 통계적 차이는 무엇을 의미하는지 한번 곰곰이 따져 볼 필요가 있다. 인권이 발전된 미국의 여성이 자기 밥값을 자신이 내겠다는 의지가 더 클 것 같은데 실제로 한국 여성이 더 쉽게 지갑을 연다는 것이다. 첫 번째로 생각되는 것은 한국 사회의 급격한 변화이다. 한국 청년들이 달라졌다.

연애 과정에서의 데이트 비용 지불 양상이 한국에서 급격히 변하고 있고, 여성들은 공짜로 얻어먹는 것이 불편해졌다. 연인들은 같이 데이트 통장을 만들어 공동으로 적립하고 공동으로 사용하는 방법을 택하기도 한다. 그렇다면 그만큼 연인 사이는 평등해졌는가?

그렇게 말하기 어려운 것 같다. 한국에서 사회적으로 문제시되고 있는 데이트 폭력을 차치해 두더라도 세상에서 가장 아름다운 일이라는 데이트의 내면에 남녀 사이의 권력관계가 드러나는 것은 자주 목격된다. 한국 여성의 데이트 상대로서의 가치가 미국에 비해 낮은 것은, 즉 한국 여성이 데이트 비용을 미국보다 더 많이 내는 것은 한국 여성이 주체적이어서인지, 권력관계의 약자여서 그런지는 좀 더 지켜보아야 할 문제이다.

놀라운 것은 노년의 연애이다. 흔히 이야기되는 콜라텍 커플의 경우 중년 여성이 데이트 비용을 내고 갑의 행세를 하며, 연하의 남성 파트너가 을의 위치에 있는 경우가 흔하다. 여성이 돈을 더 잘 쓰고, 관계를 주도해 나간다. 물론 이는

---

2 데이트 1회 평균 비용은 주중의 경우에는 '1~3만 원 미만'이 가장 많고, 다음으로 '3~5만 원 미만'이고, 주말은 '1~3만 원 미만'부터 '10~15만 원 미만'까지 주중보다 더 든다고 한다.

중년의 경제력이 있는 여성의 경우이지만 연애라는 행위 뒤에 돈이 어떻게 권력관계에 작동하는가를 알 수 있다.

어쨌든 특정 공동체 속에서의 연애는 그 사회 성별관계를 가장 적나라하게 보여 준다. 그리고 만남과 헤어짐의 과정을 통해 여성과 남성은 자연스레 자신의 성 역할을 학습한다. 이런 학습 과정을 통해 만들어진 성 역할이 결혼 생활을 하는 데 의사 결정의 기준으로 작동한다.

2. 사람들은 왜 결혼을 하는가?

결혼은 개인은 물론 어느 사회에서나 가장 중요한 일이라서 철저하게 관리되는 제도이다. 결혼은 서로 다른 사람이 만나 부부가 되는 제도이다. 부부는 가족 구성원의 지위를 누리게 된다. 인류가 가졌던 제도 가운데 가장 변하지 않고 오래 전해 내려온 제도가 결혼이다. 그러나 결혼의 의미는 변했다. 옛날에는 성인 남녀가 반드시 거치는 인생의 중대사라고 보았다면 오늘날에는 선택 가능한 생활 양식의 하나가 되었다.

근대 경제학자이며 철학자인 존 스튜어트 밀(J. S. Mill)은 결혼을 법률이 인정하는 유일한 노예제라고 말했다(홍태희, 2014). 여성은 물론 남성에게도 결혼은 그리 이익이 없는 일이라는 것이다(역사가들은 밀 자신은 아내 해리엇 테일러(H. Taylor)를 통해 많은 도움을 받았다고 한다). 사람들은 그래도 사랑을 하고, 희망을 품고 또는 상황에 밀려 어쩔 수 없이 결혼한다. 이유는 결혼이 손해만 끼치는 것은 아니기 때문이다.

이처럼 사랑하는 사람과 법과 제도의 보호 아래 지속해서 같이 살고 싶을 때 사람들은 결혼한다. 그러나 인류의 역사를 보면 연애를 통한 결혼은 그중 일부이지, 중매에 의한 결혼, 심지어는 상대방을 알지도 못하고도 결혼을 하는 것으로 미루어 결혼의 전제가 사랑만은 아님은 분명하다. 결혼은 그보다 훨씬 경제 공동체의 형성이란 성격이 강하다.

흔히 결혼하는 것은 지극히 사적인 일로 받아들여진다. 물론 결혼은 개인적 결정이며 개인의 삶에 큰 영향을 주는 선택이고 투자이다. 그러나 결혼은 동시에 지극히 사회적인 일이고 공동체의 유지·존속에 지대한 영향을 미치는 제도이다.

그러면 주류 경제학에서 보는 결혼의 경제적 의미를 확인하자. 주류 경제학은 결혼을 결혼시장에서의 교환행위로 본다. 여성과 남성이 소득, 외모, 성격, 능력, 자산, 집안 배경 등의 제약조건 하에서 가능한 한 자신의 효용을 극대화할 수 있는 파트너와 법률적으로 인정되는 관계를 맺으려는 투자이고 선택이라고 이해한다. 이를 투자로 이해하는 것은 비용을 지불하고 더 큰 편익을 추구한다는 측면과 미래에 돌아올 편익이 위험을 동반한다는 점 그리고 각 개인이 선택한다는 측면에서이다.

이렇게 사람들은 결혼이란 미지의 생활에 행복해질 거라고 예상을 하며 자신의 효용극대화 전략으로 자신의 인생을 건 투자를 한다. 투자를 위한 선택은 다음과 같은 기준으로 이루어진다.

❶ 결혼의 파트너로 자신을 보완해 줄 대상을 찾는다.
❷ 결혼의 파트너로 거래비용이 적은 대상을 찾는다.
❸ 결혼의 파트너로 자신의 이익을 극대화해 줄 대상을 찾는다.
❹ 결혼의 파트너로 현실적으로 결혼이 가능한, 내쉬균형을 이룰 대상을 찾는다.

이 같은 투자를 위해서 배우자를 선택할 때 남성과 여성은 마치 물건을 고를 때처럼 기회비용과 한계편익 등을 고려해서 결정한다. 누군가를 결혼 상대로 선택하는 기준은 먼저 커피의 보완재로 설탕을 구매하듯 자신의 부족한 부분을 채우는 보완 역할이 우선된다는 것이다. 이는 결혼의 목적으로 종족 번식, 즉 자녀 생산을 생각한다면 남녀는 서로에게 확실한 보완재 기능을 한다.

또한 자신의 파트너를 찾을 때의 기준으로 누구나 자신과 비슷한 처지인 사람을 찾는 경향이 있다. 사람이나 동물이나 식물조차도 유유상종한다는 것이다. 왜냐하면, 이 같은 선택을 통해 결혼 생활에서 발생하는 거래비용을 줄일 수 있다. 가령 완전히 다른 문화에서 성장한 두 사람이 만나서 결혼하면 실생활에서 거래비용이 더 크게 발생할 수 있다.

다음으로 결혼도 일종의 거래이다. 거래는 이윤을 남기기 위해 한다. 따라서 비용과 편익을 가름하고 가능한 한 편익이 많이 발생하는 배우자를 결정한다는 이야기이다. 이는 연애를 하다가 더 나은 상대가 생겨 헤어지는 것처럼 다른 파트너와 비교해 편익을 확인한 다음 결혼의 배우자를 선택한다는 것이다.

일반적으로 사람이 결혼하는 이유는 사랑, 성적 욕구 충족, 정서적 안정감, 경제적 안정, 자녀, 사회 풍습, 사회적으로 어른으로 인정받는 것 등이 있다. 그러나 결혼의 편익보다 결혼의 비용이 크다면 결혼을 피하는 풍조가 생기는 것이라고 경제학은 설명한다. 그렇다면 현재 한국에서 점점 더 결혼의 중요성이 적어지는 현상은 결혼의 비용이 커진 현상과 더불어 설명할 수 있다(홍태희, 2014).

좀 더 자세히 결혼이 가져다주는 편익을 살펴보자. 결혼은 생물학적 욕구의 충족과 정서적인 안정감 및 경제적 효율성을 결혼한 사람에게 준다. 사회적으로는 종족을 유지하고 인구를 재생산해 주면서 국가의 최소 단위인 가계를 성립시켜 준다. 아울러 결혼하면 독신 때보다 돈과 시간을 절약할 기회가 생긴다.

많은 경제학자는 결혼을 통해 규모의 경제나 내구재의 공동 사용으로 생활에 필요한 1인당 평균 비용을 줄일 수 있고, 특히 다양한 거래비용을 줄일 수 있으며 가족 서로에 대한 돌봄을 통해 가족 구성원에게 긍정적인 외부효과를 발생시킬 수 있다고 본다. 또 '가족 구성원 사이에 비교우위에 의한 특화(intra-household specialization)'와 분업을 통해 경제적 효율을 확보할 수 있다. 또한 우리는 결혼을 통해 자원을 공유하여 살면서 발생할 위험을 줄일 수 있다. 특히 가족 구성원이 아플 때나 실업 상태가 되었을 때와 같은 인생의 위기에 결혼은 위험을 완화하는 작용을 한다.

물론 결혼은 비용도 수반한다. 결혼식 같은 행사를 하면서 소요되는 금전적 비용뿐 아니라 생활의 자유 포기, 기회의 상실, 책임감 등도 그 비용으로 들 수 있다.

경제학적 관점에서 보자면 제도가 이렇게 유지되는 것은 제도를 통해 얻는 것이 잃는 것보다 많기 때문이다. 사람들은 예상되는 편익의 크기와 비용을 고려하여 결혼이나 이혼을 한다. 즉 인류의 '합리적 선택(Rational choice model)'의 결과로 결혼한다고 주류 경제학은 설명한다. 이에 대한 경제학자들의 의견을 좀 더 살펴보자. 경제학자들에게 결혼은 경제공동체의 성립이다.

베커는 잘 알려진 것처럼 결혼을 경제적 잣대로 설명했다. 그는 결혼은 개인 두 명이 독신일 때보다 소득이 더 높아질 때 선택한다고 했다. 즉 경제학은 결혼의 비용이 결혼의 편익보다 작을 때 결혼한다고 본다.

물론 결혼을 하는 것은 개인의 선택 문제이다. 그러나 가족이 형성되면 마치 일종의 공장처럼 가치생산을 위해 작동한다. 남녀는 가족 구성원으로 비교우위로 특화와 분업을 하고, 공공재 개념의 내구재에 대해 공동 소비를 함으로써 남녀가 경제적 이득을 얻을 수 있어서 결혼한다고 설명했다(홍태희, 2014).

블라우와 퍼버 그리고 윙클러(F. D. Blau, M. A. Ferber and A. E. Winkler, 2010)는 이를 좀 더 발전시켜 결혼의 경제적 결과를 간단한 '결혼모형(Marriage Model)'으로 이를 설명한다(홍태희, 2014). 그리고 독신 생활보다 큰 만족을 줄 수 있을 때 결혼이 이루어지고, 지속된다고 주장한다. 결혼의 성립 조건을 첫째, 결혼 후의 총산출(Tmf)이 각각 독신일 때의 산출(Tm, Tf)의 합보다 크거나 같을 때(Tmf ≥ Tm + Tf), 둘째, 결혼을 통해 얻은 부부 각각의 몫(Si)이 독신(Zi)일 경우보다 클 때(Si ≥ Zi, i = m,f)로 본다(Eswaran, 2014).

브란트와 칙(W. K. Brant and C. D. Zick)의 '결혼모형(marriage model)'에 따르면 한 개인이 결혼을 결심하는 것은 다음 두 가지 조건이 충족되었을 경우이다 (Brant and Zick, 1996: 227−237).

$$T_i = H_i + L_i \qquad i = f, m \qquad (1)$$
$$Y_i = w_i L_i + V_i \qquad i = f, m \qquad (2)$$
$$S_i > Z_i \qquad i = f, m \qquad (3)$$

❶ 결혼의 총산출(Zmf)이 두 사람이 각각 독신일 때의 산출(Zm, Zf)의 합보다 크거나 작아야 한다.

❷ 결혼을 통해 얻는 총산출에 대한 부부 각자의 개별적 몫(Si)이 독신일 때의 산출보다 커야 한다.

❸ 결혼은 위의 두 조건이 이루어질 때 성립한다(김상대·장유미, 2009: 92).

여기서 그림을 통해 다시 설명해 보자. <그림 4-1>은 여성과 남성이 각기 시장생산과 가계생산을 했을 경우와 결혼하여 같이 재화를 생산했을 경우의 생산가능영역을 나타낸 것이다(Blau, Ferber and Winkler, 2010). 개별 생산가능곡선과 결합 생산가능곡선을 해석하면 여성과 남성은 각각 결혼 전에 시장재 50(M1)과 40(M₂), 비시장재 20(H₁)과 80(H₂)을 생산할 수 있었다. 그러나 결혼 후, 시장재 90(M)과 비시장재 100(H)을 생산할 가능성을 가지게 되었다. 이를 부부 사이에 반으로 나누면 각각 시장재 45, 비시장재 50씩을 가질 가능성이 열린다. 그림(c)의 빗금 친 부분은 순전히 결혼 후 분업의 결과 발생하는 잉여이다. 결합 생산가능영역 내의 비교우위 개념으로 설명하면 시장재 생산에 비교우위가 있는 여성은 시장재만 생산하고 남성은 비시장재를 생산할 때 이들의 총생산은 극대가 된다(홍태희. 2014).

이들이 더 잘살기 위해 자신의 효용극대화 총생산을 극대화하려면 여성은 밖에서 일하고 남성은 가사노동을 해야 한다. 그러나 잘 알듯이 결혼 후 시장재와 비시장재를 어떻게 생산하며, 누가 생산하느냐는 생산과 분배의 문제는 생산성의 비교우위에 의해서만 결정되지 않는다. 이를 결정하는 가장 결정적인 제도가 성별관계이다. 거듭 설명한 것처럼 이 성별관계는 남녀 사이의 권력관계이다. 그리고 현재로는 남성 우위의 역학 관계이다.

<그림 4-1> 독신과 부부의 생산가능곡선

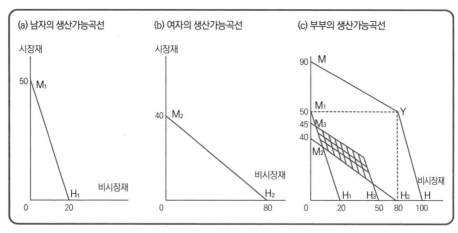

자료: Blau, Ferber and Winkler(2010); 홍태희(2014) 재인용.

이러한 권력관계 아래에서 가계의 생산요소를 배분하고 생산물을 분배할 때 여성이 상대적으로 불리한 처지에 놓인다. 결혼의 비용은 결혼 과정에서의 비용과 결혼을 함으로써 포기해야 하는 시간과 자유, 다른 가능성이 있다. 이렇듯 경제학적 설명으로는 결혼이 철저히 손익을 계산하고 선택할 수 있는 제도이지만 현실적으로 이런 조건이 성립되지 않을 때도 결혼은 이루어진다.

많은 경우 손익을 계산할 자유도 주어지지 않고 종교, 전통 관습에 의해 결혼하게 되기도 한다. 따라서 이러한 손익 계산은 더글러스(M. Douglas)가 지적한 것처럼 약한 집단성과 약한 규제가 작용하는 개인주의적 문화 속에서나 가능하다(Douglas, 1978; 홍태희, 2014).

물론 경제적 편익이 부부관계의 모든 것은 아니지만 결혼이나 이혼의 원인은 된다. 그렇다고 이것이 꼭 소득에 비례하는 것은 아니다. 사실 많은 경제적 갈등은 그것을 사용하는 방법이나, 경제적 어려움을 각자 어떻게 받아들이고 행동하는가에 달린다.

3. 결혼은 여성에게 어떤 경제적 결과를 가져오는가?

결혼한 부부는 같이 살며 같이 자녀를 두고 같이 재산을 일구지만, 결혼은 남녀에게 각기 다른 경제적 결과를 남긴다. 물론 경제학의 이러한 개인주의적 관점에 대해 일반인들은 거부감을 보인다. 대부분은 사랑과 희생이 결혼의 핵심이라고 보는 입장을 견지하고 싶어 한다. 그러나 현실을 구체적으로 살펴보면 사랑과 희생만으로 설명될 수 없는 현실이 있다는 것에 동의하게 된다.

그러면 경제학적 관점으로 따져 보자. 왜 결혼을 하는지에 대한 경제학의 대답은 확실하다. 결혼을 통해 남녀가 모두 이득을 볼 수 있기 때문이다. 무엇보다 경제공동체로 살면서 더 많은 경제적 잉여를 누릴 수 있게 된다. 특히 여성은 삶에 필요한 자원과 보호를 지원받고, 남성은 자신의 자식을 가질 기회를 얻는다.

확실히 결혼이라는 제도는 성행위, 자손, 가사노동의 결과물, 재산이라는 인간에게 필요한 '가치재'를 가장 적은 비용으로 안정적이고 합리적인 가격에 얻을 수 있는 제도이다. 그리고 우리는 이 제도가 남녀 모두에게 긍정적인 결과를 주었기 때문에 시대와 세기를 넘어서도 존속한다고 본다.

그런데 세월은 흐르고 상황은 변했다. 민서와 브라운(J. Mincer and J. Brown) 같은 학자들은 결혼이 이루어진 것은 각 개인 사이의 협조적 타협의 결과라고 했다(Mincer & Brown, 1979). 상식적으로 생각하는 결혼의 이유는 가사노동을 나누어 처리하기 위한 것이다. 현재 세탁기, 냉장고, 청소기 등의 출현으로 가사노동이 적어졌다. 자연히 결혼할 동인이 적어졌고, 더 많은 사람들이 독신으로 산다.

듀오웨드의 「2016년 결혼비용 실태보고서」에 따르면 결혼에는 돈이 2억 7천 420만 원이 들고, 신랑은 63%인 1억 7천275만 원 신부는 37%인 1억 145만 원이 든다고 한다. 이 중 신혼집 마련에 돈이 가장 많이 드는데 1억 174만 원이다. 이들의 「2018년 결혼비용 실태보고서」에는 비용이 2억 3천85만 원으로 조금 줄었다. 이 중 신혼집 마련에 돈이 가장 많이 드는데 전체 비중의 73%인 1억 6천294만 원이다. 2년 사이에 주거비용이 급등했다. 그런데 2년 사이에 신혼집 마련에서 남녀가 같이 부담한다는 응답이 22.8%로 가장 크게 변했다. 점점 신부도 부담하는 추세로 변하고 있다. 그러면 결혼의 편익은 무엇인지 다시 정리해 보자.

❶ 결혼은 합법적인 성행위를 할 수 있게 한다. 사실 성매매금지법까지 작동하는 한국에서 결혼이 제공하는 가장 큰 편익은 합법적인 성행위이다. 특히 한국의 사회 분위기는 여전히 미혼자들의 섹스를 죄악시하기 때문에 이를 피할 방법은 결혼밖에 없다(마리나 애드셰이드, 2013).[3] 성매매를 하다 경찰에 잡힐 수도 있고, 연애를 통한 성관계는 더 큰 비용이 들 수도 있다.

❷ 결혼은 합법적으로 자식을 가질 수 있게 한다. 자녀는 부모에게 편익을 준다. 부부가 자녀를 가지게 되었을 때 그 아이는 누구의 아이라고 여겨지는가? 물론 두 부부의 아이이다. 호주제 폐지로 그 의미가 약해지고, 성(姓)을 아버지와 어머니 성 중에 고를 수 있는 요즈음의 한국에서는 점차 의미가 퇴색하기는 했지만 그래도 여전히 많은 나라에서 아이는 남편

---

3 마리나 애드셰이드(M. Adshad)는 그의 책 『달러와 섹스』에서 사람의 욕망에 대해 생물학과 진화심리학의 설명을 근간으로 하여 행동경제학과 진화사회학적 설명을 시도한다.

의 집안에 속하고 대를 잇는 도구이다. 실제로 아이를 수태하고 키우는 사람은 대개 여성이지만 아이의 소속은 부계인 것이 현실이다. 따라서 자녀가 주는 편익이 편익이 여성과 남성에게 다르게 돌아간다.

❸ 결혼은 가사노동의 결과물을 누리게 하고 규모의 경제를 가능하게 한다. 가정 내의 가사노동의 결과물은 음식이나 깨끗한 집일 수도 있고, 가족 구성원이 아플 때 돌보아 주는 행위일 수도 있다. 이런 가사노동은 가정을 꾸리는 한에서는 구성원 중에 누구든지 해야만 하는 일이다. 다시금 여기서 결혼의 편익은 불공평하게 분배된다. 실은 가사노동 대부분이 여성에 의해서 이루어진다는 사실이다. 자녀는 남편의 성을 잇고, 남편의 혈연으로 취급되고 가사는 독박으로 해야 한다면 여성의 결혼에 대한 계산은 남성과는 다를 수 있다. 한국 여성의 가사분담은 79.9%에 달할 정도로 높다.

❹ 결혼은 공동으로 재산을 일굴 수 있게 한다. 따라서 보다 손쉽게 큰 재산을 모을 수도 있다. 물론 같이 일군 재산도 마찬가지이다. 가령 부부가 집을 마련했을 경우 대부분은 남편의 명의로 부동산이 등록된다. 그렇게 되면 부부별산의 원칙에 따라 이에 대한 부인의 재산권은 제한된다. 이런 한계에도 대부분 경우 아내가 남편 명의에 대해서 따지는 것에 난처해 하는 것이 한국의 현실이다.

❺ 결혼은 아내와 남편에게 다른 경제적 결과를 가져온다.

사랑하는 양성[4]이 만나서 결혼하겠다고 결심하고 이를 실현하는 과정은 개인의 삶에서 가장 중요한 일임이 분명하다. 그러나 결혼이라는 제도는 한 개인의 의지로는 대세를 거스르기가 쉽지 않은 강력한 사회적이고 법적인 제도이다. 따라서 실제 각 개인의 의지와는 상관없이 사회가 정해 주는 방식과 내용을 통해 삶에 강력한 영향을 미친다. 만약 여성이 결혼이 주는 이러한 결과에 대항하여 자신의 주장을 펼치면 결혼 생활을 지속하기 어려워진다.

결혼이 여성과 남성에게 실제로 어떤 영향을 주는지를 보여 준 결혼 만족도

---

4 양성은 꼭 여성과 남성이지는 않다. 사회에는 많은 성 소수자들이 있고 그들은 각기 자신들의 성별관계를 가지고 있다. 이 책에서는 이런 성 소수자가 아니라 다수자인 이성애자들을 지칭한다.

에 대한 조사를 한국보건사회연구원에서 발표했다. 연구원은 「동아시아 국제사회조사 참여 및 가족 태도 국제비교연구」에서[5] 한국 남성의 72.2%는 결혼에 대해 긍정적인 것에 비해, 여성은 53.7%만 결혼 생활을 긍정적으로 평가한다고 한다. 결혼 생활을 부정적으로 보는 평가도 남성은 4.3%로 낮지만, 여성은 11.9%로 남성보다 훨씬 높다. 왜 이렇게 한국 여성은 한국 남성에 비해 결혼에 대해서 부정적으로 보는가 하는 문제는 위에서 이미 설명했다.

이에 대한 경제학의 관점에서는 대답이 명료하다. 결혼 후에 여성이 져야 할 짐은 큰 데 비해 편익이 적기 때문이다. 즉 결혼이라는 제도가 여성의 삶을 힘들게 하기 때문이다. 한국에서 여성이 결혼하면 1억 4천만 원 정도의 손해를 본다고 한다. 1억 3천만 원 정도의 손해는 출산 탓이고, 1천만 원 정도는 심리적으로 불안해지거나 소원해지는 친구 관계 때문이라고 한다(홍태희, 2014).

결혼 후에도 문제이다. 결혼과 함께 갈등이 시작된다. 살펴보면 가족 간의 갈등과 다툼에도 경제 문제가 주요인이다. 한국사회보건연구원의 2018년 보고서에는 가족 갈등의 원인으로 경제 문제가 20.0%, 자녀 양육 및 교육이 12.3%, 가사분담이 11.7%, 취업과 실업이 8.0%, 건강이 5.4%, 종교나 가치관, 성격 차이가 5.3%, 부모 문제가 5.3%, 폭언과 폭행이 2.0%이다. 실업과 취업도 결국 경제 문제이므로 경제적 갈등이 가족 갈등 원인의 28.0%에 이른다. 여성이 특히 이런 갈등을 더 많이 경험한다는 결과도 확인되었다(한국사회보건연구원, 2018).

현재 높아지는 이혼율은 물론 비혼, 졸혼, 황혼 이혼이라는 용어가 등장하는 것도 한국 여성에게 결혼이 결코 남는 장사가 아니라는 계산 때문이다. 특히 연령과 결혼 만족도가 한국에서는 뚜렷한 음의 상관관계를 보인다. 젊은 부부의 경우 대체로 결혼에 대해 긍정적으로 보는데, 나이가 들수록 부정적 의견이 커진다. 이는 실제 결혼 생활 경험을 통한 판단이므로 더 의미가 크다.

이를 살펴보면 결혼을 긍정적으로 보는 비율이 18~34세가 76.8%로 가장 높았고, 35~49세 71.4%, 50~64세 55.1%, 65세 이상 53.1% 등으로 나이가 들수록 낮아진다. 반면 부정 인식 비율은 18~34세에서는 1.8%에 지나지 않다가,

---

5 한국보건사회연구원과 서울대사회발전연구소, 성균관대 서베이리서치센터가 2016년 6~11월 전국 만18세 이상 1천52명(남성 476명, 여성 576명)을 대상으로 설문조사한 결과이다.

35~49세에는 6.7%, 50~64세에는 8.3%, 65세 이상에는 13.8% 등으로 높아졌다. 이는 사람이 나이가 들수록 성욕의 감퇴와 더불어 부부간의 성적 필요성이 줄어든 탓이기도 하지만 그것보다도 살아보니 결혼 생활이 정말 힘들다는 반증이기도 하다.

2017년 한국의 이혼 건수 통계에 20년 이상 함께한 부부의 이혼이 33만 1천 건으로 10년 전보다 32.5% 증가했다. 한국의 결혼과 이혼 문화가 바뀌고 있다는 것을 보여 주는 매우 의미 있는 통계이다.

이미 위에서 말했듯이 부부는 무엇보다 경제공동체다. 이미 위에서 지적한 것처럼 부부 사이의 갈등도 많은 경우 경제 문제에서 온다. 사실 결혼 생활의 만족은 그 가정의 소득이 크게 작용한다. 결혼에 대해 만족한다는 비율이 월평균 가구소득 100만 원 미만인 가구에서는 42.6%에 그쳤지만, 100만~199만 원 가구는 51.5%, 200만~299만 원 가구에선 56.1%, 300만~399만 원에선 67.4%, 400만~

<표 4-1> 한국 가정의 가사노동 분담 실태 (단위: %)

	2008		2010		2014		2016		2018	
	맞벌이	비맞벌이	맞벌이	비맞벌이	맞벌이	비맞벌이	맞벌이	비맞벌이	맞벌이	비맞벌이
부인이 전적으로 책임	8.7	12.9	9.0	12.7	7.6	10.5	5.3	9.4	5.7	8.3
부인이 주로 하지만 남편도 분담	67.6	70.6	64.2	65.2	53.5	58.3	49.4	53.9	44.2	51.5
공평하게 분담	22.1	15.0	24.8	19.8	36.0	28.5	41.4	33.4	47.1	37.4
남편이 주로 하지만 부인도 분담	1.4	1.2	1.7	2.0	2.4	2.2	3.0	2.6	2.2	2.1
남편이 전적으로 책임	0.1	0.3	0.3	0.4	0.4	0.5	0.9	0.8	0.7	0.6

자료: 통계청, 「사회조사」(2018).

499만 원에선 60.0% 그리고 500만 원 이상인 가구에서는 70.9% 등으로 증가했다(보건사회연구원, 2017). 경제력이 부부관계의 유지와 안정에 가장 큰 변수이다.

무엇보다 결혼은 여성의 노동시장 진출과 인적자본 축적에 지대한 영향을 미친다. 우리는 한 사람의 인적자본 축적이 그의 노동시장 진입 여부와 연관된다고 보았다. 최근 수십 년 여성의 노동시장 참여의 증가에 기여한 많은 것들이 있다. 그 결과 인적자본 축적도 증가했다. 그런데도 여전히 확인되는 것은 한국 여성의 시장노동참여율과 육아나 가사노동의 관계이다.

2장의 <그림 2-3>에서 이미 확인한 것처럼 한국 여성은 30대가 되면 고용률이 떨어진다. 그 이유는 육아와 가사다. 한국의 2018년 여성의 고용률은 여전히 30대에는 경력단절 발생으로 감소 후 40대 재취업으로 증가하는 M자 형 모양을 보인다. 여성은 30대에 결혼·임신·출산·육아 등의 이유로 경력단절이 발생하나 40대에 재취업을 한다. 여성의 고용률을 2008년과 비교하면, 55~59세(8.4%p)의 고용률이 가장 많이 증가하였다. 통계청에 따르면 2018년 한국의 경력단절 여성은 184만 7천 명으로 2017년 대비 1만 6천 명(0.8%) 증가했다. 사유로는 결혼(34.3%), 육아(33.5%), 임신·출산(24.1%) 순인데 한국 사회의 노력에도 불구하고 육아에 의한 단절의 비중이 2011년 28.7%, 2015년 29.8%, 2018년 33.5%로 꾸준히 늘고 있다.

또 하나, 여성이 결혼 생활을 하면서 치르는 비용에는 남편의 일방적 의사 결정과 경우에 따라 발생할 수 있는 가정폭력이 있다. <표 4-2>에서 보는 것처럼 현재 한국의 가정폭력범죄 피해 건수는 늘어나고 있다. 이러한 가정폭력의 피해자 중에 여성이 절대다수를 차지하고 있다. 이 같은 일은 결혼 생활 속에서 발생할 수 있는 일로 실질적인 위협이며 비용이라고 할 수 있다.

이러한 가정폭력은 가정 내의 권력관계의 극단적 표현이다. 남성 우위의 표현으로 배우자에게 물리적 폭력을 사용하는 것이다. 따라서 부부 싸움은 가정 안에서 발생하는 일종의 권력 투쟁인데, 폭력은 이 투쟁에서 승기를 잡겠다는 마음에서 쓰는 무기이다. 권력의 불균형은 폭력을 용인한다. 그러나 여성이 시장노동에 참여하여 돈을 벌면 권력관계의 불균형이 적어지는 경향이 있다. 사실 여성이 자기 소득을 가지면 가정폭력이 감소한다는 것은 일반적인 상황이다.

<표 4-2> 한국의 가정폭력 피해 건수 추이

년도	2005	2006	2007	2008	2009	2010	2011	2012	2013	2014	2015	2016	2017
여성	92	70	54	78	90	94	153	303	286	156	196	176	184
남성	5	3	10	5	10	6	6	24	26	17	17	19	8

자료: 대검찰청, 「범죄분석」.

이런 상황은 아래 <표 4-3>의 통계청 사회조사의 한국의 배우자에 대한 관계 만족도에서도 나타난다. 2016년 배우자에 대해서 만족한다는 한국 여성은 58.5%인 데 비해 남성은 71.3%이다. 2018년 여성 63.0%, 남성 75.9%로 만족도가 올라가기는 했지만 여성의 만족도가 남성에 비해 현저히 떨어진다. 이는 역으로 매우 불만이거나 약간 불만인 여성의 수가 남성에 비해 낮은 것을 통해서도 확인된다.

<표 4-3> 가족관계 만족도   (단위: %)

	전반적인 가족관계			배우자와의 관계			자기 부모와의 관계			자녀와의 관계			자기 형제·자매와의 관계		
	만족[1]	보통	불만족[2]	만족	보통	불만족	만족	보통	불만족	만족	보통	불만족	만족	보통	불만족
〈여성〉															
2012	54.2	41.0	4.8	59.2	29.4	11.4	64.2	30.1	5.7	72.7	22.9	4.5	53.9	39.0	7.1
2014	53.9	41.5	4.7	59.8	29.6	10.6	63.9	30.9	5.2	73.6	22.3	4.0	53.5	39.8	6.7
2016	54.7	41.0	4.4	58.5	31.2	10.4	64.4	30.5	5.1	71.9	24.1	4.1	54.7	38.6	6.7
2018	54.4	42.6	3.0	63.0	28.5	8.5	66.6	28.6	4.8	75.6	20.9	3.5	56.8	37.4	5.8
〈남성〉															
2012	58.2	37.9	3.9	71.8	23.7	4.4	63.9	31.1	5.1	73.5	22.5	4.0	52.2	40.0	7.8
2014	56.6	39.6	3.9	70.6	24.9	4.5	63.1	32.1	4.9	72.3	23.8	3.8	51.0	41.4	7.7
2016	58.3	37.9	3.8	71.3	24.5	4.2	63.4	31.8	4.8	71.4	24.2	4.5	51.7	40.8	7.5
2018	59.0	38.3	2.7	75.9	21.0	3.2	67.2	28.4	4.4	75.5	20.9	3.6	54.6	38.0	7.4

자료: 통계청, 「사회조사」 각년도; 통계청, 여성가족부(2019).
주: 1) '매우 만족한다'와 '약간 만족한다'를 합한 수치.
   2) '약간 불만족한다'와 '매우 불만족한다'를 합한 수치.

위에서 살펴본 것처럼 여성이나 소득이 적은 가구에서 결혼 만족도가 떨어진다는 사실은 여기에 속한 여성은 결혼하지 않는 결정을 하고, 소득이 낮은 사람들은 결혼을 미루는 일로 나타날 수밖에 없다. 이는 결국 한국의 혼인율을 떨어지게 한다.

<표 4-4> 평균 초혼연령 및 초혼부부 혼인 건수   (단위: 세, 천 건, %)

	평균 초혼연령		혼인 건수[1]	여성 연상	구성비	동갑	구성비	남성 연상	구성비
	여성	남성							
1990	24.8	27.8	356.6	31.2	8.8	32.3	9.0	293.2	82.2
2000	26.5	29.3	271.8	29.1	10.7	34.8	12.8	207.9	76.5
2008	28.3	31.4	249.4	34.2	13.7	39.5	15.9	175.9	70.4
2010	28.9	31.8	254.6	37.9	14.9	40.8	16.0	175.9	69.1
2011	29.1	31.9	258.6	39.5	15.3	42.3	16.4	176.8	68.4
2012	29.4	32.1	257.0	40.0	15.6	41.7	16.2	175.3	68.2
2013	29.6	32.2	255.6	41.3	16.2	41.4	16.2	172.8	67.6
2014	29.8	32.4	239.4	38.9	16.2	38.5	16.1	162.1	67.7
2015	30.0	32.6	238.3	38.9	16.3	38.2	16.0	161.1	67.6
2016	30.1	32.8	221.1	36.2	16.3	35.2	15.9	149.8	67.7
2017	30.2	32.9	206.1	34.8	16.9	32.8	15.9	138.5	67.2
2018	30.4	33.2	200.0	34.4	17.2	31.5	15.8	134.0	67.0

자료: 통계청, 「인구동태통계연보(혼인 · 이혼편)」 각년도.
주: 1) 초혼부부의 혼인 건수.

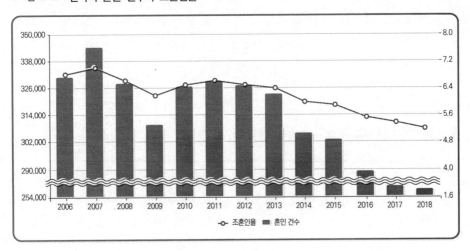

<그림 4-2> 한국의 혼인 건수와 조혼인율

자료: 통계청, 「인구동향조사」.
주: 조혼인율 = 특정 1년간의 총 혼인 건수 ÷ 당해연도의 연앙인구(그 해의 중간인 7월 1일 인구 기준) × 1000.

위의 <그림 4-2>는 한국의 혼인율을 보여 준다. 혼인 건수와 조혼인률 모두 2014년 이후 급격하게 감소하는 것을 볼 수 있다. 이렇게 혼인율이 떨어지는 것은 특히 여성들이 점점 더 결혼을 주저하기 때문이다. 사실 여성이든 남성이든 결혼이 남는 장사라는 확신이 점점 없어지는 것이 사실이다. 결혼이 여성에게는 예전에 비해 비싸졌다는 것이다. 그래도 마음을 내어 결혼을 해 보니 별 효용이 없다는 것이다.

신윤정(2018)은 「배우자 간 사회·경제적 격차 변화와 저출산 대응 방안」 보고서에서 2015년까지 인구주택총조사의 표본 자료로 한국의 결혼 유형을 분석했다. 그 결과 남녀의 동등 교육수준인 동질혼이 1970년 58.1%에서 2015년 78.5%로 크게 늘었고, 교육수준이 다른 이질혼은 41.9%에서 21.5%로 절반 가까이 크게 줄었다는 것을 확인했다.

또한, 여성이 자신보다 조건이 더 좋은 남성과 결혼하는 승혼이 41%에서 11%로 크게 줄고, 강혼은 0.9%에서 10.5%로 증가했다고 한다. 이는 외형적으로 한국의 부부가 점점 평등한 인간으로 만나 결혼하는 경향이 있다는 것을 말한다. 이런 변화도 현실에서는 크게 체감하지 못한다. 여전히 한국의 결혼시장은 기울어진 운동장이며 남편이 시장노동을 하고 아내는 돌봄노동을 하는 기본 구도가 지켜진다. 그러나 여성에게는 가계에 대한 경제적 지원을 하라는 또 다른 옵션도 있다. 이 엄청난 부조리한 상황은 그리 오래갈 수 없을 것이다.

4. 결혼의 대체재는 어떤 것이 있는가?

결혼은 양성 간의 고정적인 관계를 만드는 법적 제도이지만 고정적 관계를 만드는 남녀의 조합에는 다양한 방법이 있다. 대표적인 방법이 일부일처제, 일부다처제, 일처다부제 등이다. 이런 결혼 제도는 각 공동체의 관습은 물론 경제적이며 물리적인 조건에 대한 사회적 합의에 가깝다. 아울러 결혼 제도의 방법에는 여전히 매매혼이나 결혼 지참금 제도 같은 경제적 조건을 고려한 세부 제도들도 작동한다.[6]

경제학은 결혼의 형태에 관해서도 경제적 관점에서 해석한다. 결혼의 남녀 구성이나 형식은 인간들이 주어진 환경 속에서 자신과 자신이 대리하는 집단의 이익을 추구하기 위한 행동의 결과인 경우가 많다. 남녀의 구성도 마찬가지이다. 대개 남성이 여성 한 명과 고정적인 관계를 맺는 것을 부담스럽게 여기거나, 남성 사이의 부의 분배가 불평등한 나라에서는 일부다처제가 흔히 작동한다.

아울러 종종 전쟁이나 기타 이유로 남성의 숫자가 극단적으로 적은 지역이나, 여전히 모계의 전통이 남아 있는 부족에서 일처다부제가 작동하기도 한다.[7] 그러나 대부분의 현대 시민사회는 일부일처제를 법적으로 인정한다.

일부일처제는 인간이 육체노동 중심의 산업구조에서 벗어나 인적자본의 힘으로 생산을 주도할 때 등장했다. 즉 경제 성장과 함께 변화한 산업구조와 사회적

---

6 흔히 일처다부제에서는 여성의 권한이 강하다고 이해되고 있으나 결혼 제도는 생존과 종족 유지를 위한 전략일 경우가 많다. 가난해서 형제가 각각 아내를 맞을 처지가 되지 않으면 인도의 토다족이나 티베트 하층민처럼 형제 사이에 아내를 공유하면서 산다. 이 경우 아내는 일종의 공유자산이다. 형제는 분가하지 않고 재산도 아내도 공유하며 생존했다(백승종, 2018).

7 중국의 루구호 주변에 사는 모쒀족은 가모장 전통을 이어오는 모계사회이다. 여성이 가장이며 여성의 혈연관계에 따라 가족과 친족이 정해진다(Choo, 2017).

환경이 일부일처제를 정착시켰다. 그러니 일부일처제는 다른 제도보다 여성의 권한이 지켜지는 제도이다. 근대 시민사회의 정착과 인권의 발전은 일부일처제의 작동과 맥을 같이한다. 경제학자들은 특히 경제 성장과 소득 증대가 이 제도를 정착시켰다고 본다(Eswaran, 2015).

여성의 가치가 폄하되어 있는 지역이나 시대에는 결혼할 때 신부 쪽에서 웃돈을 주는 제도가 작동한다. 이는 흔히 지참금이라고 불리는 제도이다. 한국에서도 결혼할 때 신부가 신랑의 가족들에게 예단을 선물하는 전통이 있다. 이 또한 지참금의 일종으로 신부 측이 신랑 측 일가에게 앞으로 신부의 복지를 위해 제공하는 것이다.

이러한 제도는 결국 결혼 후에 각자 어떤 형태로 가족의 복지에 기여하는가에 달려 있다. 이런 가운데 만약 여성이 전업 주부이고, 남성 외벌이 가정이라면 여성의 기여는 상대적으로 남성에 비해 적다고 하는 것이다.

따라서 사과값이 올라가면 배를 더 사 먹듯이 결혼이 시대의 상황에 적합하지 않으면 사람들은 자연히 대체재의 소비를 늘린다. 이렇듯 시대의 여건에 맞춘 다양한 가족 형태와 삶의 양식이 등장한다. 맞벌이 부부의 등장은 성별 분업의 기본 구도를 깨는 것이다. 또한, 남편이 전업주부이고 아내 외벌이 가구도 등장한다.

소득원의 구분에 따라 전형적인 남편 외벌이, 아내 전업주부 구도가 무너지고, 맞벌이가 대세로 등장한다. 가족의 주거 형태에 따라서도 주말 부부, 월말 부부, 기러기 아빠 등이 있다. 아울러 가족 양식도 변하여 대가족이나 핵가족과는 차원이 다른 모자 가족이나 부자 가족 같은 '한부모 가족(single parent family)'은 물론 조손 가족 등 이혼과 재혼으로 인한 다양한 조합의 복합 가족도 탄생했다.

더욱 새로운 점은 혈연관계가 없이도 생산과 소비를 공동으로 하며 서로 헌신하는 공동체 가족도 있다. 또한 결혼과 자녀라는 기존의 공식이 무너지고 자발적 무자녀 가족, 속칭 딩크족(DINK, Double Income, No Kids)도 등장했다. 생식기술과 유전공학의 발전은 앞으로 우리에게 어떤 형태의 가족을 가져올지 모른다. 확실한 것은 변할 것이란 것 밖에 없다는 주디스 스테이시(J. Stacey)의 이야기는 근대 가족 제도의 종말을 예언하고 있다(주디스 스테이시, 2019).

결혼 제도 자체를 흔드는 움직임도 있다. 이 같은 결혼의 대체재로는 '동거(living together)'가 있다. 동거는 결혼으로 발생하는 사회적 책임과 위험 부담을 최소화하려는 행위에 속한다. 동거에 대한 사회적 인식은 나라마다 차이는 있다. 서양의 많은 나라에서는 혼전 동거가 자연스러운 일로 받아들여진다. 한국 사회도 변하여 예선에는 부조건 백안시하던 동거가 최근에는 자연스러운 삶의 형태로 받아들여지고 있다.

통계청의 『2018년 사회조사』의 결과 한국에서 동거에 대한 의견은 급격히 변해서 남성 58.9%, 여성 53.9%가 결혼하지 않고 사는 동거에 찬성했다. 이는 평균 56.4%가 찬성한 것인데 이 수치는 2010년 40.5%, 2016년 48.0%였는데 무려 8.4%p나 증가했다. 이는 반드시 결혼해야 한다는 통계 48.1%에 비해 높다. 이 사회 의식의 변화는 또한 가족 구성의 변화와 결혼의 형태도 변화시켜서 결혼은 하지만 아이는 없는 소위 '딩크족'을 양산하고 있다.

서구의 여러 나라에서 동거의 법적 지위도 인정하고 있다. 대표적으로 프랑스에선 동거도 가족 형태로 인정받아, 동거 파트너의 법적 지위를 일정 정도 인정한다. 사실 프랑스는 독신, 결혼, 홀아비·홀어미, 이혼, 동거, 시민연대협약(PACs, 팍스) 등 6가지로 가족 구성의 형태를 구분한다. 동거는 법적 보호도 받고 있으나 동거보다 법적 구속력이 더 큰 팍스는 처음 도입될 때는 성 소수자의 결혼을 위한 제도였으나 현재는 이성애자들도 활용한다.

이처럼 동거가 늘어나는 이유 중의 하나는 이혼이 경제적·사회적·심리적으로 매우 큰 비용을 요구하기 때문이다. 따라서 파트너 관계를 유지하지만 비교적 법적 구속력이 낮은 동거가 대안으로 등장한다. 프랑스에서 결혼한 부부의 90% 정도가 동거로 시작하고, 결혼에 대한 확신이 생기면 결혼한다.

한국도 최근 동거에 대한 급격한 인식의 변화가 생기고 있다. 2016년 한국보건사회연구원과 서울대사회발전연구소, 성균관대 서베이리서치센터의 조사에 따르면 한국 성인 중에 10명 중 3명(30.4%)이 결혼하지 않고 함께 살아도 괜찮다고 생각한다고 한다. 이는 2006년 조사 때보다 8.7%p 오른 수치로 한국 사회가 급격한 인식의 변화를 겪고 있음을 보여 준다. 통계청의 『2018년 사회조사』에서 결혼을 해야 한다는 여성은 43.5%이고 이는 2016년 47.6%보다 4.15%p 감소한 수치이다. 남성은 여성보다 높기는 하지만 2016년 56.35에서 52.8%로 감소했다.

이러한 선택도 소득과 연관이 있다. 기존의 실증분석 결과 고소득의 커플에게 동거는 결혼으로 이어지는 예비 단계이지만, 저소득 커플에게는 결혼의 대체재이다. 돈이 없는 커플의 동거는 쉽게 결혼으로 이어지지 않는다고 한다. 어느 나라는 이혼 후 치러야 할 비용이 무서워 동거하고, 어느 나라는 돈이 없어서 동거한다(홍태희 2014). 어떤 계층은 더 잘 결혼하기 위해 동거하고 어떤 계층은 돈이 없어서 동거한다.

한국에서 동거 증가는 결혼이 가져다주는 의무가 지나치게 과중한 것도 작동한다. 온갖 가족 행사 속에 질식해 갈 바에는 차라리 욕구만 충족시키는 동거를 택한다는 것이다. 물론 크게는 돈 문제이다. 두 사람만의 관계인 동거에 비해 결혼은 주위의 사회적 평가에 놓이게 되고 번듯한 집도, 세간도 마련하고, 결혼식도 치러야 한다. 여기에 육아에 따른 양육비까지 금전적 부담이 크다. 이런 것이 결혼을 주저하게 한다.

결혼의 형식적 측면이 아니라 가족의 형성과 작동 구조의 거버넌스와 관련하여 이야기하자면 우리는 부계사회와 모계사회로 나누어 이야기할 수 있다. 부계사회는 대부분의 국가 그리고 대부분의 시대에서 인류가 선택한 가족의 거버넌스이다. 가부장제에도 이것이 자연스러운 인간 사회의 모습이라고 보는 관점에서부터 인간 사회의 모든 악의 근원이라는 관점까지 등장한다. 분명한 것은 특정 국가의 가부장제도가 어떤 형태를 지니느냐에 따라 남편과 아내의 삶의 내용이 달라진다.

가장 근본적으로 젠더와 사회의 관계를 설명했다고 인정받는 엥겔스(F. Engels)는 원래 세상은 모계사회인데 사유재산제도와 함께 가부장적 부계사회가 되었다고 한다. 이런 부계사회는 자본주의와 함께 자신의 자식에게 자신의 유산을 물려주는 남성의 욕망을 기제로 작동된다고 본다. 즉 현재와 같은 양성의 성 역할 배후에는 사유재산제도가 작동하고 있고, 이것이 가계 내의 의사 결정에서의 권력관계의 핵심적 굴레로 작용하고 있다고 본다.

모계사회인 원시적 공동체에서의 여성들의 삶과 오늘날 여성들의 삶의 차이를 규정하는 가장 핵심적인 요소는 가부장제도이다. 이 제도가 동·서양 나라와 민족은 달라도 비슷한 작동을 하면서, 문화적 신념으로 자리 잡고, 상식으로 통하며 자식들에게 전달된다. 이처럼 결혼 생활은 물론 젠더가 문제가 되는 모든 영역에서 가부장적 권력관계는 영향을 미친다. 오늘날 신모계사회라고 할 만큼 부계 전통이 약화되고 있다고 호들갑이나 얼마나 근본적으로 변했는지는 여전히 의문이다.

5. 가정 내의 권력관계를 둘러싼 갈등은 어떤 모습인가?

양성의 합의로 이루어진 부부관계이지만 결혼 후의 나날은 양성 간의 조화와 대립의 연속이다. 두 명의 호모에코노미쿠스는 가계 내에서 생산과 분배 및 자원의 배분을 두고 권력 투쟁을 하지 않을 수 없기 때문이다. 게임이론은 이러한 상황을 잘 설명해 주는 대표적인 경제학 분야이다.

가부장의 권한이 강한 가계 내에서의 의사 결정과 민주적인 선택이 가능한 가계에서의 의사 결정은 분명 차이가 난다. 따라서 양성을 자기 이익을 극대화하는 존재라고 보고 이 상황을 이해하면 현실과 괴리를 경험하게 된다. 대개 남편과 아내의 선호는 각자 자기 선호로 육개장이나 삼계탕으로 균형을 만들어내지 못하는 것이 아니라 둘 다 같이 살기 위해 각자 내쉬균형을 선택한다는 것이다. 즉 각자에게 최선이 아닌 차선의 선택을 현실적으로 용인한다.

가정 내에서 남편과 아내는 남녀가 가계 내에서 다른 선호를 나타낸다는 것이 사실에 근거하지 않는다는 것이다. 내쉬균형으로 설명하자(Eswaran, 2015). 여기에서 남편과 아내의 위협점이 무엇인지가 중요하다. 만약 남편과 아내가 더이상 합의할 수 없고, 이 상황을 종결시키는 것만 남았을 때 서로에게 어떤 손익이 생기는 가에 따라 남편과 아내는 행동하게 될 것이다. 여기에서 위협점의 수위가 높은 파트너는 게임의 결과를 좀 더 유리하게 이끌어 좀 더 나은 보수를 받게 된다.

여기서 비협조 게임 경우도 살펴보자. 각자 자신의 파트너에게 조금도 협력을 하지 않는다면 경기자는 자신을 위한 대안을 마련해 두어야 한다. 이 경우도 양

경기자 중에 이 관계를 거절할 수 있는 편이 더 나은 보수를 받게 됨은 물론이다. 게임이론의 결론에 따라 살펴보면, 즉 양성 간의 관계를 종식시키고도 자신의 삶을 영위하는 데 문제가 없으면 가계 내에서의 권력관계에서 우위를 점할 수 있다. 가장 간단하게 이러한 권력관계의 단면을 보여 주는 것이 부부간의 가사분담이다.

가정 내에서의 자원배분이 내쉬균형을 갖게 될 수도 있지만, 선호가 다른 경우는 이 또한 차선이 아닐 때도 있다. 국가 간 비교에서 특히 차이가 나는 것이 자녀에 대한 지출이다. 여성들은 대개 남편보다 자녀에 대해 더 많이 지출하려는 성향을 보인다. 이런 선호의 차이로 인한 갈등에서 자기 뜻을 관철하려면 가족 내에서 힘의 우위에 있어야 한다. 가족 내의 의사 결정에서 협상력을 가질 요소는 많다.

그 무엇보다도 소득이 중요한 요소이다. 잘 알듯이 돈이 있으면 친권의 소유에도 더 유리할 수 있다. 소득뿐 아니라 아들이 있다는 것도 남아선호가 있는 지역에서는 권한을 강화하는 도구가 된다. 이외에도 각자 출신 집안이나 배경 등도 협상력을 높이는 요소가 된다.

6. 이혼은 어떤 경제적 영향을 주는가?

이혼은 결혼을 해야 할 수 있다. 만약 결혼이 자신의 삶에 걸림돌이 된다면 사람들의 선택은 분명 달라질 수 있다. 결혼과 이혼 모두 부부 각자의 소득, 효용, 복지, 사회적 평판에 영향을 미치며 이를 위해 대가를 치러야 한다. 만혼, 증가하는 1인 가계, 세계적으로 낮은 출산율, 높은 이혼율, 특히 급격히 늘어나는 황혼 이혼 등은 결혼의 필요성에 의문을 가진 인류의 현재를 잘 대변하는 현상이다. 이러한 현상은 비단 한국 사회만의 문제가 아니다. 전 세계적으로 뚜렷이 나타나고 있는 현상이다.

이혼은 혼인을 파기하는 행위이다. 현실에서 혼인을 파기하는 행위는 여럿일 수 있으나 엄밀하게 말하면 법률적으로 유효함을 인정받은 혼인관계를 결혼 당사자 사이의 협의나 재판 절차를 거쳐서 소멸시키는 것을 말한다. 결혼이 자신의 삶을 구속하고, 불행하게 하며, 결혼에 지불해야 하는 비용이 지나치게 비싸면 사람은 자연히 이혼을 생각한다.

이런 상황에서 결혼의 파기로 가려면 그 사회의 법적 관습적 허용이 있어야 가능하다. 과거 봉건적 사회는 이혼을 쉽게 허락하지 않았다. 현재에도 종교적 영향력이 큰 지역에서는 이혼이 죄악시되는 곳도 있다. 이 경우 이혼의 감행이 더욱더 어렵다.

따라서 이혼율의 변화는 한 사회의 변화상을 잘 보여 준다. 보수성이 강한 가부장 중심 사회에서는 사회적 편견에 따른 심리적 부담 역시 이혼율에 크게 작용한다. 한국은 1894년 갑오개혁부터 이혼이 인정되었고, 재판을 통한 이혼은 1915년부터 시행되었다. 혹 이혼이 사회적으로 허용되더라도 지급해야 할 이혼의 비용이 지나치게 비싸다면 사람들은 이혼을 포기할 것이다. 이처럼 경제학에서 이혼에 대한 연구는 주로 이혼의 원인이나 이혼의 비용, 재산 분할 방식, 이혼 후 양육비에 관한 법률 등을 중심으로 이루어지고 있다.

왜 사람들은 이혼을 하는가? 누구나 자신의 결혼을 성공적으로 하고 싶다. 그런데도 이 관계를 정리하려고 시도하는 것은 그만큼 힘들어서다. 이유는 각자 원하는 결혼 관계의 이윤 구도가 파괴되었기 때문이다. 손익을 따져서 결혼한다는 경제학의 설명 방식은 이혼에도 적용된다. 경제학적으로는 결혼 생활 유지의 비용은 증가하고 편익이 감소해서라고 할 수 있다.

이처럼 사람들이 이혼을 꺼리는 이유는 이혼할 경우 많은 물질적 비용과 정신적 비용이 들기 때문이다. 이혼에는 거래비용(transaction costs)과 포기비용(forgone costs)이 든다. 거래비용은 이혼을 위해 필요한 법정 비용이나 변호사 비용 등이고, 포기비용은 결혼으로 얻는 이득이다. 결혼을 통해 밑지는 사람은 이혼하거나, 밑질 것으로 예상하는 사람은 아예 결혼하지 않게 된다. 이혼하면 더 큰 손해가 발생한다고 생각하면 결혼 생활을 유지한다. 이렇듯 비용과 편익을 계산하여 최적을 선택한다는 것이 결혼과 이혼에 대한 주류 경제학의 기본적인 입장이다(홍태희, 2014).

21세기를 사는 오늘날 이혼 시에 발생하는 경제적·사회적·심리적 비용이 점차 적어지는 추세이다. 이는 결혼의 이익이 감소한 것과 연관된다. 왜 결혼의 이익이 감소하는지를 살펴보자. 결혼의 성립 자체가 규모의 경제 달성과 공평한 결혼 이윤의 분배였다. 그러나 여성의 시장소득이 증가하면 자연 결혼으로 인한 경제적 이익이 줄어들었다.

아울러 자녀가 생기면 결혼의 순이익이 증가하는데 현재 점점 자녀 수가 줄어들거나 아예 자녀를 두지 않으니 결혼의 순이익은 더욱 감소한다. 정년퇴직 등으로 남성의 시장소득이 없어지는 때에 여성으로서는 결혼의 이익이 급격히 줄어든다. 가계생산에서는 여성이 경쟁력이 있으니 편익을 나누어야 하는 상황이라 여성이 이혼을 쉽게 선택하게 된다.

이혼 시에는 크게 결혼의 실패자라는 사회적 낙인으로 인한 심리적인 어려움과 특히 여성들에게는 경제적 어려움이 있다. 예전에 시장노동의 경험이 없는 여성이 이혼 후에 겪는 경제적 어려움은 공포에 가까웠다. 물론 남성도 이혼 후에 어려움이 있다. 지금까지 제공되던 가사노동을 스스로 하는 비용이 들 수 있고, 자녀 양육비 지급 등으로 경제적 어려움을 겪을 수 있다.

이혼의 비용은 자녀들도 치른다. 특히 자녀가 어릴수록 정신적·물질적 어려움도 크다. 부모의 이혼은 학생들에게는 학습능력을 떨어뜨리고, 사회 부적응도 가져온다. 당장 가계가 분리되면서 발생하는 실질적인 자산과 소득의 손실과 이혼 과정에서 발생하는 법적 비용 외에도 사회적 시선이나 비난과 편견 등도 경제적인 손실을 동반한다.

그런데도 현재 선진국에서는 무책 일방적 이혼이 이혼율에 차지하는 비율이 증가한다. 여기에서 우리의 관심은 부부가 헤어진 후 남편과 아내가 경험하는 현실의 차이이다. 분명한 점은 이혼은 여성들을 더 가난하게 한다는 것이다. 이는 이혼 후에 빈곤선 아래로 내려가는 여성들이 많다는 통계로도 잘 확인된다. 그래서 여성은 이혼할 때 사회적 관습뿐 아니라 경제적 문제 등도 고려해야 한다. 물론 여성권이 비교적 잘 지켜지는 선진국에서는 이혼이 빈곤의 직접적인 요인으로 작용하는 관계가 훨씬 적기는 하다.

	2008	구성비	2009	2010	2011	2012	2013	2014	2015	2016	2017	2018	전년대비 구성비	전년대비 증감	전년대비 증감률
계1)	116.5	(100.0)	124.0	116.9	114.3	114.3	115.3	115.5	109.2	107.3	106.0	108.7	(100.0)	2.7	2.5
19세 이하	0.5	(0.4)	0.5	0.5	0.4	0.4	0.4	0.3	0.2	0.2	0.2	0.1	(0.1)	0.0	-20.5
20-24세	4.1	(3.6)	4.1	3.8	3.7	3.7	3.6	3.4	3.1	3.0	2.8	2.8	(2.6)	0.0	0.3
25-29세	12.0	(10.3)	12.1	10.6	9.8	8.9	8.3	8.2	7.3	7.2	7.1	6.8	(6.3)	-0.3	-4.5
30-34세	19.4	(16.6)	19.7	17.7	16.8	16.4	16.6	15.9	14.3	13.6	12.9	11.9	(10.9)	-1.0	-7.5
35-39세	23.5	(20.1)	25.3	22.9	21.2	20.1	18.9	18.4	17.0	16.7	16.9	17.2	(15.8)	0.3	1.7
40-44세	20.9	(17.9)	23.4	22.5	22.0	22.5	22.8	22.6	20.8	19.2	18.1	17.2	(15.8)	-0.9	-4.9
45-49세	17.9	(15.4)	19.1	18.1	17.9	18.2	18.8	19.3	18.7	18.9	18.3	19.1	(17.6)	0.8	4.4
50-54세	9.8	(8.4)	11.0	11.7	12.5	13.3	13.7	13.7	13.3	13.0	12.8	13.7	(12.6)	1.0	7.7
55-59세	4.4	(3.7)	4.7	5.1	5.7	6.1	6.8	7.7	8.2	8.6	8.9	10.0	(9.2)	1.1	12.6
60세 이상	4.2	(3.6)	4.1	4.1	4.3	4.7	5.4	5.9	6.2	7.0	8.1	9.8	(9.0)	1.7	20.5

자료: 통계청, 「인구동태통계연보(혼인·이혼편)」 각년도.
주: 1) 미상 포함.

<그림 4-3> 한국의 이혼 추이

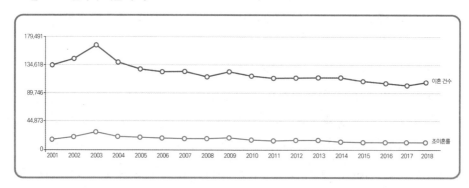

자료: 통계청, 「인구동향조사」.

위의 <그림 4-3>에서 보듯이 점점 더 많은 한국 사람이 이혼을 한다. 2016년 현재 한국의 이혼율은 OECD 최고이다. 한국 이혼율 증가에는 여러 가지 이유가 있다. 이혼이라는 현상을 관찰할 때 살펴보는 변수는 이혼율의 증감,

평균 이혼 연령의 변화 또는 이혼 사유 등이다. 한국 이혼 현상의 특징 중의 하나는 황혼 이혼이다. 즉 이혼 연령이 늦어진 것이다.

아래 <그림 4-4>는 한국의 1인 가구 수가 증가하는 추이를 보여 준다. 한국의 미혼 여성 가구주는 2008년 97만 2천 명에서 2018년 143만 6천 명으로 47.8%나 증가하였다. 2019년 현재 전체 가구에서 차지하는 비중은 29.2%로 급격히 증가하고 있다. 이 중에 40대는 2.4배, 50대는 3배, 60세 이상은 4배 증가했다. 이런 결과에는 고학력 여성이 결혼하지 않는 현상이 증가한 것도 영향을 미쳤다. 앞으로도 점차 고학력 여성이 증가하면 비혼 현상도 더욱 증가할 것이다.

<그림 4-4> 한국의 가구 수와 1인 가구 수 추이

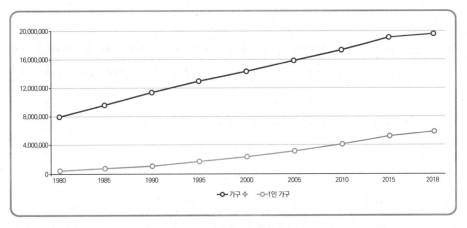

자료: 통계청, 「인구총조사」.
주: 가구, 1인 또는 2인 이상이 모여서 취사, 취침 등 생계를 같이 하는 생활 단위, 1인 가구, 일반 가구 중에서 혼자서 살림하는 가구 수.

한국의 1인 가구 증가와 이혼율 증가는 다음과 같은 점을 시사한다.

❶ 한국에서 가부장제에 근거한 가족 관계가 해체되고 있다.

❷ 한국에서 가족을 중심으로 작동했던 성별관계의 고리가 약해지고 있다.

❸ 한국 사회가 급격히 개인주의적 사회가 되고 있다. 자식 때문에 참고 산

다는 기존의 삶의 방식이 해체되고 있다.

❹ 한국 여성의 경제적 독립이 가능해졌다.

혼자 먹고살 능력이 안 되는 경우 이혼은 힘들다. 아울러 이혼 관련 법률의 변화도 이혼을 쉽게 한다. 1990년 개정된 민법으로 부부별산제 원칙의 완화, 즉 '재산 분할 청구권' 제도로 결혼 중에 증식된 재산에 대한 청구 가능성이 이혼을 쉽게 결심하게 한다. 물론 이혼녀나 이혼남에 대한 사회적 편견이 점차 사라진 것도 이유이다. 이 모든 요인이 복합되어 이혼율이 올라간다.

그중에 경제학이 바라보는 핵심 요인은 경제이다. 아울러 여성권이 향상되고 사회적 인식이 점차 변한 것도 요인 중의 하나이다. 한국에서는 그동안 제도적 변화를 이루어 결혼 생활 중 이룬 재산에 대한 아내의 권리도 인정하고, 자녀 양육권이나 친권 및 양육비 문제에서도 많은 진전이 있었다. 아울러 한국 여성의 시장노동 참가가 증가하여 점차 경제력을 갖게 된 것도 이혼율 증가의 요인이다. 사실 아내의 가계소득 기여 비중이 높아질수록 이혼율이 높아진다는 것은 많은 실증분석에서 확인되고 있다. 한국의 결혼시장에 존재하는 불완전한 정보나 정보의 비대칭 문제도 혼인율 감소뿐 아니라 이혼율 증가의 원인이다.

이처럼 이혼의 결정에는 많은 요인이 작용한다. 한국의 경우 반드시 짚고 넘어가야 할 것이 의식의 격차이다. 즉 여성의 의식 변화를 따라가지 못하는 한국 남성의 상황이다. 이런 격차의 전형적인 사례가 황혼 이혼의 증가다(홍태희, 2014). 이혼의 결정은 각 개인의 몫이지만 결과는 지극히 사회적이다. 따라서 사회는 이혼 전과 후의 삶을 법과 제도로 조정해야 한다.

이혼을 쉽게 결정하고 많이 하는 것은 좋은 현상이 아니다. 그러나 이혼이 어려워지면 결혼 생활의 가치도 떨어지고, 아예 독신으로 살려는 사람의 수도 늘어난다. 따라서 이혼의 절차나 수월성 정도는 중요한 사회적 합의의 대상이다.

7. 한 걸음 더 나아가기 위해 무엇을 할 것인가?

4장에서 우리는 여성과 남성이 만나 사랑하고 결혼하고 이혼도 하며 살아가는 것을 경제적 관점에서 살펴보았다. 특히 결혼이 여성에게 어떤 경제적 결과를 가져오는지를 알아보았다. 또한 다양한 결혼 제도와 결혼의 대체재는 어떤 것이 있는지를 통해 돈과 사랑이 어떤 관계에 있는지 그리고 어떻게 관계가 제도화되는지를 설명했다. 그리고 최근 급격히 늘어나는 이혼의 이유를 경제적 관점에서 설명했다.

세를린(A. J. Cherlin)은 20세기를 거치면서 미국에서 결혼의 탈제도화가 점차 진행된 것을 확인했다. 제도적 결혼의 의미가 미국 사회에서 점차 약화되고, 동료적인 관계의 결혼이 점차 늘고 있으며, 부부의 성 역할도 약화되어 간다고 했다. 총체적으로 사회에서 결혼이 갖는 의미가 작아졌다고 했다(Cherlin, 2004).

우리는 한국에서도 이와 같은 결혼의 탈제도화가 이루어지고 있다고 본다(황정미, 2018). 이런 사회 변화에 한국 사회는 아노미 현상에 빠져 있다. 세상은 변화된 부부 역할과 그에 따른 삶의 방식을 원하는데 사람들은 이 변화에 적응하지 못하고 있는 상태이다. 따라서 이에 대한 국가차원의 적절한 대응이 절실하다. 결혼하지 않겠다는 젊은이들의 이야기는 단지 경제 문제에 시달린 결과인 것만이 아니다. 사회가 그렇게 변하고 있다.

어떤 사람들은 결혼하지 않은 여성과 이혼하는 여성이 점점 더 많아지는 일을 세상이 망해가는 징조라고 걱정한다. 그러나 다르게 생각하면 이는 희망과 좋은 변화의 증거이기도 하다. 결혼하지 않아도, 이혼해도 여성이 어떻게든 살 수 있는 사회적 환경이 되었다는 것이기 때문이다. 그것은 사회진보의 표식이다. 따라서 한 걸음 더 나아가기 위해서 무엇보다 각 개인의 선택을 존중하고, 일률적인 잣대로 타인의 삶을 평가하는 태도부터 고쳐 나가야 한다.

5장

. . .

여성과 남성은 경제적으로
다르게 늙고 죽는가?

인간은 누구나 늙고 죽는다. 살다가 죽는 이 과정에서 남녀는 차이가 나는 경험을 한다. 그중의 하나가 바로 생존 기간의 차이이다. 어느 나라 어느 인종 할 것 없이 대개 여성은 남성보다 5~8년을 더 산다. 육체적으로 더 약하다고 하는 여성이 남성보다 더 오래 산다는 것은 일견 놀라운 일이다. 이러한 기대수명 통계는 동서양이 비슷하다.

남성의 수명이 짧은 것은 남아의 높은 유아사망률이 그 요인 중의 하나이다. 여성보다 상대적으로 강한 남성의 육체가 더 빨리 약해지고, 죽음을 맞는 것은 태어나서 25세까지 남성의 사망률이 높다는 사실에서 거의 결정되어 버린다. 또한, 남아는 여아보다 기형, 장애의 가능성도 크다. 아울러 사고로 인한 재해 발생도 잦다. 이렇게 성인이 되고 난 후에도 건강에 대한 고려를 적게 하거나 영양과 생활 습관이 건강을 해친 점도 기대수명에 영향을 미친다. 또한, 남성이 과격한 스포츠에 더 많이 노출된 것도 짧은 기대수명에 한몫을 한다.

이렇게 5장에서는 늙음과 죽음을 여성은 어떻게 남성과 다르게 맞는지를 살펴본다. 먼저 여성과 남성은 어떻게 다르게 늙는지를 본다. 다음으로 여성과 남성의 노화는 성별에 따라 어떤 경제적 결과를 가져오는지를 확인한다. 그리고 왜 유독 여성노인은 가난한지를 설명한다. 마지막으로 죽음과 죽음 후에도 여성은 경제적 차별을 받는지를 보고, 문제 해결을 위한 대안을 제시한다.

1. 여성과 남성은 어떻게 다르게 늙는가?

여성과 남성은 생물학적으로 다르게 늙고 다르게 죽는다.[1] 이 다름의 핵심은 삶의 시간의 길이이다. 모든 사람은 죽는다. 어떤 사람은 어려서 죽고 어떤 사람은 늙어서 장수한다고 해도 결국 죽는다. 성인이 되어서 사망해도 주요 사망 원인에 남녀 간에 차이가 있다. 2018년 한국인의 기대수명은 82.7년이다. <그림 5-1>과 <표 5-1>, <표 5-3>에서 확인하듯이 한국인의 기대수명은 많이 늘어났다. 그런데 여성이 더 오래 산다. 2016년 기준 기대수명과 유병기간 제외 기대여명은 여성이 남성보다 각각 6.1년 더 산다.

<그림 5-1> 한국인의 기대수명 추이

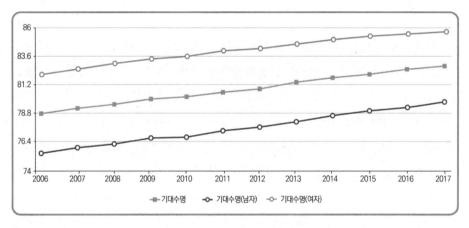

자료: 통계청, 「생명표」.
주: 기대수명→0세 출생자가 향후 생존할 것으로 기대되는 평균 생존년수로 0세의 기대여명.

2017년 현재 여성의 주요 사망 요인이 암인 것에 비해 남성은 심근경색과 뇌졸중이다. 즉 여성은 서서히 죽어가는 것에 비해 남성은 상당히 빨리 죽음에 이른다고 할 수 있다. 이는 분명한 생물학적 차이가 있다는 것을 보여 준다. 또한, 유전자나 호르몬의 차이도 작용한다. 이런 차이 외에도 남성의 평균수명이 짧은

---

1 현재 한국에서는 누구를 노인으로 하는지에 대한 일치된 법적 기준이 없다. 노인복지법은 65세 이상 인구를 규정하나, 고령자고용촉진법에는 55세 이상 인구를 고령자(노인)로 정의하고, 국민연금법은 60세 이상을 노령연금 급여 대상으로 보고 노인으로 규정한다. 이에 대한 통일이 필요하다.

이유를 건강을 해치는 사회문화적인 환경에 많이 노출된 탓으로도 본다. 남성은 여성보다 경쟁적인 조직 문화 속에서 생활하며 스트레스에 노출된다. 또 여성보다 술과 담배 등 건강에 해로운 기호를 가지면서 남성의 평균수명이 줄어든다.

<표 5-1> 한국의 성별 기대수명 추이 (단위: 년)

	1970	1980	1990	1996	2000	2006	2010	2015	2016	2017
전체	62.3	66.1	71.7	74.2	76.0	78.8	80.2	82.1	82.4	82.7
여성	65.8	70.4	75.9	78.3	79.7	82.1	83.6	85.2	85.4	85.7
남성	58.7	61.9	67.5	70.2	72.3	75.4	76.8	79.0	79.3	79.7
차이(여-남)	7.1	8.5	8.4	8.1	7.4	6.7	6.8	6.2	6.1	6.0

자료: 통계청, 「생명표」.

이같이 생존 시간이 긴 여성의 의료비는 남성보다 더 많다. 한국보건사회연구원에 의하면 한국 국민 1인당 평생의료비가 남성 7천415만 원, 여성이 8천787만 원이다. 여성이 돈이 더 든다. 여성의 의료비가 더 많은 이유는 여성의 평균수명이 더 길기 때문이다. 그런데 여성의 소득이 남성보다 적다. 그런데 생존기간은 더 길어서 돈이 더 필요하다. 사는 데 비용은 더 드는데 벌이는 더 적으니 문제가 발생한다. <표 5-2>의 한국의 유병기간을 제외한 성별 기대수명을 살펴보면 남녀 격차가 급격히 줄어들고, 주관적 건강 기대여명은 남성이 오히려 0.4년 더 길다. 이는 한국의 여성노인이 더 길게 살지만, 건강상의 어려움을 겪을 가능성이 크다는 말이다.

<표 5-2> 2016년 한국의 유병기간 제외한 성별 기대수명 (단위: 년)

	기대수명	유병기간 제외 기대여명	주관적 건강 기대여명
여성	85.4	65.2	68.4
남성	79.3	64.7	68.8

자료: 통계청, 「생명표」.

그러면 한번 알아보자. 여성과 남성은 어떻게 다른 늙음을 맞는가? 남성노인
보다 여성노인은 배우자나 자녀에게 경제적으로 의존하는 노인도 많고, 혼자 사
는 노인도 많다. 그러니 여성 대부분은 '돈 없이 오래 살 위험'에 노출되어 있다
는 것이다.

<표 5-3> 한국의 연령대별 인구   (단위: 천 명, %, 명)

		계	0~9세	10~19세	20~29세	30~39세	40~49세	50~59세	60~69세	70~79세	80세 이상
여성	1990	21,301	3,368	4,050	4,209	3,491	2,275	1,871	1,189	625	223
	2000	23,341	3,188	3,334	3,985	4,164	3,414	2,197	1,751	961	348
	2010	24,673	2,296	3,134	3,329	4,012	4,219	3,382	2,136	1,514	651
	2018	25,743	2,103	2,443	3,269	3,584	4,177	4,223	2,947	1,886	1,112
	2019	25,796	2,041	2,365	3,271	3,520	4,087	4,286	3,114	1,928	1,185
	구성비	100.0	7.9	9.2	12.7	13.6	15.8	16.6	12.1	7.5	4.6
남성	1990	21,568	3,678	4,318	4,460	3,686	2,369	1,741	869	367	80
	2000	23,667	3,593	3,638	4,222	4,357	3,528	2,175	1,447	569	136
	2010	24,881	2,473	3,504	3,644	4,253	4,359	3,370	1,954	1,051	272
	2018	25,864	2,219	2,642	3,725	3,883	4,335	4,241	2,802	1,491	525
	2019	25,913	2,152	2,549	3,722	3,842	4,256	4,303	2,966	1,548	574
	구성비	100.0	8.3	9.8	14.4	14.8	16.4	16.6	11.4	6.0	2.2
성비[1]		100.5	105.4	107.8	113.8	109.2	104.1	100.4	95.3	80.3	48.5
남녀 차이 (남-여)		117	111	184	451	323	169	17	-148	-379	-611

자료: 통계청, 「장래인구특별추계」, 2019. 3.
주: 1) 여성 100명당 남성 수.

여성노인은 여성이라는 핸디캡과 노인이라는 핸디캡을 이중으로 가진 채 사
회적 약자로 산다. 늙고 가난하다는 것이다(장미혜 외, 2013). 그 특징을 정리해
보자.

❶ 여성노인은 남성보다 오래 산다.

❷ 여성노인은 더 많이 혼자 산다.

❸ 여성노인은 오래 그리고 자주 아프다.

❹ 여성노인은 가난하다.

❺ 여성노인은 노인학대에 처할 가능성이 크다.

2. 여성과 남성의 노화는 어떤 경제적 결과를 가져오는가?

한국에서는 많은 노인이 경제적 대책 없이 빈곤하게 산다. 2018년 국민연금 연구원은 노인의 적정 생활비[2]로 부부의 경우 월 243만 4천 원, 개인은 월 145만 7천 원이 필요하다고 발표했다. 질병이 없는 최소 생활비는 부부가 176만 100원, 개인은 108만 700원이 필요하다. 그러나 현재 국민연금 수급자가 받는 평균 연금은 39만여 원에 불과하다. 한국의 노인의 경제 상황을 바로 알 수 있는 지표이다(국민연금연구원, 2018).

<표 5-4> 한국 노인의 노후 희망 사항 (단위: %)

		취미활동	소득창출 활동	학습 및 자아 개발	자원봉사	종교 활동
2015	여성	58.2	12.6	3.8	4.1	17.1
	남성	58.8	21.3	4.9	5.7	6.2
2017	여성	56.8	14.4	3.8	5.2	17.7
	남성	60.0	20.8	4.9	5.5	7.5

자료: 통계청, 「사회조사」.

대다수의 한국의 노인들은 위의 <표 5-4>에서 확인되듯이 취미활동을 하

---

2 특별한 질병 없이 건강한 노년을 가정할 때 표준적인 생활을 하는 데 필요한 비용을 말한다. 이에 비해 최저 생계 비는 건강하고 문화적인 생활을 유지하기 위한 최소한의 비용을 말한다.

며 노후를 보내고 싶어 한다. 취미활동을 하며 늙고 싶은 마음이 소득창출을 위한 근로의 두 배를 넘는다. 그러나 현재 한국 노인들의 실태는 이들이 노년에 살고 싶은 삶과 다르다.

평균적인 경제 활동을 마친 노인이라도 특정한 소득원이 없을 때는 돈벌이를 하지 않을 수 없다. 한국이 대가족 중심 사회에서 핵가족으로 바뀌면서 자식이 부모를 돌보는 문화가 점차 사라지고 자식의 노후 보험 기능도 약화되자 노인들 전반이 경제적 문제에 봉착한다. 이 경우 특히 여성노인이 힘들다. 남편보다 불리한 유산법과 재산소유법 및 사회 관행으로 여성노인은 경제적으로 더 열악한 상황에 부닥치는 경우가 적지 않다.

여기에다가 남녀 수명의 차이는 결국 평생 필요한 돈의 차이로 귀결된다. 여성노인은 근로할 힘도 없는 노년에도 남성보다 더 길게 살아야 하고, 이는 여성노인 빈곤으로 이어진다. 이러한 여성노인의 빈곤은 가난한 나라에서는 더 심각하다.

사실 '빈곤의 여성화(feminization of poverty)' 과정은 여성의 전 생애를 걸쳐 진행되나 그 특성이 가장 뚜렷하게 나타나는 것이 노년기이다. 여성의 삶은 불리한 상속법을 배경으로 태어나서부터 죽을 때까지, 불평등을 사회의 구조 속에서 실현하는 과정이라고도 할 수 있다(Pearce, 1978: 28).

노인의 빈곤율을 살펴보자. OECD가 발표한 한국의 노인 빈곤율[3]은 OECD 1위이다. 이는 OECD 평균 12.1%보다 4배 많은 49.6%에 이른다. 일본 19%, 네덜란드 2.2%, 프랑스 3%보다 한국의 노인 빈곤율이 압도적으로 높다(2012~2014년 기준). 통계청이 발표한 기준에 따른 노인층 1인 가구의 상대적 빈곤율은 61.7%에 달한다. 2018년 노인층 1인 가구 중 취업자 가구는 무려 38만 1천 가구로 2017년보다 10.3%나 증가했다. 이런 통계는 노후 준비가 부족한 노인이 가난으로 몰리고 있는 상황을 잘 보여 준다.

한국의 노인들이 이렇게 가난한 이유는 무엇보다 노후 대비를 하지 못한 탓이다. 그 이유는 젊었을 때 가족의 생계를 끌고 가고, 자식을 키우면서 노후를

---

3 전체 인구 중에 노인의 비중(65세 이상 인구)이 7%에 도달하면 고령화사회(aging society), 14%에 도달하게 되면 고령사회(aged society), 20% 이상이면 초고령사회(super-aged society)이다. 노인 빈곤율은 65세 이상 노인 중에 전 국민 중위소득 50% 미만인 인구를 말한다.

준비할 경제적 여력이 없는 탓일 것이다. 이런 상황 속에서 노인들은 빈곤으로 내몰린다. 기본적으로 여성 빈곤율은 남성보다 높은데 여기에 노인인 경우를 생각하면 상황은 훨씬 심각할 수 있다.

세계여성의 날(매년 3월 8일)에 알리안츠 그룹이 발표한 여성노인의 빈곤 리스크 확인 결과 한국은 47.2%로 조사 대상 30개국 중 1위이다. 이는 65세 이상의 한국 여성이 중위소득의 절반에도 못 미치는 수입으로 생활하고 있음을 뜻한다. 이들은 한국 노인 빈곤의 이유로 결혼 감소, 이혼 증가, 평균수명 연장 등을 들었다.

이처럼 한국 여성들은 별 준비 없이 노인이 되어 빈곤에 떨어진다. 더 문제는 남성보다 평균수명이 길기 때문에 빈곤이 오래 지속되고 점점 심화된다는 사실이다. 시장노동을 했을 때도 사실 사정은 같다. 시장노동의 임금격차는 노년기의 연금격차로 이어지고 결국 여성노인 빈곤으로 이어진다.

2013년 국민 노후보장 패널자료에 의하면 한국 남성노인의 빈곤율은 40.1%인데 비해 여성노인의 빈곤율은 이보다 5%p 이상 높은 45.9%였다. 또 근로소득이 있는 남성노인은 40%에 이르렀으나, 여성노인은 15.8%에 불과했다. 국민연금의 경우, 2012년 말 기준 남성노인의 수급률은 45.5%이지만 여성노인은 그 절반 수준인 20.3%에 그쳤다. 반대로 기초노령연금은 여성노인의 수급률(72.5%)이 남성보다 1.3배 높았다. 그만큼 저소득층 가운데 여성노인이 더 많다는 이야기다. 특히 75세 이상 84세 이하 여성노인의 빈곤이 극심하다고 지적했다.

<표 5-5> 한국 노인 기초생활보장 수급자

연령	2015			2016			2017			2018		
	남자	여자	계	남자	여자	계	남자	여자	계	남자	여자	계
60-64세	48,150	44,466	92,616	54,345	48,211	102,556	59,990	50,775	110,765	72,678	61,639	134,317
65-69세	41,483	55,799	97,282	43,309	54,984	98,293	47,038	55,076	102,114	56,851	65,818	122,669
70-74세	38,481	70,069	108,550	37,219	65,821	103,040	37,140	62,215	99,355	45,621	74,455	120,076
75-79세	30,447	68,756	99,203	32,018	69,039	101,057	34,570	71,705	106,275	42,876	88,620	131,496
80-84세	15,859	51,069	66,928	17,191	52,085	69,276	18,569	52,482	71,051	26,465	71,107	97,572

85-89세	5,188	28,200	33,388	5,495	28,901	34,396	5,918	29,917	35,835	9,301	39,901	49,202
90-94세	1,556	9,833	11,389	1,526	10,189	11,715	1,558	10,982	12,540	2,352	14,997	17,349
95-99세	245	2,078	2,323	281	2,254	2,535	332	2,592	2,924	529	3,739	4,268

자료: 통계청.

한국 여성노인의 빈곤이 남성보다 심하다는 것은 위의 <표 5-5>에서 보는 기초생활보장 수급자의 숫자로도 알 수가 있다. 여성노인은 남성노인보다 기초생활보장 수급자가 많다. 여성노인 수급자 수는 남성노인보다 60세에서 64세까지는 더 적다가 이후 나이가 들면 들수록 더 많이 기초생활보장 수급자가 된다. 여성노인의 상황은 남녀 노인의 가구 월 소득 비교로도 알 수 있다. 월 99만 원 이하의 극빈 가구 중 남성은 40.12%인 데 비해 여성은 훨씬 더 많은 56.8%이다.

또 다른 문제는 노인 학대이다. 보건복지부 자료에 따르면 2011~2015년 사이 한국의 노인 학대 신고 건수는 5만 579건이다. 이는 가파르게 증가하는 추세인데 2011년과 2015년을 비교하면 38% 증가했다고 한다. 2016년 1만 2,009건, 2017년 1만 3,309건, 2018년 1만 5,482건으로 가파르게 증가하고 있다. 이 중에 주목할 것은 여성노인의 학대율이 남성노인의 두 배가 넘는다는 사실이다. 또한 60대(3천318건, 18.7%), 70대(7천654건, 43.2%), 80대(5천618건, 31.7%)로 나이가 들수록 여성노인에 대한 학대가 심해진다. 2015년의 경우만 보아도 가해자의 40%가 아들, 14%가 배우자, 2018년의 경우 가해자의 37.2%가 아들, 27.5%가 배우자라는 점을 미루어 가족 내에서의 여성 학대가 대를 이어 실현된다고 볼 수 있다.

노인의 어려움은 세 가지 형태로 나타난다. 첫째는 부양 의무자가 노인을 돌보지는 않고, 노인의 재산만 빼앗은 후 유기하는 경우이다. 둘째는 부양받아야 할 노인이 여전히 생계 책임자로 자식이 남긴 손자녀를 맡아 키우는 경우이다. 그래서 늙어서도 돌봄노동과 시장노동을 해야 하는 경우이다. 셋째는 가족관계등록부의 자녀 등재로 노인들이 사회보장제도를 이용할 수 없어서 발생하는 경제 문제이다(정혜경 외, 2009). 이 모든 문제는 혈연 중심의 사회와 개인주의 사회 사이에 낀 부모와 자녀 간의 세대 갈등의 다른 측면이기도 하다.

3. 왜 여성노인은 특히 가난한가?

초고령 사회에 진입하면서 한국이 심각하게 고민하는 것은 노인 빈곤이다. 위에서 보았듯이 2017년 OECD가 발표한 한국의 66세 이상 노인 빈곤율은 43.8%로 OECD 회원국 중에서 가장 높다. 한국보건사회연구원의 2017년 빈곤통계연보에는 2016년 한국의 상대적 빈곤율은 13.8%이지만 노인 빈곤율은 46.7%로 3배 높다고 한다. 이렇게 노인 빈곤율이 높은 것은 생애를 걸쳐 번 돈이 적어서이기보다 생애주기에 따른 소비가 이루어지지 않았고 세대 간 재분배가 이루어지지 않은 탓이 크다.

위에서 이미 말했듯이 이 중에 여성노인의 빈곤은 더 심각하다. 이 같은 여성노인의 빈곤은 노동시장에서의 차별 및 사회보장제도의 차별과 취약성을 배경으로 발생한다. 현재 가난하고 의지할 곳 없는 독거노인의 대다수가 여성노인이다. 통계청은 한국의 여성 1인 가구가 2019년 현재 291만 4천 가구로 2000년 130만 4천 가구에서 2.2배 증가했다고 한다. 이는 2000년 대비 2.2배 증가한 것이다. 이 가운데 2019년 60세 이상 1인 가구 중에 60~69세는 56.8%, 70세 이상은 무려 78.6%가 여성 가구이다. 따라서 노인 빈곤이란 여성 빈곤의 다른 말이 아니다.

<표 5-6> 한국 고령층 저임금 및 최저임금 노동 비중

		2005	2006	2007	2008	2009	2010	2011	2012	2013	2014	2015
저임금	전체	26.8	29.3	27.4	26.0	26.2	26.5	26.7	25.7	24.7	24.0	21.4
	고령층	65.8	69.9	67.2	67.2	67.4	66.5	68.4	67.0	65.5	61.5	56.5
	여성	80.3	83.6	82.9	82.4	80.6	82.4	84.4	81.0	81.7	76.3	71.6
최저 임금 이하	전체	8.1	9.4	11.9	10.8	12.8	11.6	10.8	9.6	11.4	12.1	11.6
	고령층	35.6	38.7	44.0	42.8	44.3	44.4	42.7	39.3	40.3	43.1	37.1
	여성	43.9	45.2	55.9	52.3	52.1	54.1	53.1	47.6	50.9	54.6	46.6

자료: 통계청, 「경제활동인구조사」.
주: 시간당 임금 기준. 저임금근로자는 OECD 기준으로 시간당 중위임금의 2/3 미만 임금을 받는 임금근로자를 의미.

여성노인이 빈곤한 이유는 젊어서부터 지속된 양질의 일자리 부족, 저임금 등에 따른 영향이 크다. 고령층의 일자리는 주로 불안정한 비정규직, 시간제 일자리 중심으로 증가하고 있다. 보건업 및 사회복지서비스업에 종사하는 여성 고령층 근로자의 경우 10년 전인 2005년보다 15만 3천 명 증가했다. 이들은 주로 사회복지시설에서 의료보조 서비스를 제공하고 있는데, 대부분이 임시직이다.

여성노인이 빈곤에 취약한 이유는 여성의 삶과 관련이 있다. 여성노인은 평생 무급으로 가사노동과 돌봄노동을 해서 시장노동의 경력이 짧거나 없는 사람이 많다. 따라서 많은 여성노인이 국민연금 대상에서 제외된다. 즉 한국의 노후소득보장체계가 시장소득 활동과 기여금 납부를 전제로 제공되기 때문에 전통적인 무급 가족돌봄자 역할을 해 왔던 대부분 여성노인은 복지의 사각지대에 놓인다(장미혜 외, 2013).

아래 <표 5-7>은 늙은 부모의 생활비 주 제공자를 남성과 여성으로 비교한 것이다. 여성은 딸과 사위로부터는 남성보다 높은 비율로 지원을 받지만 다른 경우 모두에서 남성보다 지원을 받지 못한다. 노령 여성 가구주는 생활비를 스스로 해결해야 할 경우가 많다.

<표 5-7> 한국 고령층 생활비 주 제공자(가구주)   (단위: %)

	2016					2018				
	장남 맏며느리	아들 며느리	딸 사위	모든 자녀	스스로 해결	장남 맏며느리	아들 며느리	딸 사위	모든 자녀	스스로 해결
남성	9.7	9.8	1.2	28.4	50.8	8.5	8.3	1.2	27.8	54.1
여성	5.8	5.2	5.8	24.6	58.5	4.0	4.4	6.0	24.9	60.6

자료: 통계청, 「사회조사」.

노동시장 성별 격차로 비정규직 비숙련 노동이 많고, 출산과 육아 등의 경력단절로 인한 남녀 임금격차 OECD 1위의 상황은 연금격차로 이어지고, 이는 여성노인의 빈곤으로 귀결된다. 최근 여성의 국민연금 가입은 늘고 있지만, 노령연금 수급자는 2019년 현재 남성 250만 1천7백22명 여성 127만 2천9백2명으로 전체 노령연금 수령자의 33.7%에 지나지 않는다. 연금 수급액도 2019년 현재 남성 중 200만 원 이상 수급자는 31명이나 여성은 1명이고 기타 수급액에서도 아래 표에서 보듯이 여성과 남성의 수급액에는 큰 차이가 나타난다. 평균 수급액도 35만 6천285원, 여성은 21만 5천207원이며 이는 남성의 60.40%로 남녀 간의 연금 수급액 격차는 여전히 크다.

<표 5-8> 2019년 성별 국민연금 수급자

구분	남자	여자	남자(노령)	여자(노령)	남자(장애)	여자(장애)	남자(유족)	여자(유족)
20만 원 미만	438669	589620	416551	443939	35	17	22083	145664
20만 원~40만 원 미만	966439	1093682	905795	648229	22420	8188	38224	437265
40만 원~60만 원 미만	535592	219560	507794	139219	25655	4170	2143	76171
60만 원~80만 원 미만	278595	49899	271324	29186	6939	468	332	20245
80만 원~100만 원 미만	183519	10033	181622	7711	1870	77	27	2245
100만 원~130만 원 미만	159777	3913	159094	3872	683	25	0	16
130만 원~160만 원 미만	54982	702	54908	701	74	1	0	0
160만 원~200만 원 미만	4607	44	4603	44	4	0	0	0
200만 원 이상	31	1	31	1	0	0	0	0

이같은 국민연금의 성별 격차가 발생하는 가장 큰 요인은 결국 노동시장에서의 성별 격차이다. 국민연금 보험료와 수급액이 임금 기준으로 정해지기 때문에 저임금은 적은 연금으로 이어진다. 2019년 현재 사업장 가입자 중에 남성은 58.3%(806만 9천 명), 여성은 42.7%(576만 7천 명)로 남성이 높다. 지역 가입자는 남성이 52.6%, 여성이 48.4%로 상대적으로 평등한 편이다. 이렇게 여성이 남성보다 시장노동 참가가 낮아 퇴직급여 가입이 낮다는 것까지 감안하면 여성 빈곤은 앞으로도 지속될 것을 어렵지 않게 예측할 수 있다.

<표 5-9> 한국 국민연금 수급 추이

	2017			2018			2019		
	계	남	여	계	남	여	계	남	여
55~79세 인구	12,929	6,122	6,807	13,441	6,395	7,046	13,843	6,587	7,256
연금수령자	5,763	2,999	2,764	6,129	3,181	2,947	6,358	3,283	3,075
월평균 10만 원 미만	39	11	28	35	15	20	23	8	16
월평균 10-25만 원 미만	2,686	903	1,783	2,629	821	1,809	1,718	536	1,181
월평균 25-50만 원 미만	1,510	890	619	1,690	945	745	2,539	1,155	1,385
월평균 50-100만 원 미만	789	611	178	918	725	193	1,176	876	300
월평균 100-150만 원 미만	231	178	53	261	204	58	289	229	59
월평균 150만 원 이상	509	406	103	596	472	123	614	479	134
평균수령액(만 원)	53	69	34	57	76	37	61	79	41

자료: 통계청, 「경제활동인구조사」.

4. 죽음과 죽음 후에도 여성과 남성은 경제적으로 차이가 있는가?

인생의 짐이 무거울 때 개인이 선택하는 극단적인 해결책은 자살이다. 늙음, 빈곤, 외로움이란 세 가지 굴레가 겹치면 쉽게 삶을 이야기하기 어렵다. 한 사회의 건강도를 가장 극명하게 보여 주는 지표가 자살률이다. 현재 한국은 세계 최고 수준의 자살률을 보여 주고 있다. 그만큼 심각하게 왜곡된 사회이다. OECD의 2016년 통계에 따르면 한국은 자살률 1위이다. 그런데 남성 자살률은 10만 명당 37.4명으로 2위인데 여성의 자살률은 14.1명으로 압도적 1위이다. 2위 벨기에가 8.8명인 것을 보면 이것은 분명 사회적 현상이다.

특히 주목할 것은 노인들의 자살률이 높다는 사실이다. 2015년 현재 65세 이상 노인 자살률은 10만 명당 58.6명으로 전체 인구의 자살률인 26.5명의 2배다.

하루에 평균 38명의 노인이 목숨을 끊는다. 이는 OECD 평균의 무려 3배에 달한다. 그런데 중요한 것은 자살 노인의 78%가 전업주부나 무직이라는 점이다. 대개 노인 빈곤에 시달리다가 자살을 선택한다는 것이다.

많은 여성노인이 평생 전업주부였다는 것으로도 여성노인 빈곤이 극단적인 결과를 가져온다는 것을 알 수 있다. 고독사도 또한 문제이다. 이미 잘 알려진 것처럼 한국은 1인 가구가 급격히 증가하고 이와 함께 고독사가 급격히 늘고 있다. 2016년 현재 한국의 고령자 1인 가구는 144만 명이다. 이는 2005년 78만 명보다 2배가 증가한 숫자이다. 고령자 1인 가구 대부분이 여성 가구라는 점을 보아 여성노인이 고독사의 위험에 방치되어 있다고 해도 과언이 아니다.

죽음 후에도 차별은 진행된다. 장례 절차 중에 발생하는 성차별은 잘 알려진 사실이다. 대개 장례 분야에서의 일자리는 남성이 도맡는다. 따라서 여성 시신도 남성 장의사에 의해 관리된다. 특히 염과 같이 민감한 장례 절차에서 여성 장의사의 서비스를 받지 못하는 것은 여성에게는 엄청난 모욕이고 수치일 수 있다.

힌두교 마누 법전의 전통이 강한 지역에서는 21세기 현재에도 남편이 죽으면 부인도 따라 죽어야 한다고 할 만큼 남편의 죽음 후에 아내의 삶은 부정된다. 현재 유교적 절차에 의한 제례에도 여성 조상은 남편의 기일에 합해서 제사를 지내는 경우가 많아졌다. 이는 사후에도 진행되는 분배의 불평등이다.

현재 우리 주위에서 폐지를 주워서 생계를 이어 가는 여성노인은 유교적 전통 속에서 일제강점기, 6·25전쟁, 산업화와 민주화를 한 몸으로 겪으며 저임금 노동자와 가사노동자로 일생을 보낸 세대이다. 그야말로 뼈 빠지게 일한 여성노인들이 여전히 빈곤과 학대에 시달리고 있다.

5. 한 걸음 더 나아가기 위해 무엇을 할 것인가?

어떻게 하면 이 심각한 노인 빈곤, 특히 여성노인 빈곤의 문제를 해결할 수 있을까? 특히 여성노인의 빈곤 문제는 한국 사회의 성차별적인 구조와 급격한 산업화가 고스란히 응축된 결과이다. 여성이라서 인적자본 축적의 기회가 적었고, 좋은 일자리를 가지기 어려웠고, 아이가 태어나서 경력단절을 겪었고, 전업주부라서 연금 수령자의 지위에 오르지 못했으며, 가정 내 재산권 행사에서는 배제되고, 결국 자녀에게 의존해야 하는데 자녀는 부모를 돌볼 마음도 여력도 없다는 것이다.

가장 좋은 해결 방안은 노인 일자리를 만드는 것이다. 특히 국가 산업구조를 개혁할 때 노인 일자리에 대한 고민이 필요하다. 공적 보호망도 강화해야 한다. 국민연금도 개인연금도 여성 가입률이 낮다. 전업주부들은 국민연금 임의가입제도를 적극 활용할 필요가 있다. 아울러 이혼 후에도 연금분할청구권을 주어야 하며, 유족연금도 현실화시켜야 한다. 국가는 노령연금을 생활비 수준으로 현실화해야 하며, 점차 온 국민 기본소득제도를 장착시켜야 한다.

아울러 성별 임금격차를 줄이고, 유리천장과 유리벽을 해체하여 젊은 시절부터 여성 스스로 노후를 대비할 가능성을 제공하여야 한다.

제**2**부

생산과 분배 과정에서 겪는
여성의 경제적 현실

이 책의 2부에서 우리는 좀 더 본격적인 경제 문제로 들어간다. 먹고살기 위해 생산을 하고, 생산된 것을 분배하는 것을 경제라고 한다. 2부에서는 경제의 몸통인 생산과 분배 과정에서 젠더가 어떤 영향을 미치는지를 살펴본다.

이 책에서 살펴보는 생산과 분배의 영역은 경제의 공적인 시장 영역만이 아니다. 사적인 영역인 가계 내의 생산과 분배에도 관심을 가진다. 가계는 생산요소(노동력)를 제공하기도 하지만 가계 내 생산을 통해 가치재를 만들기도 한다. 사실 가계는 경제의 가장 기본이 되는 영역이며, 한 사회의 재생산이 최종적으로 결정되는 곳이다. 특히 이 책에서는 초저출산, 가족 해체로 나타나는 한국 사회의 재생산 위기와 여성문제의 연관에서 가계 내의 생산과 분배 문제도 고려한다.

먼저 6장에서는 왜 여성은 남성과는 다르게 생산활동을 하는지를 알아본다. 또한 돌봄노동이나 가사노동의 가치측정 문제나 성 인지적 국민 계정의 가능성을 살핀다. 또한, 여성의 생산활동의 특징에 대해서 설명한다.

7장에서는 인간이 만든 생산물과 그 가치를 어떻게 분배하는지를 본다. 또한 왜 여성이 더 적게 분배받는지, 여성 가난의 원인이 무엇인지 살펴본다. 8장은 여성과 자산의 관계를 설명한다. 자본주의는 자산(자본)이 중심이 된 제도이다. 따라서 자산의 유무는 경제적 주권의 유무를 결정한다. 우리는 자산시장, 특히 금융시장에서 여성이 배제된 현황과 그 원인을 설명한다.

9장에서는 여성과 기업경영의 관계를 알아본다. 여성이 기업경영을 제대로 못하는 것도 아닌데 여성기업인이 드문 이유를 찾는다. 아울러 여성기업인이 필요한 이유도 설명한다. 마지막 10장에서는 자본주의 경제에서는 여성의 몸 자체도 이윤 창출의 대상이라는 점을 주목한다. 우리는 어떻게 여성의 몸이 상품으로 생산되고 소비되는지를 성매매와 성산업을 통해 설명한다. 아울러 성매매방지특별법이 어떤 경제적 결과를 가져오는지를 알아본다. 마지막으로 문제의 해결을 위한 대안을 제시한다.

6장

· · ·

왜 여성은 남성과는 다르게
생산활동을 하는가?

세상에 사는 모든 생명은 생존을 위해 에너지원이 필요하다. 그리고 모든 존재는 이를 확보하기 위한 나름의 습득 방식을 가진다. 인류는 식물처럼 광합성 작용을 할 수 없는 존재라서 자체 에너지를 생산할 기능을 가지지 못한다. 이같은 조건 속에서 인류는 채집과 사냥, 농경과 어획 등을 통해 이를 획득했고, 현대 사회에 와서는 이와 함께 누군가 인간에게 필요한 무엇인가를 만들면 그것을 돈을 주고 사는 방식으로 생존한다.

이렇게 가치를 만드는 일을 경제학에서는 생산이라고 한다. 생산활동은 광산에서 금을 캐거나, 밭에 파를 심거나, 발전소에서 전기를 만드는 등 다양하고, 그에 따라 생산의 대가도 다르다. 6장에서 우리가 주목하는 사실은 이 생산 과정에서 성별에 따라 다른 현실이 전개된다는 점이다. 일터에서 일감의 분리, 직책의 분리가 이루어지고 가계에서는 여성 혼자 가사노동을 한다는 것이 그 특징이다. 우리는 이런 생산 과정에서 여성의 상황을 어떻게 이해해야 하는지에 대해 살펴본다.

일단 여성은 경제활동참가에 있어서 남성과는 다르게 고려해야 할 것이 있다. 가사노동이다. 남성이 자유롭게 시장노동에 참여하는 것에 비해 여성은 가사노동과 시장노동의 시간 배분을 하며 기회비용의 시간가치에 의해서 결정한다. 즉 시장노동 시간의 가치와 가사노동 시간의 가치를 고려해야 한다. 특히 가사노동의 가치는 가족 구성원의 소득이나 기호, 어린 자녀의 유무나 가사노동 대체 여부 등을 모두 고려해서 결정된다.

시장노동에 나서도 여성은 특정한 일에 특화되고, 특정 직책을 맡도록 강제되어 있다. 중요한 것은 이런 생산 과정에서의 역할이 여성의 자유로운 선택이 아니라 사회적 규범이나 사회적 강제가 작동한다는 것이다.

따라서 6장에서는 먼저 여성의 일이 가치재 생산으로 인정받지 못하는 연유에 대해서 알아본다. 다음으로 돌봄노동이나 가사노동을 국민총생산에 넣으려는 시도와 전개 과정을 살펴본다. 그리고 여성이 생산에서 주로 담당하는 일들의 특징을 알아본다. 마지막으로 여성에게 이중으로 부가되는 시장노동과 가사노동을 어떻게 이해해야 하는지, 그것이 사랑인지 착취인지를 살펴보고, 이 문제의 대안을 제시한다.

1. 왜 여성이 하는 일은 가치생산의 기록부에 포함되지 않는가?

인간은 재화와 용역을 소비하는 일로 일생을 보낸다. 그런데 이 재화와 용역은 하늘에서 뚝 떨어진 것이 아니라 대부분은 누군가에 의해 생산된 것이다. 물론 과거 채집경제라고 부르는 시기에는 들과 산을 누비며 재화를 구했을 수도 있지만, 현재 인간은 무엇인가 필요한 것을 생산하고, 자기가 쓰고 남으면 타인과 물물교환을 하거나, 자기가 만든 생산물을 팔고 그 대가로 받은 돈으로 필요한 재화와 서비스를 구매하며 산다.

여기서 우리가 주목하는 것은 바로 이 생산 과정에서 남녀의 일이 구분되어 있다는 것이다. 또한 여성이 주로 담당하는 생산은 가치의 계산서에 올라가지 않거나, 올라가더라도 남성들이 주로 하는 일보다 헐값으로 책정된다는 것이다. <그림 6-1>은 이런 설명을 할 때 자주 등장하는 경제학자 미즈(M. Mies, 1986)의 빙산모형이다.

<그림 6-1> 빙산모형으로 보는 가치생산모형

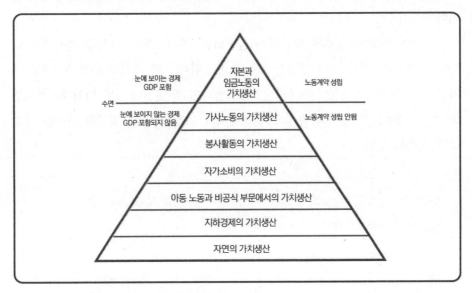

자료: Mies(1986); Mies. et al.(1988); 홍태희(2014) 재인용.

　현재 작동하는 자본주의 경제 시스템을 빙산에 비유해 여성 노동의 현실을 설명한 모형이다. 자본주의 경제 시스템에서 가치를 생산한다고 공식적으로 인정받는 부분은 물 위에 있는 시장노동으로 인한 가치생산이며 이것만 한 나라의 국민소득에 포함된다. 홍태희(2014)는 여성의 생산에 대한 정당한 인정은 물론 인류의 행복한 경제 활동을 위해서도 경제적으로 인정받는 생산 개념을 수면 밑 경제 행위로까지, 즉 빙산 전체로 확장할 것을 주장한다.

　기존의 경제학이 가사노동을 GDP에서 제외하는 것에는 여러 이유가 있다. 일단 자가소비를 위한 가계 내의 생산은 경제에 큰 영향을 미치지 않는다고 보았다. 그리고 가계생산물은 시장 판매용이 아니라서 적절한 가격 형성이 되어 있지 않다는 것도 이유의 하나다. 또한, 이런 가계 내의 생산도 생산 범위에 넣으면 고용통계가 왜곡된다는 것도 그 이유 중 하나라고 한다(통계청, 2018a).

　그러나 위의 이유만으로는 충분한 소명이 되지 않는다. 가계생산은 경제의 근간이며, 찾는다면 시장가격을 대체할 여러 대안적 가격책정 방법이 있으며, 통계는 보완 작업을 통해 왜곡을 방지하면 된다. 그런데도 이에 대한 고려 없이 현실적으로 대부분 나라에서 국민소득으로 인정받는 것은 수면 위의 빙산 부분이다(Himmelweit, 2002).

그렇다면 여성이 대부분 담당하는 돌봄노동, 가사노동은 가치를 생산하지 않는다는 것이다. 이를 흔히 재생산 노동이라고 한다.[1] 왜 가치를 생산하는데도 가치를 생산하지 않는다고 기록되는가? 그렇다면 무엇인가 잘못되었다. <그림 6-1>을 통해 성 인지적 관점으로 경제에서 여성에 의한 생산의 의미를 정리하면 다음과 같다.

❶ 수면 밑에 있는 보이지 않는 가사노동은 여성의 일이다.
❷ 수면 밑의 봉사활동은 주로 여성이 한다.
❸ 수면 밑의 돌봄노동은 주로 여성이 한다.
❹ 수면 밑의 자가소비를 위한 경작이나 돌봄노동은 주로 여성이 한다.
❺ 여성은 공식적으로 인정되는 가치를 생산하지 않는다.

자본주의 사회에서 가치를 생산하지 못한다는 것은 돈을 벌지 못한다는 것을 의미한다. 이 사회에서 돈을 온전히 벌지 못하는 인간이 어떤 사회적 대접을 받게 되는지는 뻔하다. 따라서 모두에게 공평한 경제 활동을 위해서는 생산 개념을 확장해서 시장노동과 비시장노동 전체를 아우르는 변화가 필요하다.

이런 요구는 이미 1930년대 리드(M. Ried)에 의해서 야무지게 제기되었다. 사실 수면 밑 얼음덩어리의 존재 없이는 현실적으로 경제는 작동하지도 않고, 인류는 존재할 수도 없다. 즉 이러한 부불노동이 없으면 가족과 사회는 존재할 수도 없다. 만약 여기에 인간은 물론 자연이 생산해 내는 출산의 가치까지 포함된다면, 이는 인간사에서 가장 중요한 문제이다. 그러니 가치가 없다는 것은 그렇게 사회적으로 결정된 것이지 실제로 그렇다는 것은 아니다.

---

1 재생산 노동의 개념에 대해서는 1970년대 가사노동 가치 논쟁 시기부터 여러 이견이 존재한다. 특히 정치경제학에서 맑스(K. Marx)의 '재생산표'와 함께 많은 혼돈이 있었다. 그러나 일반적으로 이해되는 재생산 노동은 임금 노동을 재생산하기 위한 노동, 즉 남편의 시장노동을 지속해서 유지하는 데 필요한 재화와 서비스를 생산하기 위해 아내가 집안에서 하는 노동을 말한다.

<그림 6-2> 성 인지적 국민경제순환도

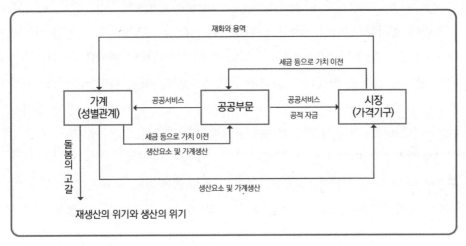

자료: 홍태희(2010a) 재인용.

위의 <그림 6-2>는 성 인지적 관점에서 기존의 국민경제순환도를 보완한 것이다. 기존의 경제학에서는 경제주체를 가계, 기업, 정부라고 하지만 기업을 주체로 정하면 가계가 소비주체로, 기업이 생산주체로 설정되는 오류가 생긴다. 국민경제는 크게 가계경제와 시장경제 두 부문으로 나누어지고, 시장을 작동시키는 원리는 가격기구이나 가계를 작동시키는 원리는 복합적이다. 가격기구와 성별관계가 복합적으로 작동한다. 각 공동체의 성별관계의 구도 속에서 시장노동과 가사노동의 배분이 이루어진다. 경제는 먹고살기 위한 생산과 생산된 재화의 분배에 대한 연구의 집합체이다.

여성과 경제의 문제를 설명하는 이 책에서 우리가 주목하는 것은 바로 이 부문이 여성의 일로 정해져 있다는 것이다. 그래서 여기서 중요한 것은 사회 속에서 이런 노동을 누가 하는가를 결정하는 시스템을 확인하는 작업이다. 즉 경제학이 해명할 것은 이런 노동이 왜 자본주의 경제에서 가치생산을 인정받지 못하고, 왜 여성이 이 노동을 전담하는가 하는 것이다(Waring, 1988; Eswaran, 2015).

2. 돌봄노동과 가사노동을 가치로 인정한 국민소득

2018년 한국의 일인당 국민총소득(GNI)은 OECD 통계로 3만 3천434달러이다. 그러면 여기에 만약 한국인이 누리고 있는 가정에서의 편익을 가치로 생산해서 넣으면 실제로 한국인이 누리는 소득은 이보다 훨씬 더 클 것이나. 사실 가정에서 누리는 편익도 누군가가 자신의 시간과 노력을 투여한 것임이 분명하다. 그런데 이 노동의 가치가 소득에는 포함되지 않는다.

여성들이 주로 담당하는 이 보이지 않는 노동들을 보이게 하려는 노력은 그간 꾸준히 있었다. 이 작업에 나선 대표적인 학자가 웨어링(M. Waring)이다. 이후 여성주의 경제학자들은 그간 여성의 가사노동의 가치를 가시화하는 작업을 꾸준히 해 왔다. 2018년 독일은 전업주부의 부불노동 시간을 하루 212분으로 보았고, 그에 따른 가치 발생을 1조 유로(1천310조 원)로 보았다. 한국에서도 1980년대 말부터 꾸준하게 가치평가를 시도했고, 1999년부터 가사노동 시간도 측정을 시작했다.

가사노동 가치측정 방법에는 시장대체비용법이나 기회비용법이 있다. 시장대체비용법에는 두 가지 측정 방식이 있다. 하나는 활동 기능별로 대체할 경우를 계산하는 기능별 대체법이고, 다른 하나는 가사노동을 하는 여성에게 산업 평균 임금을 적용하는 방법이다. 기회비용법도 두 가지인데 이 중 총기회비용법은 가사노동 대신 포기한 유급노동의 기회비용으로 계산하는 방법이고, 순기회비용법은 가사노동을 유급으로 했을 경우 얻은 편익으로 무급 노동의 가치를 재는 것이다(홍태희, 2014).

2018년 현재 한국은 법원의 판례에 따라 전업주부의 가사노동의 가치를 일용직 노동자 일당에 따른다. 여성 1명의 가사노동 가치가 연간 1천77만 원이 된다고 판단했다. 그러나 어떤 방법에도 전업주부가 포기해야 했던 꿈의 가치, 기회비용은 제대로 평가되지 않는다. <표 6-1>은 2018년 통계청이 발표한 한국의 가계생산 위성계정 개발 결과이다.[2] 이는 무급 가사노동 가치의 성별 평가액이다. 통계청이 사용한 방법은 전문가 고용대체방법[3]이다.

---

2 가사노동 위성계정은 국민계정체계(SNA)를 이용하여 무급 가사노동을 생산활동이라고 보고 가계생산물의 생산 과정과 산출액을 산정하고 파악하는 것을 말한다.
3 각 영역에 유사한 직종의 시간당 임금에 가사노동 시간을 곱하여 계산하는 방법이다.

<표 6-1> 한국의 가계생산 위성계정 (단위: 조 원, %)

	1999년	2004년	2009년	2014년
여성가치	115.9	155.1	206.9	272.5
남성가치	29.1	46.2	63.7	88.3
무급가치 총액	144.995	201.302	270.620	360.730
증감률		38.8	34.4	33.3
무급 가사노동 가치/명목GDP	25.1	23.0	23.5	24.3

자료: 통계청(2018a).

위성계정의 행동별 활동 구성에서 가정관리 62.8%, 가족 및 가구원 돌보기 25.9%, 돌봄을 위한 이동 9.9%, 참여 및 봉사활동 1.4%로 확인된다. 이를 성별로 나누어 보면 2014년 기준 여성은 272조 4천650억 원, 남성은 88조 2천650억 원이다. 이는 5년 전보다 각각 31.7%와 38.5% 증가한 크기다. 이를 1인당 생산한 가치로 측정하면 여성이 1년에 1,076만 9천 원을 생산했지만, 남성은 342만 8천 원을 생산했다. 이를 통해 여성의 가사노동가치가 남성의 3.1배라는 것을 알 수 있다. 2014년 1인당 무급 가사노동 가치가 연간 710만 8천 원으로 평가된 것은 측정에서 모집단을 실제 가사노동을 한 인구가 아니라 총인구로 나누었기 때문이다.

3. 여성이 생산에 참여할 때 나타나는 특징은 무엇인가?

오랫동안 남성의 경제활동참가는 필수라 여겨졌지만, 여성의 경제 활동은 선택 사항으로 여겨졌다. 여성의 경제 활동 결정은 시장노동을 할지, 가사노동을 할지를 결정하는 것에서부터 시작된다. 경제학은 '만약 여성 시장노동의 가치가 가사노동의 가치보다 크면 시장노동에 참여한다'라고 설명하지만, 현실은 그보다 훨씬 복잡하다. 여성이 시장노동에 비교우위가 있을 때도 가사노동을 해야 할 경우가 많다.

일단 여성이 시장노동에 참여해도 성별 불균형에 직면한다. 여성은 남성과는 다른 일을 하고, 남성과는 다른 기여를 하며, 남성과는 다른 결과물을 받는다. 여성은 시장노동에서도 보건, 복지, 서비스, 교육 분야에 과대 진출해 있다면, 남성은 제조, 건설, 기술 분야에 과대 진출하여 있다. 물론 이 같은 성별 직종분리의 원인은 직업군에 각 성별의 비교우위가 작용했고, 자연스러운 개인 취향의 결과라고 보는 관점도 우세하다. 한국직업능력개발원이 분석한 2019년 한국인의 직무선호에는 성별 차이가 뚜렷이 나타난다. 한국 여성은 남성보다 1.66배나 사무 직무를 선호한다. 반면 기계 제작·수리 직무에 대해서는 남성의 0.36배 밖에 안된다. 이와 같은 선호와 기피는 경제적 이유보다는 성장 과정에서의 경험이나 노동시장 구조와 연관된다는 것이 분석의 결과이다(한국직업능력개발원, 2019).

<표 6-2>는 2017년 조사한 한국의 성별 7대 일자리이다. 이를 통해 볼 때 한국은 성별 직종분리가 이루어져 있다는 것이 확인된다. 남성 경영 관련 사무원이 151만 2천 명인데 비해 여성의 수는 그 절반에 미치지 못한다. 이에 비해 여성은 매장판매 종사자가 남성의 배가 넘는다. 그리고 그 외 여성의 일은 돌봄노동과 서비스 업계에 집중되어 있다.

<표 6-2> 2017년 한국의 성별 7대 일자리

여성 일자리		남성 일자리	
경영 관련 사무원	62만 3천 명	경영 관련 사무원	151만 2천 명
매장판매 종사자	60만 9천 명	자동차운전원	49만 명
회계 및 경리사무원	58만 6천 명	건성 및 광업 단순 종사원	41만 1천 명
청소원 및 환경미화원	52만 5천 명	영업 종사자	34만 명
주방장 및 조리사	36만 4천 명	매장판매 종사자	30만 2천 명
사회복지 관련 종사자	35만 2천 명	행정 사무원	28만 5천 명
의료복지 관련 서비스 종사자	32만 7천 명	전기/전자 및 기술 공학자	26만 5천 명

자료: 통계청, 「지역별고용조사」; 정경은(2018); 한겨레신문(2018.04.11.) 재인용.

여성이 무슨 일을 주로 하는지를 구체적으로 살펴보자. 2017년 여성 취업자 중 전문가 및 관련 종사자 직종이 전체의 23.5%로 가장 많고, 다음으로 사무 종사자(19.4%), 서비스 종사자(16.8%)순이었다. 이에 비해 남성 취업자 비중은 전

문가 및 관련 종사자(18.3%)가 여성과 같이 제일 많았지만 장치, 기계조작 및 조립 종사자(18.1%), 사무 종사자(15.9%) 순으로 많았다.

아래 <표 6-3>은 2017년 성별 종사 지위별 구성비를 보여 준다. 이에 따르면 한국은 성별 종사상 지위에 뚜렷한 차이가 있다. 남성은 상용근로자 비율이 가장 높고, 자영업자 비율이 높은데 여성 노동은 임시근로자와 무급 가족종사자 비율이 남성보다 높다. 여성 노동이 저임금이나 무임금 노동에 집중된 것이 분명히 확인된다.

<표 6-3> 종사상 지위별 취업자 구성비   (단위: %)

		임금 근로자	상용	임시	일용	비임금 근로자	자영업자	무급 가족 종사자
여성	2000	61.5	19.2	28.4	13.9	38.5	19.2	19.3
	2005	67.2	25.7	30.2	11.3	32.8	18.9	13.9
	2008	69.6	30.0	29.8	9.9	30.4	17.9	12.4
	2010	72.9	34.5	30.0	8.4	27.1	16.2	10.9
	2015	76.4	43.1	27.6	5.8	23.6	14.5	9.1
	2016	77.2	44.6	27.5	5.1	22.8	14.1	8.7
	2017	77.2	45.7	26.4	5.0	22.8	14.4	8.4
	2018	77.4	47.4	25.5	4.5	22.6	14.2	8.4
남성	2000	64.2	38.0	17.0	9.2	35.8	33.8	2.0
	2005	66.0	41.1	16.4	8.5	34.0	32.6	1.3
	2008	68.2	44.3	15.6	8.3	31.8	30.5	1.3
	2010	70.0	48.0	15.0	7.0	30.0	28.7	1.3
	2015	72.5	52.6	13.7	6.2	27.5	26.6	1.0
	2016	72.5	53.0	13.5	6.0	27.5	26.5	1.0
	2017	72.7	53.6	12.9	6.2	27.3	26.3	1.0
	2018	73.0	54.3	12.6	6.1	27.0	26.1	0.9

자료: 통계청, 「경제활동인구조사」 각년도.

이렇게 시장노동이 성별에 따라 특화되는 현상에 대해 여러 해석이 있다. 신고전파 경제학은 비교우위에 따른 특화나 성별 선호의 차이 또는 생애주기에 대한 예측에 따른 결정으로 본다. 또 다른 가설은 버그만(B. Bergmann)이 주장하는 과밀이론이다. 여성이 특정 직종에 진입하는 것에 사실상 사회적으로 제한이 있고, 자연히 여성의 진입이 가능한 영역에 여성 노동이 집중되자, 노동이 초과공급되고, 그 결과 여성의 저임금 현상이 나온다는 주장이다(Bergmann, 1974).

한국의 여성 노동은 그 전형적 사례이다. 위의 <표 6-2>과 <표 6-3>에서 보듯이 여성 노동은 고용이 불안정한 직업군에 몰려 있다. 대부분 매장 판매원과 식당 종업원으로 비정규직이 많고, 숙련이나 경력이 적으며 근속 연수도 적다. 여성 저임금은 당연한 귀결이다. 이 같은 직종분리는 여성에게 다른 사회·경제적 결과를 가져온다. 그 특징은 다음과 같다.

❶ 여성 노동의 주변성이다. 여성의 시장노동이 비정규직, 단순노동, 비숙련노동, 소규모 사업장 노동으로 남성 노동에 대해 주변화된다. 이렇게 여성의 생산은 시장에서 이루어지더라도 주변화된다. 그 결과가 400만 여성 노동이 비정규직이라는 점뿐 아니라 일자리에서 이루어지는 다양한 성차별적인 고용 관행과 근무 환경으로도 나타난다. 물론 시장노동의 경우에도 잘 알려진 유리천장과 유리벽으로 승진이나, 관리자 직급으로의 이동이 막혀 있다.

❷ 여성 노동의 몰가치성과 비가시성이다. 여성의 생산이 가치생산으로 평가되지 않고 있고, 평가된 경우에도 남성보다 저평가되어 있다. 따라서 비시장노동의 경우 여성의 생산은 생산으로 제대로 인정받지도 못한다. 이런 일은 가내노동자나 가사사용인 등 여성이 주로 담당하는 노동에 집중되어 있다. 통계는 이러한 몰가치적 노동구조에 빈곤 여성이 더 많이 노출된다고 한다. 한국에서는 특히 여성 농민도 복합적으로 구조화되어 있다. 따라서 이들의 노동을 노동으로 인정하며 여성 농민, 여성 영세 자영업자, 무급 가족종사자 등이 생산하는 가치를 다시 국가의 생산 영역으로 포함시켜야 한다. 이로써 여성의 노동자로의 기본권이 보장되어야 한다.

❸ 여성 노동의 보조성이다. 여성들이 담당하는 생산은 삶에 가장 중요한 생산임에도 불구하고 보조적인 기능을 한다고 정리되어 있다. 이처럼 부수

적이고 이차적 노동으로 여겨진 여성의 생산이 정당한 권리를 인정받지
못하게 된다.

❹ 여성 노동의 양극화이다. 여성 생산의 경우 비교적 사회적으로 혜택을 받
는 교육직이나 공공부문에서 남성과 같은 가치를 인정받는다. 그러나 그
외의 대부분의 일자리에서의 생산은 사회적 보호막이 없이 지나치게 홀
대를 받는다. 이렇게 해서 여성의 생산은 뚜렷한 양극화를 보인다.

<그림 6-3> 한국의 성별 경제 활동 추이   (단위: %)

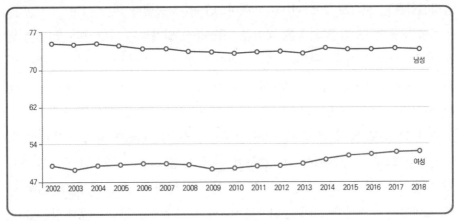

자료: 통계청, 「경제활동인구조사」.

<그림 6-4> 한국의 고용률 추이   <그림 6-5> 한국의 실업률 추이

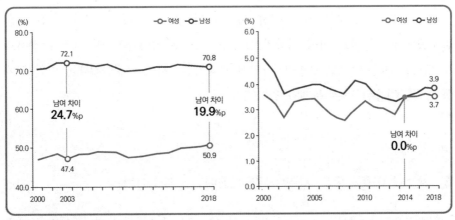

자료: 통계청, 「경제활동인구조사」.

<그림 6-3>에서 보듯이 한국의 성별 경제 활동 추이의 차이는 분명하다. 이를 고용률과 실업률 지표로 확인해도 마찬가지다. 통계청과 여가부가 2018년 발표한 「2018년 통계로 보는 여성의 삶」과 <그림 6-4>에도 확인되는 것처럼 남녀 고용률 차이는 분명하다. 2013년의 24.7%p에서 2018년 19.9%p로 낮아졌지만 전체적으로 격차는 여전히 높다. 실업률은 여성이 남성보다 낮다가 2014년에는 남녀 실업률이 3.5%로 같았으나 2018년 0.2%p까지 차이난다. <그림 6-5>의 2018년 여성실업률은 3.7%로 2017년(3.5%)보다 0.2%p 상승하였고, 남성실업률은 3.9%로 2017년(3.8%) 대비 0.1%p 상승했다.

여성 노동의 또 다른 특징은 저임금·비정규직 일자리로 나타난다. 2018년 남성 상용근로자가 전체 근로자의 54.3%인데 여성은 47.4%이며 임시직의 경우 여성은 25.5%인데 남성은 12.6%에 지나지 않는다. 2017년 비정규직은 남성 41.2%보다 14.9%p 높은 58.8%이고, 시간제 근로자 비중은 여성이 비정규직 근로자의 52.4%로 남성 25.8%에 비해 남성보다 3년째 격차가 더 벌어지고 있다.

이미 <그림 2-3>에서 확인했듯이 한국 여성 노동의 특징인 강고한 M자형 여성 경제 활동 형태가 잘 나타난다. 아울러 30대 여성의 경력단절 이후 40대 재취업을 뚜렷하게 보여 준다. 2008년과의 비교에서 분명 노동저점인 30~34세 여성의 경력단절은 줄어들었다. 그러나 이 노동저점이 35~39세 여성으로 늦추어진 것이 2018년 지표로 확인된다.

이는 3세 이하 영유아와 4~6세 미취학 자녀를 둔 기혼 여성의 경력단절은 감소했으나 초등학교 학생 이상의 취학 아동을 둔 어머니의 고용에는 부정적으로 영향을 미친 것으로 보인다. 따라서 보육지원정책이나 예산집행이 미취학 아동에게만 집중된 것은 문제가 있다(김대일, 2018).

4. 여성의 이중노동은 사랑인가? 착취인가? 차별인가?

일반적으로 밖에서 돈을 벌어 오면 집에서는 일을 덜 해야 한다. 그런데 아내의 소득이 남편보다 더 높은 경우 가사노동 시간이 역으로 증가하는 현상도 나타난다. 그 이유 중 하나가 남편이 의기소침해지고, 무능하게 느낄 것을 걱정해서 아내가 더 잘해 준다는 것이다. 사회학에서는 이 현상을 '젠더보상이론'으로 설명한다.

여기서 우리가 주목하는 것은 어떻게 이런 현상이 나타나는지 하는 점이다. 흔히 이런 것을 본성, 사랑, 배려 또는 희생이라고 표현한다. 그러나 이를 성 인지적 관점에서 보자면 얼마나 가부장적 권력관계가 철저히 작동하면 노동하는 자가 그 수혜를 입는 사람을 위해 감정노동까지 해야 하는가 의문이 든다.

<표 6-4> 20대 여성 취업에 대한 견해   (단위: %)

	직업 가지는 것이 좋다	결혼 전까지	자녀가 성장한 후	출산 전과 자녀 성장 후	가정일과 상관없이
남성	84.1	3.2	5.5	21.7	55.2
여성	90.2	3	4	22.4	58.9

자료: 통계청, 「사회조사」(2017).

통계청 사회조사에 따르면 2018년 현재 결혼을 해야 한다고 생각하는 한국 여성은 43.5%로 절반 이하이며 남성 52.8%보다 낮다. 이는 1998년 67.9%, 2008년 61.6%에서 십 년 후인 2018년 43.5%로 급격히 감소하고 있다. 위의 <표 6-4>는 한국 20대의 결혼과 취업에 대한 생각을 보여 준다. 여성의 시장노동에 대해서 남성과 여성 모두 긍정적이며, 가정일과 상관없이 평생직장을 갖는 것에 대해서도 과반 이상이 찬성한다. 현실적으로 맞벌이를 하지 않고는 생활이 곤란한 점이 가장 크게 작용한다.

여성 취업에 대해 「직업을 가지는 것이 좋다」라고 생각하는 여성은 90.2%이고, 남성도 84.1%나 긍정적으로 생각한다. 그리고 가정일과 상관없이 직업을 가져야 한다는 의견이 과반을 넘었다. 그런데 무엇이 취업을 방해하고 있는가?

<표 6-5> 여성 취업 장애 요인에 대한 인식 추이 (단위: %)

		계	사회적 편견·관행	직업 의식 책임감 부족	불평등한 근로 여건	일에 대한 여성의 능력 부족	구인 정보 부족	육아 부담	가족 돌봄 (육아 제외)	가사 부담	기타
여성	2011	100.0	20.2	2.9	11.6	1.7	2.3	48.8	–	6.9	5.7
	2013	100.0	19.6	3.0	10.9	1.3	2.2	49.6	–	6.7	6.7
	2015	100.0	20.4	2.9	11.6	1.7	1.5	50.5	–	6.6	4.8
	2017	100.0	22.9	2.5	11.3	1.3	1.5	47.9	2.4	5.3	4.9
남성	2011	100.0	22.6	5.7	10.2	2.1	1.8	43.9	–	5.5	8.3
	2013	100.0	22.0	6.7	9.0	2.0	1.4	43.5	–	5.3	10.1
	2015	100.0	22.6	6.3	10.0	2.6	1.0	44.4	–	5.3	7.8
	2017	100.0	23.9	5.6	9.2	2.3	1.2	43.9	2.0	4.6	7.4

자료: 통계청, 「사회조사」 각년도.

위의 <표 6-5>는 여성 취업 장애 요인을 보여 준다. 여성 취업의 가장 큰 장애 요인은 육아 부담(47.9%)이고, 그다음이 사회적 편견과 관행이다. 육아 부담이 가장 큰 장애 요인이다. 가사 부담은 그리 크게 부담으로 느끼지도 않는다. 놀라운 점은 두 번째 장애 요인인 사회적 편견과 관행이 2017년에 오히려 심해졌다는 사실이다.

5. 한 걸음 더 나아가기 위해 무엇을 할 것인가?

1998년 한국 여성의 경제활동참가율은 OECD 국가 중 26위였다. 그 후 20년이 지난 2017년 한국은 29위로 오히려 3단계 하락했다. 그 이십 년 동안 한국 사회의 민주화 성취와 여성계의 노력을 생각하면 이는 매우 이례적이며 절망적인 현상이다. 왜 한국에서는 유독 여성 관련 지표만 이렇게 개선되지 못하고 있는가?

일을 하고 싶은데도 일을 할 수 없고, 하고 싶은 일이 있는데도 원치 않는 일만 하게 되는 비효율적인 상황 속에 현재 한국 여성이 있다. 기업은 여성을 고용할 때의 가장 큰 애로사항으로 출산과 육아로 인한 업무 공백을 이야기한다. 이런 현실 때문에 여성들은 결혼 앞에서 망설이고, 결혼을 해도 아이를 가지는 것을 주저한다. 왜냐하면 아이를 키우는 일은 다른 일과 병행하기 쉽지 않은 노동이다. 아이는 엄마의 전체를 요구하기 때문이다. 이런 상황이 펼쳐진 한국은 점차 재생산의 위기 속으로 들어가고 있다. 무엇을 해야 하나?

돌봄은 남을 돌보는 것이다. 따라서 돌봄의 연대를 통해서 돌보는 사람도 돌봄을 받아야 한다. 그러나 돌봄이 불평등하게 분배되고 있다. '독박 돌봄'을 넘어 함께 돌보는 사회로 한 걸음 나아가야 하며, 돌봄 연대 사회를 만들어야 한다.

❶ 출산과 육아 부담을 줄여 주어야 한다. 여성의 경력단절을 막기 위한 육아휴직을 남녀가 공히 가져야 한다. 돌봄노동을 나누어서 해야 한다. '독박 돌봄'을 넘어 함께 돌보는 사회로 한 걸음 나아가야 하며, 돌봄 연대 사회를 만들어야 한다.

❷ 여성친화적 일자리를 만들어 주고, 법과 제도를 정비해야 한다. 그러나 성별 임금격차와 일자리 격차를 가중시키지 않는 좋은 여성친화적 일자리가 만들어져야 한다.

❸ 양성평등한 복지 국가의 비전은 가족을 단지 혈연적 관계만이 아닌 사회적 관계로 재구성하여 여러 방식의 삶을 인정하고 이를 제도화하는 노력이 필요하다.

❸ 여성 저임금은 여성의 시장노동참여를 막는다. 비정규직·저임금 노동으로 대표되는 여성 일자리를 정규직으로 전환하고, 여성 저임금의 결정적 원인인 경력단절과 근속 기간 단축을 막아야 한다.

❹ 여성의 취업과 직업훈련에 대한 사회적 지원이 있어야 한다. 여성의 취업에 관한 사회적 편견과 관행을 없애야 한다.

❺ 유연근무제도를 적극 도입해야 한다. 재택근무제, 현장출퇴근제, 탄력근로시간제, 시차출퇴근제, 정시퇴근제, 반반차제도, 안식월제 등을 채택하여 여성 시장노동의 일·가정의 행복한 양립을 지원해야 한다.

7장

· · ·

왜 여성은 더 적게 분배받는가?

우리는 이제 이 책의 가장 중요한 부분에 왔다. 왜 여성은 식은 밥 차지인가? '왜 여성은 사회가 만든 가치의 분배에서 배제되느냐'는 여성문제의 핵심이다. 어떤 공동체든지 생산된 재화와 용역은 그 구성원들이 나누어 가진다. 공동체의 분배 방식에 따라 공동체의 정체성이 결정된다. 누가 더 맛있는 것을 먹느냐를 두고 인류는 그동안 갈등과 고민이 많았다. 그리고 근대를 넘어, 현대 자본주의 국가에 와서는 가진 능력에 따라 맛있는 것을 먹고, 자신이 일군 재산을 자식에게 물려줄 수도 있게 사회적 합의를 보았다. 즉 사유재산제도와 상속을 인정하는 자본주의 사회가 되었다. 그러나 사회구성원 중에 재산도 유산도 없는 이들도 있기 때문에 분배 문제는 늘 모든 문제의 근원으로 작동하고 있다.

우리는 7장에서 자본주의 경제체제에서 생산된 가치를 나누는 과정에 성별이 어떤 영향을 미치며, 성별관계의 어떤 속성이 분배의 불평등을 만드는지에 초점을 맞추어서 접근한다. 쓸 곳은 더 적지 않은데 월급이든 유산이든 적게 분배받으면 가난해진다. 잘 알려져 있듯이 한국의 65세 이상 한국 여성 빈곤율은 2013년 기준 현재 47.2%이다. 이는 OECD 최고 수준이다.

한국 여성은 전 생애를 거쳐 딸, 여자친구, 아내, 엄마, 며느리, 시어머니, 친정 어머니로 쉬지 않고 일을 해도 결국 가난으로 떨어지는 구조 속에 있다. 이 가난은 결코 개인의 능력이나 성실성 또는 가방끈 길이의 문제가 아니다. 한국 여성의 가난은 사회적으로 만들어진 것이다. 우리가 이 장에서 분명히 밝혀야 하는 과제이다.

이에 따라 7장에서 우리는 먼저 여성의 저임금에 대해서 논의한다. 다음으로 여성은 왜 자산이 적고 가난한지 설명한다. 다음으로 분배 문제를 해결하기 위해 임금격차 해소에 대해 논의한다. 마지막으로 분배 문제 해결의 가능성을 위한 대안을 모색한다.

1. 왜 여성은 더 적게 버는가?

왜 여성은 남성보다 더 적게 버는가? 그 대답은 명료하다. 여성이니까! 이런 대답은 전형적인 '성별차별론(gender discrimination theory)'의 주장이다. 과연 옳은가? 2017년 한국의 성별 임금격차는 OECD 회원국 중에 가장 높다. 이는 전혀 새롭지 않다. 사실 한국의 성별 임금격차는 2002년 통계 작성 이후 계속 1위이다.

<표 7-1> 한국의 성별 근로시간과 임금 추이   (단위: 년, 시간, 천 원, %)

	평균근속년수			월근로시간			월평균임금		
	남성	여성	차이 (남-여)	남성	여성	차이 (남-여)	남성	여성	비율 (%)
2000	6.4	4.0	2.4	211.4	200.5	10.9	1,474	954	64.8
2005	6.6	4.0	2.6	204.3	194.8	9.5	2,109	1,396	66.2
2007	6.7	4.1	2.6	194.0	186.2	7.8	2,381	1,582	66.4
2010	7.0	4.4	2.6	195.7	186.9	8.8	2,648	1,772	66.9
2011	7.0	4.3	2.7	192.7	182.4	10.3	2,750	1,862	67.7
2012	7.1	4.4	2.7	185.8	175.7	10.1	2,878	1,958	68.0
2013	7.3	4.6	2.7	179.7	169.8	9.9	2,986	2,033	68.1
2014	6.9	4.5	2.4	179.8	168.9	10.9	3,122	2,092	67.0
2015	7.1	4.6	2.5	188.5	176.7	11.8	3,215	2,119	65.9
2016	7.3	4.8	2.5	186.3	174.5	11.8	3,289	2,203	67.0
2017	7.2	4.7	2.5	185.7	173.0	12.4	3,418	2,298	67.2

자료: 고용노동부, 「고용형태별 근로실태조사보고서」; 통계청.
주: 임금 → 상용근로자 5인 이상 사업체 대상, 비율 남성=100.0일 때의 여성 월평균임금 비율.

2017년의 한국 여성 임금은 남성 임금의 67.2% 수준이다. 통계청의 「2019년 통계로 보는 여성의 삶」에 따르면 <그림 7−1>에서 보는 것처럼 2017년 한국 상용노동자 5인 이상 사업장에서 여성 노동은 여성 평균근속년수 4.7년, 월근로시간 173시간, 월평균임금 229만 8천 원으로 남성 노동보다 평균근속년수 2.5년, 월근로시간 12.4시간, 월평균임금 11만 2천 원이 적다. 남성 임금이 341만 8천 원일 때 여성 임금은 229만 8천 원이다. 여기에 시간제 노동이나 비정규 노동, 5인 이하 사업장의 상황은 더욱 열악하다.[1] 불평등은 여전하지만 2016년 강남역 이후 한국 여성의 변화는 분명하다. 2018년 지표로도 개선된 상황이 확인된다.

<그림 7-1> 한국 여성의 근로시간과 임금수준

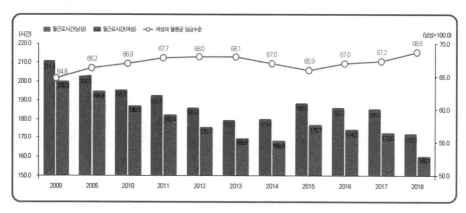

자료: 고용노동부, 「근로형태별 근로실태조사보고서」.

2018년 현재 상용근로자 5인 이상 사업체에서 한국 여성은 평균근속년수는 4.9년인데, 월 160.1시간 일하고 월 244만 9천 원의 임금을 받는다. 2017년과 비교해서 0.2년 길어졌다. 이는 남성 임금 356만 2천 원에 68.8%로 한국의 여성 임금은 남성 임금에 여전히 큰 격차를 보인다. 2000년 64.8%에 비해서는 격차는 오히려 4%p 증가했다. 주목할 점은 성별 임금격차가 여성이 한국 대통령이

---

1 2016년 고용노동부 통계자료로는 한국 여성의 임금은 남성의 64.1%에 지나지 않는다. 소득기준에 따라, 통계 생산주체에 차이가 난다. 어떤 지표로 보아도 한국 여성 임금은 2015년 이후 증가하고 있다.

던 2013년에서 2015년에 오히려 커졌다는 사실이다. 이는 양성평등의 실현이 단지 동일한 생물학적 성을 가진 지도자라고 해서 추진되지 않는다는 반증이기도 하다.

우리의 관심은 무엇보다 이 같은 임금격차가 어떤 원인으로 발생하느냐는 것이다. 유사한 인적자본을 가진 남녀가 유사한 시장노동을 한 후에도 이 같은 격차가 발생했다면 이는 경제외적 요인이 작동했다고 말할 수밖에 없다.

임금격차의 요인에 관해서는 그간 많은 연구가 있었다. 대부분 연구는 인적자본의 차이, 직무의 위험도나 안전성, 직종, 경력 차이 등을 원인으로 든다. 물론 그것으로 설명되지 않는 것은 차별에 의한 격차라고 한다. 이는 사실 한국뿐 아니라 세계 어디에도 존재하고 단지 성별뿐 아니라 종교, 인종 등에 따라서도 생긴다. 고용주가 자신의 선호에 따라 결정해 버리면 별수가 없다. 그러나 한국 여성의 임금격차가 문제시되는 것은 그 정도가 다른 나라에 비해 비정상적으로 크다는 것이다.

성별 임금격차에서 사업체 규모, 근속년수, 인적자본, 정규직 여부 같은 이해할 수 있는 원인보다 이해할 수 없는 원인에서 발생하는 것이 더 크다. 고용정보원이 제시한 합리적으로 설명되지 않는 부문은 47.9%이고, 여성정책연구원이 생각하는 비합리적인 격차는 62.2%이다.

김남주(2016)의 연구에 따르면 한국의 여성 임금의 격차는 차별로 63.7%가 결정되고, 차이는 36.3%라고 한다. 연구 결과는 차별의 영향이 강력하다는 것을 보여 준다. 특히 종속적 노사관계를 바탕으로 한 임금 노동일 경우가 자영업을 할 경우보다 격차가 더 많이 발생한다는 사실로도 이것이 권력관계에 의한 차별이라는 것을 알 수 있다.

물론 이런 주장에 신고전파 경제학은 쉽게 동의하지 않는다. 주류 경제학인 신고전파 경제학에서는 임금을 생산성의 반영으로 본다. 그래서 여성의 생산성이 남성에 비해 적어서 임금도 차이 날 수밖에 없다고 한다. 아울러 남성이 업무상 위험수당 같은 것을 더 받는 것이 격차의 원인이라고 본다. 일면 타당하다. 여성 노동과 남성 노동의 평균임금 속에는 그런 측면도 있을 수 있다. 그러나 우리가 문제시하는 것은 동일노동에 대해서도 임금격차가 난다는 것이다.

<표 7-2> 2016년 성별 임금격차 OECD 국제 비교

국가	한국	일본	캐나다	미국	영국	스위스	스웨덴	독일	덴마크	뉴질 랜드
순위	1	2	3	4	7	8	12	13	22	26
격차 (%)	36.3	26.4	19.5	19.1	17.8	15.1	15.1	13.8	7	6.2

자료: 통계청, 「인구동태통계연보」.

다시 말해 문제는 같은 노동 성과에도 성별 격차가 발생한다는 점이다. 이는 차별 말고는 설명하기 어렵다. 그래서 여성에게 더 적게 분배되는 원인으로 떡을 주는 사람의 결정에 따른 것이라는 선호가설과 기호가설도 거론된다. 그러나 왜 특정한 성별을 더 선호하는지는 사회구조적 측면을 통해서만 설명된다. 더욱이 시장의 가격을 무시하고 고용주가 기업의 경쟁력을 위해 '효율성 임금(efficiency wage theory)'을 지불하면 격차는 나기 마련이다. 여기에 여성 노동자 개개인에 대한 정확한 정보가 없는 정보의 비대칭으로 발생하는 '통계적 차별(statistical discrimination)'도 원인으로 지목된다.

거기에다가 여성이 경쟁을 싫어하고, 이타적인 성품을 가져서 임금을 남성만큼 많이 요구하지 않아서 적게 받는다는 가설도 있다. 뱁콕과 래시버(L. Babcock and S. Laschever)는 새 직장을 얻으면 남성의 51.5%가 임금 인상을 요구하는데, 여성은 12.5%만 요구한다고 한다. 인상을 요구할 때도 그 인상분이 남성보다 30% 적다고 한다. 우리는 여성이 남성보다 경쟁적이지 않아서인지, 여성은 적은 임금에도 만족하는지는 전 장에서 이미 다루었다. 그리고 여성은 그렇다고 치부하는 것이 대표적인 편견이라고 지적했다(Babcock and Laschever, 2007). 성별 임금격차는 그 사회가 가진 문화와 제도가 얽혀서 발생한다. 그래서 무엇이 원인이라고 확정하기는 상당히 어렵다. 그러나 적어도 한국의 성별 임금격차의 배경은 차별이다. 이를 정리하면 다음과 같다.

❶ 한국의 성별 임금격차의 요인은 차별이다. 남녀 인적자본의 차이는 대학 진학률의 성별 격차가 사라진 지금 직접적 요인으로 거론하기 어렵다.

❷ 한국의 성별 임금격차의 요인은 경력단절이다.

❸ 한국의 성별 임금격차의 요인은 성별 직종분리와 직위분리다.

❹ 한국의 성별 임금격차의 요인은 고용형태의 분리이다.

더욱더 놀라운 사실은 남성 직종에 여성들이 취업하면 임금이 떨어진다는 연구 결과도 있다. 현재 전 세계적으로 동일임금을 요구하는 'Pay Me Too' 운동이 전개되고 있다. 그러나 임금을 공개하여 임금 인상을 요구할 객관적인 지표도 영세한 서비스 노동같이 여성이 집중된 부문은 제대로 마련되어 있지 않다. 객관적 지표 없이 동일 임금을 주장하는 것은 큰 힘을 얻기는 어렵다.

레논·잉글랜드·앨리슨(A. Levanon, P. England and Po. Allison)은 미국을 사례로 지난 50년간의 시계열 자료를 분석했다. 그 결과 여성이 더 적게 버는 것은 일을 못하거나, 일이 어렵지 않아서거나, 하는 일이 중요하지 않아서가 아니라고 한다. 여성을 채용한 고용주가 여성에게는 그만큼만 주기 때문이라고 했다 (England, 2009).

골딘(C. Goldin)은 미국의 여성 외과의사는 남성 동료의 71%밖에 벌지 못한다고 했다. 이들 연구를 살펴보면 어느 나라나 여성의 임금격차의 원인은 수량적이거나 객관적인 지표로만 접근할 수가 없는 것이 사실이다. 그래도 말할 수 있는 가장 핵심적인 격차의 원인은 여성의 경력단절과 차별이다. 아래 <표 7-3>에서 확인되듯이 20대에서 경제활동참가율, 실업률, 고용률의 성별 격차는 일단 크게는 발생하지 않는다.

이런 작은 격차가 30대가 되면 급격히 벌어진다. 이는 여성의 경력단절이 주요인이다. 경력단절 여성은 15~54세 기혼 여성 중에서 출산, 육아 및 돌봄노동으로 직장을 그만둔 여성이다. 통계청 자료에 의하면 2016년 경력단절 한국 여성은 190만 6천 명으로 전체의 20.6%에 이른다. 2018년에는 184만 7천 명으로 줄었다. 이러한 한국 여성의 경력단절의 결과 2017년 통계청 자료에 의하면 20대 후반 여성고용률이 69.5%이다가 30대 후반 56.5%로 뚝 떨어지는 것을 확인할 수 있다.

<표 7-3> 20대 경제활동참가율, 실업률, 고용률 (단위: %)

	경제활동참가율	실업률	고용률
남성	63.7	10.9	56.8
여성	65.6	8.8	59.9

자료: 통계청, 「경제활동인구조사」(2016).

우리는 한국의 성별 임금격차의 특징으로 세대 간 격차도 주목한다. 20대 중후반의 격차는 OECD 중위권이나, 40대 초반이나 50대 중후반에는 OECD 최악의 격차를 보여 준다. 즉 한국에서는 나이가 들수록 격차가 벌어진다. 그리고 격차 발생이 시작하는 구간은 30대 중후반이다. 이것은 돌봄노동으로 인해 여성의 경력단절이 격차에 강력하게 작용하고 있다는 것을 보여 준다. 그 결과 한국의 여성 노동은 OECD 최고의 성별 격차와 세대별 성별 임금격차도 보여 준다.

<표 7-4> 한국에서 첫 일자리 그만둔 사유 (단위: 천 명)

	근로여건 불만족	개인/ 가족사유	전망부재	전공, 지식, 기술 적성 부적합	직장의 휴업, 폐업, 파산	기타
남성	58.7	12.5	99.1	80.4	28.7	95.5
여성	75.5	23.1	83.5	92.8	32.7	83.6

자료: 통계청, 「사회조사」(2016).

위의 <표 7-4>와 아래 <표 7-5>는 각각 한국에서 첫 일자리를 그만둔 사유와 한국 여성의 취업 장애 요인에 대한 20대의 의견을 보여 준다. 이를 통해서도 여성의 경력단절 요인이 확인된다. 여성은 남성과 비슷한 비율로 취업하지만, 남성보다 더 많이 첫 직장 생활을 그만둔다. 그 이유는 첫째, 직장의 현실이 여성을 만족시키지 못하고, 둘째, 출산과 육아의 부담이 작용한 측면이 있다.

<표 7-5> 한국 여성의 취업 장애 요인에 대한 20대의 의견 　　　　　　　　　　　　(단위: %)

	사회적 편견과 차별적 관행	불평등한 근로여건	육아 부담	가족돌봄 (육아 외)	가사 부담
남성	27.8	7.5	37.9	1.9	3.2
여성	35.3	14.9	38.6	1.4	2.7

자료: 통계청, 「사회조사」(2016).

육아로 인한 경력단절 이후 재취업을 하는 한국 여성 절반이 비정규직이 된다. 그 결과 현재 남성 비정규직이 감소 추세인데 여성 비정규직은 꾸준히 늘어난다. 그러면 경력을 유지하고 있는 경우는 어떤가? 거기에는 유리천장과 유리벽이 기다리고 있다. 아래 <표 7−6>은 한국 여성이 시장노동에서 직면하는 유리천장의 상황을 보여 준다. 사회가 만든 가치를 분배하는 의사 결정권을 가진 여성의 비율이 지나치게 낮다. 입법 권력을 가진 국회의원 비율은 25.1%, 행정 권력을 가진 4급 이상 공무원은 10.6%, 기업 임원은 공기업, 사기업 각각 4.1%와 2.34%이다. 기울어진 의사 결정 권력은 기울어진 노동시장을 만든다. 여성은 당연히 적게 분배받을 수밖에 없다.

<표 7-6> 한국 여성의 유리천장 　　　　　　　　　　　　　　　　　　　　　　　(단위: %)

국회의원 중 여성 비율	4급 이상 공무원 중 여성 비율	공기업 임원 중 여성 비율	민간기업 임원 중 여성 비율
25.1	10.6	4.1	2.34

자료: 한국 여성정책위원회(2014); 통계청(2017).

2. 왜 여성은 더 적은 자산을 가지는가?

여성의 분배 불평등에 있어서 언론은 성별 임금격차를 주목하지만 사실 더 큰 문제는 자산의 격차이다. 경제의 한 축인 분배 문제에서 생산활동의 결과에 대한 분배도 중요하지만 이미 보유하고 있는 가치(자산)의 소유(asset ownership)와 관계되는 분배는 더 본질적인 문제를 가지고 있다.

세계적으로 남성은 여성보다 토지, 부동산, 주식, 기타 금융자산을 더 많이 소유하고 있다. 왜 여성은 가족 내에서도 더 적은 자산을 소유하고 있고, 부모로부터도 더 적게 물려받는가? 물론 이는 단지 여성과 남성의 격차 문제가 아니다. 세계경제포럼에 따르면 2017년 세계 자산의 45.9%를 세계 인구 1% 미만이 차지하고 있다. 이러한 자산 집중은 2013년 41.0%에서 현재 급격하게 증가하고 있다. 이런 불평등한 지평은 남녀 간의 자산 격차에는 더욱 뚜렷하게 나타난다.

2018년 옥스팜 보고서는 세계 억만장자의 수가 급격하게 늘어났다고 한다. 1년간(2016년 3월~2017년 3월) 만들어진 세계의 부의 82%를 세계의 상위 1%가 가져갔다고 한다(Pimentel, Aymar and Lawson, 2018). 이 보고서에 의하면 세계적 부호의 대부분이 남성으로, 억만장자 2천43명 중 90% 정도가 남성이라고 한다. 이렇게 부가 남성에게 집중된 것은 공동 자산과 상속을 남성이 독점한 결과이다.

그러면 이들 1%가 가져간 사회적 가치는 어떻게 만들어지는가? 이는 주로 여성이 담당하는 저임금 노동이 기반이 된다. 위의 보고서에 따르면 억만장자들이 일 년에 7천6백2십억 달러의 소득을 올리는데, 이를 지탱하기 위해서는 10조 달러에 달하는 무급 가사노동이 여성으로부터 제공되어야 한다고 한다.

이러한 자산의 불평등은 한국도 마찬가지이다. 현재 한국 사회의 부는 소수의 손에 있다. 이 중에서 여성의 비율은 남성에 비해 적다. 한국 남성 가구주의 순자산액은 3억 2천79만 원이나 여성 가구주는 1억 3천947만 원으로 남성 자산의 43%에 지나지 않는다. 통계청의 2016년 「주택소유통계」에 따르면 남성은 전체 부동산의 56.4%를 소유하고 있는 것에 비해 여성은 43.6%만 소유하고 있다.[2]

2018년 뱅크샐러드의 모바일 이용자 분석 결과 20대는 금융자산이 여성 311만 원으로 남성 313만 원과 비슷하다가, 30대에는 각각 969만 원과 1천238만 원으로 차이가 나기 시작한다. 그러다가 40대가 되면 성별 격차가 본격적으로 나타난다. 여성 이용자 금융자산은 1천373만 원이나 남성은 배가 넘는 3천120만 원이고, 50대에는 차이가 더 벌어져 각각 1천669만 원, 3천522만 원으로 된다. 이처럼 처음 시작 시점에는 남녀가 비슷하다가 나이가 들면서 점점 더 격차

---

2 부동산 자산의 성별 격차가 다른 자산 격차보다 낮은 이유는 여성의 평균수명이 남성보다 많은 것도 꼽을 수 있다. 남편 소유의 부동산을 아내가 유산으로 물려받을 경우가 비일비재하기 때문이다.

가 벌어진다. 이런 자산 보유액의 차이는 여성의 경제 활동이 낮은 것과 여성이 금융시장에서 남성보다 수동적인 것도 영향을 미친다. 왜 여성은 적은 자산을 가지고 있는가? 그 이유를 정리해 보면 다음과 같다.

❶ 여성은 생애소득이 남성보다 적다. 한국 여성은 전 생애에 걸쳐 저소득이라서 자산 형성의 기회가 남성보다 적다는 것을 들 수 있다. 특히 평생 전업주부로 살며 시장노동을 하지 않으면 자산 형성의 기회가 더 줄어든다. 경제 활동을 하지 않는데 자산이 생길 턱이 없기 때문이다. 시장노동에서 은퇴할 때 한국 여성의 자산이 적은 이유는 소득수준 외에도 유리천장과 경력단절로 인한 임금격차도 영향을 미쳤다(이새롬, 2013).

❷ 여성은 상속과 증여를 적게 받는다. 현재 한국의 상속법(inheritance laws)은 많이 개선되었지만, 현실에서의 상속에서 여성은 여전히 차별을 받는다. 자연히 상속 과정에서 제대로 대접을 받지 못하니 물려받은 자산도 적다.

❸ 여성의 금융시장 진입에 장벽이 있어서 금융자산 형성에 배제되어 있다. 한국의 경우 금융자산(예금, 적금, 현금, 주식, 펀드)도 여성이 더 적게 가지고 있다.

❹ 여성의 부동산 자산이 더 적다. 한국 여성은 부동산 자산의 소유에도 배제되어 있다. 공동의 재산이어도 재산권은 남편 이름으로 설정되어 있을 경우가 많다. 토지의 경우 부부가 같이 농업에 종사해도 땅이 대개 남편 명의로 되어 있다.

❺ 자산관리 등 경제권에서 배제되어 있다. 가계 내의 장기 재정계획의 수립과 관리에 배제되어 있다. 물론 한국에서는 여성이 가계의 일상적 소비를 책임지고 의사 결정을 하는 듯이 보인다. 그러나 진작 중요한 장기 재정계획과 결정은 남편이 일방적으로 하는 경우가 많다. 이는 이혼이나 사별 시에 여성에게 큰 짐이 될 수 있다. 아울러 부부가 공동으로 일군 자산에 대해서도 남성 배우자의 명의로 등록하는 것을 당연하게 보는 시각도 작용한다.

3. 여성은 왜 더 가난한가?

21세기 현재 세계 빈곤의 상징은 개발도상국의 유색인 여성이다. 사실 세계 빈곤층의 70%가 여성이며, 여성 소유의 부동산은 전체의 1%에 불과하다. 여성 중에서 여성노인과 여성 가구주 가구가 특히 빈곤하다. 여성의 낮은 시장노동참여와 시장노동에 참여했다고 해도 낮은 임금과 고용불안, 돌봄노동의 부담으로 인한 시간제 노동 등으로 여성은 가난하다. 그리고 여성 빈곤 인구는 점차 확대되고 있다. 게다가 가난해서 험한 일이라도 해야 하는 여성 가구주를 백안시하는 사회적 편견도 버겁다.

이것이 한국에서도 그대로 재현되는 분배의 실상이다. 한국 여성 가구주의 빈곤 추이는 아래의 <그림 7-2>로도 확인할 수 있다. 가난한 여성이 꾸준히 늘고 있다. 이러한 가난의 근본 원인은 돈을 남성보다 못 벌기 때문이다. 여기서 우리가 주목할 점은 여성의 가난이 종종 공식적인 통계에서 확인되지 않는다는 사실이다. 왜냐하면, 여성이 이미 정규직이나 통계에 기록되는 일자리에 배제되었기 때문이다. 아울러 결혼과 육아로 인한 경력단절을 겪은 여성이 이혼과 사별로 가구주가 되어도 시장노동으로의 재진입이 쉽지 않아 빈곤층으로 전락하는 경로도 있다.

<그림 7-2> 한국 여성의 빈곤율 추이 (단위: %)

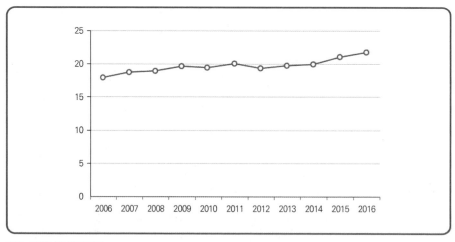

자료: 통계청, 「가계동향조사」.

<표 7-7> 여성 가구주 가구의 빈곤율 국제 비교   (단위: %)

국가	전체	여성 가구주	65세 이상 여성	18-64세 여성가구	모자가구	남성가구 유급노동	여성가구 유급노동
덴마크	3.9	9.7	9.1	8.7	3.6	1.9	3.8
스웨덴	4.1	11.6	10.4	12.5	8.2	3.1	5.7
핀란드	3.5	9.1	10.2	7.4	5.9	1.5	1.5
미국	12.6	23.1	36.3	20.5	42.7	7.1	11.8
영국(99)	9.4	26.2	23.4	19.5	29.6	6.0	10.6
독일	5.6	13.8	14.6	14.0	31.6	2.9	6.9
프랑스	5.4	18.4	12.9	17.7	25.2	4.5	11.8
벨기에	6.5	13.8	13.6	11.3	15.7	2.1	2.5
이탈리아	11.7	15.3	22.8	12.4	13.9	8.3	3.1
스페인	12.4	20.6	19.2	15.1	30.3	5.3	5.1
대만	7.8	16.6	56.6	13.1	19.2	4.1	8.4
한국(05)	12.3	40.4	67.2	25.0	31.8	5.4	16.8

자료: LIS, 한국 복지패널(2005); 김수정(2008) 재인용.

또한, 남성과 달리 경제적으로 어려우면 당장 손쉽게 돈을 벌 수 있는 성산업으로 진입하여 생계를 해결할 가능성도 있기 때문이다. 이들이 만든 경제적 가치는 지하경제에서만 인정된다.

이처럼 시장노동에서 배제되고, 재산 소유에서 배제된 여성은 가난할 수 밖에 없다. 자산의 세계를 정신적으로 관리하는 제도들은 여성에게 더욱 엄혹하다. 특히 종교, 가령 이슬람의 경우 남성에게 여성의 2배를 상속하라는 교리가 여성의 경제적 자유에 큰 걸림돌이 되고 있다. 남녀평등상속권에 대한 노력이 부단히 이어지고 있지만, 법적 평등이 실현된 경우에도 실효를 거두기 어려운 상황이다. 이슬람 사회에서 여성이 법을 따지며 상속권 소송을 하면 사회적으로 철저히 매장된다. 이러한 상황은 유교나 불교 등의 문화권 나라에서도 정도는 달리 한다고 해도 작동한다고 할 수 있다.

<표 7-7>은 김수정이 2008년 발표한 빈곤 여성 가구주에 대한 국제 비교이다. 여성 가구주는 고령일수록 급격하게 늘어나지만, 이 경우 시장노동에 참

여하더라도 남성보다 더 높은 빈곤율을 보인다.[3] 여성은 전 생애를 걸쳐 곳곳에서 여러 형태의 경제적 차별을 받고, 이것이 누적되어 나이가 들수록 가난할 수밖에 없다. 특히 이런 빈곤은 대물림되어 빈곤한 가정의 여아는 평생 지속해서 빈곤할 가능성이 남아보다 더 크다.

4. 임금격차의 해소를 위해 무엇을 할 것인가?

2018년 세계경제포럼은 남녀 임금격차 해소에 앞으로 217년이 걸린다고 한다. 사실 같은 일을 하고도 다른 임금을 받는다는 것은 사람대접을 똑같이 받지 못하는 것이다. 원인은 위에서 이미 설명했듯이 여성의 경력단절이나 저임금 일자리에 과밀하게 쏠림 현상이 발생하며, 비정규직 일자리가 유독 여성 노동에 많은 것 등을 들 수 있다. 이를 하나씩 해결하면 된다.

성별 임금격차가 1%p 감소하면 여성 경제활동참가율이 0.42%p 증가한다. 3.88%p 줄이면 여성 경제활동참가율은 2.56%p 늘어난다고 한다(이영재·송수혁, 2018). 임금격차 감소가 여성 경제활동증가를 가져오고, 여성 경제활동증가가 한국의 경제성장을 견인할 수 있다. 경제성장의 가능성이 여성의 경제활동참가에 있다는 연구들이 많이 등장한다. 그리고 한국 경제의 저성장을 극복할 또 다른 대안이 될 수 있다고 한다. 무엇을 해야 하는가?

❶ 얼마나 임금격차가 나는지 알고, 이를 바꾸기 위해 행동해야 한다. 더 열심히 임금격차의 부당성에 관해서 이야기한다. 'Pay Me Too' 운동을 진행하면서 성별 임금격차를 공개하는 것도 좋은 방법이다. 상황을 분명히 알리는 것부터 변화는 시작될 수 있다.

---

3 빈곤율 지표는 대개 상대적 빈곤율을 사용한다. 상대적 빈곤율은 소득이 중위소득의 50% 미만인 인구가 전체 인구에서 차지하는 비율이고, 절대적 빈곤율은 최저생계비보다 소득이 적은 인구 비율이다.

❷ 정확한 통계 작업을 해서 여성의 생산성이 남성보다 뒤처지지 않는다는 것을 객관적 자료로 알려야 한다. 이를 통해 통계적인 차별을 막을 수 있다.

❸ 여성의 경제 활동을 돕는 특단의 조치가 필요하며, 여성의 경력단절을 막을 육아정책과 돌봄 정책의 획기적인 개선이 필요하다. 특히 경력단절 이후 재취업 시에 과거 임금 기반이 아니라 전적으로 새로운 임금을 받는 것도 중요하다.

❹ 단기적 처방책으로는 여성 취업보조금 지급정책을 생각해 볼 수 있다. 이영재·송수혁(2018)은 여성에게 취업 연계형 보조금을 지급하고, 노동시장의 구조를 개선한다면 여성의 경제활동참가와 성별 임금격차 해소를 동시에 더욱 효과적으로 할 수 있다고 했다. 여성이 노동시장 참가 여부와 관계없이 보육비 수준의 보조금 지급으론 여성의 경제활동참가율이 오히려 0.19%p 감소했다. 그러나 영유아 양육가계에 취업 조건부 보조금을 주면서 여성 경제 활동이 2.17%p 올랐다.

5. 한 걸음 더 나아가기 위해 무엇을 할 것인가?

분배의 평등은 평등한 인권의 기반이다. 따라서 여성문제의 경제적 해결은 경제적 평등이고 그 핵심은 분배의 평등이다. 분배의 불평등을 해결하려면 무엇보다 문제를 알고 격차를 줄이려는 노력이 필요하다. 노력이 없으면 해결될 일이 아니기 때문이다. 그러나 그것이 쉬운 일은 아니다. 이는 결국 사회규범의 변화가 있어야 가능하기 때문이다. 그래도 더 좋은 세상을 만들기 위한 첫걸음은 다음과 같다.

❶ 성별 임금격차 해소를 위해 연대한다. WEF의 성 격차지수(GGI)로 보아 여성 평등이 2020년 현재 153개국 중에 1위인 아이슬란드의 경험에서 108위인 한국은 배워야 한다. 아이슬란드의 변화는 1975년 이래 여성 총파업(여성휴무일, Women's Day Off)이 계기가 되었는데 아이슬란드의 여성권 1위의 뒤에는 양성평등한 법률의 도입이 있다.

❷ 여성 스스로 신체적으로 건강하고 업무에서 유능할 수 있게 노력해야 한다. 그래야만 생산성을 높이는 동시에 격차를 줄일 수 있다. 그와 동시에 인적자본 투자가 이루어져야 한다. 여성의 교육기간을 늘리고, 특수 기술이나 지식을 함양하며, 기업 내에서 인적자본을 형성할 바탕을 마련해야 한다. 인적자본 투자는 경제학적으로 지극히 합리적인 선택으로 이루어진다. 이는 미래 기대소득과 교육 비용을 고려해서 결정하면 된다. 미래 기대소득이 없는데 인적자본 투자가 이루어질 리가 없다. 교육 기간은 그냥 늘어나는 것이 아니다. 교육 후에 발생할 수 있는 소득의 증가가 교육 기간 동안의 투자의 한계비용보다 높아야 한다.

❸ 여성의 노동시장 진입을 막는 장애물을 제거하고, 남녀평등여성의 이동권을 보장해야 한다. 일자리의 구조적 격차가 발생하지 않도록 이동과 이주를 쉽게 할 수 있게 보육시설이 공급되어야 한다.

❹ 여성이 자산을 가질 수 있도록 상속과 증여의 성평등적인 시행과 이혼 후 재산분할에 대한 철저한 이해 등 법적·제도적 보완이 필요하다. 성별 자산 형성의 불평등을 극복하기 위해 상속법, 증여법 등을 성 인지적 관점에서 정비하여 여성이 배제되는 것을 막아야 한다.

❺ 부부가 같이 일군 자산에 대해서 공동 명의를 하는 사회적 분위기를 만들어야 한다.

❻ 여성이 적극적으로 금융시장에 참가하도록 금융 교육과 홍보를 하고, 가계 내의 장기 재정계획의 의사 결정을 할 수 있어야 한다.

❼ 여성도 네트워크를 만들어야 한다. 자산과 소득의 격차는 단지 임금격차에서 나는 것이 아니다. 디지털 격차나 정보 격차에서도 발생한다. 이러한 정보나 경험의 부족은 성별 격차의 원인이다. 이를 제거해야 한다. 이 격차를 줄일 수 있게 네트워크를 구축해야 한다.

8장

• • •

왜 여성은 자산시장에서 배제되는가?

자본주의 경제는 자본, 즉 자산이 움직이는 세상이다. 자산은 경제적 가치가 있는 재산을 말한다. 산업부문과 금융부문이 동맥과 정맥처럼 같이 작동하며 경제 시스템이 운영되고 있지만, 그 뒤에서 전체를 움직이는 것은 자산이다. 이 자산시장에서 대표적인 시장이 금융시장과 부동산 시장이라고 할 수 있다. 자산에 대해 소유권을 보장받는 사유재산제도가 헌법적 권리로 작동하는 것이 시민사회의 시작이라고 해도 과언이 아니다. 역사적으로 보아도 여성이 재산에 대한 권리를 가지게 된 것은 그리 오래되지 않은 일이다. 그러니 재산권을 행사할 재산이 상대적으로 적다. 따라서 어느 나라 할 것 없이 자산의 남성 편중이 심하다. 인간다운 삶을 위해 가장 필요한 재산권은 인간의 기본권이다. 그러면 여성은 여전히 인간으로서의 권리를 충분히 가지고 있지 못하다는 말과 다르지 않다.

18세기 자리 잡은 자본주의는 늘 내부에 투기적 지대추구의 동력을 가지고 있었다. 이 지대추구에서 배제된 사람들은 근면과 성실로 산업자본주의에 복역했다고 하더라도 부를 가지기 어려웠다. 20세기 후반부터 산업자본 중심의 경제에서 자본이 이윤율을 보전하지 못하자 급격하게 금융부문이 팽창하며 금융주도 자본주의가 전개되었다. 이는 세계화와 IT기술의 발전에 힘입어 더욱더 빠르게 증가했다. 이 흐름에 함께하지 못하면 21세기 금융주도 자본주의의 변방에 서게 된다.

이러한 자본주의 환경에서는 단지 일을 열심히 하는 것만이 아니라 돈을 얼마나 잘 굴리고 정보를 잘 습득하는가 하는 것이 더욱 중요해졌다. 이렇게 자산시장의 의미가 점점 더 커지고 있다. 특히 금융시장에 진입하고, 다양한 금융상품을 평가하며 이를 구매할 수 있는 능력이 중요하게 되었다. 이러한 자본주의적 발전 속에 여성의 위치를 찾으려면 먼저 자산의 소유 정도를 살펴보아야 한다.

8장에서 우리는 여성의 경제 문제 중에 자산의 문제, 특히 금융부문의 관계를 설명한다. 여성과 자산 및 금융시장 진입과의 관계 속에 불평등의 실마리가 있다는 것을 염두에 둔다. 그래서 8장에서는 여성이 남성보다 자산이 적은 이유를 확인하고, 이런 상황이 여성의 경제 상황에 미치는 악영향을 살펴본다. 무엇보다 신용대출 시장에서 자산이 어떤 역할을 하며 어떤 성차별이 발생하는지를 본다. 자본주의 경제에서 신용이 갖는 성차별적인 특성에 관해서 설명하며, 여성성이 금융시장에서의 생존에 적합하지 못하다는 편견이 여성의 시장 진입을 막고 있는 상황을 설명한다. 마지막으로 문제를 해결할 대안을 제시한다.

1. 여성은 위험을 기피하는 성품이라서 자산시장에서 배제되는가?

텔레비전 영상에 자주 보이는 주식시장의 모습은 남성 증권맨 일색이다. 주식가격판을 보고 심각한 표정을 짓는 것도 대부분 남성이다. 골딘은 금융부문이나 의학부문같이 근무 환경의 유연성이 떨어지는 직종의 성별 격차가 가장 크다고 한다. 하루 24시간 전 세계를 대상으로 돈벌이를 하는 현재 금융시장의 상황이나, 언제 응급 환자가 밀어닥칠지 모르는 의학계의 사정이 여성과는 맞지 않는다는 판단이 작용한다고 추측된다. 과연 맞지 않는가? 진입에 장벽이 쳐진 것은 아닌가?

세계 자산시장에서 여성의 배제는 분명하다. 세계적인 억만장자도 남성이고, 세계적인 투자 전문가도 대부분 남성이다. 물론 한국의 여성 부동산 투자자를 일컫는 '복부인'[1]도 자산시장 수요자이다. 그러나 이들을 전문적인 투자자로 보는 것은 한계가 있다. 실제 소유는 남성이 압도적으로 많다.

<표 8-1> 주택 소유물 건수별 성별 아파트 소유자 수 현황

년도	2012	2013	2014	2015	2016
총계	7,458,987	7,654,474	7,907,165	8,192,205	8,405,803
남성	4,238,477	4,313,792	4,420,221	4,541,207	4,626,641
여성	3,220,510	3,340,682	3,486,944	3,650,998	3,779,162

자료: 통계청.

한국의 토지 소유에서 남성 소유자 수는 여성보다 13.6%p 높은 56.8%이다. 위의 <표 8-1>에서 확인되듯이 주택 및 소유 물건 중 아파트 소유에서도 2016년 총 840만여 개 물건 중 여성 소유는 45%에 지나지 않는다. 여성은 가진 자산이 적고, 자산시장 진입도 어렵다. 자산을 움직이는 대부분 금융시장 일자리도 여성은 배제되어 있다.

이러한 금융과 자산부문의 여성 배제는 단지 자산의 소유권에 따른 배제 외에도 또 다른 이유가 있다. 금융부문은 큰돈이 오가는 곳이다. 아울러 힘든 육체노동을 하지 않고도 큰돈을 벌 수 있는 공간이기도 하다. 여성이 상대적으로 인지의 유연성을 가졌다는 것을 볼 때 금융투자나 재무설계 등은 여성이 더 잘해 갈 수도 있다. 그런데 금융부문에서 의사 결정을 할 위치에 여성은 배제되어 있다. 이는 여성에게 큰돈을 벌 기회 자체를 봉쇄했다고도 할 수 있다.

누구도 여성에게는 돈 벌 기회를 주지 않는다고 말하지 않는다. 그저 여성은 그런 일이 맞지 않는다고 한다. 금융부문은 '고위험 고수익' 분야라고 한다. 따라서 남성이 전담한다고 이야기한다. 여성이 위험기피적이라는 것이다.

이런 상식을 지지하는 경제학 연구들은 많다. 선던과 서렛(A. Sunden and B. Surette)은 위험을 즐기는 남성과는 다르게 여성은 고수익이나 고위험인 금융투자를 적게 한다는 연구 결과를 발표했다(Sunden and Surette, 1998).

이런 현상은 결혼한 남녀뿐 아니라 독신 남녀에서도 나타난다. 특히 독신 여

---

1 이들은 경제 개발과 함께 시작된 1970년대 이후 부동산 개발 열풍 속에서 부동산 투기를 하는 여성을 지칭하며, 오늘날도 그렇게 사용한다. 그러나 이들 복부인은 시장노동을 하는 남편의 대리자로 기능했을 뿐 자산을 운용하는 직업적 전문인은 아니었다. 그리고 용어 자체가 여성을 깎아내리는 부정적 의미가 있다.

성이 위험기피적인 투자를 한다는 것은 여러 연구에서 확인된다. 또한, 결혼한 가구에서도 여성은 남성 배우자보다 보수적이고 위험회피적인 투자 경향을 보이며, 특히 은퇴 자산에 대해선 뚜렷하게 안전 투자 성향을 보인다는 것이다 (Bernasek and Shwiff, 2001).

김종권은 투자자의 유전적인 성향(trait)에 따라 금융투자를 하면 포트폴리오 (portfolio)의 양상이 다르게 나타난다고 했다. 기존 연구 중에서는 스웨덴에 대한 사례 연구에서 유전적인 특성에 따라 금융투자의 규모가 25% 정도의 차이를 나타낸다는 연구 결과도 있다. 그러나 성별에 따른 남녀소득과 금융투자의 상관관계를 분석했더니 겁쟁이 여성들은 금융투자를 두려워한다는 기존의 전형적인 이해와는 달리 여성도 포트폴리오 투자에 적극적이라는 것이다.

이렇게 여성에 대한 잘못된 편견과 이 편견이 현실에 작동하면 결과적으로 여성은 금융부문에 대해서 잘 모르게 되고, 금융자산을 적게 보유하며, 적은 금융자산 탓에 빈곤하게 된다.

편견을 깨는 연구 결과와 사실들도 등장했다. 이런 변화는 남녀의 시장노동참여의 격차가 점차 줄어들고, 여성 중에 고소득자 수가 증가하는 것과 연관을 가진다. 여성이 위험기피적이라서 금융부문에 대해 소극적이라는 것이 성 편향된 편견이라는 것을 위에서 이미 설명한 것처럼 줄리 넬슨(2017)은 자신의 최근 연구 1장에서 설명했다. 그는 여성이 금융시장에서 위험기피적 행동을 한다고 발표된 35개의 연구 결과에 대해서 재검토를 한다. 그리고 금융시장에서 여성이 위험기피적이라고 결론 낸 많은 연구가 충분한 과학적인 증거를 갖추지 못했다고 한다. 그런데도 이런 가설이 사실로 채택되는 것에는 우리가 연구 문제 자체를 잘못 설정하고 있다고 지적한다.

설사 여성과 남성이 금융시장에서의 행위 방식에 차이가 난다고 하더라도 중요한 것은 구체적으로 얼마나 차이가 나는지를 주목해야 하고, 차이보다 같은 점이 더 많다는 것을 확인하는 것이 더 중요하다. 작은 차이를 근본적인 차이로 침소봉대하여 해석하지 말아야 한다는 것이다.

여성은 금융시장의 투자자뿐 아니라 금융부문의 종사자가 되는 것에도 배제된다. 2018년에 세간에 드러난 것처럼 은행 취업에 성차별 입직 관행이 만연해 있다. 남녀고용평등법이 엄연히 존재하지만, 이는 작동하지 않고 있다. 예를 들어 하나은행은 남녀 채용 비율을 4 대 1로 사전에 결정하고 면접에서 순위 조작을 하여 여성 신입사원을 관리하였다. 이에 따라 하나은행의 여성 입직은 2015년 19.1%, 2016년 18.2%에 지나지 않았다. 국민은행도 마찬가지다. 서류 전형에서부터 여성차별을 감행했다. 2015년 서류 전형 합격자 중에 여성 112명의 점수를 의도적으로 떨어뜨려 불합격시키고, 남성 113명의 성적을 의도적으로 조정해서 합격시켰다.

이렇게 입직 성비가 8 대 2 정도인데 은행 전체 직원 성비로 보면 얼추 5 대 5가 되는 상황이 연출된다. 이는 여성을 무기 계약직으로 90% 이상 채용하면서 벌어진 일이다. 좋은 일자리는 남성, 나쁜 일자리는 여성이 갖게 되는 전형적인 상황이 금융부문에서 벌어지고 있다. 설사 이렇게 입직하더라도 의사 결정권을 가진 자리를 가려면 유리천장이 막는다.

따라서 금융부문에서의 여성 배제는 여성이 그 일을 할 능력이 없어서라기보다 여성에게 그 일을 할 기회가 없어서라는 것이 더 타당하다. 2018년 현재 한국 증권업계에서 여성 임원의 수는 7% 미만이다. 이들 중에 의사 결정 권한을 가진 여성 등기 임원은 없다. 그런데도 여성 직원의 비율은 43~47%로 남성 직원과 비슷하다. 이는 무엇을 말하는가? 큰 돈벌이가 되고 중요한 의사 결정을 할 자리로 여성들이 올라가는 것이 하늘의 별 따기라는 것이다. 여성 직원이 창구에서 단순 사무를 하면서 감정노동을 할 때, 남성 직원은 그들보다 많은 연봉을 받고 투자와 재무의 장단기 계획을 수립하는 것이 금융시장의 현실이다.

<표 8-2> 한국 증권업계의 유리천장 (단위: %)

	키움증권	메리츠 종금증권	삼성증권	미래에셋 대우	KB증권
남성	31	31	29	89	47
여성	1	1	2	4	1

자료: 금융감독원; 서울경제신문(2018.04.13.).

이는 증권업계뿐 아니라 보수적으로 사업을 운영한다는 은행업도 마찬가지이다. 2013년 현재 국내 은행에서 여성 임원은 단 한 명이었고, 여성 관리직 비율은 13%에 지나지 않았다. 이후 국내 은행권은 여성 임원이 증가하고 있고, 2019년 현재 시티은행 40%, 국민은행 20% 등으로 여성 임원 비율 목표치를 정하고 여성 임원 증가를 위해 애쓰고 있다. 그런데도 성별 격차는 여전히 크다. 분명한 것은 여성이 능력이 없어서가 아니라 남성 금융시장 독점권의 장벽에 갇혀 직무에서 배제되어 있을 뿐이다. 이처럼 여성의 성품이 아니라 인간으로서의 권리의 부족이 자산 소유와 관리에 성 편향으로 나타나고, 이에 따른 여성 배제가 자산시장이나 금융시장에서 발생한다.

2. 자산은 누가 가지는가?

자산시장에서 배제된 여성은 자산 보유(asset ownership)에서도 배제되었다. 7장에서 이미 말했듯이 여성 가구주는 남성 가구주의 43%의 자산만 가진다. 여성과 남성은 주식과 채권 같은 금융자산의 실제적인 보유에 있어서 성별 격차를 가진다. 이 격차는 20대 사회 초년생 시절에는 별로 크지 않다가 나이가 들어서면 급격한 차이를 나타낸다. 현재 한국에서 40대 중장년 여성의 금융자산이 동년배 남성의 절반에도 못 미치는 것으로 나타났다. 왜 여성은 남성보다 금융자산이 더 적은가?

이 원인은 다시 닭이 먼저냐 달걀이 먼저냐 하는 물음이 된다. 가장 큰 원인이 성별 소득격차이기 때문이다. 이미 잘 알고 있듯이 여성의 생애소득은 남성에 미치지 못한다. 무엇보다도 시장노동 참가가 적고, 30대에 가사노동과 돌봄노동으로 경력단절과 고용불안을 겪고, 이후 노동시장에 참여해도 번 돈이 적다. 이러니 여성은 가난하고, 가난하니 금융자산을 가질 기회가 적다.

2018년 온라인 자산관리 서비스 뱅크샐러드가 모바일 이용자 49만 1천271명의 금융자산을 분석한 결과에 따르면 40대 여성 이용자의 1인당 평균 금융자산은 약 1천373만 원으로, 같은 연령대 남성 이용자 3천120만 원의 절반 수준에 미치지 못했다. 이를 두고도 여성이 위험기피적이라서 적은 투자를 한다고 해석하겠지만 사실 더 중요한 요인은 투자할 돈이 없어서 투자하지 못한다는 점이다.

이들의 분석에 따르면 성별에 따른 금융자산 규모 차이는 20대까지는 차이가 크지 않았지만, 30대가 되면서 벌어지기 시작해 50대에 가장 큰 격차를 보인다. 20대 여성 이용자는 평균 311만 8천48원의 금융자산을 보유해 20대 남성의 313만 534원과 비슷한 수준을 보였다. 이 시기는 남녀 모두 처음으로 경제 활동을 시작하는 시기다. 이후 30대 여성의 금융자산은 평균 969만 원으로 남성 1천 238만 원보다 적어진다. 여성이 육아와 돌봄노동으로 경력단절을 경험하는 시기이다. 이후 50대에는 여성 1천669만 원, 남성 3천522만 원으로 두 배 이상의 차이가 났다. 이처럼 중장년이 되면서 점차 여성의 금융자산이 남성보다 현저히 적은 원인은 다음과 같다(이새롬, 2013).

❶ 생애소득격차이다. 여성은 경력단절, 근로 불안정, 저임금으로 인해 남성보다 적게 번다. 즉 여성이 30대를 기점으로 결혼과 임신, 육아 때문에 경제 활동을 그만두면서 금융자산이 늘어날 여지도 줄어든다는 것이다.

❷ 여성에게 배타적인 금융시장의 분위기이다. 흔히 여성이 안전 투자를 선호해서 금융자산에 대한 투자를 꺼린다고 여겨진다. 뉴욕의 증권시장을 연상하면 남성들의 리그로 그려지듯이 여성이 위험회피성을 가져서 경쟁이나 공격성을 나타내지 않아서 고수익 고위험 투자 대상인 금융자산을 관리하기에는 적합하지 않다는 것이다.

❸ 자산을 남성만큼 상속받지 못해서이다. 많은 금융자산은 부모로부터 자식에게 양도된다. 이 경우 한국의 가부장적인 문화가 작동하여 딸보다 아들에게 양도된다. 자연 금융자산이 작다는 것이다.

❹ 부부의 공동재산도 남성 명의의 자산으로 등록하는 사회적 관행에 따라 여성의 금융자산 규모는 남성보다 작다.

3. 왜 여성에게 금융시장의 문턱이 높은가?

'여성의 금융시장에서의 배제와 차별(gender-based discrimination by financial institutions)'은 여성이 대출의 어려움을 겪는 일부터 시작한다. 이것은 사실 여성으로서는 악순환이다. 금융시장에서 대출을 받을 신용이 없으니 대출이 어렵고, 대출이 어려우니 적절한 경제 행위를 하거나 사업을 일으키기 어려우며, 사업을 일으키기 어려우니 자산이 없고, 자산이 없으니 신용이 낮다. 금융기관의 성별에 따른 차별은 금융기관의 입장에서 보자면 지극히 합리적인 선택의 일종이다.

물론 대한민국에서 성별, 학력, 장애, 연령, 혼인 여부, 국적으로 인한 대출금리 차별을 못하게 2012년 은행연합회가 모범 규준을 만들었고, 은행은 이를 따르는 신용평가모형을 만들었다. 그러나 현실에서 신용 격차가 없어졌다고 단정하기 어렵다. 금융기관 대출 심사기준에는 분명 성별이 작용한다.

이러한 성별에 의한 대출 차별은 단지 은행권뿐 아니라 캐피탈이나 저축은행은 물론 신용카드업 부문에도 작용하고 있다고 추측된다. 이처럼 주류 금융시장에서 배제된 여성들은 이차 금융시장에서 대출을 받게 되고 결과적으로 고금리의 위험에 빠지게 된다. 이는 다시 악순환으로 작용하여 결국 여성의 경제적 상황을 더 어렵게 한다.

정보의 부족도 이 과정에 작용한다. 이는 2016년 어니스트펀드가 발표한 성별 대출 상황으로도 알 수 있다. 한국 P2P 시장의 성별 대출 상황을 살펴보면 대출자의 경우 남성이 80%, 여성이 20%이다. P2P 시장의 대출 금리가 높은 점을 고려한다면 정보의 격차로 여성의 돈벌이 기회가 적어진다는 것이다.

4. 금융시장에서 여성 배제는 여성에게 어떤 결과를 가져오는가?

자본주의 사회는 사유재산제도를 인정하는 사회이다. 이 사회에서 자산이 없다는 것은 자본주의 사회의 중심에 들어갈 자격이 없다는 말과 같다. 돈이 돈을 낳는 사회에서 돈이 없다는 것은 가난과 비참으로 귀결된다. 자산이 없고 금융시장에서 배제된 여성은 가난하다. 돈을 벌려면 노동자가 되거나 자기 사업을 해야 한다. 그리고 사업을 하려면 돈이 필요하다. 여성의 금융부문의 진입 배제는 여성의 경제인으로서의 가능성을 크게 위축시킨다. 금융 경제 활동에 제약이 있으니 신용이 없고, 자산이 없으니 담보(collateral)가 없고, 사회적 연계망도 적은 여성이 사업 자금을 대출받기는 거의 불가능하다.

제도권 금융에서 대출을 받기 어려울 때 향하게 되는 대부업계나 저축은행 등의 제2금융권 대출은 단지 고금리의 위험뿐 아니라 이자와 원금을 갚지 못하면 성산업으로 진입할 가능성까지 열려 있어서 여성 채무자를 나락으로 떨어뜨릴 수 있다.

신용과 자산이 없는 여성들이 무등록 대부업자에게 대출을 받고 이후 불법적인 채권추심과 공갈협박의 덫에 걸리는 것은 현재 대한민국에서 낯선 풍경이 아니다. 2018년 현재 한국의 법정연이율은 27.8%이지만 이들 불법 대부업자는 연이율 3천488%도 받고 있다(파이낸셜 뉴스, 2017). 이들 범법 행위의 최대 피해자는 여성이다.

과거 기독교 전통이 강한 국가에서 금융시장은 기독교인이 발을 들여서는 안되는 영역으로 치부되었다. 그래서 이 영역을 유대인이 차지했다는 것은 잘 알려진 일이다. 그리고 이런 사회적 규범이 어느 정도 약화된 오늘날 기독교인이라서 금융투자를 꺼리는 일은 예전보다는 적어졌다.

여성이 금융시장에서 위험기피적으로 행동한다는 것은 기독교인에게 사채업이 금기였던 것과 비슷한 사회적 편견이다. 돈을 벌기 위한 욕망과 필요는 남녀가 다르지 않고, 돈을 벌어야 살 수 있는 것도 남녀가 다르지 않다. 고된 육체노동을 동반하지 않는다는 점에서 여성에게 금융시장은 오히려 기회의 장이다.

5. 한 걸음 더 나아가기 위해 무엇을 할 것인가?

헌법 제23조에는 재산권을 보장하지만, 재산권 행사의 적합성을 규정해 재산권을 행사할 때 공공의 복지에 어긋나지 않도록 적혀 있다. 여성의 경제 문제는 여성의 삶 전체를 관통하여 가장 중요한 문제이고, 그 핵심에는 여성이 자신의 재산을 갖지 못한다는 것에 있다. 자산이 없으면 신용과 대출을 받을 수 없어 실물부문에서도 경쟁력을 가질 수 없다. 이 문제를 해결하려는 노력은 헌법이 지지하는 기본권 보장에서 정당성을 찾을 수 있다. 자산시장에서의 경제 문제를 해결을 위해서는 다음과 같은 노력을 해야 한다.

❶ 여성 명의의 자산을 갖게 하는 일부터 시작해야 한다. 여성이 자산의 소유권을 철저히 관리하는 훈련을 해야 하며, 실제적 소유권 등록제 등의 제도 도입도 고려해야 한다.

❷ 여성의 생애소득을 늘려야 한다. 번 돈이 없는데 자산이 있을 수가 없다. 이를 위해 여성의 경력단절을 막는 사회적 장치의 필요는 더 설명할 필요도 없다.

❸ 가난한 여성의 자립을 돕는 '마이크로 크레디트(micro-credit)'를 적극적으로 활용하자.[2]

❹ 여성들에게 금융 교육을 시키고, 금융 정보 격차를 줄여야 한다. 금융상품과 금융산업에 대한 정보의 비대칭과 성별 격차가 여성의 경제에 큰 영향을 미친다. 여성을 대상으로 한 금융 교육을 시행하는 것 같은 사회적 노력도 필요하다.

❺ 국가 차원의 특별지원대책 및 감시가 가장 필요하다. 금융부문 채용 비리를 일벌백계하여 능력대로 취업하게 해야 한다.

---

2 세계적으로 추진 중인 여성 경제권 강화 운동으로 성공 사례가 많다. 특히 여성에 대한 대출은 가족 전체에 혜택을 줄 가능성이 있어서 보다 효율적이다. 그러나 자본금 문제나 경영의 투명성은 물론 이것이 여성의 지위를 바꿀 힘이 있는 가에는 회의도 있다.

9장

···

왜 여성은 기업경영에서 배제되어 있는가?

자본주의는 자본, 즉 기업이 그 원동력이 되는 경제 시스템이다. 따라서 자본주의 경제의 생산과 분배는 일차적으로 기업이라는 제도에서 결정된다. 자본주의 사회에서 생산과 분배의 칼자루를 쥐고 직접 이를 시행하는 주체가 기업이다. 기업은 크게는 사기업, 공기업으로 나눌 수 있고, 사기업도 거버넌스의 형태에 따라 주식회사, 유한회사, 합자회사 등으로 나눈다. 아울러 사업장의 규모에 따라 대기업, 중소기업 등으로 나누어 볼 수 있다.

9장에서 우리는 자본주의 경제의 핵심 주체인 기업과 여성의 관계를 살펴본다. 구체적으로는 기업경영 활동에서의 여성 과소 대표성과 이것이 경제에 미치는 영향에 관해서 이야기한다. 사장님은 돈 잘 버는 사람의 대명사인데 여성이 사장님 되기 어렵다는 것은 돈 잘 버는 일에 여성이 배제되었다는 것이다.

물론 집 주위 시장에 가보면 난전에 행상을 펴 놓은 자영업자의 대부분이 여성이며, 작은 영세 식당을 운영하는 사람도 대부분 여성이다. 그러나 우리가 주목하는 것은 대규모 사업장의 주인과 이런 대기업을 경영하는 전문경영인(CEO)이나 최고재무책임자(CFO) 같은 사람들이다. 그리고 이런 지위에 오른 여성이 드물다는 것이다.

이는 한국만의 문제는 아니다. 세계적으로도 여성기업인은 수가 적다. 그리고 2018년 현재 그나마 있는 세계적인 여성기업인도 속속 남성으로 대체되고 있다. 2009년 이후 퇴진한 여성기업인 24명이 남성으로 대체되고 있다. 대표적인 여성기업인이던 펩시의 인드라 누이도 물러났다. 2018년 포춘 500개 기업 중 여성기업인은 단 24명뿐이다. 이 현상을 어떻게 설명할 수 있는가?

한국의 상황도 마찬가지이다. 사실 남성기업인 중심의 한국 경제에서 여성기업인이 기울어진 운동장에서 사업을 하는 것은 분명하다. 그렇다고 국가가 나서 공공부문처럼 여성할당제를 강제할 수도 없다. 그러니 국가가 여성기업인 우대정책 같은 정책을 고민하지 않을 수 없다.

9장에서 우리는 먼저 왜 여성기업인이 적은지를 살펴본다. 이 문제는 두 가지 측면에서 보아야 할 것이다. 먼저 재산권 문제로 보자면 기업을 물려받지 못해서이다. 다음은 전문경영인의 경우이다. 이는 한국의 기업문화가 남성 중심으로 작동해 여성기업인이 감당하기 어려운 경영상의 문제가 발생하기 때문이거나, 여성기업인이 경영상 남성보다 능력을 발휘하지 못하기 때문이라고 흔히 생각한다. 우리는 이 장에서 그것이 사실인지를 따져본다.

다음으로 여성이 기업을 경영하기 어려운 이유를 알아본다. 그리고 부모로부터 회사를 물려받은 경우가 아니면 사기업에서 여성 임원이 되기가 어려운 이유를 알아보며 경영 현장에 쳐진 유리천장의 실체를 확인한다. 마지막으로 이 문제를 해결할 대안을 제시한다.

1. 왜 여성기업인은 드문가?

세계 어느 나라 할 것 없이 여성기업인[1]은 남성기업인보다 수가 적다. 성공한 중견 여성기업인이 드문 것은 사실이다. 물론 최근 여성창업이 늘어나 여성사장님이 늘었다. 2017년에는 전체 창업의 24.4%에 이른다. 여성이 소유하고 경영하는 여성기업도 2015년 현재 139만 4천 사업체로 전체의 38.7%에 이른다. 그런데 이런 여성사업체의 90%가 영세한 규모를 벗어나지 못한다.

여성기업인이 적은 것에는 여러 요인이 이야기된다. 여성의 타고난 성품이 기업가라는 직업에 맞지 않는다는 의견까지 있다. 그러나 핵심적 원인은 여성기업인으로 가는 길에 놓여 있는 진입장벽에 있다. 이는 경영자가 되는 과정이 남녀에게 불평등하게 작동하기 때문이다. 기업가가 되는 길은 크게 아래 세 가지다.

---

1 여기에서 우리의 소규모 자영업자를 기업가로 하지 않는다. 대개 중소기업 이상의 회사를 운영할 경우를 말한다.

❶ 창업하는 것이다. 직접 회사를 세우고, 그 회사를 소유하며, 직접 경영하며 재정적 위험도 감수한다. 물론 회사의 규모가 커지거나 개인적 선택에 따라 전문경영인을 고용할 수도 있다.

❷ 상속이나 증여를 받는 경우이다. 흔히 기업을 부모나 친지로부터 상속받는 경우이다. 이러한 자산의 양도를 통해 기업가가 되는 것은 재벌 구조를 가지고 있는 한국에서는 매우 흔한 일이다.

❸ 전문경영인으로 승진하는 경우이다. 기업의 소유권은 없으나 기업경영 능력을 인정받는 경우이다. 이 경우 성공적인 회사경영으로 받은 스톡옵션 등을 통해 회사의 소유 지분을 갖는 경우도 많다.

여성기업인이 드문 현상은 기업가가 되기 위한 이 세 가지 통로에 성별 진입 장벽이 있어서이다. 기업 상속은 성별에 따른 운명적인 것이라고 해도 능력에 따라 승진할 수 있는 전문경영인은 왜 드문가? 그 이유는 유리천장이다. 중간 관리자에서 고위 경영층으로 가는 길이 여성에게 막혀 있기 때문이다. 여성기업인이 적은 원인 중의 하나로 경영자의 고용 과정에 성차별이 있어서 여성 배제가 이루어지기 때문이다. 고용 과정에서 여성이 배제되는 것은 무조건 남성이어야 한다는 고용자의 '차별적인 선호(discriminatory preference)' 때문이다.

창업의 경우 가장 큰 제약은 자본금이다. 상대적으로 자산이 적은 여성이 어엿한 기업을 창업한다는 것은 쉽지 않다. 여기에 금융권 대출의 문턱도 높으니 소규모 영세 창업을 할 수밖에 없고, 이를 기반으로는 굴지의 기업으로 성장할 가능성이 별로 없다.

물론 언론에서는 성공한 여성기업인을 부각한다. 그러나 그들의 성공은 지극히 예외적인 것이고, 실패하는 여성이 더 많다는 사실을 왜곡시키고 있기도 하다. 불평등한 사회구조를 극복하고 유리천장을 깨뜨린 성공한 여성기업가가 있는 것은 사실이지만 여성기업가는 여러모로 남성보다 불리한 환경 속에 있다는 것이 먼저 주목되어야 한다.

2. 여성이 기업경영을 잘하기 어려운 이유는 무엇인가?

여성기업인은 일단 수적으로 적다. 어렵게 여성기업인이 되더라도 구조적으로 경영 성과를 내기가 쉽지 않은 기업문화에 부딪힌다. 한국의 여성기업인이 겪는 경영상의 어려움은 다음과 같이 정리할 수 있다.

❶ 여성기업인은 남성보다 자산이 적다. 따라서 자본 부족으로 인한 구조적 한계를 가지고 있다. 이런 사정에다가 여성이 창업할 때는 자신의 개인 자산이 아닌 외부금융 조달 규모가 상대적으로 작은 편이고, 외부자금 의존도가 낮다. 따라서 자산 부족으로 대부분 영세한 규모를 벗어나지 못하고 소규모 서비스업일 경우가 많다. 그러나 누구나 쉽게 사업체를 내는 이런 부문은 경쟁이 치열하다. 이것이 여성이 기업가로 성공하지 못하는 요인이다.

❷ 여성기업인은 기업경영 수업을 받지 못한 경우가 많다. 즉 인적자본 축척 기간 동안 남성이 경영이나 기술, 공학 같은 학문적 훈련을 받은 경우가 많은 것에 비해, 여성은 인문학을 전공한 숫자가 많다. 따라서 상대적으로 기업경영이나 생산 공정 과정 등 기업경영에 대한 지식은 물론 경영에 관련된 재무능력이 부족할 가능성이 크다.

❸ 여성기업인은 남성기업인보다 사회적 네트워크가 허술하다. 남성들이 조직 문화를 가지고 학연, 지연 등을 바탕으로 한 네트워크를 가지고 있는 것에 비해 여성은 인적 네트워크 관리를 할 기회나 여건이 되지 않는 경우가 많고, 술자리 위주의 친목 문화에서 배제되어 정보 교환이 원활하지 못하다.

❹ 여성기업인에 대한 사회적 편견이 있다. 여성기업인에 대한 편견이 작용하여 여성기업인은 신용대출 시장에서 차별적 대우를 받는다. 금융시장에 여성기업은 위험성이 크다는 편견으로 여성기업인은 금융권 대출에 어려움을 겪는다.[2] 이런 신용대출의 어려움은 경우에 따라 신속하게 자금을 조달해야 하는 기업경영의 특성으로 인해 여성기업인을 더욱더 힘들게 한다.

---

2 은행권에선 여성기업인이 대체로 회사를 살뜰하게 관리하기는 하지만 회사의 전체적인 운영능력이 떨어져 위험성이 있으며, 통찰력이 부족하다는 편견이 있고, 이로 인해 대출에 심리적 저항감이 있는 것이 사실이다.

❺ 여성기업인이 가정도 돌봐야 할 경우 '일·가정 양립' 문제를 가지고 있어서 회사 일에 집중하는 것에 어려움이 있다. 경영인으로 회사에서 큰 책임을 감당해야 하고, 가정에서도 가사노동, 육아, 돌봄노동도 수행해야 할 경우가 많다. 이런 사정이 기업가의 성공 가능성을 줄인다.

❻ 여성기업인은 투자 유치 경쟁에서 불리하다. 공공입찰 같은 사업 수주에 있어서 심사자나 프로젝트에 대한 투자자도 대부분 남성이라서 여성기업인에 대한 이해가 부족하다. 따라서 남성 경쟁자보다 불리한 처지에 놓인다.

이러한 기업경영의 어려움은 설문조사로도 확인된다. 2018년 이데일리와 한국 여성벤처협회가 여성기업인 70명을 설문조사한 결과 62.3%가 여성기업인이라서 차별받았다고 응답했다. 차별받는다고 응답한 경우 사업제휴(45.2%), 대출(14.3%), 공공입찰(11.9%)에서 차별받는다고 했다. 또한 여성이 회사를 경영할 때 가장 큰 어려움은 육아와 일·가정 양립이 29.5%, 여성에 대한 차별이 23%, 접대문화가 26.2%, 네트워크의 부족이 19.7%라고 한다(이데일리, 2018).

이런 사업상의 걸림돌보다 근본적인 어려움은 여성이 회사경영에 잘 부합하지 않는다는 사회적 편견이다. 자본주의의 살벌한 정글에서 살아남기에는 유약하고, 비상사태에 효과적으로 대처하기 어렵다는 이러한 편견이 여성기업인의 발목을 잡는다. 이렇게 만들어진 편견은 단지 진입장벽으로 작용하는 것만 아니라 용감하고 능력 있는 여성조차 무력하고 소심하게 만든다.

3. 왜 여성은 기업 이사회에 들어가기 어려운가?

기업은 자본주의 사회의 핵심 동력이다. 아울러 기업문화는 한 사회문화의 축약체이기도 하다. 이런 기업을 움직이는 곳이 이사회이다. 한 사회의 가부장성은 그대로 회사의 가부장성으로 이식된다. 국가나 사회 그리고 가계의 가부장성은 국민이나 가족구성원 중 약자를 위한 배려가 그나마 있다. 즉 국가나 가계는 명목적이라도 선한 가부장을 내세운다. 이에 비해 이윤추구극대화에 목적이 있는 기업으로서는 선한 가부장을 내걸 수 없다. 가혹할 정도로 강력한 가부장성을 사용하며 이윤과 조직의 질서를 유지한다.

기업 가부장의 주된 업무는 의사 결정을 하는 것이다. 구체적으로 이런 결정은 이사회에서 이루어진다. 이사회는 기업의 생산과 분배가 최종적으로 결정되는 곳이다. 이런 사정이면 기득권을 가진 측에서는 이사회에 들어가는 것에 진입장벽을 쳐야 하고, 일차적인 배제 대상은 여성이 된다. 익숙한 유리천장이 여성의 진입을 막는다.

이런 구도로 이사회는 꾸려진다. 기업지배 구조 평가기관 GMI레팅스의 연차 보고서는 2012년 기업 이사회 내의 여성 비율을 국제 비교했다. 그 결과 한국은 1.9%, 일본은 1.1%에 지나지 않는다. 이에 비해 노르웨이는 36.3%, 핀란드와 스웨덴은 각각 26.4%에 이른다. 2012년 삼성경제연구소의 조사에 따르면 한국 상장 기업 내의 여성 최고경영자의 비율은 1.1%에 불과해 유럽연합의 3.0%에 비해 현저하게 낮다. 2015년 500대 한국 기업의 여성 임원 비율도 2.3%에 불과하다. 이런 극단적으로 낮은 여성 임원 비율은 한국 자본주의의 민낯을 잘 보여 준다.

기업 소유자와 혈연관계에 있지 않은 여성이 관리직, 임원급 직원, 이사직으로 갔다는 것은 겹겹의 유리천장을 여러 번 깼다는 것이다. 그러나 각 사회의 문화적 배경에 따라 유리천장의 두께는 다르다. 동아시아의 유리천장은 확실히 두꺼워 잘 깨지지 않는다. 이는 결코 여성이 무능해서가 아니다. 사실 여성은 인적자본 축적에 있어서, 특히 고등교육이나 숙련의 정도로도 결코 남성에 뒤지지 않는다. 동아시아권에서 여성 이사의 비율이 비정상적으로 낮다는 것에 동아시아권의 가부장적 기업문화가 강력하게 영향을 미쳤다고 생각할 수밖에 없다.

여성 임원의 긍정적인 역할과 사회적 요구에도 한국의 여성 임원 수는 늘지 않고 있다. 2016년 여성 임원 비율은 2.7%에 불과했고, 336개 기업에는 여성 임원이 1명도 없었다. 이는 여성 임원에 대한 사회적 욕구가 빗발친 2018년 현재도 나아지지 않았다. 한국 30대 기업의 임원 중 남성은 2천973명이나 여성은 120명으로 96대 4의 성비를 보였다. 이런 사정은 공기업에서도 마찬가지이다. 2018년 현재 한국의 지방 공기업 기관장 중 여성은 396명 중 2.8%인 11명에 지나지 않는다. 여성 임원도 5%에 지나지 않는다.

4. 여성기업인은 돈벌이에 무능한가?

흔히 여성은 알뜰하기는 하나 돈의 운영에는 젬병이라고 한다. 그리고 여성이 큰돈을 번다면 이는 예외적 상황으로 본다. 그럼 일반적으로 여성은 돈벌이를 못하는가? 이것은 대표적인 성별 편견이다. 여성이 돈벌이를 전문적으로 하는 직종에서 일할 기회가 주어지지 않은 탓으로 보는 것이 더 타당하다. 그럼 여성기업이 큰돈을 벌지 못하는 이유는 먼저 여성기업의 특징에서 찾을 수 있다. 여성기업의 특징은 다음과 같다.

❶ 여성기업은 특정 산업의 편중성이 심하다. 여성기업은 주로 서비스업과 소매업에 집중되어 있는데 한국에서는 무려 66.8%에 이른다. 그나마 한 분야에 몰려 있고, 경쟁이 치열하니 자연 큰돈을 벌 수가 없다.

❷ 여성기업은 시장진입이 쉽다는 특징이 있다. 쉽게 시장에 진입할 수 있으니 기업의 수가 많고, 이에 따라 경쟁이 심하다. 결과는 기업의 생존율이 낮다. 물론 이는 진입장벽이 높은 곳은 여성들이 쉽게 접근하지 못해서 발생하는 일이다.

❸ 여성기업은 규모가 영세한 기업이 많다. 자본을 융통할 능력이 적은 여성기업은 규모 면에서 영세성을 극복하기 어렵고, 따라서 시장에서의 생존도 큰 돈벌이도 어렵다.

❹ 여성기업은 정부나 공공기관의 수주를 잘 받지 못한다. 네트워크 부족과 심사자 성별의 편향 등으로 현재 정부 입찰을 따는 것에 남성기업인이 훨씬 유리한 구도이다.

왜 대한민국에서 여성기업인이 성공한 사례가 극히 드물고, 성공했다고 하더라도 그것이 국가의 핵심 산업이나 고부가가치 산업이 아니라 주로 여성 관련 업종이나 판매나 서비스업종에 국한되어 있는가? 다시 정리해도 이는 달걀이 먼저냐 닭이 먼저냐 같은 문제이다. 그것밖에 할 것이 없어서 한다고 하는 것이 가장 정확한 말이다. 기업경영이라는 거친 일이 여성과는 맞지 않는다는 것은 편견이다.

이렇게 어려운 여건 속에서 기업 생존을 위해 애쓰는데 거기에 직장일 외에도 해야 할 일이 남아 있다면 이는 또 다른 이야기이다. 여성기업인 모두가 슈퍼우먼이 될 수는 없다. 여성은 결혼과 출산을 했다는 이유로 전문적인 능력을 의심받으며, 육아 부담을 홀로 진 채 매일 전투를 벌이고 있다. 일·가정 양립 상황에 있는 여성에 대해 회사가 적대적으로 보는 것은 자주 발생하는 일이다. 출산휴직, 육아휴직 같은 것에는 법으로 보장된다고 해도 회사에서는 당연히 부정적이고, 책임 있는 직책을 주지 않을 이유가 된다.

5. 왜 여성기업인이 필요한가?

21세기 성 평등 사회로 가는 대한민국에서 가장 큰일을 해 줄 직군은 여성기업인이다. 이는 단지 여성권을 위해서만이 아니라 이들의 경제 행위가 저성장 국면에 진입한 한국 경제의 문제를 해결할 기회이기도 하기 때문이다. 이사회 진입의 어려움에도 불구하고 진입만 할 수 있다면 현실에서 여성기업인들은 기업의 유능한 자산이 된다. 이들은 소비자의 욕구를 남성보다 잘 이해하며, 구성원과 더 잘 소통하여 더 연대적인 조직을 만든다고 한다(김영옥, 1998).

고용 과정에서 '차별적인 선호(discriminatory preference)'를 극복하기 위해서 여성기업인은 더 큰 능력을 나타내야 한다. 그 결과는 역설적으로 여성기업인의 경영능력이 평균 이상일 수밖에 없는 구도를 만든다. 특히 여성 임원의 경우 치열한 경쟁을 치르고 임원에 승진한 경우가 많으므로 남성보다 유능한 경영능력을 갖추었다고 할 수 있다.

여성 임원이 3명 이상인 회사가 여성 임원이 없는 회사보다 매출 이익률 16%, 투자자본수익률 26%로 높았다고 한다. 이것으로 보아 여성 임원의 존재는 회사에 굉장히 긍정적으로 작용한다고 본다. 여성 임원의 수의 증가에 따라 기업의 회계가 투명해지고 경영진에 대한 감독 기능도 원활한 탓이다.

카네기 멜런대학, MIT, 유니언칼리지의 공동 연구 결과를 보면 '여성 성비가 높은 조직이 더 나은 성과를 얻는 경우가 많다'라고 한다. 그 이유는 조직원의 감정을 여성들이 더 잘 이해하고 다독여 내기 때문이라고 한다. 후앙과 키스젠 (J. Huang and D. J. Kisgen)은 기업이 합병을 결정하는 때에 여성기업인은 남성기업인보다 객관적이고 효율적인 의사 결정을 한다고 했다. 무모한 합병 결정을 내리지 않고, 부채를 덜 발행하고, 무능하거나 편파적인 결정을 덜 해 남성기업인에 비해 20%가 넘는 이득을 가져온다고 한다.

남성기업인이 합병을 추진할 때 해당 합병이 기업 가치를 해칠 확률은 50%가 넘는 데에 반해, 여성기업인이 추진한 합병 중 기업의 가치를 해친 사례는 전체의 약 30%에 불과하다. 남성기업인은 특히 자신의 과신(overconfidence)으로 불합리한 결정을 해 손해를 끼치는 경우가 많다고 했다(Huang and Kisgen, 2013).

김경조·최진배·김태훈은 1998년에서 2006년 사이 전국 1만 2천 개 사업체의 재무자료 분석 결과, 수익성 지표인 총자본경상이익률은 여성은 8%인데 비해 남성은 5.5%에 지나지 않았고, 총자산수익률도 여성이 7.5%인데 남성은 5.2%에 지나지 않았다고 한다. 자본효율성 지표에서도 여성기업의 총자본회전율이 2.6%인데 비해 남성은 2.1%에 지나지 않았고, 총자본투자효율도 여성이 57.3%, 남성기업은 50%에 지나지 않았다. 전반적으로 여성기업인의 경영성과가 우수하다고 한다(김경조·최진배·김태훈, 2008).

여성기업인의 성공 이유로 흔히 섬세하고 부드러운 리더십이라는 이야기를 많이 한다. 그러나 이는 상당히 성 편향적인 표현이다. 물론 위의 연구 결과로도 여성은 기업 구성원과 공감하는 능력이 있고, 그래서 성공했다고 한다. 여기서 강조하고 싶은 것은 부드러움을 장점으로 삼기엔 자본주의의 생존경쟁은 너무나 치열하며, 모든 여성이 부드러운 성품을 갖고 있지도 않다. 기업의 생존을 위해 여성기업인에게 요구되는 덕목은 강인함과 유능함이 먼저이다.

6. 한 걸음 더 나아가기 위해 무엇을 할 것인가?

세상은 급변하고 있고 기업 환경도 따라서 변하고 있다. 아울러 젠더 정체성에 대한 논의도 유연해져서 핑크색과 파란색의 이분법이 사라지고 있다. 여전히 기업의 세계에서 성차별이 존재하지만, 그 정도는 분명 약해지고 있다. 어려운 경영 여건을 극복하고 성공한 여성기업인이 점점 늘어나고 있다.

이들의 성공 원인은 이들의 가진 능력, 성실 그리고 성공을 열망한 결과이지 만은 않다. 사회적 환경, 즉 법과 제도나 사회적 관념이 그들을 지지해 주고 같 이 연대하는 사람들이 있어서다. 이렇게 더 많은 성공한 여성기업인이 등장하기 위해서는 다음과 같은 노력이 필요하다.

❶ 성 편향적인 사회적 관념을 바꾸어 나가며, 여성이 일하기 좋은 사회를 만들어야 한다. 여성친화적인 기업이나 창업에 대해 사회가 관심을 가지 고 투자하는 '성 인지적 투자(gender lens investing)'도 대안으로 등장하 고 있다. 제3세계 여성문제 해결을 위한 개발 사업이나 국제단체에서 이 런 성 인지 투자를 한다. 산업은행이 대출 심사에 양성평등적 요소를 고 려하고 있다고 한다. 이렇게 성공한 여성기업인을 만드는 일은 기업인 본 인의 일만이 아니다. 사회가 함께 나서 주어야 한다.

❷ 남성 편향적 기업문화를 변화시켜야 한다. 직장 내에서 불평등을 근절하 기 위해 노력하고, 남녀 직원의 임금격차를 공개하며, 특히 여성 관리자 가 여성 임원으로 승진하고, 이사직을 맡는 경로를 확장시켜야 한다. 기 업의 경쟁력을 위해서도 유리벽과 유리천장을 치는 일은 바보짓이다. 선 진국의 대형투자기관이 투자기업의 재무적 성과만 아니라 ESG[3] 평가도 도입하고 있고, 여기에 여성의 경영참여를 평가요소로 반영한다는 것은 주목할 사항이다.

❸ 국제 수준의 한국 기업문화를 만들자. 점차 글로벌해지는 시장상황에 맞 게 세계인에게 매력적인 기업문화로의 변신을 이루어 내야 한다. 이는 'UN여성인권구현 원칙(UN Women's Empowerment Principles)'과 '국제 노동조약(ILO Conventions)'을 적극적으로 이행하는 일부터 시작된다. 기 업은 생존하기 위해서라도 성평등적 기업문화를 만들도록 연대해야 한다. 이런 변화가 결국 한국 기업의 브랜드 가치를 높인다는 것은 분명하다.

---

3 ESG지수(사회적 책임 투자, 지속 가능한 투자)는 기업의 환경(Environment), 사회적 책임(Social), 지배구조 (Governance) 등이 얼마나 사회적이고 윤리적인 가치를 실현하는지를 측정하는 지표이다. 이는 장기적인 관점에 서 수익을 늘리는 방법이라고 본다. 2019년 한국거래소가 ESG 도입을 추진하고 있다.

❹ 법과 제도의 정비가 필요하다. 이를 위해서 유럽 여러 나라에서 시도 중인 '여성 임원할당제'도 대안이 될 수 있다. 프랑스는 500인 이상의 기업이나 기관에서 임원 8명 이하의 경우 성별 격차가 2명을 초과하지 못하게 규제한다. 독일에서는 2015년 5월 독일에서는 「민간 및 공기업 임원의 남녀 평등참여에 관한 법」이 통과했고, 2016년부터 대기업 감사회에 여성 30% 할당제가 도입되었다. 독일경제연구소(German Institute for Economic Research, DIW)가 동 법안의 효과를 분석한 결과 2016년 말 기준으로 상장기업(금융업 제외) 내 감독이사회에서 여성 비율이 전년 대비 4%p 증가하였다고 한다. 이로 미루어 볼 때 여성 임원할당이 법제화되면 효과가 있다. 여성 임원 수에 대한 국민적 염원에 따라 한국에서도 국가적 차원에서 이런 법제화가 절실하다. 여성 임원 적극적 조치4도 좋은 방안이다. 적극적 조치의 결과로 민간기업 중 500인 이상 사업체의 여성 관리자 비율이 2006년 12.1%에 2016년 21.2%로 증가했다.

❺ 여성기업인의 88.5%가 기업경영을 위해 정부의 정책적 지원이 필요하다고 한다(류성, 2018). 현재 정부 사업 수주의 심사가 남성 평가위원으로 이루어져 있다는 점도 개선해야 한다. 민간이 머뭇거리면 정부가 주도적으로 나서야 한다. 정부의 성평등과 일·가정 양립을 실현하려는 의지에 많은 것이 달렸다.

❺ 여성 임원이 증가하는 초기에는 경영성과가 크게 개선되지 않을 수도 있다. '크리티컬 매스 이론(critical mass theory)'5의 주장처럼 여성 임원의 수를 경영성과가 좋아질 수 있는 만큼 늘려야 한다(Konrad, Kramer and Erkut, 2008). 독일에서도 여성 임원이 30% 이하일 경우에 자기자본이익률이 줄었으나 30%가 넘으면서 다시 증가했다는 분석이 있다.

---

4 2006년부터 한국에서는 적극적 고용개선조치로 공공기관 및 500인 이상 사업장의 여성 근로자 및 관리자 비율이 규모별로 동종 업종 평균의 70%에 미달한 기업에 시행계획서를 제출하게 하며, 이행실적을 점검하는 제도가 시행되고 있다.
5 사회의 시스템이 자생 가능하게 되려면 어느 정도의 크기는 가져야 한다는 가설이다. 크리티컬 매스는 원래는 핵분열 물질이 연쇄반응을 일으킬 수 있는 최소 질량으로 사회현상 설명에 변화를 가져올 수 있는 최소 크기나 변곡점 등을 의미한다.

10장

• • •

여성의 몸은 어떻게 소비되는가?

　자본주의는 재화와 서비스를 자유롭게 사고파는 것이 허락된 경제체제이다. 노동자는 자신의 노동력을 팔고, 사과 장수는 사과를 판다. 그런 경제체제에서 자신의 성을 팔고 타인의 성을 산다는 것은 무엇을 의미하는가? 몸을 산다는 것은 타인의 몸에 대한 권리를 구매하는 것인가? 한 인간의 몸을 살 권리란 적어도 대한민국에서는 존재하지 않는 권리이다. 불법이다. 그러나 합법이든 불법이든 성매매는 음으로 양으로 성업인 것도 대한민국의 현실이다.

　10장에서 우리는 여성의 경제에 가장 깊숙하게 박힌 가시라고 할 수 있는 성의 상품화에 관해 이야기한다. 물론 여성만이 성매매를 하는 것은 아니다. 남성도 성매매 시장의 공급자가 된다. 그러나 그 성비에 있어서 여성 공급자가 압도적이며, 성매매의 수요자가 대부분 남성인 만큼 이를 여성의 경제 문제로 보는 것은 자연스러운 일이다.

　이런 관점에서 10장에서는 먼저 성매매를 어떻게 이해해야 하는지, 성매매와 관련된 사회경제적인 구조를 설명한다. 그리고 단순한 성매매가 아니라 산업이 된 한국 성산업의 규모에 관해서 이야기한다. 아울러 성매매 종사자가 성매매를 위해 치러야 하는 비용을 살펴보며 여성들의 열악한 경제 상황을 확인한다. 특히 성형시장—성매매시장—대부시장의 커넥션이 어떻게 여성을 성매매 공급자로 옭아매는지를 확인한다.

여기서 분명히 확인해야 할 것은 국가의 역할이다. 국가는 종종 여성의 몸을 전쟁의 도구(위안부)로 쓰거나, 평시에는 돈벌이 수단(기생 관광)으로 보고 관리하고 통제한다. 이런 상황을 염두에 두고 국가 내의 식민지로서의 여성의 입지와 돈에 몸을 파는 여성의 상황을 확인한다. 마지막으로 문제 해결을 위한 대안을 제시한다.

1. 몸을 사는가? 몸을 지배하는가?

성매매는 인간이 자신의 몸을 성욕을 해결해 주는 대상으로 허락하고 돈을 받는 행위이다. 성의 매매도 시장에서 차를 사고팔듯 자유로운 개인의 시장행위인가? 불법인가? 합법인가? 이는 생매매를 두고 끊임없이 논란되는 이야기이다. 자기 몸에 대한 자유로운 권리를 내세우고 성매매의 합법을 주장하기에는 성매매가 제공하는 현실이 자유나 여성권의 강화와 같은 알량한 이상이 아니라는 점이다. 성매매는 상품을 사고파는 행위가 아니다. 인간의 현존을 사고파는 행위이다. 그리고 그 결과는 단지 성욕의 만족만이 아니라 대개 폭력, 여성혐오, 범죄 등으로 이어진다는 것이다(O'Connor, 2019).

성매매에 대한 우리의 생각과 사회적 판단이 어떠하든 성매매는 어느 나라에서나 시장을 형성하고 산업으로 발전하고 있다. 놀라운 것은 규모와 종사자 숫자에서 다른 어떤 산업에도 뒤지지 않으며, 수많은 사람의 소득의 원천이라는 것이다. 이런 거대한 덩어리를 필요악 정도로 여기고 사회가 성매매나 성매매 종사자의 존재를 의식적으로 모른 척하고 있는 동안 그들에 대한 폭력과 착취가 심해진다.

성매매 시장이 사람의 몸을 사고파는 시장이라는 점을 염두에 두고 작동 구조를 보면 시장의 원리에 따라 수요가 있으니 공급이 있다거나, 공급은 수요를 창출한다는 이야기로는 설명의 한계를 느낀다. 여기는 물건을 사고파는 시장이 아니라 빅토르 위고(H. Victor)가 말한 것처럼 사람이 사고 팔리는 노예시장이다. 조세핀 버틀러(J. Butler)는 성매매를 가장 오랜 악의 뿌리라고 했다.

우리는 노예제를 반인권적 제도로 여기는 것이 상식인 시대를 산다. 그런데 그 모조품인 제도가 성행하는데 이를 내버려 둔다면 우리의 잣대가 구부러져 있는 것은 아닌지 살펴볼 필요가 있다. 사실 성매매는 판매자, 구매자, 포주, 기업은 물론 공권력까지 한 사회의 서열관계 전체가 가담해서 공동으로 만든 유사 노예제도이다. 그리고 이 매매행위는 근본적으로 폭력을 거래하고 있다.

물론 성매매는 인류의 역사를 통해 늘 있었던 거래행위이며 한국사에서도 마찬가지로 성매매는 늘 확인된다. 그러나 성매매가 대단위 집창촌의 형태로, 그리고 성산업으로 발전된 계기는 일본과의 강화도 조약 체결과 자본주의의 이식을 연관해서 생각할 수밖에 없다.[1] 즉 성매매를 단순히 개인 간의 거래로만 보는 것이 아니라 한국 자본주의와 식민주의의 이식과의 관계에서 보아야 한다. 또한, 모든 노예제가 힘의 불균형을 바탕으로 하듯 성매매도 매매자의 사회적·경제적 힘의 열위에서 발생한다는 점을 주목해야 한다.

물론 적어도 한국에서는 성매매 여성에 대한 물리적 감금이나 납치 같은 강제성은 예전보다 점점 약화되었고, 여성이 자발적으로 성매매를 시작한 경우가 더 많다. 어린 소녀들이 인터넷 채팅을 통해 성 구매자를 찾아 나선 일은 한국 사회에서 더 이상 낯설지 않다. 그러나 성매매 자체를 발생시키는 구조의 폭력성은 여전하며, 일단 시작되면 경제적 종속 관계를 벗어나지 못해 실제로는 과거처럼 성매매가 비자발적으로 이루어지고 있는 것이 현실이다.

이처럼 성매매는 사회적 불평등과 성별 불평등에 따른 권력의 불평등이 낳은 결과물이다. 이는 사회의 묵인 아래 성매매 수요자의 욕구와 돈벌이에 혈안이 된 포주 및 성매매를 연관으로 돈을 버는 연관 사업체가 결탁하여 만든 성 착취 구조이다. 성 착취 구조의 유지와 발전을 위해 성매매가 발생한다. 여기서 분명히 하여야 할 것은 돈을 벌기 위해 여성이 자발적으로 자신의 몸을 파는 것만이 아니라, 돈을 벌기 위해 여성이 몸을 파는 행위를 이용하는 착취 구조가 생겼고 거기에 성매매 여성들의 몸이 사용된다는 것이다.

---

1 중국도 1842년 난징조약으로 개항 이후 성산업이 발전하기 시작했다.

이 착취 구조는 성산업이라는 외형을 만든다. 이윤을 더 올리기 위해 여성의 몸을 착취의 대상으로 삼는 수익 구도가 산업화되면서, 더 많은 수요자를 만들기 위해 성매매 문화를 만든다. 성욕이 자연적이라서 성매매가 자연적이라는 것은 성매매가 가져오는 현실을 회피하려는 변명이다. 사회적인 돈벌이 구조가 개인을 포획하여, 성을 수요하고 공급하게 하고 생산되고 관리되고 있다. 이처럼 성매매는 착취와 억압의 체계 속에서 이루어지고 있다.

한국에서 성매매는 불법이다. 그런데 성매매는 현재 한국 자본주의 속에서 늘 호황을 누리는 산업이다. 많은 국민이 성산업의 먹이사슬에 얽혀 있다. 성매매가 금지된 한국에서 2018년 현재 2천580만 명 남성 중 2천90만 명이 성인이고, 그중 성 매수자가 1천800만 명에 이른다. 이는 남성 중 86% 정도가 성매매 경험자라는 것이다. 그러고도 이들은 별 죄의식 없이 살아간다. 혹시 경찰의 검문에 걸리면 재수가 없었다는 식으로 생각한다.

그런데 성 상품 공급자의 상황은 비참하다. 실제로 대부분 성매매 종사자는 정서적이며 육체적인 고통 속에서 스스로를 사회와 고립시키면서 그렇다고 성매매에서 벗어나지도 못하면서 희망 없이 살고 있다. 비참한 성매매 경험이 반복되는 상황에서 벗어나지도 못하는 현상은 성매매 여성 개개인의 성품 탓만이 아니다. 이는 폭력에 노출된 폭력 피해자의 전형적인 태도이다. 장기간 폭력에 노출되면 저항할 의지도 상실하게 된다. 그만큼 성매매는 폭력적 결과를 남긴다.

성매매 여성은 자신의 육체를 잠시 제공한다고 생각하는데 남성은 여성을 지배할 권력을 산다고 생각한다. 이 과정에서 권력을 가졌다고 생각하는 남성에게 여성이 겪는 것은 폭력적인데, 남성은 돈을 지불했다는 것으로 이를 당연시한다.

경제학적으로 성매매에 접근하는 방식은 현재의 경제학을 넘어서야 한다. 이는 결코 가치중립적 재화에 대한 수요와 공급의 문제가 아니다. 우리가 고민해야 하는 것은 성매매가 개인의 자발적인 판매가 아니라 구조에 얽힌 행위이고, 성매매를 통해 행위자에게 폭력적 상황이 전개되는데도 성매매 여성이 저항할 방도가 없다는 점이다.

2. 한국의 성산업은 어느 정도 규모인가?

현재 대한민국은 온통 성매매 문화로 도배가 되어 있다. 성매매가 성산업으로 질과 양적으로 진화하는 것은 한국 자본주의와 한국의 성별관계가 함께 작용한 탓이다. 물론 사회는 가만있지만은 않았다. 1961년 「윤락행위방지법」이 제정되었고, 2004년 「성매매방지특별법」이 제정되었다. 그러나 한국의 성매매는 여전히 묵인과 방조, 고무줄 단속 사이를 오가면서 성산업으로 발전하면서 성업 중이다.

소규모 성매매가 성산업으로 발전한 것은 대규모 수요와 구매력이 있어서 가능해졌다. 특히 경제 성장으로 구매력을 갖춘 한국인이 도시에 집중적으로 거주하자 이에 따라 거대한 성매매 수요가 만들어졌다. 이를 나라에서 규제하면 불법화된 성매매 형태를 피하려고 다양한 변종 성매매 영업 방식이 등장했다. 그 과정에 구매자의 욕구도 다양해져서 이를 만족시키기 위해 다양한 성매매 방식도 등장했다.

이런 발전 과정을 거쳐 성매매는 한국에서 산업이 되었다. 1991년과 2016년을 비교하였을 때 한국 여성의 경제활동참가율 증가폭은 8.5%p에 지나지 않는다. 이런 증가폭은 스페인 27.3%p, 네덜란드 20.5%p, 그리스 20.3%p 등 주변 OECD 국가의 증가폭에 비해 지나치게 작다. 그 이유는 무엇보다 한국 전업주부 비중이 높은 탓이다. 그러나 거기에는 한국만의 숨은 속사정이 있다. 많은 한국 여성들이 성매매 종사자로 활동을 하지만 불법이어서 지하경제에 속해 공식적인 경제 활동 지표에 잡히지 않고 있다. 이를 고려한다면 한국 여성의 노동시장참가율은 절대 뒤처지지 않을 것으로 추측된다.

미국 하보스코프에 의하면 한국 성매매 산업은 2015년 기준 세계 6위 규모로 120억 달러(13조 5500억 원)에 이른다고 한다.[2] 한국 형사정책연구원에서 발간한 「조직범죄 단체의 불법적 지하경제 운영실태(2015)」 보고서는 한국의 성매매 시장 규모를 하보스코프 추산치의 3배 수준인 30조에서 37조 6천억 원 정도로 추정한다. 이는 지난 2002년 형사정책연구원이 추산한 국내 성매매 시장 규모 24

---

2 1위 중국, 2위 스페인, 3위 일본, 4위 독일, 5위 미국 순이다.

조에서 급등했다. 2010년 서울대학교 사회발전 연구소의 성매수 실태보고서에 따르면 호주나 네덜란드처럼 성매매가 합법인 나라에서도 성매매 경험이 각각 16%이고 미국은 15~18%인데, 불법인 한국은 무려 49%나 된다고 한다. 한국은 그야말로 성매매 공화국이고, 법이 무력화되고 있다(김기태·하어영, 2013).

2018년 SBS 데이터저널리즘팀 <마부작침>은 전국 24개 경찰서별 성매매 단속 현황과 여성가족부의 「2016년 성매매 실태보고서」를 가지고 한국의 성산업의 현황을 확인했다.[3] 여성가족부 보고서에 따르면 2016년 전국 성매매 집결지 42곳의 업소 수는 1천800여 개, 집결지 종사 여성은 4천400여 명으로 추정한다.

위의 보고서에 따르면 대한민국 남성 1천50명 중에 50.7%가 평생에 걸쳐 성매매 경험이 있다고 했다. 작성 기준 1년 사이(2016년)에 성구매 경험자는 270명으로, 전체 25.7%로 이는 남성 10명 중 2명 이상이 최근 1년 사이 성 구매를 했다는 것을 의미한다. 성구매자 1인당 연간 성매매 횟수 8.46회, 성매매 집결지의 성매매 종사 여성 한 명이 상대하는 하루 평균 성 구매자는 5.2명이다. <표 10-1>을 통해 살펴보면 2013년보다 2016년에 성매매 평균 비용이 50% 넘게 상승했음에도 구매 횟수는 상승했다. 혼인 상태별로 살펴보면 미혼이 34.6%인데 비해 기혼 남성이 59.9%로 기혼 남성이 구매비율이 높았다.

현재 한국의 낮은 출산율, 높은 이혼율 그리고 낮은 결혼율 뒤에는 호황 중인 성산업이 있다. 결혼을 통하지 않고 성 생활의 대체가 가능하기 때문이다. 2013년 조사와 비교할 때 2016년에는 동일 집결지 수는 44개에서 39개로 11.6% 정도 감소하고, 집결지 성매매 종사 여성 수도 25.1% 감소했다. 그러나 집결지를 벗어난 성산업은 주택가나 학교 근방을 가리지 않고 음성적으로 퍼져 나가 영업하고 있다. 아래의 <표 10-1>은 한국의 형태별 성매매 현황을 대략적으로 보여 준다. 정확한 통계치라고 보기는 어렵지만 2013년과 2016년 사이 1인당 GDP는 16%p 증가했는데 성매매 평균 비용이 39%p 올랐다.

---

3 이는 지난 6년간 전국 경찰서의 성매매 단속 현황과 여성가족부의 「2016년 성매매 실태조사 보고서」를 정보공개 청구로 확인되었다.

<표 10-1> 2013년과 2016년 성매매 실태 현황 비교

연도	2013년	2016년
최근 1년 성구매 경험	27.2%	25.7%
반복 경험	85.4%	76.4%
1인당 평균 매매 횟수	6.99회	8.46회
성구매 평균 비용	127,000원	192,000원

자료: SBS 마부작침, 「2016년 성매매 실태 조사자료」.

    여기서 짚고 넘어가야 할 점이 또 있다. 성산업의 세계화이다. 한국 남성들이 성매매가 불법이 된 한국에서 발생할 수도 있는 위험을 피해 해외로 가서 성 구매를 한다. 이러한 원정 성매매도 조직적으로 기획되어, 성매매 관광을 주도하는 업주가 중간에서 관리하는데 이들 국제 포주가 주로 한국 남성이다(김기태·하어영, 2013).

    성매매 방식도 변화했다. 성매매가 불법이 되자 성매매는 전형적인 풍선효과를 보이며 법망을 피해 음성적으로 성매매가 이루어지면서 다양한 형태의 성매매가 이루어지고 있다. 오피스텔 성매매가 급증했고 각종 변종형 산업과 온라인상의 유사 성매매가 이루어지고 있다.

<표 10-2> 2016년 성매매 형태 비율

형태	겸업형	전업형	변종형	온라인	기타 업소
비율(%)	59.0	16.4	15.4	5.3	4.0
주요업소	단란주점 룸살롱	유리방 방석집	키스방 안마방	LIVE 화상채팅	오피스텔

자료: SBS 마부작침, 2016년 성매매 실태 조사자료.
참고: 겸업형(부가적으로 성매매를 제공하는 수익을 올리는 업소), 전업형(성매매를 일차적 목적으로 수익을 올리는 업소), 변종형(사업 분류로는 자유업종이지만 성매매를 조장하여 수익을 올리는 업소), 온라인(성매매 알선으로 수익을 올리는 웹사이트).

    공인된 성매매 가격은 없지만, 암묵적으로 인정하는 가격에는 법칙이 있다. 가격차별화 정책에 따라 구매자의 경제력에 따라 다양한 성 상품이 제공되고 있다. 즉 성매매 산업은 이윤극대화를 위한 가격차별 전략이 작동한다. 성매매 가격은 각 수요자의 경제력에 따라 성매매 상품에 따라 차등 적용하여 전체적으로 최대의 이윤을 남기기 위해 작동한다. 그리고 최대 구매자 수와 반복 구매에 목표가 맞추어져 있다.

한국의 성산업은 이처럼 최고급 수준인 일명 '텐프로'에서 노래방까지 대략 10개 이상의 등급으로 나뉜다. 이러한 업소의 서열을 결정하는 핵심적인 기준은 바로 업소에 종사하는 여성들의 외모이다.

이처럼 지난 40여 년의 경제 발전과 함께 구매력을 갖춘 한국 사회의 수요에 부응해 성산업도 함께 발전했다. 그리고 위에서 본 것처럼 영역도 다양해졌다. 이런 직접적인 성매매 외에도 한국에는 포르노그래피도 주류 성산업에 편입되었다. 포르노그래피와 성매매 산업은 서로 보완하며 급성장했다. '섹시하다'라는 것이 최고의 찬사가 되는 사회적 분위기와 아이돌 문화라고 불리는 연예산업과 함께 예술인지 외설인지의 경계가 모호해질 만큼 애매한 포르노그래피는 한국 사회의 민낯을 잘 보여 준다.

이처럼 포르노그래피의 폭발적인 증가로 포르노그래피의 여성혐오적이고 가학적인 면이 더욱 확산되었고, 일반인은 물론 어린아이까지 빠르게 성 착취 수익 구도에 노출되었다. 그간 한국 여성에게 지탄을 받았던 소라넷도 확인되듯이 사이버 공간 속에서의 성을 매개로 한 돈벌이는 다양한 형태로 발전해서, 단지 성매매가 아니라 각종 불법촬영 등 여성폭력의 결과물까지도 상품화하고 있다. 성매매와 함께 포르노그래피는 인간 사회의 정의와 함께 갈 수 없다(Funk, 2004). 2019년 한국 사회를 흔든 '버닝썬' 사건은 이 상황이 성산업 종사자는 물론 일반 여성까지 피해자로 만들며, 마약 산업과도 연관되어 인간 존엄을 파괴하고 있다는 것을 보여 주었다.

3. 한국의 성산업 – 대부업 – 성형산업의 커넥션

한국의 성산업은 사회적으로 구조화되어 있고, 성매매에 종사하는 사람들은 개인적인 선택이 아니라 체계적이고 조직적인 구조 속에 얽혀 들어간다. 성매매는 그저 쉽게 돈을 버는 노동이 아니다. 성을 매매하기 위해서 비용과 노력도 많이 든다. 이 비용은 성매매 종사자가 지불한다. 일단 아름답게 보이기 위해서 화장품도 사야 하고, 미용비나 화장비를 내야 하며, 업소에 지각하면 내야 하는 비용은 물론 홑복 대여비 등도 지출해야 한다. 여기에 방값도 따로 내야 한다. 기타 성매매에 필요한 물품도 성매매 종사자의 비용이다.

이런 비용을 지불하고 나면 실제 성매매 여성이 큰돈을 벌 가능성은 별로 없다. 벌어서 다시 벌기 위해 쓰는 악순환에 빠지게 된다. 이 악순환이 성산업으로 진입한 후 쉽게 빠져나오지 못하는 구조적인 덫이다. 사실 돈이 필요해진 여성이 대부를 받았다가 높은 이자와 원금을 갚기 위해 처음에는 아르바이트 개념으로 유흥업소에 발을 들여놓았다가 영 빠져나오지 못하는 경우가 비일비재하다. 그간 오랫동안 '선불금 채권'에 발목을 잡혀 성매매에서 빠져나오지 못하는 것을 막기 위해 2004년부터 「성매매처벌법」을 시행했다. 선물금이 불법화되자 법망을 피해 포주가 직접 돈을 빌려주지 않고, 대부업자를 통해 돈을 빌리게끔 하는 구조가 생겼고, 채무에 발목 잡힌 여성들을 잡아 두고 있다.

특히 대부업체, 성산업, 성형산업의 3각 편대는 많은 여성을 성매매로 이끌고, 이후 성매매를 벗어나지 못하게 한다. 현재 한국에서는 '성형 대출'로 인해 성산업 종사자가 되는 경우가 적지 않다. 여성에게 성형 수술비를 대출해 주면서 12~60개월로 분납하면 된다고 하지만 대부분 여성에게 원금과 이자를 제때 갚기란 어렵다. 이 성형 대출금을 갚기 위해 성매매를 한다.

한국은 전 세계 성형시장의 규모인 21조 원 중에 25%를 차지하는 자타가 공인하는 성형 최강국이다. 그러나 국내 성형시장이 이미 포화 상태에 달했다. 그런데도 의과대학에서 성형외과가 가장 선호되고, 개업의는 더 늘어 가고 있다. 자연히 성형시장의 내부 경쟁이 심해지고 있다. 따라서 생존하기 위해서는 외국인 수요자를 찾거나, 성형 브로커에게 중개 수수료를 지급하면서라도 국내 수요자를 찾아야 한다.

사회는 아름다운 여성의 전형을 끝없이 언론에 노출시키고, 전형에서 벗어난 여성은 혐오와 조롱의 대상이 된다. 여성들은 아름다워질 수 있는 가능성인 성형에 솔깃하게 된다. 병원은 이익을 얻기 위해 얼굴은 물론 신체와 치아 성형까지 권한다. 성형 비용을 대 줄 대부업자도 끼어든다. 이 고리에 얽힌 돈 없는 여성들은 빌린 돈을 갚기 위해 성산업에 발을 들이게 된다(이정미, 2018).

성산업에 종사하면 상황은 더 나빠진다. 성 구매자의 선택을 받으려면 외모 경쟁에서 이겨야 하므로 또다시 성형해야 한다. 매출을 내지 못하면 포주로부터 성형을 강요받기도 한다. 성매매를 통해 빚을 갚으면 다시 성형을 강요당하게 되고 다시 빚이 생기는 악순환은 반복된다.

성형과 빚 그리고 성매매의 고리 속에서 더 많은 이윤을 남기기 위해 기업이 투자하듯이 여성이 자신의 몸을 변형시키는 것은 몸이 상품화되는 가장 전형적인 경우이다. 그 몸의 주인인 여성은 스스로 몸에 투자하여 자신의 수익 모형을 최대치로 끌어올린다. 이 투자가 얼굴 화장을 하는 정도의 몸치장이 아니라 몸 자체를 고치는 성형은 이제 한국 산업의 한 축을 형성하고 있다고 해도 과언이 아닐 규모가 되었다. 그와 함께 여성의 몸은 투자한 정도에 따라 가격이 다른 상품으로 서열화되고 있다(김주희, 2014).

여기서 중요한 것은 잘 팔리는 몸으로 만들기 위해 성형하는 것이 성매매 여성 개개인의 문제가 아니라 일종의 자본축적 시스템의 결과물로 만들어진다는 것이다. 성매매 종사자의 삶을 본인이 선택한 삶이라고 쉽게 생각하지만, 그 작동 구조는 지극히 사회적이며 폭력적이며 자본주의적이다. 이런 상황은 한국의 접대문화와 얽혀서 정치, 경제, 문화의 작동 방식과도 연관되어 작동한다. 이 과정에서 성매매에 종사하는 여성은 체계적이고 조직적으로 착취된다.

성매매금지법으로 집창촌이 사라지고 성매매가 오피스텔에서 은밀히 이루어지자 포주·임대인·중개업자의 신종 3각 커넥션으로 또 다른 조직적 축적 구조가 작동하고 있다. 오피스텔의 실소유자는 더 높은 월세를 받고 부동산 중개업자는 소개료를 받는 오피스텔 성매매가 성업하고 있다. 더욱이 염려되는 것은 이러한 오피스텔 성매매가 주택가나 빌라촌 등으로 확산되고 있다는 것이다.

여성의 삶과 몸을 착취하는 폭력적 구조는 그 구조 속에 있는 여성의 정신과 육체 모두를 파괴한다. 여기에다가 구조의 피해자인 여성에게 자발적 선택이라고 책임을 전가하고 질시하는 사회적 분위기도 성매매 여성을 더욱더 힘들게 한다. 특히 우리가 주목하는 것은 사회적 약자 계층 특히 빈곤이나 가정폭력 등에 노출되었던 여성들이 성매매의 종사자로 떨어질 가능성이 더 크다는 것이다.

4. 성매매방지특별법의 경제학은 어떻게 작동하는가?

「성매매방지특별법」은 논란 끝에 2004년 9월 23일부터 본격 시행되었다. 이 법은 성매매 알선 등의 행위 처벌에 관한 법률과 성매매 방지 및 피해자 보호에 관한 법률로 제정되었다. 법 제정의 목표는 성매매 목적의 인신매매를 근절하고, 피해자의 인권 보호였다. 이후 15여 년이 지난 오늘날 이 법의 현실적인 효력은 어떠한가? 이 법이 전체 성산업의 5%도 제대로 규제하지 못하고 있다고 한다. 법 시행이 한국의 성산업을 축소하지도 못했고, 성매매 여성의 인권을 제대로 보호하지도 못하고 있다.

법의 시행으로 성매매 여성이 불법적인 지위에 있게 되자 이들의 영업 환경이 더 열악해지고, 더 폭력적인 상황에 노출되며, 대가를 제대로 받지 못하는 일까지 벌어졌다. 도시 역전에 있던 집창촌이 규제되자 성매매는 티켓다방, 안마시술소, 유리방, 룸살롱, 룸카페, 단란주점, 노래방, 오피스걸 등으로 변형되어 가면서 전국 곳곳에서 성업 중이다. 즉 경제학에서 풍선효과라고 하는 현상이 나타나 금지와 규제를 피해 다른 모습으로 다른 곳에서 다른 방법으로 더 은밀하고 광범위하게 이루어지고 있다.

사정이 이러하니 결국 한국 사회는 성매매의 합법화와 비합법화를 두고 논쟁에 돌입하게 되었다(박이은실, 2017). <표 10-4>는 성매매에 대한 쟁점을 비교한 것이다. 만약 성매매가 합법화되면 더 많은 성매매 여성이 공급자로 등장할 것이다. 그러면 공급과잉으로 성매매 가격이 내려갈 것이며, 성매매 여성의 권한이 다시 업주와 성 구매자에게 돌아갈 경우가 생길 수 있다. 사실 성매매를 합법화한 뉴질랜드에서 성매매 여성 수가 400%나 증가했다고 한다.

<표 10-4> 성매매에 대한 쟁점 비교

	합법	불법	선택적 불법(노르딕 모델)
성매매 인식	개인의 선택	사회의 악	여성에 대한 폭력
성매매 여성 지위	성 판매 노동자	윤락녀	폭력의 피해자
법적 처벌 여부	판매자/구매자 처벌하지 않음	판매자/구매자 처벌	판매자 비범죄 구매자 처벌

성매매를 합법화하고 성매매 여성에게 노동자의 지위를 보장해야 한다는 주장들도 있다. 그러나 성매매 여성에게 노동권을 보장하는 정도로 문제가 해결되지 않는다. 성매매와 관련된 법적 지위 부여 문제보다 중요한 것은 어떻게 우리 사회를 지탱하는 축적 구조 속에 기생적이고 폭력적인 성산업의 구조를 도려내는가 하는 문제이다.

현재처럼 불법으로 규정하고 성매매를 금지해도 문제인 것은 우리가 경험하듯이 공권력이 법 집행에 한계를 보인다는 점이다. 드문드문한 단속과 솜방망이 같은 범법자 처벌이라면 법의 실질적 유효성은 보증될 수 없다. 거기에다가 성매매 업체를 거치지도 않고 자발적으로 이루어지는 은밀한 거래와 직접적이든 간접적이든 성을 상품화하는 구조가 이미 만들어져 전국에서 작동하는 현 상황에서 성매매 규제의 실효성은 사회적으로 고민해야 할 부분이다.

5. 한 걸음 더 나아가기 위해 무엇을 할 것인가?

성매매는 자유로운 개인 간의 거래가 아니다. 성매매의 공급은 자유로운 시장에서의 자발적으로 공급이 아니다. 가난과 과거에 당한 성적인 학대 그리고 성을 수요하게 하는 사회가 만들어 놓은 덫에 걸리는 것이다. 자본과 성산업의 이윤을 남기기 위해 만들어 놓은 착취의 구조에 개인이 빠진 것이다. 아울러 돈을 주고라도 성을 사서 자신의 권력을 확인하려는 가부장적 관습이 만든 여성 지배의 일환이며, 폭력이고 범죄이다. 어떻게 하면 성매매에 대한 수요를 차단하고, 성매매 여성을 악순환에서 벗어날 수 있게 할 것인가? 참으로 요원한 일이다. 그러나 이 문제를 방기한 채 한 사회의 인권을 이야기할 수 없다. 임시방편이 아닌 해결책은 구조적 접근이어야 한다. 즉 성매매가 사회구조적인 차원에서 산업화 되었듯이 사회구조적인 차원에서 해결책을 찾아야 한다. 이를 위해 다음과 같이 하자.

❶ 성산업의 폭력적인 성 착취 구조를 사회가 확인하고, 범죄적인 성매매 구조를 공권력으로 관리하여 성매매를 양산하는 성산업의 구조 자체를 개

선해야 한다. 이를 위해 일관된 법 집행으로 법의 실질적 작동을 유도해야 한다.

❷ 생매매에 대한 올바른 인식과 올바른 성교육을 통해 성 문화를 바로 잡아서 성매매에 종사하는 여성들을 범죄자로 낙인찍는 일을 중단해야 한다.

❸ 생매매 종사자가 탈성매매 할 수 있게 경제적 자립을 위한 교육과 좋은 일자리를 마련해야 한다. 이들 여성에 대한 심리적인 지원도 당연히 따라야 한다.

❹ 어린 소녀가 성산업에 발 들이지 않게 사회적 안전망을 작동하고 가출 청소년에 대한 사회적 보호를 해야 한다.

❺ 노르딕 모델[4]이 보여 준 것처럼 성 구매자와 성산업으로 돈을 버는 포주와 유흥업소 주인 같은 알선 중개자를 먼저 처벌 대상자로 두어야 한다. 노르딕 모델은 성매매 종사자에게는 죄를 묻지 않고 탈성매매를 지원하는 반면, 성 구매자나 알선자는 형사처분이 가능한 범죄로 본다. 현재 한국의 상황을 고려할 때 우리가 현실적으로 선택할 좋은 대안임이 분명하다.

---

4 성 구매법으로 불리기도 하는 노르딕 모델은 '성매매에 대한 수요 때문에 성 착취 목적의 인신매매가 발생한다'라는 입장을 바탕으로 만들어졌다. 성매매된(prostituted) 모든 이들을 비범죄화하고 이들이 성매매를 벗어날 수 있도록 지원하는 반면, 성구매는 형사처분이 가능한 범죄로 보는 접근법을 의미한다(O'Connor, 2019). 스웨덴 정부의 2010년 보고서에 따르면 모델 작동 후 성매매 종사자가 절반으로 줄고, 성 구매 남성도 13.6%에서 7.8%로 줄었다고 한다. 스웨덴에 이어 노르웨이나 프랑스도 성의 구매를 불법화했다. 월비 등에 의하면 2006년에서 2014년의 인구 십만 명(2014년 인구)에 대한 성매매의 비율로 본 성매매 비율이 네델란드는 스웨덴의 9배, 독일은 무려 30~40배에 이른다.

제 3 부

사회생활에서 겪는
여성의 경제적 현실

이 책의 3부에서는 사회를 움직이는 핵심적인 제도가 여성을 어떻게 만들고, 관리하고, 이용하는지를 살펴본다. 사회 제도들은 사회적 관계를 기본 단위로 작동한다. 그중에 가장 기본이 되는 관계가 성별관계이다. 한 사회가 규정한 성별관계에 따라 여성과 남성은 자신에게 사회가 준 사회적 의무를 수행하게 된다. 이에 따라 여성과 남성의 경제적인 삶이 결정된다.

이 성별관계는 사회의 기본적인 제도의 기초가 되어서 그 사회의 의사 결정의 정당성을 준다. 이렇게 만든 제도에는 국가, 정치, 법, 종교, 경제 체제 등이 있다. 3부에서 우리는 이러한 제도 속에서 여성의 경제적 삶이 어떻게 펼쳐지는지를 하나씩 살펴본다.

11장에서는 경제 문제에서 가장 중요한 제도인 경제 체제 중에 대한민국이 선택한 자본주의가 여성을 어떻게 이용하는지를 살펴본다. 여성은 저임금 노동으로 자본주의의 생산관계를 담당하는 동시에 무급 가사노동으로 자본주의의 재생산을 지탱한다. 시장노동에 대한 임금을 낮게 유지하려면 무급 가사노동이 뒷받침해야 하고, 무급 가사노동을 유지하려면 여성 시장노동 임금을 낮추어야 한다. 자유로운 시장경제에서 발생하는 개인의 선택으로 돌리지만 여성 저임금은 지극히 사회적 관계의 산물이다. 또한, 11장에서는 자본주의가 소비자로서의 여성을 이윤추구에 이용하는 방식에 관해서도 설명한다.

12장에서는 과학의 발전이 여성의 경제에 어떤 영향을 미쳤는지를 알아본다. 과학은 인류가 만든 지식의 총화이고 근대적 세계를 만든 첨병이다. 그러나 과학은 각 성별에게 다른 인생을 경험하게 했다. 이에 대해 경제적 측면에서 논의한다.

13장에서는 물리적 힘으로 여성을 관리하는 여성에 대한 폭력에 관해서 설명한다. 그리고 전쟁과 같은 총체적 폭력이나 가정폭력 그리고 데이트 폭력은 왜 발생하고 어떤 경제적인 배경을 가졌는지를 밝힌다. 특히 가장 큰 상처를 남기는 성폭력과 이에 따른 경제적 결과에 관해 설명한다.

14장에서 우리는 권력이 여성을 어떻게 관리하는지를 국가와 국가를 경영하는 정치를 중심으로 살펴본다. 그리고 왜 여성은 권력에서 배제되어 있는지, 그것이 미치는 경제적 결과가 무엇인지를 알아본다. 마지막 15장에서 우리는 근본적이고도 무거운 주제와 만난다. 우리는 인류가 만든 제도 중 가장 상위의 제도인 종교가 여성을 어떻게 관리하는지를 밝힌다. 이를 대표적인 세계 종교인 유교, 불교, 기독교, 이슬람교를 예로 살펴보고 이들 종교의 젠더 인식이 여성의 경제에 미치는 영향을 확인한다. 그리고 한국에서 종교가 여성의 경제에 어떤 영향을 미치는지를 알아본다.

11장

· · ·

자본주의는 어떻게 여성을 이용하는가?

인류가 경험한 모든 경제 시스템에는 성차별적 특성이 있었다. 경제 시스템 중 하나인 자본주의도 마찬가지이다. 자본주의는 350여 년의 역사를 통해 여성에게 양면적 영향을 미쳤다. 먼저 자본주의는 여성에게도 시장에서 돈 벌 가능성을 열어 주었다. 이와 동시에 자본주의는 여성을 시장에 종속되게 강화했다. 자본주의는 돈벌이가 가능한 모든 영역에서 이윤 극대화를 할 수 있게 마련된 제도이다. 따라서 이윤이 되면 못할 것이 없으며, 이것을 사유재산권과 시장에서의 자유를 배경으로 법적으로 보장한 제도이다. 따라서 그 사회의 모든 구성원을 이윤추구의 대상으로 활용하는 것은 당연시한다.

물론 인류는 시초부터 언제나 이윤추구를 해 왔다. 그러나 자본주의는 그 진행 과정에 사회의 제도와 규범은 물론 종교와 법령까지도 돈벌이의 수단으로 만들고, 사회 속의 모든 구성원을 총체적으로 돈벌이의 대상으로 만들었다. 그 과정에서 사람은 소비자나 생산자가 되었고, 이 기능을 대개 동시에 한다. 이런 돈벌이 구도의 첫 번째 대상이 여성이다. 자본주의는 여성을 만들어 내고 여성을 소비시키고 여성을 폐기 처리한다.

11장에서는 경제 시스템으로서의 자본주의가 여성을 어떻게 이용하고 관리하며 삶에 어떤 영향을 미치는지를 살펴본다. 먼저 자본주의 경제의 작동 방식을 설명하고, 이 제도 속에서 여성이 어떤 역할을 하는지를 본다. 다음으로 자본주의 이윤추구를 위한 재화에 대한 소비와 수요를 증가시키기 위해 여성이 어떤 역할을 하는지를 살펴본다. 그리고 나서 우리는 자본 축적의 한계를 스스로를 변화하며 극복해 온 자본주의가 전략적으로 내세운 세계화 같은 생존 전략이 여성에게 어떤 결과를 가져왔는지를 살펴본다.

과연 여성의 경제 문제에서 지구촌의 연계가 어떤 역할을 할까? 이런 질문은 신자유주의(neoliberalism)와 세계화(globalization)가 각 젠더의 경제적 상황에 미친 영향과 연관된다. 자본주의의 생존 전략으로 등장한 신자유주의는 일국 차원의 경제 질서가 아니라 세계적 차원에서 새로운 경제 질서를 세우려는 시도가 분명하다. 우리는 이러한 국제적 질서가 여성에게 편향된 경제적 결과를 가져올 수 있다고 본다.

따라서 11장에서는 세계화가 여성에 미치는 영향을 살펴본다. 마지막으로 자본주의의 경기순환과 변동, 특히 경제 위기를 맞았을 때 여성이 어떤 역할을 하고, 어떻게 이용되는지를 살펴보고 문제 해결을 위한 대안을 제시한다.

1. 자본주의 축적 구조 속에서의 여성의 역할은 무엇인가?

모든 사회는 사회적 갈등을 유발하는 경제 문제를 해결하기 위해 여러 법칙을 마련하고 있다. 이 사회적 강제를 가진 법에 따라 '누가, 무엇을, 어떻게 생산하며, 또 어떻게 분배하느냐?'를 결정한다. 이런 결정 방식의 총화가 법으로 강제성을 인정받은 각 사회의 경제 체제이다. 현재 한국이 선택한 경제 체제는 자본주의이다. 자본주의 체제에 속한 각 구성원은 생산에 참여하고, 체제가 인정하는 분배를 받으며, 이에 해당하는 법을 어기면 처벌을 받는다. 자본주의는 사유재산제도(property right)를 인정하고 경제적 자유와 시장의 의사 결정권을 정하는 시스템이다. 따라서 사유재산의 유무에 따라 인간의 경제적 등급이 결정된다.

이렇게 결정된 경제적 등급에 따라 각자 자신의 삶을 살아야 한다. 구체적으로는 자본가와 노동자 또는 지주와 주주, 임대인과 임차인의 역할을 해야 한다.

그런데 이 등급에는 남녀로 나뉜 등급이 있다. 성별로 나뉜 등급으로 인해 자본주의의 작동 구조 속에서 여성과 남성의 역할도 나름 정해져 있고, 이에 따른 분배도 정해져 있다.

이것은 자본주의 시스템에서만 그런 것은 아니다. 인류는 늘 먹고사는 문제를 해결하는 방식을 정할 때 성별로 역할을 분담하였다. 그러나 자본주의 경제의 특이점은 다른 경제 시스템과는 달리 여성을 시장노동에 동원한다는 점이다. 그리고 여성 노동의 형태가 공장 노동이든 사무직 노동이든 남성 노동에 보조적 기능을 하며 저임금 노동을 하게 만들어져 있다. 즉 노동을 가능한 한 싸게 써야 경쟁에 유리한 자본주의 기업의 생존을 위해 여성 저임금 노동을 만들어 냈다.

이처럼 자본이 중심이 된 시스템인 자본주의에서는 사회의 모든 제도를 기업이 이윤을 내기 좋은 조건을 만드는 것에 집중하며, 유능한 노동을 가능한 싸고 편리하게 사용하고, 이를 재생산하는 것까지 관리한다. 이런 목적을 위해 교육제도는 물론 시대를 지배하는 가치관까지도 조정해 간다. 이는 자본의 입장만으로 무조건 작동되는 것은 아니다. 자신의 노동력을 시장에 팔아 생존을 위한 재화와 서비스를 조달해야 하는 노동자로서도 이 구조를 받아들일 수밖에 없다.

이런 구조를 지탱하는 기본적인 단위는 당연히 가계이다. 문제는 누군가 제약 없이 시장노동에 참여하기 위해서는 누군가는 아이를 돌보고 집을 지켜야 한다는 점이다. 자본주의가 제공한 시장노동도 참가하더라도 그간 해 온 이 돌봄노동도 여성이 담당한다. 이것이 자본주의가 여성에게 준 옵션이다.

이를 자연적이며 생물학적인 선택이라고 하지만 사실은 지극히 사회적인 선택이고, 자본주의의 성별관계가 작동하는 것이다. 성별관계는 일종의 생산관계로 자본주의 내의 모든 의사 결정 단위와 경제 활동 실현 단계에서 성별 간의 노동 내용과 대가의 분배를 결정한다. 그런데 우리가 주목하는 것은 성별관계가 힘의 불균형을 배경으로 하는 권력관계이고, 불균형한 권력관계의 약자는 여성이라는 것이다.

이런 힘의 불균형으로 여성은 시장경제 영역에서 상대적으로 싼 노동을 하거나, 비시장경제에서는 대가 없는 노동을 한다. 물론 남녀가 사랑해서 가정을 이루고 자녀를 가지고 살아가는 각 가계 내의 경제적 상황을 권력관계의 산물로만 말할 수 없다. 그러나 여성의 경제 활동이 불균형한 권력관계를 배경으로 가정과 사회 속에서 이루어지고 있고, 이를 배경으로 그 위에 있는 남성들의 시장노동 가치가 위계지어서 결정되고 있음은 분명하다. 이 과정에서 여성은 시장노동의 저평가와 무급의 가사노동을 특징으로 자본주의는 작동한다.

자본주의에서 여성에게 주어진 역할이 또 하나 있다. 상품으로의 기능이다. 자본주의는 돈벌이가 되면 이전 시대에는 외설이던 문화라도 기꺼이 판다. 더 잘 팔기 위해 광고를 동원하고, 돈벌이가 쉬운 방향으로 시대의 주류 문화도 만들어 간다. 여기서 인간 존재를 거래의 대상으로 만드는 축적 구조의 일차적 대상으로 여성은 상품을 소비하는 주체인 동시에, 그 자신이 상품이 되는 과정을 겪는다. 이는 단지 성매매 여성만이 겪는 문제가 아니다. 모든 인간의 욕망이 거래 가능해지게 만드는 돈벌이 구도 속에서 여성의 몸은 등급이 매겨지고 가격과 위계가 결정되며, 그 위계 속에서 개별 여성의 삶이 결정된다. 그리고 위계의 꼭대기에 있는 듯 보이던 설리와 구하라도 죽음으로 모는 모래성 같은 위계이다.

2. 상품을 팔기 위한 광고물과 상품을 사는 구매자로서의 여성

자본주의는 자본이 생산한 것을 판매하면서 이윤을 실현해야 유지되는 제도이다. 그래서 자본주의에서 이윤을 올리려는 자본 간의 경쟁에 직면한 각 기업은 끊임없이 새로운 투자를 하고 제품을 개발해야 한다. 또한, 중요한 것은 만든 물건을 팔 수 있게 시장지배력을 확보하고, 소비자의 마음을 사야 한다. 당연히 광고를 한다. 광고는 사람을 변화시킨다. 이 이윤추구를 위한 생산 과정과 판매과정에서 변화시킬 목표는 남성보다 여성에 맞추어져 있다. 이런 의미에서 자본주의에서 여성은 더 많이 상품을 구매할 구매자로 조정되고, 때에 따라 중독적 소비자로 활용된다. 이는 일반적으로 가계의 소비재 구매 결정자가 여성인 것과도 연관된다.

이렇게 소비되어야 작동하는 자본주의에서 자본은 바람직한 여성성의 내용을 정하고 이를 돈벌이의 수단으로 만든다. 이들이 제공하는 미용 상품과 옷이나 기타 생활필수품을 소비함으로써 여성은 자신의 여성성을 완성하게 된다. 이런 여성성에 대한 평가는 남성권력에 의해 확인되고, 남성권력의 선호에 부응하는 외모를 갖기 위한 여성들의 노력으로 미용산업과 성형산업이 발전하게 된다. 따라서 여성의 외모는 돈벌이 대상이 되는 동시에 남성권력의 시험장이 된다.

사실 인간의 의식주와 관련되어 여성과 관련된 소비재가 남성에 비해 많고, 여성 소비재의 가격도 비싸다. '핑크택스(pink tax)'[1]라는 말이 생기는 것처럼 기능이 같은 제품이라도 여성용은 남성용보다 비싸다.

의복이나 생활용품, 가령 면도기의 경우 기능상 차이가 없음에도 여성용은 여성이 선호하는 색깔을 좀 칠하고 포장을 멋있게 하여 더 비싸게 받는다. 이는 여성 소비자가 가진 가격 비탄력성에 따른 전략이다. 대개 여성은 남성보다 더 절실하게 그 상품을 살 이유가 있다. 우리가 지적하고 싶은 것은 이 절실함을 자본주의가 조장한다는 것이다.

사회는 이런 소비를 통해 만들어진 여성에 등급을 매기고 서열화하는 작업에 익숙하다. 따라서 서열의 밑에 있는 여성들은 서열 상위에 있는 여성, 가령 여성 연예인을 따라잡기 위해 화장품을 소비하고 성형하며 명품을 사는 것에 몰입한다. 급기야는 유치원생까지 화장의 대열에 포함된다. 이는 일단 여성의 생존 방법이 자신의 성적 매력을 극대화해 이를 자원으로 삼을 수밖에 없는 한국 사회의 불평등한 사회구조 때문이기도 하다. 그런데 이 과정이 돈벌이를 위해 이를 부추기는 자본과 언론 탓에 더욱 확산되고 대세가 된다.

요즘은 '시코노미(SHEconomy)'[2]라는 유행어와 함께 여성이 제품 선택을 주로 하니 여성 고객의 마음을 잡으라는 등의 이야기도 경영학을 중심으로 등장한다. 그러나 이는 소비문화와 여성과의 관계를 표면적으로만 본 것이다. 심층부에는 소비해야 인간대접을 해 주는 자본주의가 있다.

---

1 미장원에 가서 머리 손질을 했을 경우 왜 여성의 서비스 비용은 남성에 비해 높은가? 이것에는 수요자의 지불 비용에 따른 가격차별화 전략이 있다. 여성들은 아름다움을 위해 기꺼이 돈을 지불한다. 이는 단지 미용비뿐이 아니다. 옷값부터 다 더 비싸다. 이것은 일종의 세금이다. 이런 성별 가격차별에 반대해서 〈핑크택스〉 운동이 벌어진다.

2 시코노미(SHEconomy)라는 말이 나올 정도로 구매 결정에서 여성의 영향은 크다. 시코노미는 그녀(she)와 경제(economy)의 합성어로 미국은 전체 소비의 85%를 여성 소비자가 결정한다고 한다. 비슷하게 들리는 시코노미(Chiconomy)는 멋진(chic)과 경제(economy)의 합성어로 한정된 구매력을 가지고 자신을 멋지게 꾸미는 생활방식을 말한다.

여성과 소비문화에 대한 비판은 여러 학자에 의해 제시되었다. 이 중 대표적인 학자는 위에서 이미 소개한 바 있는 여성 발전경제학자인 미즈(M. Mies)이다. 그는 자본주의와 소비 그리고 소비의 인간 파괴적 속성을 '소비주의'라고 규정하며 인간이 더 파괴적인 삶을 살도록 하는 마약으로 보았다. 미즈는 자본주의적 축적이 가능하게 되기 위해서는 사람이 소비에 중독되게 욕구를 자극해야한다고 했다. 그러나 이러한 소비 중독 상황에 빠져 소비하는 것은 결코 인간을 행복하게 하는 것이 아니며, 결국 인간성 파괴를 가져온다고 했다.

이러한 중독이 일반적으로 여성에게 더 강력하게 작용한다. 중독시키는 과정에서 행위를 합리화시키는 사회규범이 나선다. 아름다워지고 싶은 것은 여성의 본능이라거나, 립스틱을 바르는 것은 여성으로서 최소한 예의라며 립스틱을 소비하게 한다. 립스틱 소비의 지속은 지극히 사회적으로 조정된다. 립스틱 바른 여성이 여성의 표준이 되고, 그 기준으로 여성의 등급을 매기며, 아름다움까지 거론한다면 이런 시대적 대세에 거슬려 나갈 여성은 많지 않다. 더 많은 여성이 립스틱을 바르게 되고, 립스틱은 필수재가 되며, 어린아이까지 립스틱을 바르면서 이윤은 끊임없이 창출된다.

점점 립스틱을 바르지 않고는 집 밖을 나서면 불안해지는 여성이 많아진다. 중독 수준이다. 자본주의는 립스틱을 만들고 파는 과정에서 이윤을 남기는데, 지속적인 판매를 위해서는 중독이 지속되어야 한다. 이 모든 것이 개인의 자유로운 선택이라고 하고, 싫으면 하지 말라고 하지만 이는 결코 개인적인 선택이지만은 않다. 사회에 의해서 강요된 선택이다. 광고까지 첨병으로 내세워 사람을 중독시키고, 소비시키고, 돈벌이를 한다(킬본, 2018). 의식주 전 영역에서 작동하는 이런 소비 중독은 여성에게는 여러 가지 질곡을 남긴다.

❶ 경제력과 시간의 낭비이다. 가령 립스틱을 사기 위해 돈을 써야 하고, 립스틱을 바르기 위해 시간을 써야 한다.

❷ 사회적 평가이다. 사회적 평가는 늘 상대적이다. 립스틱을 바르는 여성과 바르지 않는 여성으로 나뉜다. 립스틱을 바르지 않으면 아름답지 않다는 것은 기본이고 심지어 인간에 대한 예의가 없다는 평가까지 받아야 한다.

❸ 인체의 유해성이다. 립스틱 일부는 인체에 들어가지 않을 수 없다. 이 인
  공의 공산품은 인체에 유해할 가능성이 크다.

이런 소비 중독은 성인 여성에서 멈추지 않는다. 더 많은 소비자를 늘리기 위
해 자본의 전략으로 성인 여성뿐 아니라 초·중·고등학생까지 이 대열에 가담
하게 부추긴다. 고등학생, 중학생 그리고 요즈음에는 초등학생과 유치원생까지
성인 여성을 모방하고 소비 대열에 동참한다. 이처럼 자본주의의 이윤추구가 여
성을 포획하는 방식은 광범위하고 치밀하다.

온갖 미디어는 걸그룹 아이돌을 비추며 소비를 온몸으로 실현한 여성을 우상
화하며 소비를 부추긴다. 사회는 이 기준으로 여성을 서열화한다. 자연히 이런
소비재에 대한 구매력을 가지지 못한 여성은 박탈감과 열등감을 가지게 된다.

놀라운 사실은 여성이 자신의 섹시한 모습을 찍어서 SNS에 스스로 올리는 배
경에는 소득 불평등이 있다는 것이다. 이제까지 여성 셀카를 찍는 것이 자기과
시욕이 주된 원인이라고 했다. 그러나 칸디스 블레이크(C. Blake) 외는 성별 소
득격차가 심한 나라에서 자신의 성적 매력 요소를 강조한다는 연구 결과를 발
표했다(Blake et al., 2018). 여성 셀카를 많이 찍는 지역은 대부분 경제적 불평등
이 심한 곳이며, 성별 소득격차가 적은 북유럽 국가에서는 셀카를 적게 찍는다
고 한다. 셀카를 많이 찍는 지역은 미용실, 옷가게 등 외모 관련 산업의 매출도
높다고 한다.

이런 자본주의의 작동 방식이 인간에게 어떤 해악을 끼치는지를 헤아릴 틈도
없이 자본주의는 또 새로운 상품을 내놓으며 이것을 소비한 삶을 성공한 삶으
로 부각한다. 물론 이런 상품의 생산 과정에서 여성의 저임금이 동원되고, 상품
의 광고에는 여성 자신이 동원되며, 매출에는 여성의 구매력이 동원된다. 결국,
노동의 착취나 인권의 훼손 및 자연과 자원에 대한 남용이 발생한다. 여성권이
바닥인 나라에서는 성산업이 흥하고, 성폭력이 기승을 부린다. 아름다움을 향한
여성의 욕망이 소비를 통해서 충족되지 못하면, 쉽게 성매매로 향하고, 그 결과
성산업이라는 또 다른 착취 구조에 포획된다. 이처럼 자본주의는 삶의 윤리적
마지노선까지도 무너뜨린다.

3. 세계화된 자본주의에서 여성은 어떻게 이용되는가?

사실 자본주의 경제의 전체 과정이 세계화와 연결되지 않은 적이 없다. 그러나 20세기 후반의 세계화는 이전의 세계화와는 차원이 다르게 세계를 하나의 세상으로 묶었다. 1990년대 말 동구권 붕괴와 더불어 세계적 차원의 자본주의가 완성된 것이라고 할 수 있다. 이를 이념적으로는 신자유주의라고 하지만 핵심은 세계적 차원의 시장 개방과 경쟁 체제의 정비를 지지하는 것이었다. 이 같은 시대정신은 자본이 민족국가의 국경을 넘어 돈벌이할 수 있게 자본과 재화 그리고 사람과 정보의 이동을 수월하게 만들어 갔다.

이처럼 선진국이 전 지구를 대상으로 장사할 수 있는 구도를 만들어 가면서 손쉬운 자본의 이동을 통해 이윤을 극대화하는 전략 속에 노동력의 동원도 전 지구적인 차원에서 진행했다. 이 세계 시장에서의 경쟁에서 저임금에 기반을 둔 기업이 경쟁력을 갖게 된다. 여기에 노동자는 전 세계 노동을 경쟁자로 맞게 되었다. 탈규제, 민영화, 세계화 그리고 노동시장의 유연화 전략은 더 싼 임금으로의 이동의 다른 말이 아니다.

사실 20세기 후반에 등장한 이러한 세계화 전략은 자본주의의 축적 위기를 극복하려는 움직임이다. 1970년대 중반부터 장기 침체를 경험한 선진 자본주의 국가는 이를 타개하기 위해 시장주의 경제학의 비호를 받으며 국경 없는 시장에서의 자유로운 상거래 전략을 추진한다. 이 세계화 흐름을 주도한 것은 미국과 영국이다. 이들 국가는 2차 세계대전 이후 작동된 복지국가의 경제 정책을 반대하며, 더 엄격한 자본의 자유로운 이윤추구의 가능성을 신자유주의라는 이름으로 열었다. 특히 산업자본 대신에 금융자본을 전면에 내세우고, 세계화와 규제완화 정책으로 열린 세계 시장을 만들었다(안숙영, 2010).

권력이 더욱 시장과 자본으로 쏠리자 급격한 물신주의 풍조가 세계적으로 팽배해졌다. 이에 따라 돈과 경제 성장만이 더욱 강조되고, 평등, 민주주의, 인권, 환경, 연대 같은 사회적 가치는 점차 배제되었다. 이 과정은 나라마다 사회적 약자들, 그리고 여성의 사정을 더욱 어렵게 만들었다.

이처럼 신자유주의와 함께 시장이 세계화되자 세계적인 축적 구조가 생겼다.

그 과정에서 여성은 세계적인 차원에서 저임금 노동과 돌봄노동을 하게 되었다. 다국적 기업의 공장은 여성 저임금 노동을 확보하기 위해 세계를 누비고, 이는 모국 여성 노동자의 일자리에 구체적인 위협으로 작동했다. 이들 기업은 경제적 타산이 맞지 않으면 언제나 공장을 국외로 이전시키면서 자신들의 이윤극대화를 꾀했는데, 이에 따른 고용불안정은 자국 여성들의 삶을 크게 위협했다. 여성에 대한 보호와 복지의 제도적 여건이 약화되는 가운데 세계화는 더 열악한 근로조건의 일자리를 가져왔다.

이처럼 세계화는 세계적인 '고용의 여성화(feminization of employment)'를 가져왔다. 더 낮은 임금을 찾는 다국적 기업으로 인해 저임금 국가에는 나라마다 유급 여성 노동의 수가 늘었는데, 이는 세계적인 공장에 여성 노동자 증가를 말한다. 그러나 이는 다른 편으로는 열악한 노동환경이 노동시장에 장착됨을 의미한다. 세계화는 한국에서 한편으로는 외국계 기업의 진출로 새로운 여성 전문가 계층이 증가하게 했으나 그와 함께 저숙련·저임금 노동, 그리고 비정규직 노동도 증가하게 했다. 이를 통해 여성 노동 사이의 양극화가 이루어졌다고 할 수 있다.

세계화는 단지 시장노동에만 영향을 준 것이 아니다. 특정 국가에 돌봄노동을 할 여성을 찾지 못하면 국제결혼과 같은 통로를 통해 가난한 나라 여성으로 대체했다. 한국 여성 동반자를 찾지 못한 남성과 그 가족을 외국인 이주여성에게 맡겼다. 아울러 국제적 차원으로 성산업이 활성화되어 한 나라에서 성매매를 막으면 다른 나라에 가서 다른 나라 여성을 대상으로 성매매를 하는 상황이 발생했다. 물론 이와 같은 상황은 늘 있었지만 20세기 후반부터 벌어진 상황은 그 이전 시기와는 차원이 다른 규모였다.

이처럼 세계화된 자본주의 속에서 가난한 나라 여성은 이주노동자가 되거나, 국제적 성매매 종사자가 되기도 하고, 국제적 차원의 가사노동 담당을 위해 국제결혼을 한다. 이렇게 한국 사회는 사회 변화와 함께 비싸진 자국인 여성을 외국인 여성으로 대체하면서 가부장적 자본주의와 성별관계를 이어 나가고 있다.

또한, 세계화로 한국 여성의 국제무대 진출도 용이해졌다. 세계화와 정보화라는 시대적 배경을 가지고 한국 여성들이 국제무대로 진출했고, 국제적 경쟁에서 능력을 인정받고 있고 국제결혼도 더 많이 하고 있다. 이는 이제까지 비교적 배타적으로 받아들였던 외국인과의 결혼에 대해서 한국 사회가 매우 관대해졌다는 것까지의 변화를 의미한다.

한국 결혼시장의 국제화도 주목이 필요하다. 한국 여성들의 삶에 대한 비전이 단지 현모양처나 남편 내조가 아니게 되었으나, 한국 사회가 여전히 이러한 규범을 강조하자 국내 결혼시장에 공백이 생겼다. 이런 자리를 메우는 것은 가난한 국제이주여성이다. 현재 베트남, 필리핀 등지에서 온 이들 여성은 한국 여성이 거부한 재생산 노동을 하면서 한국의 가부장제를 지키고 있다. 따라서 이주인구와 한국인 사이의 인종 및 성차별 문제도 점점 심각해지고 있다.

이는 여성의 재생산 노동에 국제적 분업이 형성되었다고 볼 부분이다. 이 과정에서 한국과 이주해 온 나라 모두에서 재생산 노동을 둘러싼 노동력 이전을 발생시켰다. 또 다른 결혼시장은 상대적으로 독립적인 삶을 살 수 있는 조건이 되는 한국 여성과 외국인 남성과의 결혼이다. 한국의 가부장제에 반발한 이들 여성은 선진국 남성과의 결혼을 탈출구로 삼고 있고, 이런 추세가 점점 증가하고 있다. 이와 함께 한국 사회에 다문화 코드가 들어오게 되었다.

21세기 현재 세계화가 약속한 더 잘사는 세상에 대한 장밋빛 기대는 채워지지 않았다. 국가 간, 국내 간 빈부 격차는 급격히 커졌으며, 좋은 일자리들은 빠르게 사라졌다. 이런 시대적 변화가 여성들에게 어떤 영향을 미쳤는지에 대해서는 그간 많은 연구가 있었는데 대부분 부정적인 이야기를 한다. 이런 시대적 흐름 속에서 여성친화적인 정책이 위축되고, 세계적인 노동시장에서의 경쟁으로 더 많은 어려움을 겪게 되었다고 한다. 이런 신자유주의의 세계화 전략은 그나마 불균형한 사회적 관계, 특히 성별관계를 더욱 불균형하게 했다.

2008년 글로벌 금융위기에 이어 현재까지의 이어지는 저성장으로 자본주의 각국은 이제까지의 세계화의 흐름을 일단 접고 새로운 민족주의적 방어선을 치고 있다. '미국 우선주의'로 대변되는 보호무역과 자국 이익극대화가 여성과 남성에게 어떤 영향을 미치는지는 또다시 지켜볼 문제이다.

4. 거시경제의 경기변동은 여성을 어떻게 이용하는가?

자본주의 경제는 호황과 불황의 경기변동을 한다. 이 과정에서 경기는 상승과 하강을 반복하며, 특정한 진폭과 주기를 가지고 있지 않지만, 늘 다시 순환한다. 특히 자본주의는 상승기의 정점에서 하강으로 전환하는 과정에 급작스러운 경기의 위축, 즉 경제 위기를 몰고 온다. 이러한 자본주의 거시경제의 광폭한 동학은 현실에서는 많은 사람의 삶을 인정사정없이 휩쓸어 가는 태풍과 같이 작동하기도 한다. 경제 위기가 발생하면 사회는 국가의 대책을 요구하지만, 사실 경제 위기 발생 자체가 자본주의의 태생적 문제라서 적절한 대책이란 상당히 어려워서 대책이 잘 작용할지도 미지수다.

이렇게 경제 위기라는 태풍이 불 때 사람들은 각자의 경제적·사회적 입지에 따라 영향을 달리 받는다. 또한, 경제 위기는 엄청난 사회적 비용을 발생시킨다. 그리고 사회는 이 비용을 누군가에게 전가하려고 한다. 이런 태풍에 취약한 계층은 사회적 약자들이다. 그리고 사회적 약자 중 가장 큰 집단이 여성이다. 즉 그 위기의 비용을 지불하고 있는 가장 큰 계급이 여성이다.

이처럼 경제 위기에는 더 뚜렷이 드러나는 여성에 대한 경제적 차별과 배제 분위기로 여성 노동은 동원되기도 하고, 퇴출당하기도 한다. 즉 사회적 위기국면에서 여성 노동은 남성 노동보다 크게 이용되고, 재편된다. 그 특성에 대해서는 여러 의견이 있다.

❶ 여성 노동 안전판가설이다. 여성 노동은 주기적 변동에 민감한 일종의 산업예비군적 노동으로서 경기 상승국면에는 충원되고 하강국면에는 퇴출된다고 보는 이론이다. 즉 여성 노동은 경기변동의 충격을 흡수하는 안전판 역할을 한다는 입장이다(Yanz and Smith 1983).

❷ 여성 노동 대체가설이다. 불황기에 기업은 비용절감과 생산의 유연성 증대를 위해 여성을 남성 노동력에 대체하여 사용한다. 따라서 여성 노동은 완만하게 증가한다는 입장이다(Humphries 1988).

❸ 여성 노동 분절가설이다. 여성 노동자들이 특정 직무 산업에 고용되어 있는 성별 직무 분리로 인하여 여성고용 추이는 경기변동에 영향을 받지 않고 경기 하강국면에도 상대적으로 보호될 수 있다고 보는 입장이다 (Milkman, 1976).

선진국의 경험에서 보면 경제적 불황기에도 여성고용은 꾸준히 증가하였다. 여성이 남성과 동등한 노동력으로 노동시장에 통합될수록 안전판가설은 타당성을 상실한다고 볼 수 있다. 불황의 초기에는 여성 노동력이 안전판으로 이용되고 있지만, 중장기적으로는 여성 노동의 꾸준한 진입이 이루어진 것이 서구 경제의 일반적인 경험이다.

이는 2008년 글로벌 금융 위기의 사례로도 살펴볼 수 있다. 2008년 하반기부터 일자리가 축소되고, 실업률이 급증했다. 통계청에 따르면 2008년 12월부터 취업자 수가 감소하기 시작하여, 2009년 4월 현재 전체 취업자는 전년동월대비 0.8%인 18만 8천 명이 감소했고, 실업자는 총 93만 3천 명으로 전년동월대비 실업률은 0.6%p 상승한 3.8%를 기록했다. 여기에 여성 취업자 감소는 남성보다 더욱 큰 폭으로 나타났다.

성별로 살펴보면 남성 취업자는 전년동월대비 1만 4천 명 감소했지만, 여성은 17만 4천 명으로 무려 12배가 넘는 차이를 보였다. 이렇게 일자리를 잃은 여성은 남성보다 비경제활동인구에 포함될 가능성이 더 크게 나타났다. 이러한 현상은 한국의 경제 위기에서 일반적으로 나타나는 여성고용의 위기 상황을 보여 준다.

IMF 경제 위기 이후 경기 회복국면에서 여성 경제활동참가율이 남성보다 빠르게 증가하면서 동시에 일자리의 질이 하향되었던 현상 또한 동일하게 나타났다. 가족의 경제적 부담 증대로 생계부양에 대한 여성의 책임이 높아지면서 여성들이 일과 가정에서 겪는 피로 또한 높아질 수밖에 없다.

물론 여성 노동의 양극화 경향 속에서 이러한 상황은 여성 '일반'에게 동일하게 나타나는 것은 아니다. 경제 위기에서 여성들의 일·가족 부담이 늘어나는 경험은 매우 다양할 수밖에 없다. 특히 최근 줄어든 여성 취업자의 대다수가 IMF 경제 위기 당시와는 달리 1인 자영업자 등 비임금 노동자라는 사실은 오늘날 경제 위기가 여성에게 미치는 영향에 대해서도 다층적 분석이 필요하다는 것을 말한다.

5. 한 걸음 더 나아가기 위해 무엇을 할 것인가?

자본주의가 여성에 미치는 영향은 다각적이다. 자본주의는 그나마 여성에게 시장노동의 기회를 주면서 경제적 자유의 가능성을 열어 주었지만, 동시에 여성 자체를 상품화하고 이 상품을 사기 위해 살아가는 물신주의의 늪에 빠지게도 했다. 이를 극복하기 위해 다음과 같이 노력하자.

❶ 자본주의의 문제점을 극복할 대안적 경제를 실현하자. 사실 공유경제, 연대경제, 협동조합 등 대안적 삶을 꿈꾸며 덜 소비하는 삶을 시도하는 대부분의 사람들이 여성이다. 이들은 상업화된 의료기술에만 맡기지 않고 대안적 의료사업을 시도하고, 시장화되지 않은 가치의 중요함을 복원하며, 지역 화폐를 사용하고, 마을공동체를 구성하고, 탈핵화로 가는 길을 열기도 한다(강남순 외, 2016). 이 길을 다 함께 가자.

❷ 성 인지적 소비를 하자. 1975년 아이슬란드 총파업에서 시작된 여성소비 총파업 운동도 여성소비자들의 중요성을 느끼게 하는 동시에 여성의 힘으로 자본주의를 변화시키려는 대안적 운동이다. 한국도 매월 첫 일요일을 이를 실천하는 날로 정했다. 이를 통해 여성권을 억압하는 광고와 차별 철폐, '핑크택스' 철폐, 여성상품의 질 개선을 요구한다. '페미니즘적 소비를 한다'를 통해 자신의 신념을 드러내는 여성으로부터 '미닝아웃(meaning out)' 현상이 증가하고 있다. 여성들은 여성단체들이 만든 '페미 굿즈(femi goods)'를 소비한다. 이처럼 여성들을 소비시장에서 연대하며 세상을 바꾸고 여성의 소비 형태의 변화로 자본주의적 사회구조에 돌을 던지고 있다.

❸ 여성의 몸을 돈벌이의 수단으로 삼는 것을 거부하자. 세계 최대의 뷰티산업과 가장 높은 성형외과 비율을 가지고 있다는 것은 한국인의 오명이다. 서서히 증가하는 '탈코르셋 운동'[3]은 여성인권을 회복하는 시도로 점차 확산되어야 한다. 돈벌이를 위해 여성성의 내용을 광고하고, 광고한 것처럼 되기 위해 소비해야 하고, 소비하기 위해 돈을 벌어야 하는 악순환에서 벗어난 삶을 살자.

---

3 탈코르셋 운동은 여성에게 부과된 여성다움을 위해 강요한 외적 기준을 거부하고, 자신에 대한 타인의 평가를 거부하는 운동을 말한다. 이에 따라 화장과 복장, 태도를 거부하는 것을 코르셋을 벗어나자고 한다.

12장

• • •

과학 발전은 여성의 경제에
어떤 영향을 미쳤는가?

긴 역사 속에서 인류는 필요한 재화를 생산했고 분배하며 삶을 이어 갔고, 이 과정에서 각 성별은 사회가 요구하는 자신의 역할을 했다. 물론 각자가 속한 계급이나, 지역이나 혈연에 따라 그 성격은 달랐지만 대략 18세기까지 세계 어디에서나 비슷하게 살았고, 인구도 생산량에 의해 자연 조절되어 증가세도 미미했다. 그 긴 시간을 보내는 동안 여성의 경제적 활동의 내용과 경제적 권한도 비슷했다. 농업과 기타 산업에 참가하여 노동하면서 가사노동도 전담한 삶이었다.

18세기 영국을 중심으로 시작된 산업혁명은 경천동지할 경제적 결과를 인류에게 가져왔다. 자연과학의 발전에 힘입어 등장한 산업혁명은 새로운 동력을 제공하며 산업화를 통해 남녀 모두의 삶에 큰 변화를 가져왔다. 특히 이러한 과학의 발전이 여성의 삶에 가져온 변화는 남성보다 획기적이었다. 과학의 발전과 더불어 온 기술 진보는 여성에게 물리적 힘의 한계를 극복할 가능성을 제공했고, 좀 더 평등한 사회로 가는 열쇠가 되었다.

아울러 자연과학의 발전은 피임 및 기타 관련된 산부인학적 발전도 가져와 여성은 원하지 않는 출산과 육아에서 점차 자유로워졌다. 아울러 세탁기, 청소기 등의 가정용 내구재의 발명은 여성들을 가사노동으로부터 자유롭게 해 주었다. 이런 과학기술 발전의 결집체인 공장제 기계공업의 발전은 여성 노동에게 시장노동의 길을 열어 주었다.

이처럼 과학은 여성에게 사회적 편견과 인습의 장막을 깨는 도구가 되는 동시에 시장노동과 가사노동의 이중고를 주기도 했다. 이 책의 12장에서는 과학의 발전, 특히 자연과학과 기술의 발전이 여성의 경제적 삶에 미친 영향을 살펴본다. 먼저 성 인지적 관점에서 과학의 의미를 확인하고, 다음으로 과학의 발전이 가져온 산업화가 여성의 경제에 미친 영향을 살펴본다. 또한, 과학의 새로운 발명품인 가정용 내구재 보급이 여성의 경제적 상황에 미친 의의를 짚어본다. 마지막으로 20세기를 걸쳐 오늘날까지 진행되는 정보통신혁명과 앞으로의 미래를 열어갈 4차 산업혁명이 여성의 경제에 미치는 영향을 알아보고 문제의 해결을 위한 대안을 제시한다.

1. 과학은 여성에게 무엇인가?

오랫동안 과학은 여성과 별 관련 없는 영역으로 치부되었다. 이는 여성의 과학적 능력은 남성보다 떨어진다는 편견과 연관된 것이다. 이러한 편견이 18세기에 시작된 근대화를 거치며 점차 제거되어 갔지만 21세기 현재까지도 여전히 남아 있다. 사실 우리는 생활 모든 곳에서 발견되는 성 편향을 과학에서도 확인한다. '과연 과학은 객관적인가'라는 질문처럼 '과학은 성 중립적인가'라는 질문도 우리가 과학의 세계에 들어갈 때 늘 만나는 질문이다.

성 인지적 관점에서 보면 과학도 역시 사회적으로 구성된다. 이는 실증주의 과학의 한계에 대한 포스트모던적인 고백이기보다는 그간 기대를 하고 지켜본 과학에 대한 실망의 표현이다. 여전히 과학은 성몰인지적이라는 것이다. 성 인지적 관점에서 보자면 과학은 여전히 성 편향적이며, 남성적인 영역이다. 과학적 지식, 연구 방법과 연구 주체, 연구 주제 그리고 연구의 표현까지 남성 중심으로 구성되어 있다. 다시 말해 과학의 영역에서 여성은 21세기 현재에도 아웃사이더이다. 그러나 문제는 여기에 그치지 않는다. 과학에서의 여성 배제, 특히 사회과학의 영역에서의 여성 배제는 단지 학문의 영역뿐만 아니라 성 편향적인 세상을 만드는 것에 기여하고 있다.

이를 위해 과학은 종종 여성차별의 정당성 근거로 이용된다. 그 전형적인 경우가 여성의 뇌가 남성의 뇌보다 8% 더 작아서 여성은 열등하다는 20세기 초의 독일인 뫼비우스(P. J. Möbius)의 연구이다. 그러나 오늘날의 과학은 뫼비우스의 연구가 틀렸다는 것을 말해 준다. 여성과 남성의 뇌는 차이가 나지만 그것이 우열의 기준을 따질 수 있는 것은 아니라는 점이다. 스펠크(E. Spelke)는 어린아이의 인지능력에 성별 격차는 확인되지 않으며, 격차는 교육을 통해 벌어지는 것이라고 했다(Spelke, 2005).

따라서 우리는 상식이나 편견과 연관되어 성몰인지성을 나타내는 과학적 연구를 지적하고, 이를 교정하며, 기존의 과학적 연구 결과를 재검토할 필요가 있다. 성 인지적 관점에서 과학적 작업을 하거나 기존의 연구를 재검토하는 일은 기존의 연구방법론인 실증주의 연구방법만으로는 한계를 가진다. 실증주의가 갖는 남성 편향과 그것에 반대하면서 생기는 또 다른 편향을 극복할 방법은 인식 주체의 관점을 함의한 여성주의 과학방법론이다.

이런 점에서 보자면 바버라 매클린톡(B. McClintock)이 보여 준 탈성차(脫性差)의 접근(비체), 도나 해러웨이(D. Haraway)가 기존의 학문을 '위치지워진 지식(situated knowledge)'으로 이해한 것은 큰 시사점을 준다. 없는 말로 세상을 표현할 수도 없고, 스스로 없는 주체로 주인공으로 삼을 수도 없다. 그러니 일단 과학이란 새로운 세계에 그간 배제되었던 여성의 공간을 열어야 한다.

과학기술정보통신부와 여성과학기술인지원센터의 「여성과학기술인력 활용 실태조사」(2017)에 따르면 2016년 여성과학기술인 재직 비율이 19.3%로 2006년 16.1%에 비해 증가했지만, 여전히 낮은 수준이고, 이들 중 보직자 비율은 8.6%로 2006년 6.3%보다는 늘었지만 낮은 수준이다. 한국의 대학 이공계열 입학생 중 여학생 비율은 28.7%이다. 이 수치도 과거보다는 증가한 수치지만 OECD 회원국 평균치인 34.0%에 못 미친다.

중요한 것은 점점 더 많은 여성과학자가 등장하고 있다는 사실이다. 배제된 공간에 여성이 들어간다고 성 편향이 없어지는 것은 아니다. 성 인지적 관점에서 조금씩 여성의 삶도 포함된 과학으로 전환하려는 노력을 해야 한다.

2. 자연과학의 발전은 여성에게 어떤 영향을 미쳤는가?

자연과학의 발전은 여성의 경제에 어떤 영향을 미쳤는가? 질곡에 빠진 여성의 족쇄를 풀었는가? 아니면 새로운 족쇄를 채웠는가? 우리가 과학기술이 발달하기 이전, 즉 산업화 이전과 이후 여성의 삶을 비교하면 적어도 족쇄를 푸는 열쇠를 제공했다고 할 수 있다. 자연과학의 발전이 처음부터 여성친화적인 것은 아니었다. 그러나 여성은 자연과학의 발전이 가져온 결과물을 통해 점차 새로운 삶을 살게 된 것은 분명하다. 특히 자연과학의 발전은 산업혁명을 가능하게 했고, 산업혁명은 여성을 물리적 힘의 한계에서 해방시켰다. 이처럼 자연과학의 발전이 여성에게 미친 영향을 살펴보면 다음과 같다.

❶ 여성이 물리적 한계를 극복할 수 있게 해 주었다. 과학의 발전이 가져온 공장제 기계 공업은 여성에게 시장노동의 기회를 주었고, 산업용 기계와 가사용 기계의 발명과 도입으로 여성이 육체적 노동의 한계를 극복했다. 남성만이 가능하던 시장노동을 여성의 힘을 빌려도 기계를 이용해서 할 수 있었고, 노동집약적이던 가사노동에서 노동을 절약시키는 기계를 사용해서 자본집약적 가계 내 생산이 가능하게 되었다.

❷ 과학의 발전은 가사노동을 사회적 노동으로 바꾸는 일을 가능하게 했다. 이와 같은 가사노동의 시장화 현상은 전통적인 가족 개념이 해체되고, 그간 가계가 생산하던 재화와 용역을 사회와 산업이 생산하게 했다. 여성은 점차 가사노동에서 해방되고 있으며, 홍콩 같은 나라에서는 부엌이 아예 없는 아파트도 등장하게 되었다. 가사노동의 결과물을 쉽게 시장에서 살 수 있게 되자 결혼의 필요성도 적어졌다.

❸ 여성에게 경제적 독립이 가능하게 했다. 특히 여성 시장노동이 가능해지며, 여성은 그간의 경제적 종속에서 벗어나 점차 경제력을 갖춘 독립적인 개인일 수가 있게 된 것이다. 이런 경제력은 여성에게 더 많은 것을 가능하게 했다. 재산의 축적, 자유로운 결혼, 정치 참가, 교육의 길이 열렸고, 이는 다시 과학기술을 발전시키는 원동력이 되었으며, 과학기술의 발전은 여성에게 더 큰 가능성을 주었다.

❹ 여성에 대한 사회적 편견과 생물학적 위계질서를 무너뜨렸다. 자연과학의 발전은 기존의 미신과 종교, 사이비 과학이 주장하던 남녀의 차이와 남녀 우열의 서열적 질서를 무너뜨리는 구실을 했다. 이처럼 오랜 역사를 통해 존재했던 생물학적으로 유전적으로 열등한 존재, 여성이란 고정관념도 과학의 발전으로 깨어졌다.

3. 가정용 내구재와 피임 도구의 발명과 여성의 경제

산업혁명이 일어나자 연관되는 산업전체에도 후속 혁신이 일어났다. 산업혁명의 핵심은 동력이다. 인간의 물리적 힘의 한계를 극복할 동력을 찾아낸 것이다. 이러한 기계의 발명은 자본주의의 발전과 함께 수많은 제품을 발명하고 생산했다. 공장의 기계뿐 아니라 전화, 자동차, 비행기, 기차 등은 물론 세상을 바꾸어 온 여러 재화가 시장에 쏟아졌다. 자본주의가 주목한 것은 단지 공장만이 아니었다. 사적 공간으로 치부되던 가정도 돈벌이의 대상으로 주목되었다. 아울러 값싼 여성 시장노동을 제공받기 위해, 더 많은 이윤을 남길 상품을 만들기 위해 가사노동의 대체재인 가전제품을 개발했고, 그간 여성이 손으로 하던 일을 대신해서 할 기계를 제공했다.

여성에게 가장 큰 변화를 준 제품은 세탁기였다. 세탁 노동은 상당히 물리적인 힘을 요구하며, 장시간 노동을 반복적으로 해야 하는 일이다. 한국에서도 산업화 이전 시냇가나 우물가 빨래터에 앉아 빨래하는 풍경은 전형적인 여성 노동의 모습이었다. 이처럼 여성의 세탁은 여성 일감의 상징이었다. 가정용 세탁기의 보급은 여성에게 자유 시간을 주었고, 가사노동에서 조금 수월해진 여성들은 시장노동을 할 수 있게 되었고, 경제력을 갖기 시작했다. 자신의 시간과 자신이 벌어 온 돈을 가지게 된 여성들은 세상의 전면에 나설 수 있었다. 냉장고와 같은 다른 가정용 내구재의 도입도 세탁기와 마찬가지 기능을 했다. 냉장고는 식사를 준비할 시간을 줄여 주었고, 식품을 보관할 수 있게 해서 식품 구매 시간도 줄였다.

이와 함께 과학의 발전은 여성들에게 임신과 출산의 책임에서 벗어날 가능성을 주었다. 피임 도구와 피임약의 발전은 여성을 원치 않는 출산과 육아에서 어느 정도 해방시키고, 계획적인 산아는 여성이 자신의 인생을 자신을 위해 설계할 수 있는 가능성을 열었다. 특히 피임은 단지 육아에서 자유로워진 것뿐 아니다. 잇단 임신으로 약해진 여성의 몸을 보호하는 작용도 했다. 피임이 가능해지자 여성은 더 건강하게 살 수 있었다.

피임과 함께 여성의 경제 활동에 큰 영향을 미친 것은 인공 수유의 가능성이다. 모유를 대체할 분유의 개발은 아기를 가진 엄마가 수유로 인해 시장노동을 하지 못하게 되는 상황을 어느 정도 막았다. 또한 임신과 출산 그리고 수유로 피폐해진 여성의 몸의 복원력을 크게 높였다.

물론 이런 과학의 선물이 이 세계 모든 여성에게 제공된 것이 아니고, 같은 나라에 살더라도 동일한 혜택을 받는 것은 아니다. 그러나 상대적으로 후진한 지역이라도 이런 과학발전의 혜택은 서서히 전달되었고, 이들 국가에서도 여성들은 과학의 수혜자로 사회의 전면에 나서고 있다. 따라서 여성권의 발전과 과학의 발전은 같은 방향으로 가고 있다고 할 수 있다.

또 다른 측면에서 과학은 여성들에게 더 큰 짐을 주었다고도 할 수 있다. 자본주의의 이윤추구와 과학의 발전이 결합한 상품의 소비는 구매력을 가진 경우에만 가능하다. 새로운 냉장고를 사기 위해서는 더 일해야 한다. 아이러니하게도 과학의 수혜를 입은 제품을 사기 위해 시장노동을 더 하는 상황이 펼쳐졌다. 동시에 인간이 노동으로부터의 소외를 경험하는 길을 열었다. 현재 인류는 시장노동을 해서 번 돈으로 가사노동으로 생산될 수도 있는 재화와 용역을 구입하는 일에 일생을 바치고 있다. 누군가의 이윤 창출을 위해 짜여진 기획 속에 삶이 통째로 매몰되어 있다.

4. 3차 산업혁명과 4차 산업혁명 그리고 여성의 경제

과학의 발전이 경제 시스템 전체를 바꾼 대표적인 사례가 산업혁명이다. 인류는 1차 산업혁명인 농업혁명과 2차 산업혁명인 에너지 혁명을 거쳐 21세기 현재에 도달했다. 물론 여성의 삶에서 가장 큰 변화는 2차 산업혁명이 가져왔고, 그 이후에야 여성은 점차 독립적인 주체로 경제 활동을 했다고 해도 과언이 아니다.

그에 못지않은 영향을 미친 것이 3차 산업혁명이라고 할 수 있는 20세기 후반의 정보통신혁명이다. 20세기에 진행된 3차 산업혁명은 이미 인신적인 자유를 확보한 여성들이 더 활발하게 경제 활동을 할 가능성을 열었다. 특히 IT와 컴퓨터를 기반으로 한 네트워크의 발전이 각 개인의 삶에 미친 영향은 다면적이고 특히 여성들에게 미친 영향은 지대하다. 여성 노동으로도 못할 것이 없는 사회가 되었다.

21세기 현재 세계는 4차 산업혁명을 치르고 있다. 자율형 자동차가 조심스럽게 도로를 누비고, 집마다 인공지능 셋톱박스 앞에서 TV를 틀라고 '지니야'를 외치고 있다. 앞으로의 과학은 인류에게 어떤 변화를 가져올까? 인간과 인간이 갈등하는 세상이 아니라 인간과 로봇이 갈등하는 세상은 열릴 것인가? 과학의 발전을 가져온 2차 산업혁명이 여성도 시장노동에 참여하는 것에 의의가 있다면, 3차 산업혁명(정보화)의 시대에는 여성이 산업의 주역이 되었다.

4차 산업혁명은 여성에게 어떤 세상을 열 것인가? 새롭게 열리는 4차 산업혁명의 핵심은 제3의 산업혁명(정보통신혁명과 탈산업화혁명)을 넘어선 새로운 주체인 사이보그의 등장이다. 앞으로의 과학의 발전이 어떤 세계로의 변화를 가져올지는 아직은 미지수이지만 분명한 것은 사이보그는 성별이 없다는 것이다. 성별 차이가 존재하지 않는 사회 '탈성차사회(脫性差社會)'에는 오히려 인간과 사이보그의 관계가 부각될 수 있다.

따라서 사이보그와 인간의 시대인 4차 산업혁명 시대에는 특히 소통과 공감 능력이 필요하다. 따라서 여성 노동이 경쟁력을 가질 수 있고, 여성의 경제 활동 기회를 넓혀 줄 수 있다. 해러웨이는 그런 사회가 도래하면 지금까지의 편향된 과학이 아니라 객관적 과학이 실현된다고 했다(해러웨이, 2002).

이처럼 앞으로의 과학의 발전은 우리에게 인종이나 성별, 국가를 넘어선 존재로 사이보그를 등장시킬 것이다. 이 기계와 유기체의 잡종인 사이보그 시대에 전통적인 남성 중심적, 서구 중심, 백인 중심의 패러다임은 해체되고, '테크노사이언스(technoscience)'의 사회가 열릴 것이다. 이 사회에서는 여성과 남성은 물론 모든 성을 가진 인간이 평등한 권리를 가지고, 환경 친화적이며 모두가 잘 살게 될 수도 있다. 그런 의미에서 과학의 발전은 인류와 여성들에게 새로운 가능성이며, 희망이다.

5. 한 걸음 더 나아가기 위해 무엇을 할 것인가?

우리는 과학이 열어 준 새로운 시대의 문 앞에 서 있다. 과학의 발전은 인류에게 기회인 동시에 위협이기도 하다. 새 시대에 맞게 여성권의 확보는 물론 여성의 경제 문제를 해결할 노력이 필요하다. 당장 세상의 끝을 파헤치거나, 성편향을 완전히 제거할 수 없고, 과학의 끝이 어디인지 알 수는 없지만 가능한 한 많은 여성이 과학의 영역에 참여해서, 과학의 결과물이 평등하게 제공되는 세상을 만들어 가야 한다. 2018년 한국 정부가 주도한 R&D 과제의 연구책임자는 총 4만 3천254명이다. 이 중 남성 비중은 83.2%이고 여성은 16.8%였다. 심각한 성비불균형이다. 과학적 연구는 객관성을 향한 과정이지만 어떤 연구자도 자신의 성별에서 완전히 자유로울 수는 없다. 여전히 금녀의 지역인 과학에 성비의 균형을 잡아 가야 한다. 이것이 가장 먼저 해야 할 일이다. 이러한 문제와 관련된 해결할 방안을 정리하면 다음과 같다.

❶ 먼저 여성과학자의 수를 늘려야 한다. 여성과학자가 있어야 과학기술의 발전이 여성에게 미칠 영향을 더 고려하여 개발하고, 기술개발의 방향도 바로잡을 수가 있다. 한국의 여성과학자가 적은 이유는 연구를 지속할 수 있는 사회적 환경이 조성되어 있지 못한 면이 크다. 여성과학자가 일·가정을 양립할 수 있는 사회적 여건이 마련되어야 한다.

❷ 과학이 여성에게 준 변화를 살펴보고, 이를 바탕으로 올바른 미래의 비전을 제시해 주어야 한다. 남성과 여성 사이의 위계적 권력관계가 가져왔던 과거 여성의 노동과 삶의 모습이, 앞으로 열릴 사이보그 시대에서 사이보그와의 위계적 권력관계로 재현되지 말라는 법이 없다. 무엇보다 중요한

것은 과학의 발전을 관리할 힘을 인간이 가져야 한다는 것이다. 이를 위해서는 먼저 인간 사이의 위계적 관계를 해체해야 한다.

❸ 과학은 객관적이고 가치중립적이라는 편견을 버려야 한다. 인간이 만든 창조물 중 가치중립인 것은 없다. 가치중립이라고 한다면 그것은 상대적인 개념이지 절대적인 것은 아니다. 기존 질서를 기준으로 정해지는 상대적 개념이라는 것을 인지해야 한다. 이런 과학의 성격을 오해하고 가치중립이라고 믿고 성 인지적 관점에서 관리하지 않으면 쉽게 다시 남성 중심의 과학체계로 회귀한다. 이에 대한 경각심을 가지고 성 인지적이고 인간적인 과학발전을 도모해야 한다.

❹ 과학을 사용할 법적 권한을 강화해야 한다. 가령 낙태의 경우 한국에서는 여전히 불법이다. 2019년 4월 낙태죄가 헌법재판소에서 헌법불일치라고 결정이 내려졌지만 아직 법 개정이 이루어지지 않고 있다. 법망을 피해서 이루어지는 임신중절수술은 여성에게 가장 큰 후유증을 남긴다. 현대 의학이 외과적 수술 외의 약물 복용 같은 방법을 개발했는데도 권한이 없어서 사용하지 못한다. 따라서 과학의 발전을 성평등하게 이용할 법적 권한을 가지는 것도 중요하다.

13장

...

폭력은 어떻게 여성의 경제에 영향을 주는가?

폭력은 상대방을 제압하려고 물리적인 힘으로 강압하는 행위이다. 즉 폭력은 개인이 개인에게 신체적·정신적 손상을 입히는 힘을 의미한다. 이런 폭력은 불법이다. 개인뿐 아니라 사회도 구성원에게 폭력을 행사한다. 가령 죄지은 사람을 교도소에 감금해 재교육 기간을 주는 것은 그 전형적인 형태이다. 이런 폭력은 합법이다. 이렇게 폭력에는 합법적인 폭력과 불법적인 폭력이 있다. 전자는 자신의 의지를 무조건 실현한 것이라면, 후자는 다수의 이익을 위해 합법하게 폭력을 행사하는 것이다.

폭력의 피해자는 상대적으로 관계에서 약자이다. 이 폭력 피해자 중에 가장 큰 범주가 여성이다. 왜 남성은 여성에게 폭력을 행사하는가? 남성이 여성을 통제하는 가장 간단하고 효과적인 방법이기 때문이다. 남성의 폭력은 남성의 권력 행사이며, 남성권력을 지지하는 가부장제를 유지하기 위한 여성 통제 행위이다.

13장에서는 폭력이 여성의 경제적 현실에 미치는 영향에 관해서 설명한다. 강한 쪽에서 약한 쪽으로 이루어지는 폭력문제는 여성문제의 핵심이다. 2017년 한국 강력범죄 피해자의 88.9%가 여성이다. 2016년 신고된 강간 피해자는 여성이 5천117명인데 남성은 31명에 지나지 않는다.

강한 쪽은 국가, 남편, 애인, 직장 상사, 시댁 등 사회적으로 힘 있는 모든 주체이다. 약한 쪽으로 흐른 힘은 약자인 여성을 이용하거나 희롱하거나 구타하거나 모욕하거나 강간한다. 어떤 성평등의 사안보다 여성에 대한 폭력을 멈출 방안을 당장 찾아야 하는 이유는 폭력은 무엇보다 강력하게 여성의 육체와 영혼을 병들게 하기 때문이다.

13장에서는 여성들이 겪는 폭력과 경제 문제를 다룬다. 무력이 공식적으로 인정되는 전쟁과 같은 폭력 상황이나 일상에서, 가계 내에서 벌어지는 가정폭력 또는 직장과 연인 사이의 폭력에 대해서 살펴본다. 그리고 이러한 폭력이 여성의 경제에 미치는 영향을 살펴본다. 특히 폭력과 강압은 기존의 사회 질서를 유지하는 기능을 하며 국가경제 전체 그리고 기업이나 가계 내에서의 경제적 불평등을 용인하게 한다. 그 결과로 발생하는, 늘 일하면서도 가난하고 거기에 육체적 폭력까지 당하는 여성의 상황에 대해서 집중해서 살펴본다. 마지막으로 문제의 해결을 위한 대안을 제시한다.

1. 왜 여성은 쉽게 폭력의 피해자로 전락하는가?

여성은 태어나서부터 무형·유형, 합법·불법의 폭력에 남성보다 쉽게 노출된다. 특히 피해 여성이 가해자가 생각하는 주어진 성 역할을 하지 않으면 가차없이 등장한다. 폭력의 가장 극단적인 형태인 살인, 특히 페미사이드(femicide: 여성살해)이다. '얼마나 잘못했기에 죽임을 당할까?' 그녀가 죽은 이유는 여성이었기 때문이다. 2016년을 한국 페미니즘의 원년으로 만든 강남역 살인사건은 여성이라서 죽임을 당한 전형적인 경우이다. 통계에 의하면 2016년 한 해 동안 한국에서 최소 82명의 여성이 친밀한 남성 파트너로부터 살해당했고, 살인미수로 최소 105명이 죽을 상황에서 벗어났다. 경찰청 범죄통계에서는 2011년에서 2015년 2천39명의 여성이 살해되거나 살인미수를 겪었다.

국제적으로도 마찬가지이다. UNODC(2018)의 「2018년 젠더기반 여성 살해 보고서」에 따르면 2017년에 총 8만 7천 명의 여성이 살해되었다. 이들 중 연인,

배우자, 가족 구성원에 의해 살해된 경우가 58%인 5만여 명에 이른다. 즉 여성에게 가장 위험한 곳은 사실 자신의 집이라는 것이다. 연인, 배우자, 가족에게 많이 살해되는 수는 대륙별로 아시아(2만 명), 아프리카(1만 9천 명), 아메리카(8천 명) 순이다. 가정폭력이 쉽게 은폐되고, 신고율이 낮다는 점을 고려한다면 피해자는 더 많을 수 있다.

2016년 '한국 여성의 전화'의 설문조사에 의하면 2015년 1천17명 응답자 중에 데이트 폭력을 경험한 응답자가 무려 61%이다. 데이트 폭력보다 더 심각한 것은 가정폭력이다. 가정이라는 사적인 공간에, 법적으로 구속된 사회적 관계 사이의 폭력은 더욱 폭압적이고 고통스럽다.

여성에 대한 폭력은 외양은 매우 사적으로 보이나 폭력이 성사되는 배경에는 어김없이 그 사회의 구조와 그 사회가 용인하는 성별 간의 권력관계가 작동하고 있다. 왜 폭력을 당하는가? 약하기 때문이다. 그리고 약한 자는 때려도 된다는 사회적 분위기가 동조하기 때문이다. '북어와 여성은 사흘에 한 번 때려야 한다!'라는 폭력적인 속설은 한국 사회 남녀 관계의 진면목을 바로 보여 준다.

이런 물리적이고 직접적인 폭력 이외에도 한국 사회에는 현재 사이버 폭력이 난무하고 있다. 성관계나 타인의 신체를 불법촬영하여 사이버 공간에 올리는 일, 단톡방에서의 공공연한 성희롱 등의 사이버 성폭력은 IT 강국 한국답게 스마트폰의 보급과 네트워크의 확장과 함께 크게 늘었다.

대검찰청의 통계에 따르면, 사이버 성폭력 범죄는 2005년 341건에서 2014년 6천735건으로 10년 사이에 20배나 증가해 전체 성폭력 범죄에서 차지하는 비중도 같은 기간 3%에서 24%로 높아졌다고 한다. 2014년 이후 사이버 성폭력은 더 증가했다. 최근 여성폭력의 범주는 더 넓어져 디지털 성폭력에서 데이트 폭력까지 총망라되었다. 특히 여성의 사회활동이 늘면서 강력범죄 노출도 심해졌다. 2016년 기준 여성의 50.9%가 안전에 대한 불안을 느끼는데 이는 남성 40.1%보다 10.8%p 높다. 남성 1인 가구의 주요 불안 요인이 국가 안보라면 여

---

1 젠더 기반 폭력이란 'gender based violence'로 여성폭력 'violence against women'보다 남성피해자도 포함된 포괄적인 개념이다. 2018년 「여성폭력방지기본법」이 제정되었는데 폭력 피해자를 여성으로 한정한 것을 두고 사회적 공분이 있다. 13장에서는 여성피해자의 상황만 집중해서 설명했다는 것을 밝힌다.

성은 범죄 발생을 무서워한다.

폭력의 전형적인 형태는 남편이 아내를 가해하는 가정폭력이다. 가정폭력에 대해서는 권력과 통제 가설이 주도적 담론이었다(Pence and Paymar, 1993). 여성에 대한 지배욕이 가정폭력의 주요 요인이라는 것이다. 그러나 모든 여성이 가정폭력에 동일하게 노출되어 있지는 않다는 점에서 가정폭력은 좀 더 사회적 배경에 대한 관심을 가지게 한다. 한국에서 현재 이주여성에게 벌어지는 가정폭력은 교차성 문제를 다시 생각하게 한다.

가정폭력의 사회적 배경에는 자본주의와 가부장제의 중첩적 모순이 결합되어 있다. 가정이라는 지극히 사적인 공간에, 법적으로 부부로 묶인 아내와 남편이라는 관계에서 발생하여 은밀하면서도 지속적이고 그래서 더욱 폭압적이다. 가정폭력은 단지 물리적인 형태의 폭력도 문제이지만 더 심각한 것은 정서적 폭력이다.

오랜 기간 독립된 공간에서 가해진 가정폭력은 부부만이 아니라 자녀까지도 폭력에 노출한다. 여성들은 '내가 더 노력하면 되겠지'하고 관계를 유지하는 경향이 있다. 그러나 가정폭력은 노력으로 해결될 문제가 아니다.

또한, 직장 내에서도 여성에 대한 폭력이 이루어지고 있다. 이는 대개 위계에 의한 폭력이다. 한국 여성 노동자회의 실태조사에 따르면, 직장 내 성희롱 행위자의 61%가 상사이며 23%가 회사 사장이다. 이처럼 자신의 위계적 지위를 이용한 경우가 가해자의 84%인 것이다.

문제는 여기에 그치지 않는다. 피해자가 이에 대해 이의를 제기한 경우 이차 피해가 이루어지고 있다. 문제를 제기한 피해자의 57%가 불이익을 당했고, 72%가 회사를 그만두게 된다. 이는 무엇보다 분명하게 한국 여성의 현실을 보여 준다.

이렇게 여성이 폭력에 노출되는 이유는 여러 가지가 있겠지만 무엇보다 성차별적 문화를 가장 중요한 요인으로 볼 수 있다. 몰성적 사회적 규범이 잘못된 성 인식을 심어 주고, 피해자가 경제적으로 가해자에게 의존해야 할 경우 폭력은 쉽게 언제나 일어날 수 있다. 남편에게 경제적으로 종속된 전업주부는 폭력 남편을 떠나기 어렵고, 돈을 벌어야 하는 하위 여직원은 상사의 폭력에 쉽게 노출된다.

이처럼 여성폭력은 경제적인 불평등을 배경으로 한다. 폭력을 통해서 남성은 여성에 대한 지배력을 높이고, 여성이 차별과 억압에 저항하지 못하게 한다. 자신이 이겨 나갈 수 있다고 생각하면 폭력에 반격을 가할 수 있지만, 그렇지 못할 경우는 폭력적 상황 속에 함몰되게 마련이다.

이런 폭력이 힘의 불균형에서 온다면 그 불균형은 성차별에서 온다. 따라서 폭력 근절을 위해서 차별을 해소해야 한다. 가장 중요한 것은 경제력의 균형이다. 여성의 경제적 자립은 가장 중요한 선결조건이다. 따라서 임금격차를 해소하고, 근로조건을 개선하며 저임금에서 여성을 탈출시켜야 한다. 폭력은 피해자의 복종과 순응을 요구한다. 저임금은 폭력을 낳고, 폭력은 저임금에 순응시킨다.

<표 13-1> 여성긴급전화 1366 상담 건수 현황 (단위: 건)

	2014	2015	2016	2017	2018
가정폭력	13만 7,560	15만 9,081	16만 4,937	18만 326	18만 9,057
성폭력	1만 7,007	1만 6,239	1만 6,526	2만 1,470	2만 7,683
성매매	3,070	3,046	2,647	3,405	3,890
데이트폭력	1,591	2,096	4,138	8,291	1만 3,289
기타	10만 6,564	9만 3,764	7만 8,653	7만 5,540	11만 8,350
합계	26만 5,792	27만 4,226	26만 6,901	28만 9,032	35만 2,269

자료: 여성가족부.

위의 <표 13-1>은 한국의 여성폭력전화 상담 실태를 보여 준다. 2018년 1366(여성긴급전화)의 상담 건수는 총 35만 2천 건이다. 이 중 가장 많은 것이 가정폭력 53.7%(18만 9천 건)이다. 그리고 성폭력 7.9%(2만 7천 건), 데이트 폭력 3.8%(1만 3천 건), 성매매 1.1%(3,890건)이다. 상담 건수가 2017년에 비해 각 항목의 증가율은 성폭력(28.9%), 성매매(14.2.%), 데이트 폭력(60.3%), 가정폭력 (4.8%)으로 증가했다. 이는 2016년 이후 우리 사회가 데이트 폭력에까지 점차 민감해지면서, 여성에 대한 폭력에 더 적극적으로 대응한다는 것을 알 수 있다.

2. 전쟁은 여성의 경제적 삶에 어떤 영향을 주는가?

전쟁은 대립하는 국가나 집단 간에 군사력 및 각종 수단을 써 상대를 제압하는 행위로 폭력의 집합체이다. 따라서 전쟁이란 폭력은 인간을 동원하고, 갈취하고 폐기한다. 이처럼 전쟁의 기본적인 외향은 폭력이다. 전쟁이 가져다주는 첫 번째 결과는 여성에게 폭력을 행사한다는 것이다. 직접 전쟁에 나서지 않아도 갈취당하고 폐기되는 대표적인 집단이 여성이다. 따라서 전쟁은 늘 가장 강력하게 여성을 강제하는 폭압의 결정체이다. 사실 전쟁이라는 국가적 폭력의 1차적 피해자는 늘 여성이나 어린이였다. 가부장적 권위주의와 폭력은 전시에 극대화된다. 공동체 전체가 폭력적 상황에 놓이게 되고 아군의 승리를 위해 전 사회가 동원된다.

따라서 상대적으로 약자인 여성에 대해서는 우군이나 적군으로부터 가혹한 학대가 이루어졌다. 이 학대는 대개 성폭력으로 이어졌고, 혹 점령되면 상대편 군인에게 강간당하였다. 전시 상황이 바뀌면 적군이거나 이념이 다른 이들과 연계된 여성은 아군이 응징했다.

이처럼 여성들은 전쟁의 직접적인 폭력에도 피해를 보았지만, 전쟁의 위기상황 속에서 시민들의 묵언의 동의 아래 여성에 대한 폭력이 이루어졌다. 군인들이 사기 진작의 이름으로 여성을 짓밟는 일이 비일비재했다. 이처럼 공식·비공식으로 전쟁의 일차적 피해자는 여성이었다. 잘 아는 사례가 일제 강점기의 일본군 '위안부'이다. 한국 여성은 일본군 '위안부'라는 성노예로 끌려다녔고, 그곳에서 일본군의 명령에 복종하지 않으면 생명의 위협을 받았다. 전쟁이 끝난 후에 한국 사회는 그들을 온전한 한국인으로 받아들여 주지 않았다. 그 존재 자체가 집안의 망신이고 국가의 망신으로 여겼다.

여기서 중요한 점은 이런 전쟁 피해자를 보는 사회의 인식이 나라마다 다르다는 것이다. 어떤 사회는 피해자를 보듬고, 어떤 사회는 피해자를 몸 버린 여성 취급하면서 버린다. '환향녀'라고 부르며 피해자를 폄해한 오랜 역사가 말해주듯이 한국 사회는 일본군 '위안부'의 경우처럼 이들 전쟁 피해자 여성을 외면하고 부끄러워하고 내팽개쳤다.

전쟁의 두번째 결과는 시장노동참여이다. 전쟁은 여성에게 산업 전면에 나설 기회를 준다. 집안사람 취급하며 가계 내에 꽁꽁 묶어 놓았던 여성을 가정 밖으로 나오게 한 시기도 어느 나라 할 것 없이 전시였다. 군인으로 동원된 남성을 대신하여 후방에서 생산을 담당해야 했기 때문이다.

산업화 이전 시대에는 남성 노동이 떠난 농장에서 여성이 농사를 지었다면, 산업화 이후 특히 제1차 세계대전 이후에는 건설 노동자, 군수공장 노동자, 운전사, 영업직 노동자, 은행원, 농부 등으로 전 산업부문에서 생산을 담당했다.

미국의 남북 전쟁으로 여성의 지위가 50년 당겨졌다는 클라라 바튼의 주장처럼 전쟁은 여성에게 이처럼 기회의 장이기도 했다. 한반도에서 일어난 6·25전쟁도 한국 여성들에게 특별한 경험을 선사했다. 전쟁의 소요 물자를 채우고, 가계를 책임지기 위해 여성들은 시장노동을 하게 되었고, 남성처럼 전쟁에 동원되기도 했으며, 전쟁 후에는 미군 위안부로 살기도 했다. 이후 제주도에서 일어난 4.3항쟁 때는 도망간 남편을 대신해서 아내들을 죽였다. 이처럼 전쟁은 성 역할을 무너뜨리는 기능도 했다. 가장이던 남성들이 사망하자 여성들이 남성의 사회적 성 역할도 했다.

세 번째, 전쟁의 결과에 대한 분배에도 배제되었다. 즉, 전쟁 이후의 사농공상에서 여성의 몫이 철저히 배제되었다는 점이다. 흔히 여성의 전쟁은 '감추어진 전쟁'이라고 한다. 역사에 여성이 드러나지 않듯이 전쟁도 남성의 공으로 계산되고 평가되었고, 포상되었다. 그러나 실제 남성들이 일으킨 전쟁을 가장 힘겹게 겪고, 이겨나가고, 그 사회를 보듬어 존속하게 한 사람들은 후방에 남은 여성들이었다.

3. 연인 사이의 폭력을 경제적 관점에서 어떻게 설명할 수 있는가?

사랑해서 시작한 관계인데, 힘의 불균형 속에 강자가 원하지 않는 상황이 되면 강자는 물리적 힘으로 자기 뜻을 관철한다. 흔히 말하는 데이트 폭력이다. 사실 한 발 더 들어가 연인들의 관계를 살펴보면 겉으로는 아름다운 그들의 관계 속에도 성별관계의 불균형에 따른 갈등이 도사리고 있다. 물론 연인 간의 갈등은 서로 이질적인 사람이 만나서 마음을 맞추는 일이라서 한편으로는 당연하다. 그러나 우리가 주목하는 것은 왜 이 갈등이 폭력으로 나타나는가 하는 것이다. 이는 남녀 사이의 힘의 불균형에 의한 약자에 대한 폭력이기 때문이다(김보화, 2017).

<표 13-2> 한국의 데이트 폭력 실태

	통제	신체적 폭력	언어/정서/경제적 폭력	성적 폭력
비율(%)	62.6	18.5	45.9	48.8
응답자 수(명)	637	188	467	496

자료: 한국여성의전화(2016).

데이트 폭력을 경제적 측면에서 접근해 보자. 남녀가 만나는 과정에서 발생하는 비용을 남성이 지불하면서부터 불균형은 시작된다. 흔히 '내 여인이 되었다는 것' 자체가 인간에 대한 인간의 소유권을 인정하는 것이다. 그리고 이 같은 경제적 부담을 지불한 남성은 여성에 대한 지배를 인정받았다고 여긴다. 이에 비해 여성은 남성의 경제적 부담을 쉽게 생각하는 경향이 있다.

이 과정에서 흔히 남성은 본인의 여성에 대한 지배력을 확인하려, 아니면 여성에게 순종을 받아 내려고 폭력을 가한다. 이 폭력은 심리적일 수도 있고, 물리적일 수도 있다.

위의 <표 13-2>의 한국의 데이트 폭력 실태는 '한국여성의전화'가 2016년 9월 데이트 폭력의 실태를 데이트 경험이 있는 만 18세 이상 성인(총 2,031명)을 대상으로 온라인 설문조사를 진행한 것이다. 그 결과 전체 설문 답변자 1,082명 중 여성 1,017명의 62.6%가 최근 데이트 폭력(신체적, 정신적, 경제적, 통제적, 성적 피해) 경험이 있다고 응답했다고 한다. 그러나 이 중 데이트 폭력의 신고율은 폭력 발생의 5% 미만이라고 한다.

위에서 설명한 것처럼 우리는 이러한 데이트 폭력 발생 원인을 남녀 사이의 힘의 불균형으로 본다. 물리적 힘이나 경제적 힘의 불균형뿐만이 아니다. 사회적 인식의 불균형도 작용한다. 즉 잘못된 남성 우월의식도 폭력의 배경으로 작동한다. 경제적 측면에서는 남녀 간 데이트 비용 문제를 생각해 보아야 한다.

성매매 여성에게 금전의 대가로 몸을 지배하려 하듯이 남성은 데이트 비용을 지불하면서 연인에 대한 자신의 지배력을 요구한다.

이는 요즈음 한국 남성이 소득이 많지 않아서 연애를 포기한다고 생각하는 것과도 일맥상통한다. 여기에 살인까지 하는 이별 범죄의 잔혹성이 한국 연인 관계의 현주소이다. 물론 여성이 데이트 비용 분담을 했을 때도 폭력이 발생할 수도 있다. 폭력적 관계가 형성되고 거기서 여성이 빠져나오지 못하면서 여성이 오히려 데이트 비용을 지불하는 현상도 발생한다.

데이트 폭력을 방지하기 위해서는 여성에 대한 폭력이 엄연히 범죄라는 사회적 인식이 생겨야 한다. 또한, 여성의 경제적 자립과 비용의 공동 부담 등의 자구책이 필요하다. 이런 문제의 근본적인 해결 없이는 물리적 힘의 열위에 있는 여성은 쉽게 폭력의 피해자가 될 수 있다.

4. 가정폭력의 발생과 여성의 경제력 사이에는 어떤 상관관계가 있는가?

함무라비 법전에는 "남성에게는 그의 아내를 벌할 권한이 있다"라고 쓰여 있다. 이런 야만적 규정은 당시나 지금이나 분명한 현실로 작동하고 있다. '매 맞는 아내'인 피해자 본인뿐만 아니라 가해자도, 자녀도 모두 행복할 수 없다. 남녀는 동등한 관계여야 사랑이 가능하다. 만약 가정 내에 힘의 불균형으로 폭력적 상황이 연출되면 여성은 물론 자녀와 때리는 남편 모두 위기에 빠진다. 이렇게 가정폭력의 결과는 가족 공동체 모두의 정신적이고 육체적인 파탄이다.

한국의 가정폭력 발생률은 매우 높다. <표 13-3>에서 보듯이 매년 증가하고 있다. 2013년 1만 6천8백75건에서 2016년 4만 65천619건으로 3배가 늘었다. 이렇게 한국에서는 가정폭력이 흔한 보통 일이 되었다. 더욱이 가정폭력은 타 범죄에 비해 재범률도 높다. 2018년 한국은 가정폭력범을 현행법으로 체포할 수 있게 형사소송법을 바꾸었다.

<표 13-3> 한국의 가정폭력 발생 건수와 검거 현황

연도	발생 건수	검거 인원	재범 인원	재범률(%)
2013	16,875	18,000	2,131	11.8
2014	17,557	18,666	2,072	11.9
2015	40,828	47,543	2,336	4.9
2016	45,619	53,511	2,033	3.8

자료: 경찰청 「범죄통계」.

이러한 가정폭력 배후에는 폭력을 통해서라도 상대방을 지배하려는 권력욕이 작용한다. 그러나 인간은 폭력을 통해 지배되지 않는다. 더욱이 사랑하는 사이의 폭력이란 설득은커녕 관계의 유지가 불가능하다. 일시적 실수로 여겨달라는 남성들의 바람과는 달리 매 맞는 아내는 결코 예전의 관계로 돌아갈 수 없다. 폭력은 양자 모두에게 깊은 후유증을 남기며, 이 후유증은 또다시 폭력적 상황을 연출한다.

이런 야만적 상황을 사회가 어떻게 받아들이는가는 매우 중요하다. 가정폭력에 대한 인식은 인권의 나침판 기능을 한다. 만약 용인되는 사회라면 구성원 모두 성불평등을 용인하고, 인간에 대한 사회적·경제적 편견이 작동하는 사회라는 징표이다. 그런 사회에는 인권이 없다.

왜 이런 폭력이 발생하는가? 남성과 여성의 배우자 간의 사회경제학적 지위의 불균형이 가정폭력에 영향을 미친다는 것이 그간 지속해서 제기된 이유이다. 남녀 간의 경제적 권력관계에서의 '권한 부여(empowerment)'와 가정폭력에 관해서 많은 연구가 있었는데 대표적인 학자가 존슨(M. P. Johnson)과 카우키넨(C. Kaukinen)이다(Johnson, 1995; Kaukinen, 2004). 가정폭력에 대한 가설은 '결혼의존성론(Marriage dependency theory)'과 '스트레스-좌절론(Stress frustration theory)'으로 나누어 볼 수 있다. 결혼의존성론은 가부장적·전통적·사회적 지위를 가진 여성이 폭력에 더 노출된다는 것이다. 스트레스-좌절론은 경제적 어려움이 가정폭력의 요인이라는 이론이다. 특히 실업이나 빈곤이 원인이 된다. 현실에서는 이 두 가지가 다 적용된다고 할 수 있다.

이런 가설은 김은영·윤민우·박선영(2013)이 확인했다. 연구 결과 경제력과 폭력 사이에 부분적으로만 양의 상관관계가 있다고 했다. 이들의 다중회귀분석에 따르면 여성의 폭력 수용성, 남편의 음주와 빈곤이 주요 요인이었다. 아울러 여성의 학력이 낮을수록, 신체적 폭력에 노출된다고 한다. 정서적 학대는 여성 저학력—남성 고학력의 격차가 원인이 된다. 부부 갈등, 가족 문제, 경제 문제, 부채, 대화 단절, 음주, 폭력성 등 여러 원인이 복합된다.

이 같은 가정폭력이 반복되는 상황에도 아내가 남편을 떠나지 못하는 가장 큰 요인은 경제적 무능력이다. 따라서 가정폭력이 단절되기 위해서는 여성의 경제적 자립이 가장 시급하다. 자활을 돕는 일자리 알선과 생활비 지원은 물론 직업 훈련이나 창업 자금 지원 등으로 가해자로부터 독립해 살 수 있게 해야 한다.

가정폭력의 해결책은 법의 제정만으로는 부족하다. 한국은 사실 「가정폭력방지 및 피해자보호 등에 관한 법률」을 제정해서 지원하고 있지만, 폭력은 근절되지 않고 있다. 여전히 여성에 대한 폭력의 법률적 정의조차 분명히 내려져 있지 않고, 이를 담당하는 정책의 총괄적 책임자도 분명하지 않다. 떠나지도 떠날 수도 없는 여성을 떠날 수 있게 해 주는 것이 폭력방지를 위한 사회의 역할로 절실하다. 무엇보다 중요한 것은 폭력 피해 여성의 경제적 독립이다. 매 맞는 아내를 경제적으로 자립시켜 자유로운 주체로 변환시키는 것은 가장 근본적인 해결방안이다(Kaukinen, 2004).

5. 성폭력은 어떤 경제 결과를 여성에게 남기는가?

여성에게 가해지는 폭력 중에 가장 깊은 상처를 남기는 것이 성폭력이다. WHO에 따르면 전 세계 여성 35%가 성적 폭력을 경험한다. 한국의 성폭력 피해자는 대검찰청 자료에 의하면 2007년 1만 2,718명에서 2017년 2만 9,292명으로 10년 사이 두 배 이상 증가했다. 성폭력은 사랑이라는 가면을 쓰든 위력에 의한 강제이든 피해자의 삶을 송두리째 파괴하는 중대한 범죄이다. 그런데 놀라운 것은 한국에서 가해자의 70%는 피해자가 알고 있는 사람이라는 점이다. 이

는 성폭력 이후에도 여성이 지속해서 이차 피해를 볼 수 있다는 것을 말한다.[2]

<그림 13-1> 2016년 성별 범죄 피해자 현황

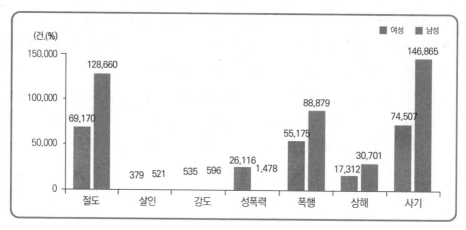

자료: 대검찰청, 「범죄분석」.

아울러 성폭력은 경제적으로 무능력하고, 직장과 사회에서 지위가 낮은 여성일 경우에 더 많이 발생한다. 성폭력을 당한 여성은 정신적·육체적 후유증에 빠져 정상적인 사회생활을 하기 어렵다(Kaukinen, 2004). 따라서 이런 여성은 경제적 성취를 이룰 수도 없고, 가족이나 친지와 교류를 끊음으로써 외톨이가 될 수 있다. 스스로에 대한 모욕감과 사회적 낙인에 대한 두려움, 패배감으로 자포자기 상태가 되어 성매매 여성이 되는 경우도 다반사이다. 가난이 성폭력의 원인이 되고, 그 성폭력이 다시 가난으로 내모는 악순환이다.

---

2 물론 남성도 성폭력을 당한다. 그러나 2016년의 통계로 보아 절도, 살인, 강도, 성폭력 등 형법범 주요 범죄 중 성폭력 피해자는 여성이 남성보다 약 17배나 많아서 성폭력의 피해자는 여성이라고 규정하는 것이 사실에 부합한다. 〈그림 13-1〉를 참고할 수 있다.

6. 한 걸음 더 나아가기 위해 무엇을 할 것인가?

폭력은 자신의 의사를 물리적 강압으로 관철하려는 방법이다. 그리고 폭력이 성사되려면 힘의 불균형이 이루어져야 한다. 그런 의미에서 남성의 여성에 대한 폭력은 남성과 여성의 힘의 불균형을 배경으로 한다. 이런 불균형의 기반이 가부장제이다. 이 관계가 허락하는 성별관계의 남성 편향이 계기에 따른 폭력을 방조한다.

따라서 가장 근본적 해결책은 성별관계의 균형을 잡는 것이다. 이를 위해서는 다음과 같이 노력하자.

❶ 폭력을 개인 간의 일이 아니라 사회적인 일로 보고, 폭력이 사회 속에 어떻게 행해지는지를 적극적으로 공개해야 한다. 또한 폭력이 물리적 힘의 행사를 넘어 다양한 형태로 나타나는데 이를 분명히 분석하고 관리하는 작업이 필요하다.

❷ 폭력을 쉽게 생각하는 사회의 인식이 바뀌어야 하고, 그에 따른 삶의 내용이나 목적에도 성평등적인 대책을 세워야 한다. 여성의 존재를 동등한 인간으로 보는 사회적 기준이 현실 속에서 나타날 수 있도록 해야 한다.

❸ 폭력방지를 위한 교육을 해야 한다. 남성이 물리적인 힘으로 여성을 제압할 수 있다는 판단과 폭력을 실현하는 행동을 하는 경우, 이는 본인이 삶속에서 직간접적으로 체험했기에 가능하다. 따라서 폭력에서 해방되기 위해서는 폭력을 강요하고 조장하는 영상이나 서적뿐 아니라 사회문화 자체를 비폭력적 문화로 바꿔 나가야 한다.

❹ 국가는 폭력에 대한 처벌을 확실하게 함으로써 가해자에게 죄를 지으면 벌을 받는다는 인식을 심어 주어 여성을 보호하는 의무를 다해야 한다. 특히 재발이 우려되는 성폭력 사범에 대한 엄중한 처벌과 동시에 물리적 폭력이 일어나는 것을 불가능하게 격리의 전략을 써야 한다. 단기적으로는 당장 폭력적 상황에서 여성을 격리할 시설과 재원이 필요하다. 특히 가정폭력범죄의 처벌 등에 관한 특별법의 조항을 개인보호로 바꾸고 상담조건부 기소유예제를 폐지해야 한다.

❺ 여성의 경제적 자립이 무엇보다 중요하다. 경제적 독립이 없이는 폭력적

관계에서 해방될 수가 없다. 이를 위해 폭력 피해자 여성에 대한 치유와 함께 기술교육이나 창업지도 등을 통해 자립의 기반이 제공되어야 한다. 폭력은 인간에게 신체적이거나 정신적으로 깊은 후유증을 남긴다. 이를 치료할 쉼터나 치유센터, 의료기관의 확보도 필요하다.

❻ 폭력의 근원은 힘이고, 이 힘이 사회적 외향을 가지고 작동하는 것이 가부장제이다. 여성에 대한 지배를 배경으로 한 가부장제의 해체 없이 여성에게 행해지는 폭력이 근본적으로 해결될 수 없다. 양성평등의 사회로의 전환이 폭력을 최소화하는 근본적인 방안이다.

14장

• • •

권력은 어떻게 여성의 경제를 관리하는가?

    권력은 대상을 지배할 수 있는 권리를 가지거나 힘을 가지는 것을 의미한다. 권력은 권력의 지속을 위해 권력을 사용한다. 먼저 지적하고 싶은 것은 권력은 권력 자체를 지켜야 존재가 유지되므로 근본적으로 보수적이라는 점이다. 따라서 늘 지배 기득권의 이익을 쉽게 대변한다. 또한, 권력은 자신의 힘을 발휘할 대상이 있어야 존재하므로 반드시 지배 대상을 필요로 한다. 세상을 지배하는 권력을 크게 두 가지로 나누면 하나는 정신적 세계를 다스리는 종교권력이고 다른 하나는 현실 세계를 다스리는 국가권력이다.

    우리가 14장에서 집중해서 살펴보는 권력은 현실 세계를 지배하는 국가권력이다. 이 국가권력이 여성의 경제에 미치는 관계를 설명한다. 이러한 국가권력은 크게 입법, 사법, 행정 세 가지 측면으로 나누어 볼 수 있다. 국가는 사회의 기존 질서를 지키기 위해 이 세부 권력을 동원하고, 공동체 구성원의 삶에 강제적 규율을 정한다.

    국가는 발생하는 사회적 갈등을 정치적 조정과 법의 힘으로 통제한다. 따라서 우리가 14장에서는 권력이 여성의 경제를 어떻게 관리하는가 하는 것과 권력이 현실화된 법과 제도가 어떻게 여성을 통제하며, 배제하는가를 보는 것이다.

따라서 먼저 세상의 생산과 분배를 총괄하는 주체인 국가권력과 여성의 경제 문제를 살펴본다. 먼저 국가는 여성에게 무엇인지를 국가의 정체성을 통해 살펴본다. 다음으로 정치와 여성의 문제를 살펴본다. 그리고 이런 정치적 행위에 어떤 문제가 있는지를 알아보고, 이러한 권력이 여성에게 미치는 경제적 결과를 설명한다. 마지막으로 여성이 권력을 가질 수 있는 대안에 대해서 논의하며, 문제의 해결을 위한 방안을 제시한다.

1. 국가는 여성에게 무엇인가?

국가는 가장 큰 사회적 관계의 테두리이다. 일정한 영토와 국민을 가지고 있고, 구성원에게 통치권을 행사하는 사회집단이며, 공권력을 가진 권력의 정점이다. 국가의 구성원은 무수히 많은 사회적 관계를 맺고 있다. 이 사회적 관계 중에 가장 근본적이며, 가장 기초적인 관계가 그 나라 국민 사이의 성별관계이다. 이 성별관계의 성격에 따라 국가가 남성과 여성을 통치하는 방식이 결정된다.

이런 의미에서 국가는 결코 성 중립적 조직이 아니다. 그 사회의 성별관계의 특징이 반영된 제도이다. 이 제도 중에 가장 보편적인 제도는 가부장제다. 따라서 권력을 성평등적으로 재편하는 작업은 가부장제를 재편하는 작업이며 가부장적인 국가를 재편하는 작업이다.

그런데도 흔히 국가를 성 중립적인 대상으로 이해하고, 경우에 따라서는 그런 이해가 강요되기도 한다. 그러나 인간 사회의 가장 기본적인 권력관계인 성별관계의 기반 없이 국가는 존립할 수도 없다. 국가를 지탱해 주는 주춧돌은 헌법이다. 이 헌법이 가부장적 구조를 가진다면 그 나라 성별관계가 가부장적 형태를 가지는 것이고, 그 속에서 국가와 여성의 관계는 그에 따라 정리된다. 여기서 국가주의 문제를 짚고 가자.

여성에게 국가는 그나마 불평등한 권력관계를 바로잡아 줄 보루이다. 포스트식민주의[1]의 주장처럼 국가는 내부에 식민지를 두듯이 여성을 대한다. 내부 식민지인 여성은 의사 결정을 하는 대표적인 자리에 가지 못하고, 일해도 남성보다 적은 보수를 받는다. 다양한 무임금 노동, 가사노동은 여성의 몫이다. 이 상황에 국가는 이를 교정할 공권력을 사용하지 않는다면 사실 '여성들을 위한 나라는 없다!'

현실이 이러하니 국가를 어떻게 바라볼 것인가에 대한 여성주의 내의 국가 논쟁이 있었다. 성 인지적 관점에서 국가를 바라보는 시각은 다음과 같이 정리된다(홍태희, 2004b).

❶ 국가는 남성들의 계약으로 만들어졌다. 국가는 국가의 구성원들이 모여 자유계약에 의해 만들어졌다는 자유주의적 국가 이해를 성 인지적 관점에서 비판하며, 이 자유계약이 남성들 사이의 계약이라는 점을 강조하고 국가의 몰성성을 비판하는 관점이다.

❷ 국방의 의무와 시민권에 여성이 배제되었다. 근대국가의 형성과 군사력의 관계에 집중하며, 국방의 의무를 하지 않는 여성은 근대국가 시민권리에서 배제되어 있다는 것을 강조하는 관점이다.

❸ 국가의 정책 결정과 시행에서 여성이 배제되었다. 근대시민국가 성립으로 여성도 국민이 되었지만, 아직도 정책을 결정하거나 시행할 경우에 여전히 성 편향이 나타난다는 것을 강조한 관점이다.

위의 국가 논쟁에서 어떤 점이 강조되든지 공통으로 주목하는 것은 국가권력에서 배제된 여성을 어떻게 이해하느냐는 점이다. 성 인지적 관점에서 보자면 각 국가의 과거와 현재에 여성의 존재는 합당한 인정을 받지 못한다는 점이다. 어느 국가에서나 여성은 주류에서 배제되고 부수적이며 보조적으로 존재한다.

---

1 포스트식민주의(post colonialism)는 탈식민주의로도 번역되는데 지배와 억압의 식민 상황에 대한 저항과 형식적으로는 식민 상황이 끝났어도 여전히 지속되는 지배 이데올로기에 대한 지적을 총칭하는 개념이다.

2. 국가는 여성들을 어떻게 관리하는가?

현재 세계 어느 나라에서 나타나는 성별 임금격차만을 보더라도 국가가 여성을 어떻게 대하는지 알 수 있다. 이는 단적으로 대부분 국가에서 여성은 국가 내에 이등 시민으로 내부 식민지 노릇을 하고 있다는 것을 보여 준다. 이 식민지의 작동이 가능하기 위해서는 힘의 불균형을 배경으로 하는 성별관계가 그 작동 축으로 작용하며, 각 사회가 지지하는 가부장제가 뼈대를 만든다. 이 가부장제를 기본으로 한 공동체 속에 여성 억압적인 문화와 제도가 장착된다. 그러면 어떤 여성도 여기서 빠져나올 수 없다.

이런 질곡을 깨고 여성이 온전한 시민권을 행사하려는 시도는 여성참정권 운동, '서프러제트(Suffragette)'로부터 시작되었다. 그리고 1893년 뉴질랜드에서 최초로 '여성투표권(voting right of women)'을 행사할 수 있었다. 이후 2015년 사우디아라비아가 마지막으로 허용하면서 전 세계 여성들은 참정권이 있다.

이렇게 해서 정치적 권한을 행사하려는 여성들의 염원이 실현된 것은 물론 국가의 인권이 발전할수록 여성친화적인 복지국가로 발전해 간다. 그러나 법적이고 표피적인 변화가 있다고 해도 국가 내부에 작동하는 현실의 불균형한 역학관계와 그에 따른 억압관계는 실질적으로 변하기 어렵다.

이렇게 여성이 막상 참정권을 얻었다고 해도 바로 변하는 것은 없다. 정치에 대해서 대의민주주의의 맹점인 '합리적 무시(rational ignorance)'[2]가 발생하자 법과 권한은 그것에 관심 있는 소수의 손에 놓여 있게 된다. 정치와 권력에 관심 있는 소수는 대부분은 남성이다. 따라서 실제 정치에는 큰 변화가 없다.

이처럼 국가는 특정한 성별관계를 배경으로 존재한다. 여기에 경제적으로 종속된 여성의 내부 식민지로 작동되면서, 자본주의 경제 시스템과 성별관계의 특성이 결합하여 여성의 경제적 현실을 만든다. 즉 자본주의와 국가는 존속을 위해 서로 결탁하여 국가 내의 내부 식민지인 여성을 관리한다. 이에 따라 국민을 통제할 권력을 가진 국가는 자본주의적이며, 가부장적인 사회관계를 근간으로

---

2 뷰캐넌이 만든 공공선택학파 경제학이 주장하는 이론으로 잘못된 것이 있을 때 이를 비판하는 비용이 이 비판을 통해 얻은 편익보다 클 경우 대중은 잘못된 것을 비판하지 않고 무시(모른 척)해 버린다는 것이다. 정치가 소수의 이익집단을 대변할 수밖에 없는 원리를 설명한다.

작동한다. 이처럼 국가가 가부장적 자본주의 체제를 작동시키기 위한 기제는 다음과 같다.

❶ 공사를 구분한다. 사회를 공적 영역과 사적 영역으로 분리해서 관리한다. 사적 영역은 개인의 자유에 맡기는 것 같지만 온갖 법과 제도를 통해 원격 조정을 한다. 이 사적 영역에서 발생하는 재생산 노동과 가사노동 그리고 가정폭력 등에 대해서는 사적인 일로 묵인한다.

❷ 여성 시장노동의 가치를 폄하한다. 여성은 양분된 영역 모두에서 약자이다. 자연 유급 시장노동과 무급 가사노동을 동시에 실현해야 한다. 무급 가사노동이 가능해지려면 여성의 유급 시장노동의 가치가 작아야 한다. 여기에도 여성 저임금의 요인이 있다.

❸ 재생산의 위기를 맞아 여성친화적인 정책을 내놓지만, 본질은 유지한다. 세상은 변해 여성도 투표권이 있고, 국가권력을 교체할 수도 있다. 그래서 오늘날 국가는 가정폭력이나 기타 폭력으로부터 여성을 보호하고, 여성의 가사노동 가치에 대해서도 재고한다. 아울러 재생산의 위기를 맞아 국가가 아이 보육을 책임지려고 한다. 그러나 이는 어디까지 재생산의 위기를 막기 위한 것이지 가부장적 자본주의를 배경으로 한 국가의 기본 이념이 바뀐 것은 아니다.

21세기 현재 세계화된 자본주의에서 점점 국가주권이 상실되어 간다는 의견이 있었다. 그러나 2008년 금융 위기 이후 세계화의 한계와 다시금 강화된 민족주의 경향으로 다시금 민족국가의 지배력이 강화되는 경향도 있다. 이 과정에 어떻게든 변하지 않고 유지된 것은 돈이다. 자유를 누리기 위해서는 돈이 더 중요해진 시대가 되었다.

이런 변화 과정에서 여성은 어떤 삶을 겪게 되는지를 좀 더 살펴보아야 한다. 국가의 역사적 변화 과정에서 통치 방식은 변하겠지만 여성이라는 국가 내부의 또 하나의 식민지에 대한 지배권은 여전히 유지되고 있다. 그러나 이 지배권이 약화되는 징후는 전 세계적인 '미투' 운동에서 보듯이 나타나고 있다.

3. 정치는 어떻게 여성의 경제적 삶에 영향을 미치는가?

국가가 사회적 관계의 큰 틀이라면 정치는 그 틀 내에서 바로 이 관계들의 갈등을 조정하고 유지하는 행위이다. 따라서 정치는 국민에게 구체적인 영향을 미치는 행위이며, 국가를 배경으로 집권 세력의 실제적인 힘이 표현되는 것이다. 정치적 행위 중에 가장 치열한 것이 한 사회의 생산과 분배를 결정하는 것이다. 특히 입법권력은 생산과 분배의 결정을 법의 이름으로 추인하여 강제력을 갖는 힘이 있다. 사법권력도 입법권력이 만들어 준 법을 가지고 구체적인 행위에 대해서 죄의 유무를 판단할 권한을 가지게 된다.

따라서 어떤 성별이 이런 힘을 갖느냐에 따라 여성과 남성의 삶의 내용이 달라진다. 그러면 문제는 결국 '누가 정치를 하느냐'라는 문제로 연결된다. 만약 실질적인 의사 결정자로 나서지 않는다면 생산과 분배에서 누릴 권익은 제대로 지키지 못한다. 그러나 이미 누릴 기득권을 확보한 입장에서는 누구든 배제해야 자신의 이익을 더 많이 실현할 수 있는 것이다.

이런 정치적 결정은 약한 집단을 위해 실현되어야 하는데, 강한 집단의 이해를 대변하기 십상이다. 그 결과로 약하면서도 그 수가 가장 많은 여성은 오랫동안 단지 정치에서 배제된 것뿐 아니라 정치의 대상물인 사회적 가치의 생산과 분배에도 배제되었다.

여성참정권(women suffrage)은 여성이 바로 국정에 직접적으로나 간접적으로 참여하는 권리이다. 보통 선거권이나 피선거권을 갖는 것 그리고 공무원이 되는 권리 등으로 요약할 수 있다. 그러나 여성이 이런 참정권에 대해서 권리를 요구한 것은 18세기에 들어서서야 가능했다. 한국의 경우 1948년 제정헌법에서 남녀의 평등한 참정권이 인정되었다. 그러나 이러한 권리의 명문화에도 현실적으로 전 세계 어느 나라 할 것 없이 평등한 참정권은 여전히 미완이다. 특히 한국은 극단적으로 불균형하다. 이러한 불균형이 바로 여성의 경제적 권한을 축소시켜, 각종 경제 관련 권리행사에 제약을 가하고, 실제 성별 임금격차까지 나타나게 한다.

4. 여성은 얼마나 정치적 권력을 가지고 있는가?

한국에서 사회적 권한의 불균형은 여러 여성 관련 지수로도 확인된다. 여성가족부가 발표한 성평등지수에서 2016년 기업과 정부의 고위 의사 결정권자에 여성 참여로 100점을 완전평등으로 보았을 경우 한국은 겨우 26.5점이다. 여기에 속한 정치적 권력은 국회의원 수와 4급 이상 여성공무원 비율 및 정부위원회 위원과 민간기업 관리직 비율이다. 우리는 <표 7-6>에서 한국 여성에게 쳐진 유리천장을 확인했다. 이를 공공부문을 중심으로 좀 더 자세히 살펴보자.

먼저 입법부의 상황을 살펴보자. 아래의 <그림 14-1>, <그림 14-2>, <표 14-1>에서 확인되듯이 2018년 현재 20대 국회의원 중 여성의원은 지역구 253명 중 26명으로 10.3%에 불과하다. 비례대표 25명을 포함해도 300명 중 51명으로 17%에 지나지 않는다. 물론 한국에서 국회 및 지방의회 선거에서 여성의 비율은 꾸준히 증가했다. 1992년 3명에 지나지 않던 여성 국회의원이 현재 51명으로 전체 국회의원이 1%에서 17%로 증가했고, 0.9%에 지나지 않던 1991년 지방의회의원은 2018년 현재 28.3%에 이른다. 이 수치는 2014년보다 무려 5.4%p 증가했다. 국회의원보다 지방의원이 더 빠르게 증가하고 있다.

<그림 14-1> 국회의원 여성 비율　　　　　　<그림 14-2> 지방의회의원 여성 비율

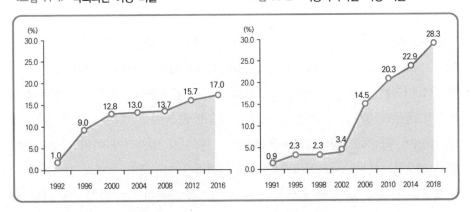

자료: 중앙선거관리위원회, 「국회의원선거총람」; 중앙선거관리위원회, 「전국동시지방선거총람」.

<표 14-1> 국회 및 지방의회 여성의원 비율 (단위: 명, %)

	국회의원[1]	여성의원	비율	지방의회 의원[2]	여성의원	비율
1991	–	–	–	5,169	48	0.9
1992	299	3	1.0	–	–	–
1995	–	–	–	5,511	127	2.3
1996	299	27	9.0	–	–	–
1998	–	–	–	4,179	97	2.3
2000	273	35	12.8	–	–	–
2002	–	–	–	4,167	140	3.4
2004	299	39	13.0	–	–	–
2006	–	–	–	3,621	525	14.5
2008	299	41	13.7	–	–	–
2010	–	–	–	3,649	739	20.3
2012	300	47	15.7	–	–	–
2014	–	–	–	3,687	845	22.9
2016	300	51	17.0	–	–	–
2018	–	–	–	3,750	1,060	28.3

자료: 중앙선거관리위원회; 통계청 · 여성가족부(2018).
주: 1) 「국회의원선거총람」 각년도; 2) 「전국동시지방선거총람」 각년도.

　다음으로는 권력을 실제로 실행하는 행정부의 성비불균형 상황을 보자. <표 14-2>와 <표 14-3>에서도 같은 상황이 확인된다. 2018년 전체 공무원 중 여성의 비율은 46.7%로 전년(46.0%)보다 0.7%p 증가했다. 그리고 행정부 소속 국가직 공무원 중 여성 비율은 2017년 처음으로 50%를 넘은 50.2%로 나타난 후 2018년 50.6%로 성비불균형을 깼다. 이는 여성 일자리가 하위 공공부문에 쏠린 것으로 그만큼 사기업에 취업하기 어려워진 여성들의 선택의 결과이다.

　행정부 공무원 중 실제 권한을 가지고 권력을 행사하는 일반직 4급 이상 공무원 중 여성의 비율은 2018년 14.7%로 2016년 12.1%에 이어 2017년 13.2%보다 1.5%p 증가했다. 이 수치는 2005년 3.2%에 비해 4배나 넘게 증가한 수치이다. 그러나 3급 공무원의 증가는 2005년 2.0%에서 2017년 9.2%, 2005년 4급 3.8%에서 16.9%에 비해 낮지만 급속하게 증가하고 있다. 그러나 전체적으로 고위 공무원의 경우 남성 편향적인 구도가 여전히 지켜지고 있다고 하겠다.

<표 14-2> 여성 공무원 비율 (단위: %, %p)

	2005	2007	2010	2011	2012	2013	2014	2015	2016	2017	2018	증감
전체여성 공무원[1]	38.1	40.1	41.8	41.8	42.7	42.8	43.9	44.6	45.2	46.0	46.7	0.8
국가직여성 공무원[2]	43.3	45.2	47.2	47.0	48.1	48.1	49.0	49.4	49.8	50.2	50.6	0.4

자료: 인사혁신처, 「통계연보」 각년도; 통계청 · 여성가족부(2019).
주: 1) 행정부(국가, 지방), 입법, 사법, 헌법기관, 선관위를 포함한 전체 공무원 수에 대한 여성 비율.
　　2) 행정부 국가직 공무원 수에 대한 여성 비율.

<표 14-3> 일반직 국가공무원 4급 이상 여성 관리자 비율 (단위: %, %p)

	2005	2007	2010	2011	2012	2013	2014	2015	2016	2017	2018	증감
4급 이상[1]	3.2[2]	4.5	6.3	7.3	8.2	8.8	9.7	10.6	12.1	13.2	14.7	1.5
고위공무원	–	1.0	2.4	3.2	3.7	3.7	3.4	3.7	4.9	5.2	5.5	0.3
3급	2.0	4.1	4.7	4.0	5.0	5.2	5.3	6.3	6.6	6.2	9.2	3.0
4급	3.8	5.2	7.2	8.4	9.4	10.1	11.3	12.4	14.1	15.5	16.9	1.4

자료: 인사혁신처, 「통계연보」 각년도; 통계청 · 여성가족부(2018).
주: 1) 행정부 소속 일반직 국가공무원으로 연구 · 지도 · 우정직 · 전문직 · 외무 · 별정 · 일반임기제 제외 2) 1, 2급 포함.

5. 왜 여성은 권력에서 배제되었는가?

여성이 권력에서 배제되었다는 것은 2016년 미국 대선에서 힐러리 클린턴이 도널드 트럼프에게 패배하면서 온 천하가 확인했다. 이는 2018년 미국에서도 하원 여성의원 19.4%, 상원 여성의원 23%를 기록하는 것으로도 분명하다. 어느 나라 할 것 없이 여성 정치인의 비율은 여전히 낮고, 그만큼 현실 정치권의 유리천장은 높고 단단해 보인다.

여성에 대한 정치적인 배제는 이미 말한 것처럼 이제까지 지극히 현실적인 이유이다. 기득권 보호이다. 권력은 기득권의 첨병이다. 정치는 사회의 의무와 권리를 실행한다. 여기에 여성을 배제하면 남성 중심의 정치를 할 수 있고 남성 중심의 세상과 그에 따른 경제적 결과를 가질 수 있기 때문이다. 기득권을 가진 입장에서는 이에 대한 기득권을 내놓을 이유가 없다. 따라서 한국에서 정치는 여전히 여성의 국외지역이며, 정당 속의 지위도 보조적이다.

이러한 여성 배제를 정당화하는 이유 중의 하나가 여성이 정치와 권력에 관심이 없다는 편견이다. 그러나 이런 편견은 여성의 투표율이 남성보다 높다는 사실로도 기각된다. 한국의 2017년 제19대 대통령 선거에서 여성의 투표율은 77.3%로 남성 76.2%보다 높았다. 특히 성별 투표율이 세대 간 차이가 난 점을 주목하여야 한다. 아래 <표 14-4>를 살펴보면 50대 이하 젊은 세대에서는 여성의 투표율이 남성보다 높다. 그러나 60대 이상 나이가 든 세대에선 남성 투표율이 높게 나타난다. 이런 상황은 2018년 제7회 지방선거에서도 동일하게 나타난다. 중앙선거관리위원회의 「전국동시지방선거총람」 2018에 따르면 50대까지는 여성의 투표율이 높으나 60대 이상 연령에서는 여성 71.4%, 남성 73.7%로 남성이 높고, 이 수치는 70대에는 더 벌어져 각각 70.5%, 79.6%이다. 80대 노인층에서는 여성 43.6%인 데 비해 남성은 65.7%로 큰 격차를 보인다. 이는 한국 사회가 현재 세대 간 의식의 차이가 난다는 것을 보여 주는 사례이다. 또한 전체적으로 여성의 투표율이 남성보다 높다는 것은 한국 여성은 국가나 공권력을 여전히 기댈 언덕으로 본다는 점으로도 이해될 수 있다.

<표 14-4> 2017년 대통령 선거 성별, 연령별 투표율 (단위: %)

	19세	20~24세	25~29세	30~34세	35~39세	40대	50대	60대	70대	80세 이상
여성	80.9	79.1	79.0	77.1	77.0	77.0	79.3	83.1	78.5	49.5
남성	74.8	75.4	71.1	71.7	71.4	72.9	77.9	85.2	86.1	70.8

자료: 중앙선거관리위원회, 「대통령 선거총람」 2017; 통계청 · 여성가족부(2018).

리처드 폭스와 제니퍼 롤리스는 2004년에 법조인 · 기업가 · 교육 전문가 · 사회

활동가 3,700명 이상을 설문조사한 연구 결과 비슷한 능력과 경력을 가진 남녀에게 선출직 권력에 도전할 의사를 물어보면, 남성의 긍정 대답이 압도적으로 높았다고 한다(Fox and Lawless, 2004). 원인은 여성 스스로 자신이 정치인 자격이 없다고 생각하는 경향이 있고, 정당이나 비영리단체에서 여성에게는 출마를 덜 권한다는 것이다.

폭스와 롤리스는 권력에 대한 욕구의 남녀 차이에 대한 4천 명의 설문조사 결과 남녀의 정치적 야망이 고등학생 때까지는 거의 차이가 없다가 18세가 되어 대학교육을 받으면서 차이가 난다는 연구 결과를 발표했다(Fox and Lawless, 2014).

6. 여성이 권력을 잡으면 어떤 결과가 나오는가?

2018년 5·18 기념재단은 2004년 미얀마의 아웅산 수치에게 주었던 광주인권상을 취소했다. 이유는 미얀마 내 로힝야족에 대한 박해와 인권유린에 책임이 있다는 것이다. 2013년 한국 최초로 여성대통령이 된 박근혜는 현재 각종 비리에 얽혀 감옥에 있다. 여성이 권력을 잡더라도 그 결과는 남성권력과 같을 수 있다. 이는 권력자 자신의 특성에서도 나오고 권력자를 둘러싼 사회적 분위기가 만들기도 한다. 만약 지극히 남성 편향된 사회라면 여성이 수장이 되어도 할 수 있는 일에는 한계가 있다.

물론 다른 결과도 가능하다. 세라 안지아와 크리스토퍼 베리는 미국 하원의 성과를 분석한 결과 여성의원 지역구는 남성의원 지역구보다 국가 예산이 9% 늘어났다고 했다(Anzia and Berry, 2011). 라하벤다르 카토페다이와 에스테 뒤플로(R. Chattopadhyay and E. Duflo)는 인도 지방정부의 여성 정치인 할당제 시행 결과를 분석해 보니 여성 정치인 지역에서 깨끗한 식수 확보나 육아 지원 확충과 같이 중요한 실제 생활에 정부 예산이 더 많이 늘어났다고 했다(Chattopadhyay and Duflo, 2004).

여성이 할당제를 통해서라도 권력에 진출하는 것만으로도 전체 정치의 질이 높아졌다. 티머시 베슬리 외는 1993년 여성 후보 할당제가 시행된 스웨덴의 성별 정치인 구성을 분석해 보았다. 그 결과 여성 정치인이 등장하자 남성 정치인 사이에 경쟁이 심화되었고 그 결과 능력 있는 정치인만 살아남았다. 여성이 권력을 잡았을 때 할당제 반대론의 주장과는 달리 여성 정치인의 능력이 별다르지 않을 경우에도 여성이 정치권에 진출한 것만으로도 무능한 남성 정치인 퇴출로 전체 정치인들의 수준은 높아졌다고 한다(Besley et al., 2017).

이처럼 여성이 의사 결정자가 되면 더 나은 세상이 될 보장이 반드시 있는 것은 아니지만 남성들만 입법과 행정부에 있는 것보다 더 나쁘지는 않다는 것이 일반적인 견해이다. 누가 정치인이 되느냐는 사람들의 삶에 큰 영향을 미친다. 따라서 정치적 권력에 더 많은 여성이 진출하여야 여성의 경제적 지위를 높일 수 있는 많은 성 인지적 정책을 시행하고 사회적 변화가 힘을 받을 수 있다.

7. 한 걸음 더 나아가기 위해 무엇을 할 것인가?

세계와 여성을 더 좋게 만들기 위해 '여성의 정치세력화(political empowerment)'는 필요하다(이진옥, 2017). 사실 힘의 불균형을 해결하려면 힘을 가져야 하기 때문이다. 즉 여성문제를 해결하려면 여성이 실질적인 힘을 가져서 의사 결정자가 되어야 세상을 바꿀 수 있다(Bystydzienski, 1992: 3).

이런 노력의 일환으로 국가도 성평등적 정책 수행을 위한 주류화 조치로 '성별영향평가', '성 인지 예산', '성 인지 통계' 및 '성 인지 교육'을 「양성평등기본법」, 「국가재정법」, 「지방재정법」, 「성별영향평가법」, 「통계법」 등의 제정을 실현하고 있다. 이런 시도와 함께 사회가 여성의 정치 진출을 가로막고 방해하는 원인을 찾아내 문제의식을 공유하고 함께 해결책을 찾으려는 노력이 계속되어야 한다. 먼저 다음과 같이 노력하자.

❶ 여성이 현실적인 정치제도인 국회나 행정부 등에 적극적으로 참여하여야 한다. 그래야 정치권의 양성평등한 균형을 이룰 가능성을 확보할 수 있기 때문이다.

❷ 할당제나 쿼터제를 적극적으로 요구하고 도입해야 한다. 만약 기존의 방식으로 권력을 잡기 어려우면 여성할당제를 적극적으로 이용하는 것도 좋은 방안이다. 여성이 사회적으로 중요한 자리에 진출하는 것을 돕기 위해 일정 비율 이상의 자리를 여성에게 할당하는 제도이다. 남성 중심의 정치를 바꾸기 위해서는 여성할당제를 적극적으로 활용해야 한다(김민정, 2014). 한국에서는 여성할당제를 정치 영역에서 2000년에 도입하여 비례대표 50% 여성할당 의무화 및 남녀교호순번제를, 지역 선출직의 30%의 여성할당을 공직선거법에 명시하고 있다. 현재 여성 정치인 할당제나 쿼터제를 시행하는 나라가 전 세계에 100개국이 넘는다. 이를 더 열심히 활용해야 한다. 2018년 현재 멕시코에서 전 세계 처음으로 상원의원에 여성의 비율이 51%로 많아졌다. 하원의원도 49%에 이른다. 이는 선거 지역을 세분화해서 여성과 남성을 같은 비율로 공천한 「남녀동수공천법」 덕분이다. 지금까지 패배 예상 지역에 여성 후보를 공천하는 꼼수를 써 이 법의 실질적 작동을 막았다.

❸ 언론과 국가의 문화적 공간에서, 특히 미디어에도 진출하여 문화권력을 가져야 한다.[3] 정치는 언론을 통해서 일반에게 전달된다. 만약에 언론이 성 편향적으로 경도되어 있으면 여성의 정치적 권한은 더 위축될 수밖에 없다.

❹ 성 인지 교육에 역점을 두어야 한다. 국가의 일원을 재생산하는 교육 제도를 관리하여 성평등적인 시각을 주입하는 것이 필요하다. 특히 대학생이 된 뒤 남학생과 여학생의 사회화 과정이 크게 달라지는 원인을 찾아내고, 여성의 정치적 무관심을 타개할 교육을 해야 한다.

❺ 여성 정치인을 키우기 위한 사회적 노력이 필요하다. 스스로 정치적 야망이나 정치 지도자로의 자신감이 결여된 유능한 여성을 격려하고 지지해서 정치에 참여하라고 권유하는 것이 중요하다. 외국에서는 이런 일환으로 여성의 정치 참여를 적극적으로 독려하는 것을 주된 목표로 하는 비영리단체가 속속 생겨나고 있다.

---

3 1960년대 2세대 여성주의 운동사 시기에 미국에서는 다양한 노선이 있었다. WERL(Women's Equity Action league)은 상대적으로 온건한 입장이었다. 이들은 집회나 시위로 싸우기보다 여성이 정치적 주체가 되어서 법과 제도를 성평등적으로 바꾸려는 노선을 택했다. 이에 비해 NYRW(New York Radical Women)는 남성권력과 싸워서 여성권을 쟁취해야 한다는 급진노선이고, NOW(National Organization for Women)는 압박과 설득의 방법으로 세상을 바꾸어야 한다는 노선이다.

현재 한국 사회는 역차별을 이야기하며 여성의 적극적인 진출에 대해 반발하는 '백래시(backlash)'⁴가 생기고 있다. 특히 젊은 학생 사이의 '성별 정치적 격차(political gender gap)'가 심해지고 있다. 특히 역차별을 이야기하는 남성들 사이에 보수화 경향이 뚜렷하게 나타난다. 이런 태도로는 같이 행복한 사회로 가는 것은 불가능하다. 그러니 역지사지해야 한다. 권력으로 가는 길의 유리천장을 파괴하려면 힘 좋은 망치가 있어야 한다. 일단 지나친 불균형을 해결하기 위한 특단의 방법으로 할당제 같은 망치가 반드시 필요한 시점이라는 것에는 이의를 제기하기 어렵다.

---

4 백래시는 사회 변화에 대해 반발하는 심리나 행동을 말한다. 대개 진보적 변화에 보수층의 세력이 약해지면 나타나는 반발을 말한다. 남성 역차별 논의나 여성할당제 반대가 대표적인 예이다.

15장

. . .

법은 여성의 경제에 어떤 영향을 미치는가?

법은 도덕의 최소한이다. 도덕은 한 공동체의 구성원이 마땅히 지켜야 할 행동준칙이나 규범을 말한다. 행동준칙 중에 강제력을 가지고 지켜야 할 것을 법이라고 한다. 따라서 강제적으로 지키게 하고 지키지 않으면 처벌할 권한이 사회에는 있다. 즉 법은 공동체 구성원의 삶을 강제할 수 있다. 따라서 법은 가장 강력하게 우리 생활에 영향을 준다.

우리가 15장에서 다룰 주제는 법과 여성의 경제 간의 관계이다. 따라서 법이 여성에게 어떤 영향을 주는지를 집중적으로 살펴본다. 만약 구성원들의 삶이 불평등하다면 그 상위에서 이러한 역학관계를 가능하게 하는 것은 법이다. 따라서 여성의 경제적 불평등을 이해하기 위해서는 그와 관계되는 법의 현실적 작동을 살펴보아야 한다.

따라서 15장에서 우리는 법을 가지고 어떻게 여성을 통제하고, 지배하며 권력에서 배제하는가를 본다. 먼저 법은 여성에게 무엇인지를 시민권 문제와 함께 살펴본다. 다음으로 법과 여성의 경제는 어떤 관계가 있는지를 알아본다. 또한 왜 여성 법조인의 수가 적은지를 보고, 이러한 불평등한 법적 권한이 여성에게 미치는 경제적 결과를 알아본다. 마지막으로 문제의 해결을 위한 대안을 제시한다.

1. 법은 여성에게 무엇인가?

무엇이든 사회적으로 작동하기 위해서는 합의된 규칙이 있어야 한다. 적어도 민주주의 국가에서 법은 인간과 인간을 연결하고 조정하는 제도이다. 어떤 사회나 국가나 지켜야 할 규칙이 있는데, 징벌적 권한까지 갖춘 약속이 법이다. 따라서 공동체는 안녕과 번영을 위해 각자가 지켜야 할 법으로 하지 말아야 할 것과 해야 할 것을 제시한다.

이처럼 그 사회 속의 각 성별이 지켜야 할 것과 하지 말아야 할 것에 강제력을 띤 제도가 법이다. 만약 그 사회가 가부장적인 근간을 가졌다면 법도 가부장적이고 남성 편향적 성격을 갖출 수밖에 없다.

물론 법도 변한다. 세상이 변해 법 앞에 만인의 평등이 구현되고, 여성권이 강해지자, 여성 자신의 몸에 대한 자율권이 강해졌다. 그 결과 각 사회는 재생산의 위기를 맞게 되었다. 사회는 다시 낙태금지법 같은 법으로 재생산의 위기를 막는 등 여성을 체제 유지의 도구로 사용한다.

이런 가운데도 점차 강해진 여성권에 부합되게 여성친화적인 법도 제정하고, 여성참정권, 선거권과 피교육권을 보장받았다. 그러나 현재까지 이런 법적 평등이 실질적 평등으로까지는 진화하지 못했고, 가부장적 자본주의를 작동시키기 위한 성 편향적 법을 완전히 없애지도 못하고 있다.

이러한 법의 제정과 변화 과정은 여성의 삶, 특히 경제적 삶에 큰 영향을 미쳤다. 일단 19세기 초부터 여성운동의 대가로 하나씩 점차적으로 주어진 여성의 법적 권한이 한국의 경우 20세기에 포괄적으로 일괄 제공되면서 법과 법의 실현 사이의 괴리가 생겼다. 즉 여성권의 법적 명문화가 이루어졌다고 해도 그것이 현실에서 평등한 법적 권한은 여전히 미완이다.

이 문제를 단적으로 보여 주는 것이 낙태법이다. 현재 여성은 자신의 몸에 대한 권한 행사도 법이 정한 기준에 따라 해야 하는데 대표적인 강제가 낙태가능법이다. 현재 OECD 35개국 중에 낙태를 허용하는 국가는 25개국이다. 한국은 낙태를 법적으로 허용하지 않는다. 한국 형법 269조 이하 부녀가 약물, 기타 방법으로 낙태할 때 1년 이하 징역 또는 200만 원 이하 벌금에 처한다고 낙태를 범죄화한다. 그러나 현실은 전혀 다르다.

한국은 대표적인 낙태국이다. 마음만 먹고, 돈만 있으면 낙태가 어렵지 않다. 현재 한국의 인공중절률이 15.8%에 이른다. 이는 스위스 같은 나라에 비해 3배에 이른다. 더 놀라운 것은 국가의 비일관적 태도다. 인구억제가 필요할 때는 1973년 모자보건법을 제정하여 인공임신중절을 장려하고 지원했었다. 모자보건법은 국가가 여성의 몸을 재생산의 도구로 사용한 것을 잘 보여 준다. 그러나 현재 저출산 현상이 발생하자 낙태법으로 범죄화한다. 이런 이중성이 법이 여성을 어떻게 체제 유지를 위해 이용하는지를 보여 준다.

아울러 우리는 법과 현실 문제도 고민해야 한다. 이 문제에 있어서 우리는 센(A. Sen)과 누스바움(M. Nussbaum)의 역량 접근법(capability approach)[1]을 생각해 볼 필요가 있다. 법으로 명문화된 양성평등이 문제가 아니라 그 법이 실생활에서 얼마나 잘 지켜지고 있느냐의 문제이기 때문이다.

2. 여성 관련법은 어떻게 작동하고 어떤 영향을 미치는가?

여성운동의 역사는 성평등한 법적 권리를 확보하기 위한 투쟁이었다. 여성의 정치적 참정권이나 재산권이 제1차 여성운동 시기의 목표였다. 법은 강제력과 집행력을 가지고 있는 사회의 규범이다. 국가의 내부의 다양한 사회적 관계를 조정하기 위해 강제력을 가진 기준이 법이다. 따라서 법적 상황은 복잡한 현실의 기준이다. 모든 법적 권한이 현실에서 지켜지는 것은 아니지만 법적 차별은 현실에서의 차별로 이어진다. 차별적 사회구조와 인간관계를 바꾸고 인간 세상의 평등을 구현하려면 제일 먼저 필요한 것은 제도적 보완, 즉 법적 평등의 법적 명기이다.

한국에서도 양성평등과 모성보호를 위해 법이 제정되기도 하고 개정되기도 했다. 여성 노동과 모성보호를 위한 관련법은 「남녀고용평등법」, 「근로기준법」,

---

1 역량(capability)은 한 사람이 타고난 능력과 재능인 동시에 정치적·사회적·경제적 환경에서 선택하고 행동할 수 있는 기회의 집합을 말한다(Nussbaum, 2013). 권한이 있어도 이 권한을 행사할 실질적인 힘이 없을 수도 있다는 점에서 여성문제와 연관되어 많이 사용한다.

「고용보험법」이 있다. 이 중 「남녀고용평등법」은 2007년 「남녀차별금지및구제에관한법률」로 변경되고 그 속에 성희롱 금지, 모성보호, 일·가정 양립 등도 포함되어 있다. 이외에도 여성발전기금법으로 국가와 지방정부가 양성평등을 실현하는 책무를 규정하고, 여성발전기금을 조성하여 여성권익증진을 지원했다.

3. 법은 여성에게 어떤 경제적 결과를 가져오는가?

법은 그 사회 구성원의 삶을 강제할 수 있다. 따라서 여성의 경제 문제에 그 공동체의 법이 작용하는 것은 분명하다. 따라서 여성이 어떤 경제적 여건 속에 있는지를 살펴보기 위해서는 관계되는 법이 어떻게 제정되어 있고, 어떻게 실현되고 있는지를 보아야 한다. 법에는 헌법 이하 여러 갈래의 법이 있다. 사회 구성원들에게 다양한 영향을 미치는 항목도 무수히 많다. 그러나 여기서 우리는 경제와 여성의 문제에 집중하며 상속법, 근로기준법이 여성에게 미치는 영향을 살펴본다.

먼저 상속과 증여의 법을 보자. 여성 경제 문제는 결국 여성의 경제 문제로 환원된다. 여성 빈곤의 근본 이유는 자산이 없기 때문이다. 그렇다면 그 근간에 상속과 증여 문제가 있음은 분명하다. 왜냐하면, 자본주의 사회는 사유재산에 대한 상속이 허용된다. 즉 사유재산제도를 근간으로 자신의 자산을 양도할 권한을 가지는 것에 있다. 여성이 자산이 적은 이유를 상속법의 몰성적 적용에도 있다고 볼 수 있기 때문이다.

한국은 물론 전 세계 여성은 상속법과의 전쟁을 치르고 있다. 특히 문제는 피상속인 사망 이후 그 자산을 누가 상속받는가 하는 것이다. 한국은 장남 중심의 성 편향적인 상속법을 바꾸며 배우자의 상속 순위를 개정하고 장남 이외의 자녀, 특히 딸들의 상속권을 보호하는 방향으로 개정해 갔다. 이런 변화와 더불어 여성 미망인의 경제적 복지가 향상했음은 분명하다.

사실 오랫동안 한국에서 여성은 상속에서 배제되었다. 한국의 상속법은 민법 시행일인 1960년 1월 1일 이후 호주를 승계하는 장남에게 1.5, 차남 1, 미혼 딸

0.5, 출가한 딸 0.25였다. 호주의 처는 0.5의 상속분을 인정했다. 그러나 1979년과 1991년 두 번의 민법개정으로 현재의 배우자와 자녀의 상속 비율이 1.5:1로 바뀌었다. 현재 한국에서는 자녀와 부모 간의 갈등이 심화되어 상속재산분할청구 소송이 늘었다. 2014년에 민법은 배우자 우선 상속분을 상속재산의 5할로 규정했다. 큰 진전이었다.

또한, 여성들을 인간으로 제대로 대접을 해 주지 않은 대표적인 법이 가족법이었다. 여성들은 호주제로 대표되는 가족법을 개정했고 2008년부터 한국에서는 호주제가 폐지되었다. 조선시대에도 없던 호주제를 일본 제국주의가 지배를 쉽게 하려고 만들어 넣은 악습을 제거한 것도 여성권의 또 다른 진전이 되었다.

또 하나의 법적 문제는 노동시장과 관련된다. 여성의 저임금은 사회의 암묵적 용인 속에 발생한다. 한국의 근로기준법과 남녀고용평등법을 살펴보자. 여성과 남성의 경제적 지위의 불균형은 노동시장에서 실현된다. 이 불균형을 바로잡기 위해 한국은 성평등을 위한 입법적 조치를 했다. 1987년 「남녀고용평등법」을 제정했고 그 외에도 꾸준히 제도적인 노력을 했다. 1993년에 일본군 '위안부'에 대한 「생활안정지원법」을 공포했고, 1995년 「여성발전기본법」으로 제정하였으며, 2001년에는 모성보호 3법(근로기준법, 남녀고용평등법, 고용보험법)을 개정했고, 2005년에는 「적극적조치법」, 2007년에는 「남녀고용평등과 일·가정 양립 지원법」, 2012년에는 「아이돌봄지원법」으로 경력단절과 노동시장의 여성차별을 극복하려고 했다. 2015년부터는 「양성평등기본법」이, 2018년에는 정신적이며 물리적 그리고 경제적 폭행을 포함한 여성폭력에 대한 처벌을 필요로 하는 「여성폭력기본법」이 제정되었다.

특히 여성의 경제적 권한을 확대하기 위해 경제 분야에도 「여성기업지원에 관한 법」, 「여성과학기술인 육성 및 지원에 관한 법」, 「경력단절여성 등의 경제활동 촉진법」이 제정되어 있다. 아울러 경제적 의사 결정과정에의 여성참여 확대를 위해 특정 성별이 10분의 6을 넘을 수 없도록 규정한 「양성평등기본법」과 협동조합에 여성 이사 1인 이상을 할당하도록 한 「농업협동조합법」 등 다양한 입법을 제정했다.

그런데도 한국 여성의 경제적 지위는 OECD 최고의 임금격차, 높은 비정규직 비율, 낮은 시장노동참가율이 보여 준다. 이는 제정된 법이 가시적인 효과를 발휘하지 못하고 있다는 것을 말한다. 특히 여성이 주로 근무하는 5인 미만 사업장은 여전히 이러한 법의 사각지대이다. 「남녀고용평등법」 8조에는 동일가치노동 동일임금의 원칙이 있다. 그러나 한국의 임금격차는 사라지지 않고 있다. 노동환경도 여성 노동자가 건강하게 일할 권리를 보장해 주지 않고 있다. 「산업안전보건법」에 임신과 출산 관련 모성보호 평가기준이 마련되어 있지 않아 법 자체가 남성, 재해 그리고 제조업 중심으로 되어 있다.

물론 법 제정보다 중요한 것은 그것이 어떻게 적용되어 시행되는가의 문제이다. 그래서 여성계는 「차별금지법」이라는 또 다른 울타리를 치는 노력을 하고 있다. 헌법에 규정된 평등의 원칙을 구현하기 위해 그리고 기존의 법망을 피해 현실과 법의 괴리를 막을 양성평등의 법으로 나아가기 위해 먼저 차별을 금지해야 한다는 취지에서 도입하려는 법이다. 성별이나 장애로 인한 차별을 금해야 한다는 것이다. 그러나 역차별 논의와 백래시가 만연한 현재 반대 움직임도 만만하지 않은 상황이다.

4. 왜 여성은 법적 권력을 많이 가지지 못하는가?

한국여성의 법적 권력의 첫 번째 특징은 법의 부재와 역량 부재이다(Nussbaum, 2013). 일단 많은 경우 관계되는 법이 제정되어 있지 않다는 사실이다. 2018년 한국의 민법에는 여성차별의 법적 근거가 없다. 법이 있다고 해도 실제 생활에서 작동하지 않으면 '역량 접근(capability approach)'적 관점에서는 소용이 없다. 다만 그것이 어떻게 활용되는가, 그곳에서 여성이 어떤 삶을 살고 있는지 하는 것은 우리 사회의 과제이다. 경제적으로 중요한 법은 재산권이다. 그러나 많은 가정에서 경제적 최종 결정자는 남편이다. 특히 자산 소유자명이 관습에 의해 남편 명의로 되어 있는 경우가 많다.

한국은 부부재산제도에서 부부별산제를 택하고 있는데, 전업주부에게는 불리한 법이다.[2] 여성의 경제적 지위 향상을 위해 법정재산제도를 공유제로 변경할 필요가 있다. 특히 부부재산계약을 결혼 생활 중에도 체결할 수 있도록 하고, 가사노동을 하는 배우자의 기여도 동일하게 평가되도록 해야 한다.

법적 권력의 두 번째 특징은 여성 법조인의 과소 대표성이다. 법을 집행하는 법조인에게 성 인지적 시각이 없다면 법의 집행이 성 편향적일 수밖에 없다. 왜 여성 법조인은 드문가? 한국의 여성 법조인 수는 30%를 넘지 못한다. 2018년 현재 한국에서 여성 법조인은 28.7%로 2017년보다 2.6%p 증가했다. 이 비율은 2005년 6.9%보다는 4.1배 증가했지만, 여전히 지나친 성비 불균형을 보여 준다. 법조인 중 여성 판사 29.7%, 검사 30.4%, 변호사 28.5%로 모두 전년보다 증가했다. 변호사보다 판사나 검사 비율이 높다는 것은 여성 법조인의 능력을 보여 준다. 이는 여성 예비 법조인의 사업연수원 성적이 남성에 비해 낮지 않다는 것이다.

<표 15-1> 한국 여성 법조인 비율 (단위: %, %p)

	2005	2007	2010	2011	2012	2013	2014	2015	2016	2017	2018	증감
계	6.9	9.7	15.0	16.7	18.7	21.2	22.9	24.1	25.3	26.1	28.7	2.6
판사[1]	11.3	18.7	24.0	25.5	26.8	27.4	27.4	27.6	27.8	28.9	29.7	0.8
검사[1]	7.0	11.6	20.8	22.7	24.1	25.4	26.6	27.7	28.7	29.4	30.4	1.0
변호사[2]	5.6	6.8	11.7	13.6	16.1	19.4	21.7	23.2	24.4	25.3	28.5	3.2

자료: 인사혁신처,「통계연보」; 대한변호사협회,「한국변호사백서」 2010; 통계청 · 여성가족부(2019).
주: 1) 2009년부터 인사혁신처 자료 2) 개업변호사 기준.

2018년 서지현 검사의 미투로 불거진 법조계의 상황은 무엇보다 한국 여성의 상황을 잘 보여 준다. 검사도 속수무책으로 성추행에 노출되는 상황은 일반 여성의 상황을 미루어 짐작하게 한다.

---

2 독일은 혼인 중에는 부부별산제가 적용되나, 혼인이 해소되는 경우에는 공유제가 적용되는 일종의 잉여공동제를 채택하고 있고, 프랑스는 공유제로 규정해 혼인 중 취득한 노동소득이나 재산수익을 부부 공동재산으로 인정한다.

5. 한 걸음 더 나아가기 위해 무엇을 할 것인가?

근대 민주주의 공화국에서 모든 국민은 법 앞에 평등하다. 그러나 헌법의 기본권 보장은 종종 공허한 메아리가 되고, 법과 현실의 괴리는 매우 크다. 근대 시민의 정체성이자 이상인 자유로운 개인은 여성에게는 여전히 실현되지 않는 것도 현실이고, 헌법의 기본권 보장도 구체적인 현실 속에서는 크게 미진한 상태이다.

2018년 1월 서지현 검사의 검찰 내 성폭력 폭로로 시작된 미투 운동 이후 한국에서는 무려 140여 개의 미투 관련 법안이 국회에 제출되었다. 이전에 이미 발의된 법안과 함께 200여 개에 이른다. 이렇게 많은 법안이 제출됐다는 것은 현재 여성문제에 대한 사회적 관심이 커졌다고도 할 수 있다. 그러나 이는 한국의 성 편향적인 법의 현실을 잘 보여 주며, 한국 여성이 그간 법의 사각지대에서 살았다는 것의 방증이기도 하다. 그러나 2018년 이 법안 중 국회를 통과한 법안은 겨우 7개에 지나지 않는다. 이것이 현재 대한민국의 현실이다. 이를 인지하며 여성의 경제 문제에 관련한 법적 권익을 위해 다음과 같이 노력하자.

❶ 여성 관련 법안의 필요성에 대한 사회적 관심과 지지를 이끌어 내어야 한다. 여성주의의 시각에서 법의 남성 편향을 확인하며, 여성권 및 양성평등을 위한 법적 실천방안을 마련해야 한다. 법여성학의 시도와 성취를 토대로 젠더 형평성에 입각한 법에 대한 인식이 필요하다. 이를 바탕으로 양성평등이 실현된 법의 제정과 개정을 실행해 나가야 한다. 위에서 설명했듯이 100년 전 도입한 양성평등 법률이 아이슬란드를 2020년 WEF의 성 격차지수(GGI)가 153개국 중에 1위로 만들었다.

❷ 여성의 경제에 관련한 법안 마련에 주력하자. 급히 필요한 것은 다음과 같다. 먼저 차별금지법의 도입이 필요하다. 「남녀고용평등법」이 제정된 지 30년이 되었지만 여성이라서 차별받는 상황에 큰 변화가 없다. 이를 「차별금지법」으로 보완하는 것이 필요하다.

❸ 재산법의 개정이 필요하다. 부부완전별산제를 두면서 재산 소유자명을 남편으로 두는 현재의 법정재산제는 현재 상황은 여성의 경제적 독립을 막는 대표적인 장애물이다. 채무에 대해서는 연대의 책임을 지면서 재산에 대해서는 별산하는 것은 맞지 않는다. 부부재산 공유제의 도입이 필요하다.

❹ 연금제도도 개편되어야 한다. 국민연금 분할 연금 장치는 1999년 이혼배우자의 노후소득보장을 위해 도입되었다. 그런데 이혼한 배우자의 노령연금 수급권 발생 시 분할 방식으로 인해 수급이 매우 어려웠다. 이를 연금 선진국처럼 이혼 즉시 소득이력 분할방식으로 변환해야 한다.

❺ 민간기업 관련법도 보완해야 한다. 「민간기업 고위관리직 여성비율 목표제」에 관한 법 제정이 필요하며 일자리에서의 각종 성폭력 관련법도 개정을 통해 보완해야 한다.

❻ 낙태법 관련 법안이다. 낙태는 현재 대한민국에서 가장 첨예한 논쟁거리이다. 현재 한국에서 임신중절이 불법이지만 지켜지고 있는 것이 아니다. 외과적 방법의 불법 시술이 만연한 가운데 여성은 금전적이며 육체적이며 법적 책임을 홀로 져야 했다. 이에 대한 현실적이고 합리적인 방안을 사회가 내려 주어야 한다.

❼ 여성이 안심하고 살 수 있는 법적 환경의 개선을 위해 무엇보다 연대해야 한다. 여성문제는 특정 여성의 문제만은 아니다. 누구에게나 닥칠 수 있는 문제이다. 법 적용의 사각지대를 발견하고 그 속에 있는 여성들과의 연대로 사각지대를 메워 가는 성 인지적 시민의식이 필요하다.

16장
...
종교는 여성의 경제에
어떤 영향을 미치는가?[1]

    2018년 한국 사회에 큰 충격을 준 성체 훼손 사건은 행위의 적절성 문제를 떠나서 한국의 젠더문제가 사회의 근본적인 범주로까지 접목되고 있음을 보여 준다. 흔히 남성보다 더 종교적인 젠더라고 칭해지는 여성들이 이렇게 극단적인 반종교 퍼포먼스를 하게 된 것에는 여러 원인이 있다. 한국의 성차별에 대한 여성들의 항의이기도 하고, 전 세계적으로 확산하는 종교계에 대한 '미투' 운동의 일환이기도 하며, 현재 한국에서 벌어지고 있는 낙태법을 둘러싼 종교계와의 갈등이기도 하다. 그러나 여기서 무엇보다 주목할 점은 한국 여성의 현실에 미치는 종교의 영향력에 대해 대중의 자각이 생겼다는 것이다.

    종교가 없는 사회는 없다(Burkert, 1996). 종교는 인간의 삶과 죽음에 대해 가장 강력하고 근본적으로 영향을 미치는 제도이다. 세계 각 종교는 어느 종교나 삶과 죽음을 관통하는 진리를 제시하고, 그 종교를 받아들이는 사회에서 지켜야 할 사회적 규범의 기준을 정하고, 그 기준은 그 사회문화의 바탕이 된다. 종교에는 창시자, 교리, 신도가 있고, 대개 그들이 모시는 신이 있다.

---

1 16장은 저자의 졸고 「경제에 미친 젠더의 영향 – 세계 정교의 젠더 인식을 중심으로 한국 여성학」, 제 35권 1호 2019, pp.285-316을 재구성한 것이다.

기독교나 이슬람교처럼 세상과 인간을 창조하는 유일신이 있기도 하고, 불교처럼 세상의 중심에 자신을 두는 것이라고 설파하기도 하지만 어떤 종교든지 바른 삶의 내용을 제시한다는 공통점이 있다. 특히 각 종교는 바른 삶의 내용을 제시할 때 예외 없이 인간을 여성과 남성으로 나누고, 각 성별이 지켜야 할 덕목이나 역할을 규정한다. 이렇게 성 역할을 규정하는 과정에서 종교의 성 편향이 나타난다.

　세계 종교 중 이러한 성차별적 편향을 가지지 않은 종교는 없다고 할 수 있다. 이처럼 대부분 종교는 자신들의 신과 신을 모시는 종단 전체가 가부장적 성격을 가지고 있다. 그리고 신과 인간의 수직적 계급 관계에 있는 것처럼, 인간 사이의 관계도 우월한 젠더로 남성, 열등한 존재로 여성이라는 관계를 설정한다.

　이런 종교의 성 편향성으로 인해 그 종교를 믿는 각 사회에서 여성은 차별은 물론 존재 자체까지 부정당하는 처지에 놓이게 된다. 이런 상황이 사회의 발전과 여성해방운동, 자연과학의 발전, 산업화로 점차 약화되었지만 21세기 현재에도 사회 전 영역에서 강력한 영향을 미치고 있다. 특히 경제에 미치는 영향이 크다. 경제학자 알프레드 마셜(A. Marshall)의 말처럼 종교와 경제는 인간사에서 가장 중요한 요인이다(Marshall, 1920: 1). 종교의 영향력은 일차적으로 여성의 경제적 지위에 크게 작용하고 있다.

　여성 저임금이나 낮은 경제활동참가율, 성별 임금격차 같은 경제 문제는 전 세계적인 문제이지만, 그 정도는 나라마다 지역마다 차이가 있다. 이런 차이에는 여러 원인이 있지만 각 나라의 문화적 환경의 차이가 작용하는데 이 문화적 환경을 결정하는 배경이 종교이다.

　16장에서는 여성의 경제상황에 미치는 종교의 영향을 주요 종교 국가 17개국의 여성경제 관련 지표로 확인한다. 먼저 각 종교가 가지는 젠더 인식을 분석하면서 각 종교가 어떤 성 편향성을 가지는지를 살펴본다. 다음으로 세계 주요 종교인 불교, 유교, 기독교, 이슬람교에서 어떤 성 편향을 나타내는지를 각 종교별로 살펴보고, 이를 여성경제 관련 지표로 확인한다. 그리고 한국의 상황을 정리한다. 마지막으로 문제의 해결을 위한 대안을 제시한다.

1. 세계 종교는 어떤 젠더 인식을 가지고 있는가?

종교는 창시자와 종단, 신도를 가지고 있으며, 교리를 통해 그 종교를 믿는 사람에게 이에 따른 생활 방식을 명한다. 즉 종교는 인간 인식의 한계를 벗어난 초월적 세계에 대한 비전을 제시하는 동시에 현실 세계에서 실현될 삶의 덕목도 규정한다. 이러한 종교의 실천적 덕목은 고대로부터 현재까지 문화, 풍습, 사상, 세계관, 제도, 법 등에 작용하며 사회적 문제의 해결 방식을 제시하고, 인간 사이의 갈등을 조정하는 제도로 기능한다. 즉 종교는 한 사회의 문화를 조직적으로 제도로 만든 구성물이다(Raday, 2003: 667). 이렇게 만들어진 종교의 기능은 기본적으로는 좋음, 나쁨 같은 윤리적 덕목을 제시하는 것이다. 이런 덕목은 사회 구성원의 삶과 죽음뿐 아니라 생산과 분배의 결정에도 영향을 미친다.

아래의 <표 16-1>은 세계 종교의 여성젠더에 대한 인식을 비교한다.[2] 종교마다 조금의 차이는 있지만, 공통적인 여성 인식은 차별과 혐오이다. 물론 같은 종교 내에서도 종파마다 지역마다 시대마다 차이가 있긴 하다. 그러나 현대의 관점에서 보면 이들 대부분이 지극히 성 편향적인 특성을 나타낸다. 이 중 특히 이슬람의 젠더 인식은 극단적으로 편향적이다. 이슬람 여성은 남성보다 지옥에 갈 가능성이 많은 사악한 존재이며, 모스크에 들어갈 수도 없는 존재로 취급을 받는다. 여성의 사회활동에는 여러 제약도 있으며, 법적 증언도 남성의 절반 가치밖에 받지 못한다. 재산의 상속 문제에서도 남성 상속의 절반밖에 받지 못한다.

이러한 사정은 불교에서도 마찬가지다. 불교에서 여성은 '완전한 존재(부처)'가 될 수 없는 존재다. 힌두교도 불교와 마찬가지로 여성은 성불할 수 없는 존재로 본다.

---

2 종교와 여성이란 광범위한 주제를 본 연구는 지나치게 단순화해서 비교하고 정리한 측면이 있다. 이슬람조차도 원래 교리 자체는 신 앞에 모든 인간의 평등인데 그것이 지역마다 특수하게 적용되어 성 편향이 나타난다고 주장하는 터라 이런 단순한 분류에는 당연히 비판이 따를 수도 있다. 그러나 세계 종교의 젠더 인식에 대해서 개괄하는 차원이나 종교가 현실 속에서 미치는 영향을 확인하기 위해서는 이 같은 단순화도 의미가 있다고 본다.

<표 16-1> 각 종교의 젠더 인식

종교	이슬람교	불교	기독교	유대교	유교	힌두교
여성 인식	• 남성보다 지옥에 갈 가능성 높은 존재 • 사악한 존재	• 성불할 수 없는 존재 • 남성보다 많은 계율로 통제해야 하는 존재	• 남성의 갈비뼈로 만든 존재 • 원죄가 있는 존재 • 불결한 존재	• 남성인 걸 신에게 감사해야 할 만큼 존재 자체가 재앙 • 죄 많은 존재 • 불결한 존재	• 남성의 종인 존재 • 남성에게 복종해야 하는 존재 • 사악하고 무질서한 존재	• 구원을 받을 수 없는 존재
여성 제약	• 모스크에 들어갈 수도 없음 • 법적 증언이 남성 절반의 가치 • 남성 상속의 절반 상속	• 여성은 부처가 되지 못함 • 비구니 스님은 비구 스님에게 복종	• 교회에서 의견을 제시하면 안 됨 • 출산 후 교회에 가서 감사기도	• 토라를 읽을 수 없고 탈리트를 입을 수 없음 • 불결함으로 매월 목욕 재계해야 함 • 통곡의 벽에서 기도할 수 없음	• 제례에 참여할 수 없음 • 집안 식구의 죽음이나 불행은 여성 탓임 • 집에서 일하는 것이 알맞음	• 남자로 다시 태어나야 윤회를 벗어날 수 있음 • 남편 사후의 삶은 의미 없음 • 생리를 재앙과 불운의 상징으로[3] 보고 격리시킴

자료: Darwish(2008); Bowker(1997); Stearns(2000); 서영애(2006); 김미영(2004); 강남순(2018); 이숙인(2006).

힌두교에서는 종교의 상징적 존재로 여신을 전면에 내놓고 있지만, 현실에서 여성은 열등한 존재이다. 힌두교의 과부는 남편을 죽인 것으로 낙인찍히고, 이후 아예 정상적인 삶을 인정하지 않는다. 유교에서도 마찬가지이다. 유교는 여성과 남성의 관계를 왕과 신하의 관계처럼 수직적인 것으로 이해하여, 여성은 남성에게 복종해야 하는 존재로 규정한다. 여성과 남성은 다르므로 여성은 유교의 핵심 의식인 제례에는 참가할 수도 없다. 집안에 나쁜 일이 생기거나 누가 죽으면 여성의 탓으로 여기게 했고, 남성보다 못난 존재라서 집안의 일이나 해야 한다고 규정했다(홍태희, 2008).

유일신교인 유대교, 기독교에서도 비슷하게 젠더 인식이 나타난다. 유대교에서는 여성을 죄 많고 불결한 존재로 본다. 그래서 여성은 유대교 경전인

---

3 힌두교, 특히 네팔에서는 여성의 생리 기간에 가족과 격리하는 '차우파디(Chhaupadi)' 관습이 있다. 이로 인해 병에 걸리거나 성폭력을 당하는 경우가 많다.

토라[4]를 읽을 자격도, 통곡의 벽[5]에서 기도할 자격도 없으며, 죄 많고 불결한 존재다. 기독교는 아담의 갈비뼈로 여성을 만들었다는 구약성서의 내용을 받아들이면서 여성 존재의 독립성을 인정하지 않는다. 여성은 남성에게 종속된 존재인 것이다. 또한 여성은 인간의 원죄인 선악과를 먹게 한 죄 많고 사악한 존재로 인식되어 있다.

이처럼 대부분 종교에서 여성은 남성보다 부족한 존재이며, 종속적인 존재로 인식된다. 역사의 발전과 함께 이런 젠더 인식은 점차 완화되었고, 현대에 와서 교리의 현실적 적용에 융통성도 생겼다지만 주요 종교의 여성관에 여성혐오가 뿌리 깊게 박혀 있고 여전히 작용하고 있는 것이 현실이다.

2. 종교의 가부장성은 여성에게 어떤 경제적 결과를 가져왔는가?

종교는 현실을 초월한 세계를 이야기하지만 이를 통해 현실을 재단한다. 이 중 가장 중요한 것은 종교의 경제 문제 결정자로의 역할이다. 종교와 경제, 성과 속은 분리된 것 같지만 사실 밀접하게 결합해 있으며 결과적으로 구성원의 경제적 이익을 결정하며, 한 사회의 물질적 조건의 배분과 분배에 개입한다. 역사적으로 세계 종교가 발전하며 등장하는 각 종단도 각 사회의 정신적인 세계만이 아니라 그 사회의 현실 세계 특히 경제를 관장한다. 단지 재화의 생산하는 방식이나 그것을 통해 이윤을 남기는 방식뿐 아니라 그 생산물을 분배하고, 소비하는 전 과정에 종교가 영향을 미치며, 이 과정이 다시 반복되는 재생산 과정 전체를 관장한다(이재율, 2013: 15-17).

이 과정에 종교는 공동체 내에 좋은 삶과 나쁜 삶을 구획한다. 이런 종교의 기능은 젠더문제에도 작용하며 각 성별의 삶도 구획하며 남녀의 역할과 성별 분업의 기준을 제시한다. 이에 따라 자연히 좋은 여성의 삶과 나쁜 여성의 삶이

---

4 유대교의 율법서로 모세가 하느님의 계시를 받아서 썼다고 하는데, 좁게는 〈구약성서〉의 〈창세기〉·〈출애굽기〉·〈레위기〉·〈민수기〉·〈신명기〉, 넓게는 히브리 경전 전체를 말한다.
5 '통곡의 벽(Wailing Wall)'은 이스라엘 예루살렘 서쪽 성벽 일부의 이름으로 유대교에서 가장 거룩하게 여기는 기도의 장소이다.

규정된다. 즉 종교는 여성의 교육과 남성의 교육, 여성의 일과 남성의 일, 여성의 먹고 입는 방법과 남성의 먹고 입는 방법, 여성의 장례와 남성의 장례 등 모든 영역에 관여한다. 그리고 가계의 생산과 분배, 임신과 출산, 육아의 영역은 물론 여성의 시장노동참여와 임금의 결정에도 영향을 미친다. 이처럼 종교는 이상적인 젠더의 역할을 규정하며, 이를 통해 이상적인 젠더 사이의 생산과 분배의 방식을 제시하며, 이에 부합하지 않은 삶을 통제하고 징벌하는 사회적 기능을 한다(그로스, 1999: 199).

<표 16-2> 세계 주요 종교 국가[6]

종교	개신교	천주교	이슬람	불교	힌두교	유대교
국가 분류 1	8개국	21개국	14개국	2개국	1개국	1개국
국가 분류 2	4개국	6개국	3개국	-	-	-
국가 분류 2 대표 국가	영국 미국 남아프리카 공화국	프랑스 이탈리아 아르헨티나 멕시코 캐나다	인도네시아 사우디-아라비아 터키 이란 이라크	싱가포르 태국	인도	이스라엘

자료: IMF(2018); UNDP(2018); OECD(2017); Adelman and Morris(1980).
주: 국가 분류 1, 2016년 말 기준 GDP 1,000억 달러 이상 되는 국가 59개국 중에 특정 종교를 국민의 30% 이상이 믿는 48개국; 국가 분류 2, G20 국가 중에 특정 종교를 국민의 30% 이상 믿는 국가.

세계 주요 종교는 남성젠더를 가진 신과 남성 종교 창시자가 남성의 언어로, 남성 중심의 세계관을 바탕으로 종단을 만들고 교리를 제시하면서 가부장적 특징을 띤다. 이러한 남성 가부장적 종교가 현실 세계 속에 정착하면서 남성 중심의 문화와 현실을 만들고, 여성은 자연히 주변화된다(Boserup, 1982). 이 같은 종교의 가부장성은 각 사회에서 종교가 가지는 징벌적 권한을 통해 현실적 권력이 된다. 물론 이런 권력의 크기는 시기나 지역, 여성권이나 종교의 성격에 따라 차이가 나지만 기본적으로 어떤 종교이든 인간이 종교의 교리를 다르지 않은 죄를 응징하는 징벌 시스템을 가지고 있고, 종교적 징벌은 현실적 구속과 같은 직접적

---

6 애델먼·모리스(I. Adelman and C.T. Morris)의 세계 종교 국가와 각 국가의 성장 잠재력에 대한 분석 결과 개신교 국가의 성장 잠재력을 가장 높고, 천주교 국가는 중간 정도, 불교와 힌두교 국가는 낮다고 했다(Adelman and Morris, 1980).

이든, 사회 평판을 통한 간접적이든 대상자의 생전은 물론 사후까지에도 적용된다.

이 같은 종교의 가부장적 속성과 징벌 시스템은 신도들, 특히 일차적으로는 여성 신도를 통제하는 도구로 사용되고 있다. 세계 종교 중 특히 남성 유일신을 주장하는 종교는 대개 강한 배타성을 나타내고, 여성을 배제하면서 서양 중세의 마녀사냥이나 이슬람의 명예살인같이 기존 질서에 대한 여성의 불복에 대해 엄격한 징벌 시스템을 갖추고 있다.[7] 이 같은 사회에서 여성의 삶은 전체가 주변화되면서, 내부 식민지 역할을 하게 된다. 이를 통해 단지 여성의 사회나 경제적 지위만 낮아지는 것이 아니라 여성의 존재 전체가 혐오의 대상으로 폄훼되고 부정된다.

이런 상황이 현실로 표출된 대표적인 사례가 여아태중살해, 여성 이동 금지, 여성 특수복장 착용의무, 여성 사제 금지, 삼종지의, 여성 할례, 마녀사냥 등이다. 이런 상황이 비록 오늘날 과거보다 어느 정도 완화되어 나타난다고 해도 성별 임금격차, 유리천장, 경력단절, 독박 돌봄노동 등으로 여전히 존재한다. 이 같은 여성차별과 여성혐오는 종교의 이름으로 정당화되어, 공동체의 기존 질서를 유지하는 기능을 한다.

이 같은 과정이 한 사회 속에서 지속되려면 여성이 남성에게 경제적이고 사회적으로 종속되어야 한다. 특히 경제적 종속이 그 핵심이다. 여성이 경제적으로 독립되면 이 과정을 반복할 수가 없다. 따라서 한편에서는 여성의 경제적 종속이 지속되도록 저임금, 저상속, 시장노동 불가 등을 통해 여성의 경제적 독립을 막고, 다른 한편으로는 경제적 종속 상황에 있는 여성의 노동력을 쉽게 이용하여 경제적이고 사회적 편익을 얻는다.

이처럼 종교적 생활윤리는 여성의 희생을 통해 기존 사회를 유지하는 작동원리를 제공했고, 여성은 각 사회 안전판 역할을 했다. 사회적 안정기에는 봉사와 돌봄의 제공자 역할을 하나, 공동체의 위기 시에는 사회적으로 필요한 역할을 줬고, 때에 따라서는 기득권의 면피 수단으로 이용되거나 위기 유발자로 규정되어 희생되기도 했다.

---

7 유일신은 하나의 신만 존재한다는 믿음인데 유대교, 기독교, 이슬람교가 대표적인 예이다. 이들 유일신 종교는 대개 엄격한 선과 악, 죄와 벌의 기준을 가지고 있고, 다름에 대해서 배타적 특성이 있다. 그러나 힌두교는 다신교이지만 카스트 제도를 만들어서 유일신교에 못지않은 배타성을 보인다.

<표 16-3> 세계 주요 종교 국가 여성의 경제 관련 권한 지표

종교	개신교			천주교					이슬람					불교		힌두교	유대교
국가	영국	미국	남아프리카 공화국	프랑스	이탈리아	아르헨티나	멕시코	캐나다	인도 네시아[1]	사우디 아라비아	터키	이란	이라크	싱가포르	태국	인도	이스라엘
WEO	13	14	38	12	32	50	41	9	85	103	65	117	-	31	47	98	30
GGI 경제참여와 기회	0.705 (53)	0.776 (19)	0.652 (89)	0.683 (64)	0.571 (118)	0.596 (111)	0.518 (124)	0.744 (29)	0.610 (108)	0.320 (142)	0.471 (128)	0.367 (140)	-	0.752 (27)	0.694 (75)	0.376 (138)	0.681 (65)
GII (GII순위)	0.116 (26)	0.189 (41)	0.389 (90)	0.083 (16)	0.087 (18)	0.358 (47)	0.343 (76)	0.092 (12)	0.453 (104)	0.234 (50)	0.317 (69)	0.461 (109)	0.506 (123)	0.067 (10)	0.393 (93)	0.524 (127)	0.098 (22)
GEI 경제활동	81.4	69.4	74.0	79.2	66.3	68.4	56.5	83.0	57.5	4.1	33.8	42.4	-	71.5	76.6	33	81.3
여성소득/ 남성소득(%)	56	66	60	70	57	50	48	67	50	24	45	19	21	73	80	30	60
경제활동 참가격차(%p)	5.4	6	10	4.3	9	-	15.3	4.4	15.3	32.8	19.6	24.6	-	7.6	8.1*	-	4.7

자료: EIU(2018); WEF(2017); OECD(2017); ILO(2016); UNDP(2018); Social Watch(2012).

주: WEO, 2012년 여성경제기회지수(Women's Economic Opportunity Index); GGI 2017년 성격차지수(Gender Gap Index) 중 경제활동참여와 기회순위(점수); GII, 성불평등지수(Gender Inequality Index), UNDP가 2010년부터 각국의 성불평등 정도를 측정해 발표하는 지수, 점수가 '0'이면 완전 평등, '1'이면 완전 불평등을 의미. 점수가 낮고 순위가 높을수록 성 평등함. 2017년 전 세계 189개국 대상; GEI, 성평등지수(Gender Equity Index) 중에 경제활동 순위(점수) 2012년 Social Watch; 성별소득비 2017년 UNDP 통계, 2011년 PPP 기준: 경제활동참가율 성별격차 2016년 ILO, * 태국 2015년.

1) 앨럼·아민·매코믹(Alam, Amin and McCormick)은 인도네시아 2010년 인구조사 자료를 가지고 다른 조건을 일정하게 두고 실증분석한 결과 도시 지역에서 결혼한 힌두교 여성이 도시 지역 이슬람 여성보다 경제활동참가가 31% 높고, 농촌 지역에서 결혼한 유교 여성이 결혼한 이슬람 여성보다 경제활동참가율이 31% 높다고 했다. 이들 통해 종교가 여성의 경제활동에 미치는 영향이 확인되었다고 한다(Alam, Amin and McCormick, 2018).

또한 여성은 종교의 세력 유지에 동원되기도 한다. 사실 대부분 종교에서 여성 신도 수가 남성 신도보다 많다.[8] 이처럼 종교의 가부장적 속성은 여성의 경제적 상황과 여성차별의 뿌리 깊은 배경이 되고 있다.

위의 <표 16-2>는 전 세계 국가 중에 특정 종교가 인구의 30% 이상의 신도를 갖는 국가 중 대표 국가를 종교에 따라 분류한 것이다. 그리고 위의 <표 16-3>은 이들 국가에서 여성의 경제 활동의 상황을 이해하기 위해 여성 경제 관련 권한 지표를 정리한 것이다. 이들 지표를 종합하면 기독교를 믿는 국가의 여성의 지위가 타 종교를 믿는 국가의 여성의 권한보다 높다는 것이다. 아울러 이슬람교를 믿는 국가 여성의 경제적 상황이 가장 열악하다고 할 수 있다.

<표 16-3>의 17개국 중 이라크를 제외한 성별 경제활동참가율 격차의 평균은 11.36%p이다. 성별 소득격차는 이라크, 인도, 아르헨티나를 제외하고 48%p로 세계 평균 32%p를 웃돈다. GEI 중 경제 활동 평균 점수는 이라크 제외하고 61.15이고, GGI 중 경제 활동 평균 점수는 0.62, WEO의 등수 평균은 이라크를 제외하고 49위이다.

3. 불교는 여성의 경제에 어떤 영향을 미쳤는가?

불교는 기원전 6세기 가우타마 싯다르타의 설법을 따르며 수행하는 종교로 스스로 부처가 되는 성불의 교법을 제시한다. 인간의 완성체인 부처는 신앙의 대상인 동시에 인간이 도달해야 할 목표이다. 이렇게 진리를 체득하면 사회에 기여해야 한다고 하며 자비와 지혜를 인간이 따라야 하는 덕목으로 제시한다. 유일신을 내세우지 않는 불교는 유일신을 가진 타 종교보다 종교적 강제는 적은 편이다.

---

8 강남순은 여성 신도가 많은 이유를 1. 여성이 감성적이어서 종교적 성향이 있고, 2. 여성의 사회화 과정에 종교적 가치(갈등 해결, 인자함, 겸손)를 더 함양하고, 3. 사회구조가 여성을 종교에 헌신하게 한다고 요약한다(강남순, 2018: 15-16).

대표적인 불교의 경제관은 '지출4분법'이다. 소득 중의 1/4은 소비, 1/2은 재투자, 1/4은 미래를 위한 저축을 강조하면서 투자와 저축을 독려한다. 그러나 이러한 불교의 경제적 특징은 대승불교[9]에 와서는 소승불교에 비해 적어진다(박경준, 2010: 209).

불교는 힌두교의 카스트 제도를 비판하며 모든 중생이 견성할 수 있다고 하면서 일체중생의 평등을 주장하지만, 여성은 예외였다. 물론 가우타마 부처는 여성의 출가와 승단 가입을 허락했었고, 불교가 남성 위주의 가부장적 질서만을 강조하지 않았고, 아내를 인격적으로 대우하라고 가르쳤지만 이후 종교로 고착되면서 실제로 불교에 나타나는 성차별적 특성은 분명하다.

❶ 불교는 여성은 성불할 수가 없다는 '여성성불 불가론'을 주장한다.[10] 대승불교에 와서는 남자이든 여자이든 부처님의 가르침을 받는 사람은 모두 성불한다고 주장도 등장한다. 그러나 소승불교를 중심으로 여전히 여성의 성불을 인정하지 않는다. 불교에서는 그 이유로 전생에 나쁜 업을 지은 탓에 여성으로 태어났기 때문이라고 한다. 교리에 따라 현생을 열심히 살아서 다음 생에 남성으로 태어나서 성불하라고 한다. 이는 불교가 여성의 몸 자체는 물론 여성의 존재 자체를 죄와 벌의 상징으로 본다는 것이며, 이는 전형적인 여성혐오의 표현이다(본각 외, 2016).

❷ 불교는 출가자들의 수계의 가짓수로도 여성을 차별한다. 비구는 250계를 구족계로 받지만, 비구니는 348계를 받아야 하며, 비구니의 승가 입문 전제조건으로 팔경법(八敬法)을 지켜야 한다. 이는 여성을 남성보다 더 많은 규제와 제약을 가해야 하는 존재로 본다는 것이다.

❸ 불교는 출가자들의 서열로도 여성을 차별한다. 위의 팔경법에는 비구 승가에 대한 비구니(여승) 승가의 종속과 절대적인 복종을 규정하고 있다.

---

9 대승불교는 종교의 사회 참여에 적극적인 불교 분파이나 소승불교는 개인의 성불에 집중한다고 알려져 있다. 경제성장과 불교의 상관관계를 소승불교 지역과 대승불교 지역으로 나누어 살펴보면, 소승불교 영향이 강한 스리랑카, 라오스, 미얀마 등의 나라보다 대승불교가 강한 한국, 일본, 중국이 경제발전의 정도가 더 높다(이재율, 2013: 196-197).

10 불교 일부 종파가 발전시킨 오장(五障)사상은 여자는 부처, 범천왕, 제석왕, 마왕, 전륜성왕이 될 수 없다는 것이고, 변성남자사상은 여자는 남자로 환생해야 성불할 수 있다는 성차별적 교리이다. 이는 여자가 남자보다는 업보가 많다는 여성혐오와 연결된다.

이런 위계에 의해 비구니 노승이라도 비구 동자승에게도 예를 갖추어야 하는 곳이 불교다.

❹ 불교는 출가자의 역할 분담과 지위를 통해서 여성을 차별한다. 불교에서 여성의 존재는 남성들의 보조 역할이다. 비구니는 정해진 계급 위로 올라 갈 수 없다. 종단의 주요 의사 결정자의 역할은 비구 스님이 전담하고 있으며, 소수의 비구니 사찰을 제외한 대부분의 사찰 주지는 비구 스님이다. 큰 법문들은 주로 비구 스님이 한다.

이런 불교의 성차별적 특성은 단지 성직자만이 아니라 일반인에게도 마찬가지로 적용된다. 불교에서 인간의 길인 생로병사(생의 4주기) 자체가 남성 위주로 되어 있다. 여성은 단지 남성 성불의 방해자 역할로 등장하거나 보조자나 종속적 존재로 규정된다. 여성의 역할이 이렇게 무급 돌봄노동자로 고착하고, 인간의 완성인 부처가 되는 것은 아예 불가능한 존재로 보며, 남아를 출산하는 것 외에는 여성의 가치가 인정받지 못한다. 이런 성차별적 요소는 경제적 차별로 나타나서 불교를 받아들인 공동체에서 여성의 경제적 지위를 결정하고 있다.

위의 17개 비교국 중 불교국에 속한 나라는 태국과 싱가포르다. 도시 국가인 싱가포르는 경제 발전을 이루었지만 '선한 가부장 독재'라는 정치 시스템을 가지고 있고, 태국은 경제 발전이 더디고, 관광업 외에 뚜렷한 성장의 동력을 찾기 어렵다. 여성 관련 지수로 확인한 불교국의 특징은 여성권의 보장이 이슬람 국가보다 잘되어 있지만, 기독교 국가보다 미흡하다. <표 16-3>에서 보는 경제적 기회를 나타내는 WEO의 경우 싱가포르는 31위이고 태국은 47위로 큰 차이가 없지만, GGI 순위는 싱가포르가 6위인데 비해 태국은 75위이다. 이 순위는 GII에서도 비슷하게 나타나 싱가포르와 태국이 각각 10위와 93위이다. 이는 같은 불교국 사이에 여성 지위에 큰 편차가 있다는 것을 말해 준다.

17개 비교국 성별 경제활동참가율 격차의 평균이 11.36%p이지만 불교국 평균은 3.8%p로 여성 경제 활동은 상대적으로 활발한 것으로 보인다. 성별 소득 격차도 세계 평균 32%p, 비교국 평균 48%p보다 작은 23%p다. GEI 중 경제 활동 평균 점수는 비교국 평균 61.15보다 높은 74.05이며, GGI 점수도 비교국

GGI 평균 점수 0.62보다 높은 0.723이다. 불교국은 WEO 순위는 비교국 평균 49위보다 양호한 39위이다.

불교와 비슷한 뿌리를 가지고 있는 힌두교의 경우 인도에서 보듯이 여성의 경제적 상황은 매우 어려운 처지이다. 인도의 성별 소득격차는 <표 16-3>에서 보듯이 비교국 평균 48%p를 훨씬 웃도는 70%p에 이른다. 다른 여성의 경제 활동이나 기회에서도 불교국보다도 억압되어 있다. WEO 순위도 98위로 전체 평균 49위에 비해 높고, GGI 점수도 비교국 평균 점수 0.62에 훨씬 못 미치는 0.376이다. 이런 인도 여성의 열악한 상황은 세계 자살 여성 가운데 36.6%가 인도 여성이란 것으로도 확인된다. 폭력과 가난, 낮은 사회 경제적 지위가 인도 여성을 죽음으로 몰고 있다(Guardian, 2018). 이런 사회구조의 핵심에 힌두교와 카스트 제도가 있음은 분명하다.

4. 유교는 여성의 경제에 어떤 영향을 미쳤는가?

유교는 중국 공자의 가르침으로 시작된 종교로 인(仁) 사상을 바탕으로 부모에게 효도와 나라의 충성을 중시하는 종교이자, 흔히 생활철학이라도 한다. 이처럼 유교는 일상의 삶에서 도를 실천하는 종교이기 때문에 타 종교처럼 성직자를 따로 두지 않는다. 유교는 자신들의 종교적 이념이 일차적으로 실현되는 곳을 가정으로 보았다. 가정과 자신을 잘 다스리는 일에서 올바른 삶을 시작될 수 있다고 한다. 이러한 유교 윤리의 핵심에는 오상, 삼강, 오륜이 있다. 이 중 오륜에는 젠더 사이의 차이를 강조하는 부부유별의 윤리가 있다. 이 같은 부부유별의 젠더 인식은 유교의 여성관을 잘 보여 준다.

유교는 가족 중시, 혈연 중시 사상을 기초로 현실에서는 부계 중심, 남성 중심의 규범 체계로 작동되었다. 이러한 유교의 남성 중심 혈연주의는 조상신 사상과 결합하여 대를 이을 남아에 대한 선호를 낳았고, 여아의 존재는 부정되면서 결과적으로 강한 성차별적 속성을 띠게 되었다. 이런 유교의 남성 중심 사상은 가부장제와 결합하여 다음과 같은 성차별적 요소를 작동시켰다(홍태희, 2008).

❶ 유교는 여성의 삶의 올바른 전형을 강제했다. 남녀칠세부동석과 부부유별의 성 윤리와 편향적 성 역할을 통해 여성을 남성과는 다른 보조적 존재로 설정했다.

❷ 유교는 여성 노동을 주변화했다. 유교의 윤리관으로 남녀의 일과 공사의 일이 엄격히 나눈 후 돌봄노동과 가사노동을 여성의 일로 규정하고, 강제했다. 비록 유교가 교육의 중요성을 강조하는 종교이지만 여성에 대한 교육은 인간 완성을 위한 교육이 아니라 출산과 육아의 의무를 감당하고 유교의 덕목에 걸맞은 여성의 재생산을 위해 이루어졌다.

❸ 유교는 여성의 종속을 강제했다. 여성은 모든 공적 직무에 참가할 수 없었으면 삼종지의의 삶을 살아야 했다. 즉 여성은 어려서는 아버지, 성인이 되면 남편, 늙어서는 아들에게 종속되는 삶을 살아야 했다.

이처럼 유교는 인간 세상의 이상을 초월적 신 존재 없이 구현하는 사상 체계를 갖추었지만, 유교에서 인정하는 인간은 남성이었다. 집안의 대를 이를 자격이 없는 여성은 유산도 받기 어려웠고, 시장노동에 참여하지 못하므로 경제적 독립을 할 수 없었다. 특히 여성에게 인정하는 노동이 제한적이라서 이와 같은 돌봄노동과 가사노동에 종사하는 여성의 경제적 지위는 낮을 수밖에 없었다. 이와 같은 유교의 규범은 동아시아 전역의 지배 이데올로기로 작동했다. 오늘날 특히 동아시아 여성의 성별 임금격차나 여성 저임금과 여성 부불노동을 당연시하는 문화는 유교를 배경으로 작동하고 있다(Hong, 2006).

<표 16-3>에서 보는 것처럼 인구 중 30% 이상이 유교를 믿는 공식적인 유교 국가는 없다. 한국도 기독교인의 수가 1천300만여 명인 것에 비해 유교도는 12만 명에 지나지 않는다. 그러나 한국이 여전히 유교 문화권 속에 있다는 것은 의심할 여지가 없다. 유교가 여성의 권한에 미치는 영향은 세계적 경제 대국이며 유교의 영향권에 있는 한국과 일본의 여성의 상황으로 설명된다. 한국은 2017년 성별 임금격차가 34.06%p로 OECD에서 가장 크고, 일본도 성별 임금격차가 꼴찌에서 세 번째로 25.5%p이다. 여성 경제활동참가율도 한국은 31위로 최하위권이며, 일본도 20위에 머문다. 유교의 영향을 고려하지 않으면 설명하기 어렵다.

5. 기독교는 여성의 경제에 어떤 영향을 미쳤는가?

기독교는 유대교에 뿌리를 둔 종교로 현재 세계 전체의 정치와 경제 그리고 문화에 이르기까지 강력한 영향을 주고 있다. 유일신의 존재만 설정하는 유대교와 달리 기독교는 삼위일체(三位一體, 성부, 성자, 성령)를 주장한다. 이처럼 하나님을 아버지라고 칭하는 것으로도 기독교의 가부장성은 분명하다. 그 외에도 아들인 성자 예수도, 대부분 사제와 목사도 남성이다. 이러한 기독교의 여성차별적 요소를 살펴보자.

❶ 기독교는 세상의 창조부터 여성을 남성 아담의 갈비뼈로 만든 존재, 즉 남성에게 종속된 존재로 규정한다. 또한, 여성은 아담이 금지된 선악과를 먹도록 부추긴 존재로 규정하고 여성 이브는 죄의 상징이며, 인간의 원죄를 여성 탓으로 두는 여성혐오의 종교이다.

❷ 기독교는 남성에게 순종해야 하는 것이 여성의 도리라고 규정한다. 이는 아담 갈비뼈로 이브를 만든 하나님의 뜻을 따르는 것이다. 이는 보조적이고 부수적인 존재로서의 여성의 존재 가치를 보여 준다. 구약성서 창세기 3장 16~19절에는 젠더 역할이 적혀 있다. 그에 따르면 여성은 선악과를 따먹은 원죄를 범했으므로 그에 대한 징벌로 임신과 출산의 고통이 내려지고, 남성으로부터 지배당하는 존재로 되어 있다. 신약성서 에베소서 5장 23~24절에도 여성은 교회가 그리스도께 순종하듯이, 남편에게 순종하라고 적혀 있다. 에베소서는 바울이 썼는데 이후 기독교에서의 여성의 역할을 규정하는 항목이 되었다.

❸ 기독교에서는 여성이 사악한 존재로 규정되어 있다. 기독교의 깊은 여성혐오의 뿌리는 에덴동산에서 이브가 뱀의 유혹에 넘어간 것에서부터 시작된다. 이러한 사악한 존재로의 여성은 이후 중세의 시기를 거쳐 오면서도 남성을 성적으로 유혹을 하는 자이거나, 사탄을 따르는 자로 비하되었다.

❹ 기독교는 여성을 지배 계급의 기득권 유지에 이용했다. 기독교 여성혐오의 결정체는 마녀사냥이었다. 공동체의 이익에 반하는 행동을 하는 여성은 종종 이단이나 심지어 마녀로 여겨 화형까지 시켰다. 이런 교회의 여성폭력은 교회의 세력이 흔들리고, 사회적 갈등이 부각될 때면 자주 등장

했고, 힘없는 여성을 속죄양 삼아 기존의 기득권을 유지했다. 특정 여성을 마녀로 모는 방식은 때와 장소에 따라 달랐지만, 공통점도 있다. 그 핵심에 여론을 이용한 점이다. 기득권자들은 특정 여성이 마녀라는 여론을 만들었고, 만들어진 여론을 통해 마녀의 존재를 현실로 받아들이게 했으며, 일반 대중은 동조했다. 이는 특히 중세를 넘어오며 여권이 발전하고, 교회에서 여성의 영향력이 커지며, 여성이 경제적 자립을 할 기반을 구축해갈 시기에는 상대적으로 위축된 남성 기득권을 방어하고, 당시의 경제 시스템을 유지하기 위한 수단으로 행해졌다. 여권이 강해질수록 더 강력한 여성혐오의 기제가 작동했다(실비아 페데리치, 2011).

❺ 기독교는 교회에서의 여성의 사회적 역할을 제약했다. 기교독권에서 여성에 대한 차별은 단지 마녀라고 처형된 여성들의 상황만이 아니었다. 다른 여타 종교와 마찬가지로 기독교도 여성 신자들의 수가 남성보다 많았고, 여성의 헌신과 돌봄노동으로 교회와 성당의 살림이 유지되었다. 그러나 교회나 성당에서 여성의 지위는 제한이 있었다. 여성의 목사 안수를 허락하지 않는 교단이 더 많았고, 종단의 힘 있는 자리는 남성의 차지였다.

물론 막스 베버가 주장했듯이 개신교의 교리가 자본주의 정신의 근간이 되었고,[11] 이 같은 경제 발전은 여성권의 발전을 가져왔다(Pohlmann, 2000). 캘빈의 종교개혁으로 자본주의와의 공조의 길이 열린 개신교 지역의 성장 잠재력은 타 종교 지역보다 높다(Adelman and Morris, 1980). 21세기 현재 가장 여성 친화적인 국가로 여겨지는 북유럽의 국가들은 국민 90%가 개신교이다. 이는 개신교의 종교적 특징으로 이야기된다. 특히 복지국가를 구현한 국가들이 개신교 내에도 루터파 교단인 것은 주목할 만하다.

기독교의 여성차별은 기독교 중에 천주교도 마찬가지로 나타나는데, 개신교 같은 종교개혁을 겪지 않아 더 보수적인 색채를 띤다. 천주교의 1대 성 베드로 교황에서 266대 교황 프란체스코까지 단 한 명의 여성 교황이 없으며, 어느 성당에서건 여성은 미사를 집전하지 못한다. 이는 제사장으로서의 여성을 인정하

---

11 개신교와 경제성장 간의 양의 상관관계를 증명한 대표적인 실증분석으로는 Grier(1997); McCleary and Barro (2006)를 참고할 수 있다.

지 않는 것이라고 할 수 있다. 천주교는 여성 사제를 허락하지 않는 근거로 예수의 제자 중에 여성이 없다는 것을 든다. 그러나 이는 현대적 관점에서는 용납하기 어려운 이유이다. 이와 함께 천주교는 낙태와 피임 등 여성의 자기 몸에 대한 결정권을 인정하지 않는 등 여성에 대해 보수적 태도를 보인다.

이러한 개신교와 천주교의 사정은 <표 16-3>의 대표적인 기독교 국가의 여성 관련 지표로도 확인된다. 개신교의 경우 비교국 성별 경제활동참가율 격차의 평균이 11.36%p인 것에 비해 7.13%p로 여성 경제 활동은 상대적으로 활발한 것으로 보인다. 성별 소득격차는 세계 평균 32%p, 비교국 평균 48%p보다 작은 40%p다. GEI 중 경제 활동 평균 점수는 비교국 평균 61.15보다 높은 74.93이며, GGI 점수도 비교국 평균 0.62보다 높은 0.711이다. 개신교 국가는 비교국 WEO 평균 순위 49위보다 양호한 22위이다.

천주교의 경우 비교국 성별 경제활동참가율 격차의 평균 11.36%p보다 낮은 8.25%p로 여성 경제 활동은 상대적으로 활발하나 개신교보다는 낮다. 성별 소득격차는 세계 평균 32%p, 비교국 평균 48%p보다 작은 42%p나 이 수치도 개신교보다 낮다. GEI 중 경제 활동 평균 점수는 비교국 평균과 비슷한 0.622이다. 천주교 국가의 WEO의 순위는 평균 29위이다.

위의 지표로 확인되는 기독교 국가의 여성의 경제적 지위는 여타의 다른 종교 국가들에 비해 높다. 그러나 같은 기독교 국가 사이에도 천주교와 개신교 사이에 천주교 국가의 여성의 지위가 낮은 것이 확인된다. 천주교 중 캐나다, 프랑스, 이탈리아, 멕시코는 같은 OECD 국가임에도 불구하고 WEO 순위가 각각 9위, 12위, 32위, 41위로 크게 차이가 나고, 이탈리아와 멕시코는 GGI 수치가 82위와 81위로 하위를 나타낸다. 천주교 국가 내에서도 여성의 경제적 권한에 미치는 요소는 종교 이외에도 다양하다고 할 수 있다.

6. 이슬람교는 여성의 경제에 어떤 영향을 미쳤는가?

이슬람교는 아랍의 예언자인 무하마드가 만든 일신교로서 세계 인구의 약 25%인 12억 내외의 사람들이 믿는 종교로 서아시아, 아프리카, 인도 대륙, 동남아시아 등에 6억이 넘는 신자를 가진 세계 종교다. 이슬람교는 '유일신인 알라(Allah)에 대한 절대적인 복종'이라는 내용을 담고 있다. 쿠란에는 장사와 교역 그리고 이윤을 남기는 것을 지지하며 상인 계급의 이해를 대변하는 내용이 있다. 이런 교리가 그 지역 경제에 지대한 영향을 미쳤다는 것은 자명하다. 이 종교의 또 다른 특징은 다른 종교보다 더 강력한 남성 우위의 성별관계를 가지고 있고, 지극히 여성 억압적인 교리를 가지고 있다는 점이다.

물론 이슬람교를 믿는 나라의 상황이 차이가 커서 일률적으로 말하기는 어렵다.[12] 특히 모든 종교가 그 발생에서 전개 과정까지 철저히 지역과 민족의 역사와 함께하므로 나라별 특수성을 고려하지 않을 수 없다. 그런데도 일반적으로 이슬람의 여성차별 문제는 다음과 같은 특징을 나타낸다(Kongar, Olmsted, and Shehabuddin, 2017).

❶ 이슬람 여성차별의 중심에는 결혼제도가 있다. 이슬람은 일부다처제,[13] 무타(mut'a),[14] 강제결혼, 여아조혼을 수용한다. 각 결혼제도에 대해서 허용하지 않는 이슬람 국가들도 있다.[15] 그러나 일부다처제는 이슬람교가 여성을 보는 관점을 가장 분명하게 확인할 수 있는 지점이다.

❷ 이슬람은 여성 몸에 대한 통제와 폭력으로 여성혐오를 표출한다. 물론 전

---

12 최근 이슬람 여성을 가장 억압받는 여성이라는 단순한 일반화에 대해 서구문화가 만든 틀이라는 자각이 있고, 이에 따라 이슬람 여성을 나누어 접근해야 한다는 의견이 있다(Kongar, Olmsted and Shehabuddin, 2017).

13 일부다처제에 대해서는 많은 논쟁이 있다. 서구의 관점에서는 여성 억압의 상징으로 보이지만, 일부다처제가 여성에 대한 비하에서 나오기보다는 교역을 중심으로 한 유목 생활에서 약탈과 분쟁에서 여성을 보호하고, 남성 사망률이 위험이 많은 사막에서의 상황에서 여성의 생존권을 보장하려는 방편이라는 해석도 있다. 이들 여성은 한 남성과 살면서 공동거주, 공정부양, 동등상속 신분을 가지는데 이를 두고 일부다처제가 일종의 사회보장시스템이라는 견해가 있다(Kongar, Olmsted and E. Shehabuddin, 2017).

14 임시결혼제도로 여자가 정해진 금액으로 정해진 기간 아내로 살도록 계약하는 것을 말한다. 계약이 종료되면 이혼 절차 없이 결혼 관계가 끝난다. 돈만 있으면 얼마든지 결혼하고 언제든지 헤어질 수 있게 한 제도이다. 시아파 이슬람 사이에 성행했다(모기시, 2009: 45).

15 모든 이슬람 국가에서 일부다처제가 허용되는 것은 아니다. 터키나 튀니지 같은 국가에서는 일부다처제가 금지되어 있다.

체는 아니지만, 일부 이슬람이 용인하는 여성할례와 남아에 비해 쓸모없다고 여겨지는 여아살해 전통이나 집안의 명예를 실추했다고 자행되는 명예살인은 이슬람의 깊은 여성혐오를 보여 준다. 타 종교에 비해 지나치게 강력한 여성 억압에는 이슬람 지역의 지리적인 특수성이 있다고 주장하기도 하지만 남성 우위의 불균형한 권력관계가 작동함에는 의심의 여지가 없다.

❸ 이슬람은 여성의 정치 · 경제 활동을 철저히 통제한다. 이는 이미 잘 알려진 바와 같이 여성 이동의 자유와 표현을 자유를 제약하며, 보호자 없이는 활동할 수 없고, 엄격한 복장규정과 시장참여의 기회를 줄여 경제적 독립을 저해하고 있다.

❹ 이슬람 여성은 정치적 지배력 강화의 도구로 활용되고 있다. 이슬람 여성 억압의 정도는 각 국가 기득권 세력의 정치적 성향에 따라 큰 차이가 난다. 특히 이슬람 중 근본주의적인 종교적 지도 아래 정권이 놓이면 어김없이 여성의 정치적 경제적 자유와 교육의 기회가 더욱 억압되었다. 이 같은 종교 근본주의는 자신들의 지배력 강화의 일차적 통제 대상으로 여성으로 하고 의식주 모든 면에서 여성의 권리를 제한한다. 왜냐하면 이렇게 해야 이슬람 원리주의 운동에 언제나 따라다니는 사회적 보수주의가 작동하기 때문이다(모기시, 2009: 18). 아프가니스탄의 탈레반 정권, 이란의 신정정치, '이라크 - 레반트 이슬람 국가(ISIL: Islamic state of Iraque and the Levant, 이후 IS로 통일)' 지배 아래 여성은 반인권적이며 폭력적인 상황에 놓이게 되고, 더 엄격한 복장규정과 이동권 제한, 교육 제한, 명예살인[16] 등의 억압이 더 강화되었다. 이처럼 '탈레반 - 알카에다 - IS'로 이어져 가는 극단적 이슬람주의에 의해 주도되는 종교 근본주의와 가부장제의 강화는 이슬람 여성의 인권을 억압하는 것은 물론 그들의 경제 활동, 즉 시장참여나 자산 보유와 상속 제한을 시행하고 있다.

❺ 이슬람 여성은 자산이 적다. 이슬람은 율법의 영향으로 남성은 여성의 두 배를 상속받을 수 있다. 사우디아라비아에서 성인 여성은 남성 후견인의 허락을 받아야 행동을 할 수 있는 남성보호자법이 아직도 작동한다. 이같

---

16 가족의 명예를 지키기 위해 여성을 살해하는 것을 말한다. 주로 간통 혐의가 있는 여동생, 누나, 아내를 대상으로 행해진다. 요르단, 이집트, 예멘 등에서 성행되고 있다. 파키스탄에서는 2016년 법으로 금지했으나 자행되고 있다. UN에 따르면 전 세계적으로 1년에 5,000명 정도 여성이 살해되고 있다고 한다.

이 종교의 영향력은 여성이 경제 활동으로 경제력을 갖는 것이 제한된 상황을 용인했고, 이러한 여성의 상속상의 불평등은 여성의 경제적 독립의 걸림돌로 작용한다.

이와 같은 이슬람 여성은 세계 종교 국가 중 가장 억압적 상황에 있다. WEO 순위는 인도네시아 85위, 터키 65위, 사우디아라비아 103위, 이란 117위로 세계 하위이고, GGI 순위도 경우도 각각 84위, 138위, 131위, 140위로 최하위 수준이다. 이런 사정은 <표 16-3>의 대표적인 이슬람 국가의 여성경제 관련 지표로도 확인된다. 이슬람 국가의 경우 비교국 성별 경제활동참가율 격차 평균이 11.36%p인 것에 비해 23.07%p로 여성 경제 활동이 상대적으로 크게 저조하다.

성별 소득격차는 세계 평균 32%p, 비교국 평균 48%p보다 큰 68%p다. GEI 중 이라크를 제외한 국가의 경제 활동 평균 점수는 비교국 평균 61.15보다 낮은 34.45이며, 이라크를 제외한 GGI 평균 점수도 비교국 평균 0.62에 크게 못 미치는 0.442이다. 특히 이슬람 국가의 이라크를 제외한 WEO 평균 순위는 비교국 평균인 49위보다 매우 열악한 93위이다. 이처럼 이슬람 여성들의 경제적 불평등은 뚜렷하게 확인된다.

이슬람 여성의 경제 활동과 경제적 독립을 막는 것은 무엇보다 자산 형성의 어려움이다. 이슬람 지역에서 여성의 부동산 소유 비율은 전체의 10%에 미치지 못한다. 이는 불평등한 상속과도 연관된다. 2018년 3월 튀니지에서는 남성과 같은 상속권을 확보를 위한 여성들의 투쟁이 있었지만, 여전히 남녀상속평등법이 제정되지 않고 있고, 이미 제정된 나라도 실효를 거두지 못하고 있다. 만약 상속권을 확보하기 위해 여성이 소송하면 지역사회에서 매장되는 분위기이다. 브라운슈타인(E. Braunstein)은 이슬람의 가부장성과 경제적 불평등과 경제 성장 간의 관계를 GID자료를 가지고 실증분석 결과 가부장성이 경제 성장을 저해한다는 결과를 확인했다(Braunstein, 2017).

7. 한국에서 종교는 여성의 경제에 어떤 영향을 미쳤는가?

한국은 21세기 현재 특정 종교의 신자가 절대적 우위를 점하지 않는 다종교 사회이다. 한국인이 믿는 주요 종교는 불교, 기독교, 유교, 원불교, 전통 신앙을 들 수 있다. <표 16-4>는 한국의 종교인 현황을 보여 준다. 2015년 현재 한국에는 개신교 967만 명(19.7%), 천주교 389만 명(7.9%)으로 기독교가 가장 많은 신도 수를 가지고 있는 가운데 불교도 761만 명이나 있다.

기독교의 성장으로 약화되긴 했지만 아래 <표 16-4>에 따르면 유교를 종교로 받아들이는 한국인이 남성 7만 5천703명, 여성 3만 313명이다. 그 수가 다른 종교에 비해 적지만, 실제 종교 없음에 해당하는 사람이 다들 유교적 생활 윤리와 불교적 심성을 가지고 있다는 측면에서 그 영향력은 결코 작다고 할 수 없다. 아울러 한국의 전통 신앙도 여전히 한국인의 의식 속에 깊은 영향을 미치고 있다(이재율, 2013: 12).

먼저 살펴볼 종교는 유교이다. 21세기 현재 선진국 수준의 경제 규모에도 불구하고 한국 여성의 권한이 그에 따르지 못하며, 여성 관련 지표, 특히 임금격차가 OECD 최고 수준이라는 것을 단지 유교의 영향 하나만으로 설명할 수는 없다. 그러나 유교의 성 편향성이 큰 영향을 미쳤다는 것은 분명하다(Pohlmann, 2000).

삼국시대 초에 들어온 유교는 주자학으로 조선의 통치 이념이었다. 이와 함께 가부장적 남계혈족 중심 사회가 서서히 정착되었다. 그러나 여성의 경제적 지위를 가름할 상속의 측면에서 보자면 고려에 이어 조선 초기까지도 상속법은 아들과 딸의 균분상속이었다. 그 후 근대화되면서 유교의 세력은 점차 쇠락하고

<표 16-4> 2015년 한국의 성별 종교인 현황 (단위: 명)

성별	불교	개신교	천주교	유교	종교 없음
남성	3,364,233	4,317,696	1,678,461	75,703	14,673,625
여성	4,255,099	5,358,065	2,211,850	45,390	12,825,090
합계	7,619,332	9,675,761	3,890,311	121,093	27,498,715

자료: 통계청, 「인구총조사」.

있지만, 유교의 여러 덕목은 오늘날에도 여전히 작동하고 있고, 가부장적 남성 중심 사회를 만들었다. 특히 일제 강점을 경험하며, 제정민법 이후 장남에게 상속분 중 1/2이 가산되나 혼인한 여성은 1/4로 한정되는 불평등한 상속법이 시행되었다(김은아, 2007).

비록 이런 성차별적 상속법이 1990년 개정되었지만, 경제 개발 초기에 불평등한 상속은 여성들이 자산을 갖지 못하게 했고, 경제 성장의 혜택을 공유하지 못한 결과를 낳았고, 현재 한국의 여성 빈곤의 문제로 연결된다. 근대화 이후 유교는 자본주의와 결합하며 유교적 자본주의로 한국형 경제 성장에 기여했다는 것이 정설이다.[17] 그러나 이러한 경제 성장 과정에서의 한국 여성의 기여는 제대로 알려지지 않고 있다(Hong, 2002).

한국의 기독교는 한국의 유교 문화와 결합하여 한국형 기독교로 발전했다. 유교적 가부장 문화와 기독교는 하나님 아버지라는 표상을 생산하면서, 그 대리인인 목사와 신부에게 순종을 교리로 삼았다. 여성은 목사 안수를 받지 못했고, 신부가 되어 미사를 집전하지 못한다. 여성은 전도사나 수녀로 남성 사제를 위한 돌봄노동을 하는 존재로 규정되어 있다.

<표 16-4>와 <표 16-5>는 한국의 성별 종교인 수와 종교 단체 참가율을 보여 준다. 종교의 여성차별적 성격에도 불구하고 유교를 제외하고 한국의 모든 종교에서 여성 신도 수가 남성 신도에 비해 많다는 것은 특징적이다. 또한 한국 남성의 종교 단체 참가율보다 한국 여성들의 참가율이 10%p 이상이 높다. 이는 한국의 종교 단체가 여성 신도들에 의해서 운영되고 있다는 것을 말한다.

이는 여성에게 '가족이 잘되게 기도'해야 하는 또 하나의 역할이 주어져 있다는 것과 무관하지 않다. 그런데도 각 단체의 성직자는 물론 신도의 대표적인 위치에 있는 직책은 거의 모든 종교에서 남성들이 맡고 있고, 여성 신도들은 그들을 보좌하고 있다. 한국의 절이나 교회 모든 곳에서 여신도들은 예배와 행정에 봉사하고, 식사 준비도 도맡는다. 이는 통해 우리는 단지 시장노동과 가사노동의 이중고뿐 아니라 종교 생활에서도 여성은 무급 돌봄노동을 해야 한다는 것

---

17 유교가 경제 발전에 기여한 것은 유교의 다음과 같은 특성 때문이다. 1. 현세주의, 2. 공동체 중시, 3. 교육열, 4. 도덕 중시, 5. 관용과 융통성, 6. 근면이다(이재율, 2013: 112-113).

을 알 수 있다(최순양, 2005).

<표 16-5> 한국의 성별 종교 단체 참가율 　　　　　　　　　　　　　　　　　(단위: %)

년도	2011	2013	2015	2017
여성	34.6	32.0	33.0	33.7
남성	22.9	21.2	21.7	22.7

자료: 통계청, 「사회조사」 각년도.
주: 조사 시점 기준 1년 동안 종교 단체에 참가.

한국에서는 불교의 영향도 여전히 크다. 불교는 삼국시대 초기에 한국에 들어와서 고려에는 융성했다. 조선에 와서 억불정책을 실시했음에도 불교의 영향력은 강했고, 현재에도 한국인의 심성에 영향을 미치고 있다. 특히 불교는 한국에서 전통 신앙과 결합하여 한국인의 내세관이나 가치관을 형성의 기반이 되었다. 특히 다음 생에 남성으로 태어나서 제대로 살자는 불교의 연기론적 사고는 여성들이 여성문제와 사회문제 해결에 수동적 자세를 취하게 했고, 불평등한 현실을 수용하게 했다.

<표 16-6> 한국 여성의 경제 관련 권한 지표

국가	WEO 순위	GGI 중 경제참여와 기회	GEI 중 경제 활동	여성/남성 소득비	경제활동참가율 격차(%p)
한국	35	0.533	68.0	0.518	21.8
비교국 평균	49	0.62	61.15	0.515	11.36

자료: EIU(2018); WEF(2017); OECD(2017); ILO(2016); UNDP(2018); Social Watch(2012).
주: 〈표 16-3〉의 주를 참고.

17개국 비교국에 비해 한국의 여성의 경제적 권한은 성별 경제활동참가율 격차 부문에서 비교국의 평균 11.36%p보다 10.44%p나 높은 21.8%p다. 성별 소득격차는 비교국과 비슷한 수치 0.518이고, GEI 중 경제 활동 평균 점수는 비교국 점수 61.15보다 높은 68이다. 또한 GGI 중 경제 활동 평균 점수는 0.62에 비해 한국은 0.533이며, WEO의 순위 평균 49위보다 나은 35위이다. 이렇게 보면 한국은 종교 국가보다 경제활동참가를 제외한 항목에서 양호한 상황에 있다고 할 수 있다.

한국의 종교 운영에도 성 편향은 나타난다. 대표적인 것이 한국의 성직자 사이에도 남녀 소득의 차이다. 한국의 성직자는 천주교를 제외하고는 그간 세금을 내지 않아 소득 신고가 되어 있지 않고, 정식으로 받는 소득 외에도 다양한 수입원이 있어서 그 규모를 가늠하기 어렵다. 과세하더라도 직무 수행비에만 과세하고 종교 활동비는 비과세 대상이므로 실제 소득의 크기는 신고된 소득과 다를 수 있다. 사실 교회에서는 목회 활동비나 교육비 등의 우회적 방법으로 각종 보수를 받는 것이 현실이다(김두식, 2010).

고용노동부는 성직자의 과세 대상이 되는 평균 소득을 목사(2천855만 원), 승려(2천051만 원), 신부(1천702만 원), 수녀(1천224만 원)이라고 했다(머니투데이, 2017년). 여기서 확인되는 한국 천주교의 성별 임금격차는 28%p이다. 성별 직급 분리가 철저히 되어 있는 종교적 특성이 소득격차로 나타나고 있다. 개신교의 경우 남성 목사님의 보수(사례비)는 각 직급(담임목사, 목사, 부목사, 전도사, 신방전도사, 교육전도사)에 따라 차이가 난다. 물론 보수 규모는 물론 정해진 규칙이 없으므로 교회 규모나 재정 상태 등에 따라 천차만별이다. 그러나 전도사의 사례비는 목사 사례비보다 적고, 종교 활동비의 규모도 적다. 대개 최저임금에서 250만 원 이하의 보수를 받는다. 그러나 여성 목회자 대부분은 목사 안수를 받지 못하고 전도사 직급에서 멈춘다. 따라서 교회 내 성직자 간의 성별 보수격차는 일반 업종보다 클 수가 있다.

불교의 경우도 마찬가지로 급여 기준이 마련되어 있지 않다. 다만 사찰에 취직한 종무원의 경우 월급(보시금)은 대개 최저임금 수준이다.[18] 대부분 남성인 주지 스님과 종무원(사무원, 법당 보살, 기와 보살, 공양주 보살), 특히 공양주 보살의 보수격차는 분명하다. 대부분 여성인 사찰의 공양주 보살은 2018년 현재 대개 최저임금을 받는다.

이렇게 한국에서 종교는 성차별적인 교리를 설파하고 있고, 성 편향적으로 교단을 운영하고 있다. 그리고 종교의 성 편향이 사회에 영향을 미치어 여성의 낮

---

18 한국의 대형 사찰의 경우 종무원의 평균 연봉은 2014년 2,500만 원이고, 4대 보험 가입이 되어 있다(엄태규·홍다영, 2014). 교회도 사찰의 종무원에 해당하는 관리집사의 경우 대략 월 200만 원의 사례비를 준다.

은 시장노동참가, 높은 성별 임금격차, 강고한 유리천장을 용인하고 있다. 이는 단지 시장노동에서만 아니다. 종교는 가계경제에서의 생산과 분배뿐 아니라 자산시장 및 상속과 증여에서의 성차별도 묵인하게 만든다. 종교적 신념과 이를 배경으로 만들어진 관습이 경제의 생산과 분배 그리고 자원배분의 기준으로 여전히 작동하기 때문이다.

8. 한 걸음 더 나아가기 위해 무엇을 할 것인가?

16장에서 우리는 각 종교의 여성젠더 인식과 그 종교를 믿는 지역의 여성의 경제적 삶 및 한국의 상황에 대해서 살펴보았다. 그 결과 종교는 직접적으로는 교리를 통해, 간접적으로는 그 사회문화의 기초가 되면서 대부분 국가에서 여성을 억압하는 역할을 한다고 파악했다. 이런 상황 속에서 여성은 어느 공동체에서든지 차별적 지위를 갖게 되었고, 남성 중심의 종교적 문화는 늘 여성차별과 혐오를 내재했다.

세계 종교는 공통으로 이웃 사랑을 강조한다. 흔히 기독교는 사랑, 불교는 자비, 유교는 인이라고 강조되는 이 사랑의 대상 속에 여성이 포함된 역사는 그리 길지 않다. 정치적으로 근대 시민사회가 성립된 후에도 여성의 이 같은 상황은 크게 나아지지 않았다. 20세기 후반까지 여성은 교육의 기회가 없어서 인적자본 축적을 할 수 없었고, 자본을 가질 수 없어서 기업을 경영할 수 없었다. 자연히 여성은 남성에 종속적인 경제 관계 속에 놓였다. 그리고 종교는 이런 여성의 경제적 상황을 정당화시켜 주었다. 이처럼 종교는 강력하게 경제에 영향을 주었다. 이 문제를 해결하기 위해서는 종교가 이야기하는 진리 그 자체에 좀 더 충실할 필요가 있다. 왜냐하면 진리에는 성별이 있을 수 없기 때문이다.

다음으로 짚고 넘어가고 싶은 것은 경제가 종교에 영향을 미치는 측면도 있다는 것이다. 경제 성장과 함께 민주주의가 발전하면서 종교의 성차별적 영향은 약화되는 측면도 작동한다. 특히 여성권의 전개 과정은 인류의 생산 방식과도 무관하지는 않다. 물리적 힘이 요구되는 농경사회에서나 유목 상황에서 여성의 경제적 기여에는 한계가 있었다. 그러나 생산 방식이 산업화되는 과정에서 여성의 경제적 성취는 진전을 보일 수밖에 없고, 여성의 경제력 변화는 사회 규범을 조금씩 변화시켰다. 이러한 변화는 결국 종교를 변화시킬 수도 있다.

인도의 카스트 제도는 계급을 세습하고, 계급별 직업을 정하면서 자원배분을 왜곡시키고 경제 성장의 걸림돌이 되었다. 그리고 오랫동안 인도 하층민 여성의 열악한 경제 상황의 원인이 되었다.[19] 그러나 20세기 후반 등장한 IT 산업은 계급적 직업 규정이 없어서 여성의 경제적 권한의 증진에 이바지하고 있다.

사우디아라비아에서 2018년 여성 운전을 허용하는 등의 변화는 여성운동의 결과이기도 하지만 한편으로는 탈석유 시대를 대비해야 하는 사우디 경제가 여성 시장노동이 필요하기 때문이기도 하다. 종교는 시대를 넘어선 영원을 설교하지만, 그냥 넘지 않고 각 시대의 역사를 담아 넘어간다.

---

19 물론 상층민이 하층민의 직종을 택하지 않는 것으로 하층민의 고용이 보장된 측면이 있다. 현재 인도에서는 이슬람 국가처럼 명예살인이 일어나는데 그 이유는 카스트 제도를 지키지 않았을 경우이다. 특히 다른 계층 간의 결혼을 엄격히 금하고 있다. 이러한 결혼 반대에도 경제 문제가 작용한다. 인도는 자식에게 평등상속을 해야 한다. 그런데 계급 간 결혼이 되면 계급 간 경제적 격차가 줄어들고, 계급 간 경제적 격차가 줄면 카스트 제도 자체의 유지가 어려운 측면이 있다(하리아나 · 전종휘 2018).

나가는 말

　드디어 우리는 여성과 경제라고 적힌 오솔길을 다 걸었다. 길을 걸으며 우리는 한국 여성이 처한 경제적 현실을 확인하였고, 그 못난 현실의 원인도 찾아보았다. 그리고 미흡하지만 이를 해결할 방안도 찾아보았다. 그런데도 길을 걷기 시작할 때 가졌던 의문이 충분히 해명되지도, 제시된 대안으로는 문제가 해결될 것 같지도 않은 막막한 현실 앞에 서 있다.

　어쩌랴! 우리의 걸음이 여기까지면 여기서 물러나자. 누군가가 다음 길을 나서겠지. 그리고 그 길을 이어 누군가 또다시 걷겠지.

　우리보다 앞서 이 길을 걸은 사람으로 건네준 이야기는 힘의 불균형이 불평등한 성별관계를 만드니 힘의 균형을 맞추라는 것이다. 힘의 균형이 맞추어진 율려의 세상을 만들기 위해 사회적 성 인지성을 키워 나가며 세상을 변화시키라는 것이었다. 남녀가 어울려 행복하게 같이 사는 세상은 다른 성별의 상황을 이해하는 성 인지성이 현실을 바꿔야 할 정당성을 제공할 때 시작된다고 한다.

　그래서 상대가 알아들을 수 있도록 자신을 표현해야 한다. 그리고 용기를 내어 현실에 분노하고, 원하는 바를 요구해야 한다. 물론 그 요구가 정당할 수 있도록 각자 사회 구성원으로 자기 몫을 해야 한다.

　그래서 일단 이렇게 시작한다. 힘을 기르자.

　그리고

"Pay Me Too!"

강남순. 2010. 『교회 속의 세상, 세상 속의 교회』. 서울: 홍성사.

강남순. 2018. 『젠더와 종교, 페미니즘을 통한 종교의 재구성』. 파주: 동녘.

강남순 외. 2016. 『덜 소비하고 더 존재하라 에코페미니스트의 행복혁명』. 서울: 시금치.

경찰청. 「범죄통계」. 각년도.

고용노동부. 「고용형태별 근로실태조사보고서」. 각년도.

고용노동부. 2018. 「2018년 적극적 고용개선조치 결과」.

과학기술정보통신부·여성과학기술인지원센터. 2017. 「2016 여성과학기술인력 활용 실태조사」.

국민연금연구원. 2018. 「중고령자의 경제생활 및 노후준비 실태」.

권김현영 외. 2012. 『성의 정치 성의 권리』. 자음과 모음.

권순형. 1998. 「여성사 쟁점: 다시 생각하는 고려 여성의 지위」. ≪여성과 사회≫, 제9호, 196
    ~202쪽.

그라프, 존 드(Graaf, John de)·데이비드 왠(David Wann)·토머스 네일러(Thomas Naylor).
    2001. 『소비중독 바이러스 어플루엔자』. 박웅희 옮김. 서울: 한숲.

금재호. 2010. 「여성의 경제적 지위는 향상되었는가?」. ≪월간노동리뷰≫, 9월, 48~69쪽.

금재호·윤자영. 2011. 「외환위기 이후 여성노동시장의 변화와 정책과제」. 한국노동연구원.

김경조·최진배·김태훈. 2008. 「국내 여성중소기업과 남성중소기업의 경영성과 비교」. ≪여
    성연구≫, 74권, 1호, 5~26쪽. 서울: 한국여성정책연구원.

김경희. 2000. 「국가페미니즘의 가능성과 한계」. ≪경제와 사회≫, 봄호, 특별부록, 62~88쪽.

김기태·하어영. 2012. 『은밀한 호황: 불 꺼지지 않는 산업, 대한민국 성매매 보고서』. 고양:
    이후.

김대일. 2008. 「기혼 여성의 노동공급과 자녀 교육」. ≪노동경제논집≫, 31집, 제2호, 73~
    102쪽.

김미영. 2004. 『유교문화와 여성』. 파주: 살림.

김민정. 2014. 「한국 여성의 정치적 대표성 확대를 위한 여성 할당제 효과」. ≪페미니즘 연구≫,
    제14권, 제2호, 203~241쪽.

김보성·김향수 외. 2014. 『엄마의 탄생(대한민국에서 엄마는 어떻게 만들어지는가)』. 파주: 오월
    의 봄.

김보화. 2017. 「치정과 멜로, 그 경계에서 데이트 폭력을 묻다」. 『그럼에도 페미니즘(일상을 뒤집어 보는 페미니즘의 열두 가지 질문들)』. 윤보라·김보화 외 10명 저. 서울: 은행나무.

김상대·장유미. 2009. 『가족 및 여성경제학』. 진주: 경상대학교출판부.

김상준. 2008. 「중간경제론: 대안 경제의 논리와 영역」. ≪경제와 사회≫, 제80호, 140~164쪽.

김성희. 2002. 『한국 여성의 가사 노동과 경제활동의 역사』. 서울: 신정.

김수정. 2008. 「'빈곤의 여성화' 재검토: 지표의 사실과 허구」. ≪젠더와 사회≫, 제7권, 2호, 183~212쪽.

김영옥. 1998. 「여성 창업과 기업경영: 현황과 경제정책」. 한국여성개발원.

김영옥 외. 2007. 「성인지 예산 분석기법 개발 및 제도적 인프라 구축방안 연구」. 한국여성정책연구원 연구보고서.

김용학. 1996. 『사회구조와 행위』. 서울: 지식산업사.

김유미. 2011. 『사회적 기업과 여성주의 대안노동』. 파주: 푸른 사상.

김윤희·진익. 2017. 「2017년 내수활성화 결정요인 분석」. 경제현안분석 제93호, 국회예산정책처.

김은아. 2007. 「조선전기 재산상속법제에서 여성의 지위」. ≪법학연구≫, 28, 207~226쪽.

김은영·윤민우·박선영. 2013. 「가정폭력 피해여성의 신체적, 감정적, 그리고 성적 폭력피해에 영향을 미치는 위험요인에 대한 분석연구」. ≪한국경찰연구≫, 제12권, 제2호, 49~78쪽.

김재희. 2000. 『깨어나는 여신: 생태문명과 에코페미니즘의 비전』. 서울: 정신세계사.

김정희. 2009. 『공정무역 희망무역: 아시아의 여성 공정무역을 중심으로』. 서울: 동연.

김종철. 1998. 「보살핌의 경제에 대하여」. ≪녹색평론≫, 제41호, 2~25쪽.

김주희. 2014. 「한국 성매매 산업의 금융화와 여성 몸의 '담보화' 과정에 대한 연구」. 이화여자대학교 대학원 2014학년도 박사학위 청구논문.

김태홍 외. 2011. 「2011년 한국의 성평등 보고서」. 여성가족부.

김태홍 외. 2016. 「2016년 한국의 성평등 보고서」. 여성가족부.

깁슨 그레엄, J. K(J. K. Gibson-Graham). 2013. 『그따위 자본주의는 벌써 끝났다: 여성주의 정치경제 비판』. 엄은희·이현재 옮김. 알트.

남승연·조창현·정무권. 2010. 「사회적 기업의 개념화와 유형화 논쟁: 사회적 기업의 다양성과 역동성의 이해를 위하여」. ≪창조와 혁신≫, 제3권, 제2호, 129~173쪽.

낸시 홈스트롬 엮음. 2019. 『사회주의 페미니즘—여성의 경제적이고 정치적인 완전한 자유』. 유강은 옮김. 서울: 따비.

니어링, 스코트(Nearing, Scott)·헬렌 니어링(Helen Nearing). 2002. 『조화로운 삶의 지속』. 윤구병·이수영 옮김. 파주: 보리.

다스굽따, 아지프(Dasgupta, Ajit K). 2000. 『무소유의 경제학: 간디가 생각한 경제』. 강종원 옮김. 서울: 솔.

듀오웨드. 2018. 「2018년 결혼비용 실태보고서」.

러미스, 더글러스(Lummis, C. Douglas). 2002. 『경제성장이 안되면 우리는 풍요롭지 못할 것인가』. 김종철·이반 옮김. 서울: 녹색평론사.

류성. 2018. "편견에 우는 여성기업인 제품엔 성별 없는데... 여성CEO라고 사업제휴·대출 손

사래 쳐요." ≪이데일리≫, 2018.07.31.

문유경·주재선. 2000. 「OECD 회원국의 여성고용정책」. 한국여성개발원.

미즈, 마리아(Mies, Maria). 1995. 「산업경제를 넘어 생존경제로」. ≪녹색평론≫, 제21호, 31
~40쪽.

_____. 1999. 「생존이냐, 세계화냐: 21세기 경제의 분수령」. ≪아세아여성연구≫, 제38호, 199
~212쪽.

밀브래스, 리스터(Milbrath, Leaster W.). 2001. 『지속 가능한 사회: 새로운 환경패러다임의 이
해』. 이태건·노병철·박지운 옮김. 고양: 인간사랑.

밀사·연희 외. 2015. 『성노동자, 권리를 외치다(밀사와 연희의 성노동 이야기)』. 서울: 철수와
영희.

박경준. 2010. 『불교사회경제사상』. 서울: 동국출판부.

박이은실. 2017. 「성노동 비범죄화, 한국에서는 안 될 일인가」. 『그럼에도 페미니즘(일상을 뒤
집어 보는 페미니즘의 열두 가지 질문들)』. 윤보라·김보화 외 10명 저. 서울: 은행나무.

박주홍. 2016. 『글로벌 인적자원관리』. 서울: 유원북스.

백승종. 2018. 『상속의 역사』. 서울: 사우.

베일리 베스(Bailey, Beth). 2015. 『데이트의 탄생 자본주의적 연애제도』. 백준걸 옮김. 서울:
앨피.

보건사회연구원. 2017. 『동아시아 국제사회조사 참여 및 가족태도 국제비교 연구』.

본각 외. 2016. 『불교페미니즘과 리더십: 불교여성, 자비와 지혜로 세계의 중심에 서다』. 서
울: 불광출판사.

북친, 머레이(Bookchin, Murray). 1998. 『사회생태주의란 무엇인가』. 박홍규 옮김. 서울: 민음사.

브로이엘, 비르기트(Breuel, Birgit) 외. 2000. 『아젠다 21』. 윤선구 옮김. 서울: 생각의 나무.

사라 러딕(Ruddick, Sara). 2002. 『모성적 사유: 전쟁과 평화의 정치학』. 이혜정 옮김. 철학과
현실사.

사티쉬, 쿠마르(Satisch, Kumar). 1997. 「스와데시−간디의 자립경제 철학」. ≪녹색평론≫, 제
32호, 128~137쪽.

살트마쉬, 존(Saltmarch, John A). 1999. 『스코트 니어링 평전』. 김종락 옮김. 파주: 보리.

서근하·황미애. 2007. 「여성창업과 소액 대출 개선에 관한 연구」. ≪여성연구≫, 제17권, 제1호,
51~86쪽.

서영애. 2006. 『불교의 여성관』. 서울: 불교시대사.

서정운. 2016. "남아 출산, 여아보다 엄마 건강에 더 해로워." ≪매일경제≫, 2016.11.01.

스테이시, 주디스 . 2019. 「가족은 죽었다, 새로운 가족 만세!」. 낸시 홈스트롬 엮음. 『사회주의
페미니즘−여성의 경제적이고 정치적인 완전한 자유』. 유강은 옮김. 서울: 따비. 186~204쪽.

시바, 반다나(Shiva, Vandana)·마리아 미즈(Maria Mies). 2000. 『에코페미니즘』. 손덕수·이
난아 옮김. 파주: 창비.

신광영·문수연. 2014. 「계급, 젠더와 대학생 사교육」. ≪산업노동연구≫, 제20권, 제1호, 31
~64쪽.

신광영·이병훈 외. 2010. 『일의 가격은 어떻게 결정되는가 I: 한국의 임금결정 기제 연구』.

파주: 한울아카데미.

신명호. 2009. 「한국의 '사회적 경제' 개념 정립을 위한 시론」. ≪동향과 전망≫, 제75호, 11~46쪽.

신윤정. 2017. 「배우자 간 사회·경제적 격차 변화와 저출산 대응 방안」. 보건사회연구원.

안숙영. 2010. 「세계화, 젠더 그리고 지구적 전략」. ≪젠더와 문화≫, 제3권, 1호, 75호, 175~202쪽.

앤 퍼거슨. 2019. 「모성과 섹슈얼리티의 이해에 관하여: 페미니즘─유물론 접근법」. 낸시 홈스트롬 엮음. 『사회주의 페미니즘─여성의 경제적이고 정치적인 완전한 자유』. 유강은 옮김. 서울: 따비. 255~268쪽.

엄태규·홍다영. 2014. "사찰운영 전반 담당… 근로환경 개선 시급." ≪불교신문≫, 2895호. 2014.02.15.

엄한진·박준식·안동규. 2011. 「대안운동으로서의 사회적 경제」. ≪사회와이론≫, 제18권, 169~203쪽.

엄형식. 2008. 『한국의 사회적 경제와 사회적 기업: 유럽 경험과의 비교와 시사점』. 실업극복 국민재단 함께 일하는 사회 정책연구원.

에드셰이드, 마리나(Adshade, Marina). 2013. 『달러와 섹스(섹스와 연애의 경제학)』. 김정희 옮김. 서울: 생각의 힘.

에스비에스(SBS). 2018. 「마부작침」. 「2016년 성매매 실태 조사자료」.

여성노동자글쓰기 모임. 2016. 『기록되지 않은 노동(숨겨진 여성의 일 이야기)』. 삶창.

여성문화이론연구소. 2015. 『페미니즘의 개념들』. 파주: 동녘.

오승연. 2014. 「미래 여성노인의 노후준비 실태와 시사점」. ≪고령화 리뷰≫, 제3호, 1~19쪽. 보험연구원.

오정진. 2007. 「여성주의 경제의 비전과 대안적 경제활동: 공정 무역, 소액 대출, 사회적 기업을 중심으로」. ≪여성학연구≫, 제17권, 제1호, 1~19쪽.

윤소영. 2004. 「확대된 생산개념을 적용한 가계생산의 부가가치산정」. ≪가정의학회지≫, 제42권, 131~143쪽.

윤자영, 2009. 「Household Production and Extended Income Inequality: Evidence from South Korea」. ≪여성경제연구≫, 제6권, 제2호, 31~59쪽.

이배용 외. 1999. 『우리나라 여성들은 어떻게 살았을까』. 파주: 청년사.

이삼식 외. 2015. 「2015년 전국 출산력 및 가족보건·복지 실태조사」. 한국보건사회연구원.

이상호. 2001. 「센의 능력과 사회정의」. ≪사회경제평론≫, 제21호, 283~316쪽.

이새롬. 2013. 「은퇴준비의 '젠더 갭(gender gap)' 해소방안과 금융의 역할」. ≪주간 금융경제 동향≫, 제3권, 제40호, 17~20쪽.

이숙인. 2006. 『동아시아 고대의 여성사상: 여성주의로 본 유교』. 서울: 여이연.

이숙진. 2007. 「페미니스트 종교연구의 최근 동향」. ≪종교와 문화≫, 13권, 117~144쪽.

이승신 외. 2003. 『가계경제 분석』. 서울: 신정.

이승희. 1993. 「국가·자본주의·여성 문제: 가부장제 국가론 비판을 중심으로」. ≪경제와 사회≫, 20호(겨울), 283~308쪽.

이영재·송수혁. 2018. 「기혼여성의 경제활동참가 확대방안 분석」. ≪조사통계월보≫, 7월호, 16~44쪽.

이은선. 2009. 「사회적 기업의 특성에 관한 비교 연구: 영국·미국·한국을 중심으로」. ≪행정논총≫, 제47권, 제4호, 363~397쪽.

이재율. 2013. 『종교와 경제』. 서울: 탑북스.

이정미. 2018. 「성매매현장의 약물, 알콜, 다이어트, 성형강요가 여성에게 미치는 영향」. ≪여성과 인권≫, 통권 제15호, 한국여성인권진흥원.

이종영. 2001. 『성적 지배와 그 양식들』. 서울: 새물결.

이지선. 2012. 「한국 맞벌이, 가사 노동시간이 부족하다」. LG 경제연구원 보고서.

이진옥. 2008. 「여성사 연구의 현 주소 그리고 희망」. ≪역사와 경계≫, 제66권, 197~211쪽.

_____. 2017. 「여성정치세력화 운동의 딜레마와 이중전략」. ≪젠더와 문화≫, 제10권, 2호, 103~139쪽.

이현재. 2016. 『여성혐오 그 후(우리가 만난 비체들)』. 파주: 들녘.

임정빈·정혜정. 1997. 『성 역할과 여성』. 서울: 학지사.

장덕진. 2003. 「연결망과 사회 이론」. 한국이론사회학회 가을학술회의 발표문.

장미혜 외. 2013. 「여성노인의 노후빈곤 현황 및 대응정책」. 한국보건사회연구원 연구보고서. 한국보건사회연구원.

정경은. 2018. 「여성과 남성의 15대 직업」. ≪LSI 이슈페이퍼≫, 제91호.

정선희. 2004. 『사회적 기업』. 서울: 다우.

정진주 외. 2012. 『돌봄노동자는 누가 돌봐주나: 건강한 돌봄노동을 위하여』. 파주: 한울아카데미.

정해식. 2018. 「사회통합 실태 진단 및 대응 방안 연구(Ⅳ) 사회문제와 사회통합」. 한국보건사회연구원.

정현백. 2007. 『여성사 다시쓰기: 여성사의 새로운 재구성을 위하여』. 서울: 당대.

정현백·김정안. 2011. 『처음 읽는 여성의 역사: 고대부터 현대까지, 우리가 몰랐던 인류 절반의 역사』. 파주: 동녘.

정혜정 외. 2009. 『가족과 젠더』. 서울: 신정.

정희진. 2013. 『페미니즘의 도전－한국 사회 일상의 성정치학』. 서울: 교양인.

조영탁. 2004. 「생태경제학의 방법론과 비전」. ≪사회경제평론≫, 제22호, 39~78쪽.

조옥. 2013. 『지역화폐와 여성주의 한밭레츠의 경험에서 길을 찾다』. 파주: 푸른사상.

조우성·최혁준. 2014. 「교육비 지출이 성장에 미치는 영향에 관한 연구」. ≪통상정보연구≫, 제16권, 제2호, 185~198쪽.

주재선 외. 2015. 「한국의 성평등보고서」. 여성가족부.

중앙선거관리위원회의. 2018. 「전국동시지방선거총람」.

차은영·홍태희. 2000. 「가계분석의 연구동향과 젠더개념의 도입가능성에 대한 연구」. ≪응용경제≫, 제3권, 제1호, 23~48쪽.

천성림. 2008. 「새로운 여성사: 쟁점과 전망」. ≪역사학보≫, 200호, 131~164쪽.

최숙양. 2015. 「한국 개신교의 '가족강화' 신앙교육과 여성」. ≪종교문화 연구≫, 25호, 45~

67쪽.

최일성·김현정. 2002. 『한국 여성사』. 서울: 백산자료원.

최현실. 2007. 「여성을 위한 국제적 대안경제: 공정무역, 소액대출, 사회적 기업을 중심으로」. 《여성학연구》, 제17권, 제1호, 21~49쪽.

최희석. 2017. "9세 이하 자녀 육아비용은 월평균 107만 원." 매일경제. 2017.02.17.

츠치야 하루요. 2006. 「생산자와 소비자의 새로운 만남, 윤리적인 소비의 발전」. 《여성이 새로 짜는 세상》, 제28호, 1~5쪽.

커스터스, 피터(Custers, Peter). 2015. 『자본은 여성을 어떻게 이용하는가(아시아의 자본 축적과 여성노동)』. 박소현 외 1명 옮김. 서울: 그린비.

킬본, 진(Kilbourne, Jean). 2018. 『부드럽게 여성을 죽이는 법』. 한진영 옮김. 서울: 갈라파고스.

통계청. 『경제활동인구조사』. 각년도.

통계청. 『사망원인통계』.

통계청. 『사회조사』. 각년도.

통계청. 『생명표』.

통계청. 『인구동태통계연보』.

통계청. 『인구동향조사』.

통계청. 2009. 『생활시간조사』.

통계청. 2014. 『생활시간조사』.

통계청, 2016. 「사교육비 조사」.

통계청. 2018a. 「가계생산 위성계정 개발 결과(무급 가사노동가치 평가)」.

통계청. 2018b. 「통계로 보는 여성의 삶」.

통계청. 여성가족부. 2019. 「통계로 보는 여성의 삶」.

파인, 코델리아(Fine, Cordelia). 2014. 『젠더, 만들어진 성(뇌과학이 만든 섹시즘에 관한 환상과 거짓말)』. 이지윤 옮김. 휴먼사이언스.

퍼버, 마리안(Ferber, Marianne A.)·줄리 넬슨(Julie Nelson)(편). 1997. 『남성들의 경제학을 넘어서: 페미니스트 이론과 경제학』. 김애실 외 옮김. 서울: 한국외국어대학교 출판부.

페멘. 2014. 『분노와 저항의 한 방식, 페멘』. 갈리아 아케르망 엮음. 서울: 디오네.

하리아나·전종휘. 2018. "테러보다 명예살인으로 더 많이 죽어." 한겨레. 2018.07.17. http://www.hani.co.kr/arti/international/international_general/853561.html.

하트만, 하이디(Hartmann, Heidi) 외. 1989. 『여성해방이론의 쟁점』. 김혜경·김애령 옮김. 서울: 태암.

한국보건사회연구원. 2015. 「2015년 전국 출산력 및 가족보건·복지실태조사」.

한국보건사회연구원. 2019. 「인공임신중절 실태조사」.

한국여성경제학회. 2012. 『젠더와 경제학』. Pearson.

한국여성연구소여성사연구실. 1999. 『우리 여성의 역사』. 파주: 청년사.

한국여성정책연구원. 「여성통계연보」.

한국조세연구원. 2007. 「저출산 대책으로서 재정 정책이 여성의 출산, 노동 공급, 결혼 결정에 미치는 효과」.

한국직업능력개발원. 2019. 「우리나라 국민들의 선호 직무와 기피 직무」. ≪KRIVET Issue Brief≫, 제166호.

한희선·김영주 외. 2014. 『여성 젠더 사회』. 파주: 공동체.

해러웨이, 다나 J. 2002. 「사이보그 선언문: 20세기말의 과학, 기술, 그리고 사회주의적-페미니즘」. 『유인원, 사이보그, 그리고 여자: 자연의 재발견』. 민경숙 옮김. 서울: 동문선. 265~325쪽.

_____. 2019. 『해러웨이 선언문』. 황희선 옮김. 서울: 책세상.

허라금. 2004. 『원칙의 윤리에서 여성주의 윤리로』. 서울: 철학과 현실.

허수경. 2019. 『가기 전에 쓴 글들』. 서울: 난다.

형사정책연구원. 2015. 「조직범죄 단체의 불법적 지하경제 운영실태(2015)」.

홍태희. 2003. 「경제학과 젠더(Gender): 성별 경제학(gender economics) 정립을 위한 근대 경제학비판」. ≪경제학 연구≫, 제52권, 제2호, 151~177쪽.

_____. 2004a. 「경제발전론의 성인지적 재해석: '발전에의 여성참여'에서 '성주류화'로」. ≪경상논집≫, 제18권, 41~61쪽.

_____. 2004b. 「성별 관계를 통해 본 현대자본주의국가의 동일성과 다양성」. ≪사회경제평론≫, 제23호, 347~382쪽.

_____. 2004c. 「모신의 보이지 않는 손: 여성주의 경제학」. 박만섭 엮음. 『경제학 더 넓은 지평을 향하여』. 이슈투데이. 165~190쪽.

_____. 2004d. 「여성주의 경제학의 시각과 대안 경제학으로의 가능성」. ≪여성경제연구≫, 제1권, 제1호, 23~46쪽.

_____. 2005. 「조화로운 삶을 위한 보살핌의 경제론의 함의와 대안 경제론으로서의 가능성」. ≪경제학연구≫, 제53권, 153~181쪽.

_____. 2007. 「현대자본주의국가와 성별 관계」. 김형기 외. 『현대자본주의 분석』. 파주: 한울아카데미.

_____. 2008a. 「Konfuzianischer Kapitalismus und Geschlechterverhältnisse in Südkorea und Japan」. ≪한독경상논총≫, 26권, 1호, 95~111쪽.

_____. 2008b. 「맨큐의 경제학의 10대 기본원리와 대안적 재해석」. ≪사회경제평론≫, 제30호, 331~358쪽.

_____. 2010a. 「거시경제학과 젠더: 성인지적 거시경제학 정립을 위한 시론적 연구」. ≪여성경제연구≫, 제7권, 제1호, 109~130쪽.

_____. 2010b. 「성인지적 포스트 케인지언 경제학의 정립 가능성 모색」. ≪질서경제저널≫, 제13권, 제2호, 67~87쪽.

_____. 2011a. 「미시경제학과 젠더: 성인지적 미시경제학 정립을 위한 시론적 연구」. ≪질서경제저널≫, 제14권, 제2호, 1~18쪽.

_____. 2011b. 「젠더와 대안 경제」. ≪여성경제연구≫, 제8권, 제2호, 40~73쪽.

_____. 2012. 「돌봄과 수선에 관한 경제학적 이해」. ≪여성경제연구≫, 제9권, 제2호, 163~182쪽.

_____. 2014. 『여성주의 경제학: 젠더와 대안 경제』. 파주: 한울출판사.

_____. 2015. 「여성주의 경제학의 대안적 연구 동향과 비전」. ≪질서경제저널≫, 제18권, 제4

호, 81~104쪽.

_____. 2017. 「일하겠다, 그러니 돈·욕·매 앞에 평등을 허하라」.『그럼에도 페미니즘(일상을 뒤집어 보는 페미니즘의 열두 가지 질문들)』. 윤보라·김보화 외 10명 저. 서울: 은행나무.

_____. 2018. 「잘못된 질문은 잘못된 대답을, 잘못된 대답은 잘못된 세상을 만든다!」.≪한국 여성학≫, 제34권, 제1호, 205~215쪽.

황정미. 2018. 「한국인에게 가족은 무엇인가」.≪황해문화≫, 통권98호, 16~36쪽.

황정임 외. 2006.『빈곤여성의 자영창업을 통한 자활지원방안 연구』. 한국여성개발원.

머니투데이. 2017. "연봉 2800만원 목사 월 원전칭수 1330원… 일반인의 10%" 2017.12. 01.,http://news.mt.co.kr/mtview.php?no=2017120114012670664&outlink=1&ref=http%3 A%2F%2Fsearch.

서울신문. 2017. "美 '자녀 양육비' 3억 원 든다… 韓, 소득 대비 2배 이상 지출". 2017.01.10.

"공정무역은 아직도 배고프다."≪한겨레 21≫, 제674호, 2007.08.23.

"엄마 힘내세요, 마이크로 크레디트가 있잖아요."≪한겨레 21≫, 제623호, 2006.10.26.

"연 이율 3466% 살인적인 고금리 불법 대부업자 일당 검거."≪파이낸셜 뉴스≫, 2017.04.05.

"재정지원 끝나는 사회적 기업 존폐 위기."≪경향신문≫, 2011.12.18.

ACCION. 1997~2001. "Annual Report". ACCION international.

Adelman, I. and C. T. Morris. 1980. "A The religious factor in economic development." *World Development*, Vol.8, Nos.7-8, pp.491~501.

Afshar, H. and C. Dennis(eds.). 1992. *Women and Adjustment Policies in the Third World.* St. Martin's Press.

Agarwal, B. 1997. "Bargaining and Gender Relations: Within And Beyond The Household." *Feminist Economics*, Vol.3, No.1, pp.1~51.

Akram–Lodhi, A. H. and C. L. Hanmer. 2008. "Ghosts in the machine: a post Keynesian analysis of gender relations, households and macroeconomics." in F. Bettio and A. Verashchagina(eds.). *Frontiers in the Economics of Gender*, Siena Studies in Political Economy. London: Routledge.

Albelda, R. 1984. *Equality in Employment: A Royal Commission Report*. Ottawa: Supply and Services Canada.

_____. 1997. *Economics and Feminism, Disturbance in the Field*. New York: Twayne Publishing.

_____. and C. Tilly. 1997. *Glass ceilings and bottomless pits: Women's work, women's poverty*. Boston: South End Press.

Altvater, E. and N. Sekler. 2006. *Solidarische Okonomie: Reader des Wissenschaftlichen Beirats von Attac*. Hamburg: vsa.

Antonopoulos, R. 2013. *Gender Perspectives and Gender Impacts of the Global Economic Crisis. Routledge Frontiers of Political Economy*. London and New York: Routledge.

Anzia, S. F. and C. R. Berry. 2011. "The Jackie (and Jill) Robinson Effect: Why Do

Congresswomen Outperform Congressmen?" *American Journal of Political Science*, Vol.55, No.3, pp.478~493.

Aristotle. 1979. *Aristotle: Generation of Animals*. translated by A. L. Peck. Loeb Classical Library. Cambridge: Harvard University Press.

Arrow, K. J. 1950. "A Difficulty in the Concept of Social Welfare." *Journal of Political Economy*, Vol.58, No.4, pp.328~346.

Ayaan Hirsi, A. 2015. *Heretic: Why Islam Needs A Reformation Now*, New York: Harper(2016. 이정민 옮김.『나는 왜 이슬람 개혁을 말하는가』. 서울: 책담).

Babcock, L. and S. Laschever. 2007. *Women Don't Ask: The High Cost of Avoiding Negotiation—and Positive Strategies for Change*. Bantam(2012. 1998. 김보영 옮김.『여성 임금, 여자는 어떻게 원하는 것을 얻는가?』. 한국경제신문사).

Barker, D. K. and S. F. *Feiner*. 2009. *Liberating Economics: Feminist Perspectives on Families, Work, and Globalization*. University of Michigan Press, Ann Arbor.

_____. and E. Kuiper(eds.). 2003. *Toward a feminist Philosophy of Economics*. London and New York: Routledge.

_____. and E. Kuiper(eds.). 2010. *Feminist Economics. Critical Concepts in Economics*, Vol.I, II, III, IV. London and New York: Routledge.

Basu, K. "Gender and Say: a Model of Household Behaviour with Endogenously Determined Balance of Power." *The Economic Journal*, Vol.116, pp.558~580.

Bauhardt, C. and G. Çağlar(eds.). 2010. *Gender and Economics. Feministische Kritik der Politischen Okonomie*. Wiesbaden: VS Verlag für Sozialwissenschaften.

Bechtold, B. 1999. "The Practice of Econometrics: a Feminist Critique." *Review of Radical Political Economics*, Vol.31, No.3, pp.40~52.

Becker, G. S. 1991. *A Treatise on the Family*. enlarged ed. Cambridge University Press.

Becker—Schmidt, R. 1998. "Trennung, Verknüpfung, Vermittlung: zum feministischen Umgang mit Dichotomien." in G. Knapp, *Kurskorrekturen. Feminismus zwischen Kritischer Theorie und Postmoderne*. Frankfurt am Main and New York: Campus pp.84~125.

_____. and G. Knapp(eds.). 1995. *Das Geschlechterverhältnis als Gegenstand der Sozialwissenschaften*. Frankfurt and New York: Campus.

Benería, L. 2003. *Gender, Development, and Globalization: Economics as If All People Mattered*. Brunner—London and New York: Routledge.

_____. A. M. May and D. Strassmann(eds.). 2011. *Feminist Economics*, Vol.I, II, III. Edward Elgar. Cheltenham: Edward.

Bergmann, B. R. 1974. "Occupational Segregation, Wages and Profits When Employers Discriminate by Race or Sex." *Eastern Economic Journal*, Vol.1, No.2, pp.103~110.

_____. 1995. "Becker's Theory of the Family: Preposterous Conclusions." *Feminist Economics*, Vol.1, No.1, pp.141~150.

Berik, G. 1997. "The Need for Crossing the Method Boundaries in Economics Research." *Feminist Economics*, Vol.3, pp.121~125.

Bernasek, A. and S. Shwiff. 2001. "Gender, Risk, and Retirement." *Journal of Economic*, Issues 35, No.2, pp.345~356.

Besley, T. et al. 2017. "Gender Quotas and the Crisis of the Mediocre Man: Theory and Evidence from Sweden." *American Economic Review*, Vol.107, No.8, pp.2204~2242.

Bettio, F. and A. Verashchagina(eds.). 2008. *Frontiers in the Economics of Gender*. Routledge Siena Studies in Political Economy. London: Routledge.

Biesecker, A. 1997. "Für: eine vorsorgende Wirtschaftsweise notwendige(neu?) Institutionen." in Diskussionskreis frau und wissenschaft(ed.). *Okonomie weiterdenken!* Frankfurt and New York: Campus Verlag, pp.53~77.

_____. 2003a. "Brennpunkt Versorgung. Versorgungssicherheit durch Vorsorgendes Wirtschaften." Institut für sozial−ökologische Forschung(ISOE). Workingpaper.

Bjørnholt, M. and A. McKay. 2014. *Counting on Marilyn Waring: New Advances in Feminist Economics*. Bradford: Demeter Press.

Blake K. R. et al. 2018. "Income inequality not gender inequality positively covaries with female sexualization on social media." *Proceedings of the National Academy of Sciences*, Vol.115, No.35, pp.8722~8727.

Blau, F. D., Ferber, M. A. and A. E. Winkler. 2010. *The Economics of Women, Men, and Work*. Pearson.

Bock, G. 1989. "Women's history and gender history: aspects of an international debate." *Gender & History*, Vol.1, No.1, pp.7~30.

Bookchin, M. 1990. *Remarking society−Pathways to a green Future*. Cambridge: South End Press(1998. 박홍규 옮김. 『사회생태주의란 무엇인가: 녹색미래로 가는 길』. 서울: 민음사).

Boserup, E. 1982. *Die ökonomische Rolle der Frau in Afrika, Asien, Lateinamerika*. Stuttgart: Ed. Cordeliers.

_____. 1989. *Women's Role in Economic development*. New York: Earthscan Publications Limited.

Bowker, J. 1997. *World Religions: The Great Faiths Explored & Explained*. London: Dorling Kindersley Limited.

Bowles, S., R. Edwards and F. Roosevelt. 2009. *Understanding Capitalism Competition Command and Change*. Oxford: Oxford University Press(2009. 최정규·최민식·이강국 옮김. 『자본주의 이해하기』. 후마니타스).

Braunstein, E. 2017. "Patriarchy versus Islam: gender and Religion in Economic Growth." in: Kongar, E., Olmsted J. C. and E. Shehabuddin, *Gender and Economics in Muslim Communities, Critical Feminist and Postcolonial Analyses*. London and New York: Routledge, pp.58~86.

Breen, R., Luijkx, R., W. Muller and R. Pollak, 2009. "Nonpersistent inequality in educational attainment: Evidence from eight European countries." *American Journal of Sociology*, Vol.114, No.5, pp.1475~1521.

Bristor, J. M. and E. Fischer. 1993. "Feminist Thought: Implications for Consumer Research." *Journal of Consumer Research*, Vol.19, No.4, pp.518~536.

Bryant, W. K. and C. D. Zick. 1996. "An Examination of parent—Child Shared Time." *Journal of Marriage and the Family*, Vol.58, pp.227~237.

_____. 2006. *The Economic Organization of the Household*, 2nd. Cambridge: Cambridge University Press.

Burkert, W. 1996. *Creation of the Sacred: Tracks of Biology in Early Religions*. Cambridge: Harvard University Press.

Busch—Lüty, C., M. Jochimsen, U. Knobloch, and I. Seidl(eds.). 1994. *Vorsorgendes Wirtschaften. Frauen auf dem Weg zu einer Okonomie der Nachhaltigkeit, Politische Ökologie*. Sonderheft 6, München: ökom.

Busse, M. and C. Spielman. 2006. "Gender Inequality and Trade." *Review of International Economics*, Vol.14, No.3, pp.362~379.

Butler, J. 1990. *Gender Trouble: Feminism and the Subversion of Identity*. London and New York: Routledge(2008. 조현준 옮김. 『젠더 트러블: 페미니즘과 정체성의 전복』. 파주: 문학동네).

Bystydzienski, J. M.(ed.). 1992. *Women Transforming Politics: Worldwide Strategies for Empowerment*. Bloomington: Indiana University Press.

Cagatay, M. N. 2003. "Engendering Macroeconomics." in Gutiérrez(ed.). *Macro—Economics: Making Gender Matter Concepts, Policies and Institutional Change in Developing Countries*. London and New York: Zed Books, pp.22~41.

Caiazza, A., Shaw, A. and M. Werschul. 2003. *The Status of Women in States: Wide Disparties by Race. Ethnicity and Region*. Washington: Institute for women's policy research.

Carmody, D. L. 1992. *Women and World Religions*. Abingdon Press.(1999. 강돈구 옮김. 『여성과 종교』. 서울: 서광사).

Cecile J. and R. Pearson(eds.). 1998. *Feminist Visions of Development: Gender Analysis and Policy*. London and New York: Routledge.

Charusheela, S. 2004. *Structuralism and individualism in economic analysis: the contractionary devaluation debate in development economics*. London and New York: Routledge.

Charusheela S. and C. Danby. 2006. "A through—time framework for producer households." *Review of Political Economy*, Vol.18, pp.29~48.

Cherlin, A. J. 2004. The deinstitutionalization of American marriage. *Journal of Marriage and Family*, Vol.66, No.4, pp.848~861.

Choo, W. 2017. *The Kingdom of women: Life, Love and Death in China's Hidden Mountains.* I. B. Tauris & Company(2018. 이민경 옮김. 『어머니의 나라 오래된 미래에서 페미니스트의 안식처를 찾다』. 서울: 흐름출판).

Christensen, K. 2015. "He−cession? She−cession? The Gendered Impact of the Great Recession in the United States." *Review of Radical Political Economics,* Vol.47, Issues 3, pp.368~388.

Collier P. 1994. "Gender Aspects of Labour Allocation During Structural Adjustment: A. Theoretical Framework and the African experience." in Horton, S., Kanbur, S.M.R. and D. Mazumdar, D. (eds.). *Labor Markets in an Era of Adjustment.* Washington: World Bank.

Connell, R. W. 1990. "The state, gender, and sexual politics. Theory and appraisal." *Theory and Society,* No.19, pp.507~544.

Corner, L. 1996. *Women, Men, Economics: the Gender−Differentiated Impact of Macroeconomics.* UNIFEM.

Da Rocha, J. M. and L. Fuster. 2006. "Why are Fertility and Female Participation Rates Positively Correlated across OECD countries." *International Economic Review,* Vol.47, No.4, pp.1187~1222.

Daly, M.(ed.). 2001. *Care Work: The quest for security.* ILO.

Darwish, N. 2008. *Cruel and usual punishment: The Terrifying Global Implications of Islamic Law.* Nashville: Tomas Nelson.

Dawson, G. et al. 2000. *Market, State, and Feminism: The Economics of Feminist Policy.* Cheltenham: Edward Elgar.

Dimand, M. A. and Dimand R. W. and E. L. Forget(eds.). 2000. *A Biographical Dictionary of Women Economists.* Cheltenham: Edward Elgar.

Dimand, R. W. 1995. "The neglect of women's contributions to economics." in Dimand, D. A. Robert W. and E. L. Forget(eds.), *Women of Value.* Cheltenham: Edward Elgar.

Donath, S. 2000. "The Other Economy: A Suggestion for a Distinctively Feminist Economics." *Feminist Economics,* Vol.6, No.1, pp.115~123.

Douglas, M. 1978. *Cultural Bias.* London: Royal Anthropological Institute.

Duflo, E. 2012. "Women Empowerment and Economic Development." *Journal of Economic Literature,* Vol.50, No.4, pp.1051~1079.

Economist Intelligence Unit. 2014. *Women's Economic Opportunity Index.*

Eisenstein, Z. R.(ed.). 1979. *Capitalist patriarchy and the case for socialist feminism.* New York: Monthly Review Press.

_____. 1998. *Global Obscenities: Patriarchy, Capitalism, and the Lure of Cyberfantasy.* New York: New York University Press.

Elson, D. 1995. *Male Bias in the Development Process.* Manchester and New York: Manchester University Press.

Engels, F. 1884. *Der Ursprung der Familie, des Privateigentums und des Staats*. Hottingen, Zürich.

England, P. 1989. "A Feminist Critique of rational−Choice Theories: Implication for Sociology." *The American Sociologist*, Vol.20, No.1, Spring, pp.14~28.

Esping-Andersen, G. and F. C. Billari. 2015. "Re−theorizing Family Demographics." *Population and Development Review*, Vol.41, No.1, pp.1~31.

Esterlin, R. 1975. "Framework for Fertility Analysis." *Studies in Family Planning*, vol.6, No.3, pp.54~63.

Eswaran, M. 2014. *Why Gender Matters in Economics*. Princeton and Oxford: Princeton University Press.

Evers, B. 2003. "Broadening the Foundations of Macro−economic Models through a Gender Approach: New Developments." in Gutiérrez, M.(ed.). *Macro−Economics: Making Gender Matter, Concepts, Policies and Institutional Change in Developing Countries*. London and New York: Zed Books, pp.3~21.

Evers, A. and J. Lavile. 2004. *The Third Sector in Europe*. Cheltenham: Edward Elgar.

Federici, S. 2000. *Caliban and the Witch: Women, the Body and Primitive Accumulation*. Autonomedia(2011. 황성원 옮김. 『캘리번과 마녀』. 서울: 갈무리).

Ferber, M. A. and J. A. Nelson(eds.). 1993. *Beyond Economic Man: Feminist Theory and Economics*. Chicago: The University of Chicago Press(1999. 김애실 외 옮김. 『남성들의 경제학을 넘어서 : 페미니스트이론과 경제학』. 서울: 한국외국어대학교 출판부).

_____.(eds.). 2003. *Feminist Economics Today: Beyond Economic Man*. Chicago and London: University of Chicago Press.

Figart, D. M. 1997. "Gender as more than a dummy variable: Feminist approaches to discrimination." *Review of Social Economy*, Vol.55, No.1, pp.1~32.

FitxGerald, E. V. K. 1993. *The macroeconomics of development finance: a Kaleckian analysis of the semi−industrial economy*. New York: St. Martin's Press.

Floro, M. and G. Dymski. 2000. "Financial Crisis, Gender, and Power: An Analytical Framework." *World Development*, Vol.28, pp.1269~1283.

Flynn, P. 1999. "Contributions Feminist Economics Can Make To The Quality Of Life Movement." *Feminist Economics*, Vol.5, No.2, pp.133~137.

Folbre, N. 1994. *Who Pays for the Kids? Gender and the Structures of Constraint*. London and New York: Routledge.

_____. 2001. *Invisible Heart: Economics and Family Values*. New York: The New Press(2007. 윤자영 옮김. 『보이지 않는 가슴: 돌봄 경제학』. 서울: 또하나의문화).

_____. 2006. "Measuring care: gender, empowerment, and the care economy." *Journal of human development*, Vol.7, No.2, pp.183~199.

_____. 2008. "Conceptualizing Care." F. Bettio and A. Verashchagina(eds.). *Frontiers in the Economics of Gender*. London and New York: Routledge.

_____. 2010. *Greed, Lust and Gender: A History of Economic Ideas*. Oxford: Oxford University Press.

_____. and J. A. Nelson. 2000. "For Love or Money—or Both?" *Journal of Economic Perspectives*, Vol.14, No.4, pp.123~140.

Fortunati, L. 1995. *The Arcane of Reproduction: Housework, Prostitution, Labor and Capital*. translated by Hilary Creek. New York: Autonomedia.

Fraser, N. 1987. "What's Critical about Critical Theory? The Case of Habermas and Gender." in Benhabib. S. and D. Cornell(eds.). *Feminism as Critique: Essays on the Politics of Gender in Late−capitalist Societies*. Cambridge: Polity Press.

Freiburg−Strauss, J. 2003. "Macroeconomics and Gender: Options for their Integration into a State Agenda." in Gutiérrez, M.(ed.). *Macro−Economics: Making Gender Matter Concepts, Policies and Institutional Change in Developing Countries*. London and New York: Zed Books, pp.88~105.

Fuller, C. G. 1996. "Elements of a Post Keynesian Alternative to "Household Production." *Journal of Post Keynesian Economics*, Vol.18, pp.595~607.

Funk, R. E. 2004. "What does pornography say about me(n)?: How I became an anti−pornography activist." in Stark C. and R. Whisnant(eds.). *Not for Sale Feminists Resisting Prostitution and Pornography*. Melbourne: Spinifex.

Galindo, M. A. and D. Ribeiro(eds.). 2014. *Women's Entrepreneurship and Economics: New Perspectives, Practices, and Policies*. New York: Springer.

Gardiner, J. 1997. *Gender, Care and Economics*. London: Macmillan press.

Genetti, E. 1998. *Die Geschlechtergrenze des bürgerlichen Staates. Zur Kritik der Geschlechtergleichheit im Wohlfahrtsstaat*. Wien: (Diplomarbeit).

Giegold, S. and D. Embshoff(eds.). *Solidarische Okonomie im globalisierten Kapitalismus*. Hamburg: VSA Verlag.

Gilligan, C. 1997. *In a Different Voice: Psychological Theory and Women's Development*. Cambridge: Harvard University Press.

Goldschmidt−Clermont, L. and E. Pagnossin−Aligisakis. 1999. "Houshold's Non−NSA Production labour time, value of labour and product, and contended private consumption." *Review of Income and Wealth*, Vol.45, pp.519~529.

Grapard, U. 1996. "Feminist economics: let me count the ways." in Foldvary, F.(ed.). *Beyond neoclassical Economics*. Cheltenham: Edward Elgar, pp.100~114.

Grier, R. 1998. "The effect of religion on economic development: a cross national study of 63 former colonies." *Kyklos*, Vol.50, No.1, pp.47~62.

Gross, R. M. 1996, *Feminism and Religion*. Boston: Beacon Press(1999. 김윤성·이유나 옮김. 『페미니즘과 종교』. 서울: 청년사).

Guardian. 2018. "Nearly 40% of female suicides occur in India." 2018.09.13. https://www.theguardian.com/world/2018/sep/13/nearly−two−out−of−five−women

−who−commit.

Gutierrez, M.(ed.). 2003. *Macroeconomics: Making Gender Matter.* London: Zed Books.

Hanmer, L. C. and A. H. Akram Lodhi. 1998. "the house of the spirits: toward a Post Keynesian theory of the household?" *Journal of Post Keynesian Economics,* Vol.20, pp.415∼433.

Harding, S. 1986. *The Science Question in Feminism.* Ithaca: Corell University Press(2002. 이재경·박혜경 옮김. 『페미니즘과 과학』. 서울: 이화여자대학교 출판부).

Hartmann, H. 1981. "The unhappy marriage of Marxism and Feminism: towards a More Progressive Union." in Sargent, L.(ed.). *Women and Revolution: A Discussion of the Unhappy marriage of marxism and feminism.* Boston: South End Press, pp.1∼41.

Haug, F. 2001. "Geschlechterverhältnisse." in Haug, W. F.(ed.). *Historisch−Kritisches Wörterbuch des Marxismus,* Vol.5. Hamburg: Argument Verlag.

Hendersen, H. 1996. *Creating Alternative Futures: The End of Economics.* Reissue: Kumarian Press.

Himmelweit, S. 2002. "Making Visible the Hidden Economy: The Case for Gender−Impact Analysis of Economic Policy." *Feminist Economics,* Vol.8, No.1, pp.49∼70.

_____. 2007. "The Prospects for Caring: economic theory and policy analysis." *Cambridge Journal of Economics,* Vol.31, No.4, pp.581∼599.

Hirway, I. 2005. "Integrating Unpaid Work into Development Policy." Levy Institute.

Hong, T. H. 2002. "Unsichtbare Frauenarbeit−Wirtschaftsentwicklung und Frauenerwerbsttigkeit in Südkorea." *frauensolidarität,* Vol.82, No.4, pp.20∼21.

Hong, T. H. 2006. "Ahnenkult, Produktionsweise und Geschlechterverhältnisse im ʻNeuen Chinaʼ und in der ʻNeuen Ära Chinasʼ," *Das Argument,* No. 268, pp.122∼128.

Hoppe, H. 2002. *Feministische Okonomik. Gender in Wirtschaftstheorien und ihren Methoden.* Berlin: Edition Sigma.

Huang, J. and D. J. Kisgen, D. J. 2013. "Gender and corporate finance: Are male executives overconfident relative to female executives?" *Journal of Financial Economics,* Vol.108, No.3, pp.822∼839.

Hudson, P. 2008. "The historical construction of gender: reflections on gender and economic history." Bettio, F. and A. Verashchagina(eds.). *Frontiers in the Economics of Gender.* London and New York: Routledge, pp.21∼41.

Hughes, C. 2013. *Feminism Counts: Quantitative Methods and Researching Gender.* London and New York: Routledge.

Humphries, J. 1988. "Women's employment in restructuring American: The changing experience of women in three recessions." in: Rubery J. 1988. *Women and Recession.* London: Routledge.

India State−Level Disease Burden Initiative Suicide Collaborators, 2018, "Gender differentials and state variations in suicide deaths in India: the Global Burden of Disease Study 1990-2016." *the Lancet, Public Heath*, Vol.3, No.10, pp.478~489.

International Institute for Management Development. 2003. *The World competitiveness yearbook*.

International Labour Organization. 1995. *Gender, Poverty and employment: turning capabilities into entitlements*. Geneva.

International Monetary Fund. 2018. *Central Intelligence Agency World Factbook*. https://www.cia.gov/library/publications/the−world−factbook/geos/xx.html.

Iversen, V. 2003. "Intra−household inequality: a challenge for the capability approach?" *Feminist Economics*, Vol.9, Nos.2~3, pp.93~115.

Jacobsen, J. P. 1998. *The Economic of Gender*, 2nd ed. Cambridge, MA: Blackwell.

_____. and A. Zeller(eds.). 2007. *Queer Economics*. London and New York: Routledge.

Jaggar, A(ed.). 1994. *Living with contradictions*. Boulder: Westview Press.

Jarl, A. C. 2000. *Women and economic justice*. Uppsala: Uppsala University Press.

Jennings, A. 1993. "Public or Private? Institutional Economics and Feminism." Ferber, M. A. and J. A. Nelson(eds.). *Beyond Economic Man: Feminist Theory and Economics*. Chicago: The University of Chicago Press, pp.111~129.

_____. 1994. "Toward a Feminist Expansion of Macroeconomics: Money Matters." *Journal of Economic Issues*, Vol.28, pp.555~565.

Jochimsen, M. A. 2002. "Kooperation im Umgang mit Verletzlichkeit-Eckpunkte der Koordination von Sorge−Situationen in der Okonomie." in Biesecker, A., W. Elsner and K. Grenzdörffer(eds.). *Kooperation und interaktives Lernen in der Okonomie*. Frankfurt: Peter Lang, pp.53~70.

_____. 2003. *Careful Economics. Integrating Caring Activities and Economic Science*. Boston: Kluwer Academic Publishers.

_____. and U. Knobloch. 1993. "Towards a Caring Economy. Broadening the Economic Method from an Ethical Perspective." IFEA Conference Paper.

Jonas, H. 1984. *Das Prinzip Verantwortung. Versuch einer Ethik für die technologische Zivilisation*. Frankfurt a. M.: Suhrkamp.

Kantola, J. and J. Squires. 2008. "From State Feminism to Market Feminism." International Studies Association Annual Convention.

Karamessini, M. 2013. *The Economic Crisis and The Future for Gender Equality*. London and New York: Routledge.

Kaukinen, G. K. 2004. "Status Compatibility, Physical Violence, and Emotional Abuse in Intimate Relationships." *Journal of Marriage and Family*, Vol. 66, pp.452~471.

Klasen, S. and F. Lamanna. 2009. "The Impact of Gender Inequality in Education and Employment on Economic Growth: New Evidence for a Panel of Countries." *Feminist Economics*. Vol.15, No.3, pp.91~132.

Kongar, E., Olmsted J.C. and E. Shehabuddin. 2017. *Gender and Economics in Muslim Communities, Critical Feminist and Postcolonial Analyses.* London and New York: Routledge.

Konrad, A. M., Kramer, V. & Erkut, S. 2008. "Critical mass: The impact of three or more women on corporate boards." *Organizational Dynamics,* Vol.37, Vol.3, No.2, pp.145~164.

Kreisky, E. 1995a. "Der Staat ohne Geschlecht? Ansätze feministischer Staatskritik und feministischer Staatserklärung." in Kreisky, E. and B. Sauer(eds.). *Feministische Standpunkte in der Politikwissenschaft. Eine Einführung.* Frankfurt/Main: Campus, pp.203~222.

_____. 1995b. "Der Stoff, aus dem die Staaten sind. Zur männerbündischen Fundierung politischer Ordnung." in Becker−Schmidt, R. and G. Knapp(eds.). *Das Geschlechterverhaltnis als Gegenstand der Sozialwissenschaften.* Frankfurt and New York: Campus, pp.85~124.

Kritikos, A. S., Bolle, F. and J.H.W. Tan. 2007. "The economics of solidarity: A conceptual framework." *The Journal of Socio−Economics,* Vol.36, No.1, pp.73~89.

Kuiper, E. and D. K. Barker(eds.). 2006. *Feminist Economics and the World Bank: History, Theory and Policy.* London: Routledge.

Lachenmann, G. 2001. "Geschlechtsspezifische Einbettung der Wirtschaft." in Lachenmann, G. and P. Danecker(eds.). *Die geschlechtsspezifische Einbettung der Ökonomie.* Münster, Hamburg, Berlin, Wien, London and Zürich: LIT Verlag, pp.15~36.

Lang, E. 2002. "Finanzpolitik des Staates auf dem Prüfstand einer nachhaltigen Entwicklung." *Vereinigung für Ökologische Ökonomie Conference Paper.*

Lawson, T. 1999. "Feminism, Realism, and Universalism." *Feminist Economics,* Vol.5, No.2, pp.25~59.

Leibenstein, H. 1975. "The Economic Theory of Fertility Decline." *Journal of Economics,* Vol.89, No.1, pp.1~31.

Lerner, G. 1997. *Why History Matters: Life and Thought.* New York: Oxford University Press(2006. 강정아 옮김. 『왜 여성사인가: 한 역사가의 치열한 삶과 사상을 들여다보며』. 서울: 푸른역사).

Lessig, L. 2008. *Remix: Making Art and Commerce Thrive in the Hybrid Economy.* New York: Penguin Press.

Levanon, A., England, P. and P. Allison. 2009. "Occupational Feminization and Pay: Assessing Causal Dynamics Using 1950–2000 U.S. Census Data." Social Forces, Vol.88, No.2, pp.865~891.

Levin, L. B. 1995. "Toward a feminist, post−Keynesian theory of investment." in Kuiper, E. et al.(eds.). *Out of the margin: feminist perspectives on economics.* London: Routledge, pp.100~119.

Liebeswar, C. 2013. *Feministische Kapitalismuskritik*. München: GRIN Verlag.

Lourdes, B. 2003. *Gender, Development, and Globalization: Economics as if All People Mattered*. New York: Routledge.

Lundberg, S. 2008. "Gender and household decision making." in Bettio F. and A. Verashchagina(eds.). *Frontiers in the Economics of Gender*. Routledge Siena Studies in Political Economy. London: Routledge, pp.116~133.

Maren, J. A. 2003. *Careful Economics. Integrating Caring Activities and Economic Science*. Boston: Kluwer Academic Publishers.

_____. and U. Knobloch(eds.). 2006. *Lebensweltökonomie in Zeiten wirtschaftlicher Globalisierung*. Bielefeld: Kleine Verlag.

Marshall, A. 1920. *Principles of Economics* (Revised ed). London: Macmillan; reprinted by Prometheus Books.

Matthaei, J. "Why feminist, Marxist, and anti−racist economists should be feminist-Marxist −anti−racist economists." *Feminist Economics*, Vol.2, No.1, pp.22~42.

McCain, R. A. 2008. *Game Theory: A Nontechnical Introduction to the Analysis of Strategy*(2008. 이규억 옮김. 『게임이론: 쉽게 이해할 수 있는 전략 분석』. 서울: 시그마프레스).

McCleary, R. M. and R. J. Barro. 2006. "Religion and Economy." *Journal of Economic Perspectives*, Vol.20, No.2, pp.49~72.

McClintock, A. 1995. *Imperial Leather*. New York and London: Routledge.

McCloskey, D. N. 1993. "Some Cosequences of Conjective Economics." in Ferber, M. A. and J. A. Nelson(eds.). *Beyond Economic Man: Feminist Theory and Economics*. Chicago: The University of Chicago Press, pp.69~93.

McDonough, R. and R. Harrison. 1978. "Patriarchy and relations of production." in Kuhn A. and A. Wolpe(eds.). *Feminism and Materialism. Women and Modes of Production*. London: Routledge and Paul, pp.11~41.

Mies, M. 1986. *Patriarchy & accumulation on a world scale*. London: Zed Books.

_____. et al. 1988. *Women, The Last Colony*. London: Zed Books.

_____. and V. Shiva. 1993. *Ecofeminism*. London: Zed Books(2000. 손덕수·이난아. 『에코 페미니즘』. 파주: 창작과 비평사).

Miles, R. 2001. *Who Cooked the Last Supper? The Women's History of the World*. New York: Three Rivers Press(1998. 신성림 옮김. 『최후의 만찬은 누가 차렸을까?: 세계 여성의 역사』. 파주: 동녘신서).

Milkman, R. 1976. "Women's Work and Economic Crisis: Some Lessons of the Great Depression." *The Review of Radical Political Economics*, Vol.8, No.1, pp.13~46.

Moghissi, H. 1999. *Feminism and Islamic Fundamentalism: The Limits of Postmodern Analysis*. London: Zed Books.(2009. 문은영. 『이슬람과 페미니즘』. 파주: 프로네시스).

Molina, J. A.(ed.). 2013. *Household Economic Behaviors. International Series on Consumer Science*. New York: Springer.

Molyneux, M. 1985. "Mobilization without Emancipation? Women's Interests, the State, and Revolution in Nicaragua." *Feminist Studies*, Vol.11, No.2, pp.227~254.

Moser, C. 1993. *Gender Planning and Development, Theory, Practice and Training*. London: Routledge.

Müller, W. and D. Haun. 1994. "Bildungsungleichheit im sozialen Wandel." *Kölner Zeitschrift für Soziologie und Sozialpsychologie*, Vol.46, No.1, pp.1~42 .

Naess, A. 1973. "The shallow and the deep, Long Range Ecology Movements: A summary." *Inquiry*, Vol.16, pp.95~100.

Nelson, Julie A. 1992. "Gender Metaphor and the Definition of Economics." *Economics and Philosophy*, Vol.8, No.1, pp.103~125.

_____. 1995. "Feminism and Economics." *The Journal of Economic Perspectives*, Vol.2, pp.131~148.

_____. 1996. *Feminism, Objectivity and Economics*. London and New York: Routledge.

_____. 2001. "Economic Methodology and Feminist Critiques." *Journal of Economic Methodology*, Vol.8, No.1, pp.93~97.

_____. 2006. *Economics for Humans*. Chicago: The University of Chicago(2007. 안진한 옮김. 『사랑과 돈의 경제학』. 서울: 공존).

_____. 2017. *Gender and Risk-Taking: Economics, Evidence, and Why the Answer Matters*. Routledge IAFFE Advances in Feminist Economics. New York and London: Routledge.

Netzwerk Vorsorgendes Wirtschaften(ed.). 2013. *Wege Vorsorgenden Wirtschaftens*. Weimar bei Marburg: Metropolis Verlag.

Nussbaum, M. C. 2003. "Capabilities as fundamental entitlements: Sen and social justice." *Feminist Economics*, Vol.9, No.1, pp.33~59.

_____. 2013. *Creating Capabilities The Human Development Approach*. Cambridge: Harvard University Press(2015. 한상연. 『역량의 창조 인간다운 삶에는 무엇이 필요한가?』. 파주: 돌베개).

_____. and A. Sen. 1993. *The Quality of Life*. Oxford: Clarendon Press.

O'Connor, M. 2019. *The Sex Economy*. Tyne and Wear: Agenda Publishing.

OECD. 2012. *Gender Equality in Education, Employment and Entrepreneurship: Final Report to the MCM*.

OECD. 2018. Employment Outlook 2018.

Okin, S. M. 1998. "Gender, the Public, and the Private." in Phillips A.(ed.). *Feminism and Politics*. Oxford: Oxford University Press, pp.116~142.

Okun, A. 1975. *Equality and Efficacy: The Big Tradeoff,* Washington: Brookings Institution Press.

Ott, N. 1992. *Intrafamily Bargaining and Household Decisions,* Berlin, Heidelberg and New York: Springer.

Padmanabhan, M. A. 2003. "Frauenökonomie und Vorsorgendes Wirtschaften. Konzepte zur geschlechtsspezifischen Analyse Okonomischen Handelns." *Zeitschrift für Wirtschafts—und Unternehmensethik*, Vol.4, No.1, pp.56~66.

Palmer, I. 1992. "Gender Equity and Economics Efficiency in Adjustment Programmes," in Afshar, H. and C. Dennis(eds.), *Women and Adjustment Policies in the Third World.* St. New york: Martin's Press.

_____. 1994. *Social and Gender Issues in Macro—Economic Policy Advice.* Eschborn.

Pateman, C. 1994. "Der Geschlechtervertrag," in Appelt, E. and G. Neyer(eds.), *Feministische Politikwissenschaft.* Wien: Verlag für Gesellschaftskritik, pp.73~95.

Pearce. D. 1978. "The Feminization of Poverty: Women, Work, and Welfare." *The Urban and Social Change Review*, Vol.11, Nos.1 and 2, pp.28~38.

Pearson, R. and C. Sweetman(eds.). 2011. *Gender and the Economic Crisis.* Oxfam Working in Gender and Development Series. Oxford: Practical Action.

Pence, E. and M. Paymar. 1993. *Education Groups for Men Who Batter : The Duluth Model.* New York: Springer.

Peter, F. 2001. "Rhetoric vs. realism in economic methodology: a critical assessment of recent contributions." *Cambridge Journal of Economics,* Vol.25, No.5, pp.571~589.

Peterson, J. and D. Brown(eds.). 1994. *The economic Status of Women Under Capitalism: Institutional Economics and Feminist Theory.* Aldershot, UK and Brookfield, Vermont: Edward Elgar.

_____. and L. Margaret(eds.). 1999. *The Elgar Companion to Feminist Economics.* Cheltenham: Edward Elgar.

Picchio, A.(ed.). 2003. *Unpaid Work and the Economy: A Gender Analysis of the Standards of Living.* Taylor & Francis, London: Routledge.

Pietilä, H. 1997. "The triangle of the human economy: Household—Cultivation—Industrial production. An attempt at making visible the human economy in toto." *Ecological Economics*, Vol.20, pp.113~127.

Pimentel, D. A. V., Aymar, I. M. and M. Lawson. 2018. *Reward work, not wealth*, Oxford: OXFAM.

Plumwood, V. 1993. "Feminism and Ecofeminism: Beyond the Dualistic Assumptions of Women, Men and Nature." *Society and Nature*, Vol.2, No.1, pp.36~51.

Pohlmann, M. 2000. "Max Weber und der konfuzianische Kapitalismus." *PROKLA, Zeitschrift für kritische Sozialwissenschaft*, Vol.119, No.2, pp.281~300.

Polkinghorn, B. and D. L. Thomson. 1998. *Adam Smith's Daughters: Eight prominent Women Economists from the Eighteenth Century to the Present.* Cheltenham: Edward Elgar.

Power, M. 2004. "Social Provisioning as a Starting Point for Feminist Economics." *Feminist Economics*, Vol.10, No.3, pp.3~19.

Priewe, J. 2002. "Begrenzt ökologische Nachhaltigkeit das Wirtschaftswachstum?" *Zeitschrift für Umweltpolitik & Umweltrecht*, No.2, pp.153~172.

Pujol, M. 1995. "Into the Margin!" *Out of the Margin: Feminist Perspectives on Economics*. London: Routledge, pp.17~30.

Raday. F. 2003. "Culture, Religion and Gender." *International Journal of Constitutional Law*, Vol.1 No.4, pp.663~715.

Rai, S. M. and G. Waylen(eds.). 2013. *New Frontiers in Feminist Political Economy*. Routledge IAFFE Advances in Feminist Economics. London: Routledge.

Ransom, D. 2001. *The No-Nonsense Guide to Fair Trade*. London: Verso(2007. 장윤정 옮김. 『공정한 무역, 가능한 일인가?』. 고양: 이후).

Reid, M. 1934. *Economics of household production*. New York: Wiley.

Robeyns, I., 2005, "The Capability Approach: A Theoretical Survey." *Journal of Human Development*, Vol.6, No.1, pp.93~114.

Rubin, G. 1975. "The Traffic in Women: Notes on the 'Political Economy' of Sex", in Reiter, R.(ed.). *Toward an Anthropology of Women*. New York: Monthly Review Press.

Ruck, D. J., Bentley R. A. and D. J. Lawson. 2018. "Religious change preceded economic change in the 20th century." *Science Advances*, Vol.4, No.7. eaar8680.

Sargent, L.(ed.). 1981. *Women and Revolution: A Discussion of the Unhappy marriage of marxism and feminism*. Boston: South End Press.

Sass, J. and L. Ashford, 2002. *Women of Our World*, Retrieved June 10, 2004, from www.prb.org/PrintTemplate.cfmSection.

Sauer, B. 1998. "Antipatriarchale Staatskonzepte. Plädoyer für Unzeitgemäßes." *Juridikum. Zeitschrift im Rechtsstaat*, No.1, pp.18~21.

Schneider, G. 2012. "Ten Principles of Feminist Economics: A Modestly Proposed Antidote." Dept. of Economics, Bucknell University. Retrieved 2012.06.20.

_____. and J. Shackelford. 2001. "Economics standards and lists: Proposed antidotes for feminist economists." *Feminist Economics*, Vol.7, No.2, pp.77~89.

Schober, T. and R. Winter-Ebmer. 2011. "Gender Wage Inequality and Economic Growth: Is There Really a Puzzle?—A Comment." *World Development*, Vol.39, No.8, pp.1476~1484.

Schratzenstaller, M. 2002. "Gender Budgets: ein Überblick aus deutscher Perspektive." in Bothfeld, S. et al.(eds.). *Gender Mainstreaming-eine Innovation in der Gleichstellungspolitik. Zwischenberichte aus der politischen Praxis*. Frankfurt and New York: Campus.

Scott, C. V. 1995. *Gender and Development, Rethinking Modernization and Dependency Theory*. London: Lynne Rienner Publishers.

Scott, L. M. 2000. "Market Feminism: The Case for a Paradigm Shift." in Catterall, M. MacLaran, P. and L. Stevens(eds). *Marketing and Feminism: Current issues and research.* London: Routledge, pp.16~18.

Seguino, S. 2000. "Gender Inequality and Economic Growth: A Cross—country Analysis." *World Development*, Vol.28, pp.1211~1230.

_____. 2010. "Gender, Distribution, and Balance of Payments Constrained Growth in Developing Countries." *Review of Political Economy*, Vol.22, No.3, pp.373~404.

Seiz, J. A. 1995. "Bargaining models, feminism, and institutionalism." *Journal of Economic Issues*, Vol.29, No.2, pp.609~618.

Sen, A. 1985. *Commodities and Capabilities.* Oxford: Oxford University Press.

_____. 1999. *Development as Freedom.* Oxford: Oxford University press.

Sikoska, T. 2003. "Measurement and Valuation of Unpaid Household Production: A Methodological Contribution." in Gutierrez M.(ed.). *Macro—Economics: Making Gender Matter Concepts, Policies and Institutional Change in Developing Countries.* London and New York: Zed Books, pp.122~145.

Sinha, A. and N. Sangeeta. 2003. "Gender in a Macroeconomic Framework: A CGE Model Analysis." in Mukhopadhyay, S. and R. M. Sudarshan(eds.). *Tracking gender equity under economic reforms: continuity and change in South Asia.* New Delhi: Kali for Women.

Spelke, E. 2005. "Differences in Intrinsic Aptitude for Mathematics and Science?" *American Psychologist*, Vol.60, No.9, pp.950~958.

Spelman, V. E. 2002. *Repair: The Impulse to Restore in a Fragile.* Boston: World Beacon Press.

Spiess, C. K. and S. Bach. 2002. "Familieförderung—Hintergründe und Bewertung aus ökonomische Sicht." *Vierteljahrhefte zur Wirtschaftsforderung*, No.71, pp.7~10.

Standing, G. 1989. "Global Feminization through Flexible Labor." *World development*, Vol.17, No.7, pp.1077~1095.

Stearns, P. N. 2000. *Gender in World History.* New York: Routledge.

Stotsky, J. 2006. *Gender and Its Relevance to Macroeconomic Policy: A Survey.* IMF working paper WP/06/233.

Sunden, A. E. and B. J. Surette. 1998. "Gender Differences in the Allocation of Assets in Retirement Savings Plans." *The American Economic Review,* Vol.88, No.2, pp.207~211.

Taylor, L. 1995. "Environmental and gender feedbacks in macroeconomics." *World Development*, Vol.23, pp.1953~1961.

Todorova, Z. 2009. *Money and Households in a Capitalist Economy: A Gendered Post Keynesian—Institutional Analysis.* Cheltenham: Edward Elgar.

Tong, R. P. 2013. *Feminist Thought: A More Comprehensive Introduction.* Boulder: Westview Press.

Truc, Gonzague. 1940. *Histoire Illustree De La Femme.* Paris: Librairie Plon(1995. 이재형·도화진 옮김. 『세계여성사 I, II』. 서울: 문예출판사).

Tuyizere, A. P. 2007. *Gender and Development. The Role of Religion and Culture.* Kampala: Fountain Publishers.

Ulrich, P. 1997. *Intergrative Wirtschaftsethik. Grundlageen einer lebensdienlichen O konomie*, Bern, Stuttgart and Wien: Verlag Paul Haup.

United Nations. 2000. *The World's Women 2000: Trends and Statistics.*

United Nations Development Programme. 2003. *Human Development Report 2003－Millenium Development Goals: A Compact among nations to end human poverty.* New York and Oxford: The University of Oxford Press.

United Nations Development Programme. 2013. *Human Development Report.*

United Nations Development Programme. 2018. *Human development Indices and Indicators.*

United Nations Office on Drugs and Crime(UNODC). 2018. "Femicide Report 2018."

Visvanathan, N. et al. 2011. *The Women, Gender and Development Reader.* London: Zed Books.

Walby, S. 1990. *Theorizing Patriarchy.* Oxford: Blackwell Publishers(1996. 유희정 옮김. 『가부장제이론』. 서울: 이화여자대학교출판부).

Walby, S. et al. 2016. *Study on the gender dimension of trafficking in human beings.* Luxembourg: European Commission. 2016, European Commission Final Report.

Walters, B. "Engendering macroeconomics: A reconsideration of growth theory." *World Development*, Vol.23, No.11, pp.1869～1880.

Waring, M. 1988. *If Women Counted: A New Feminist Economics.* San Francisco: Harper & Row.

Weintraub, J. 1997. "The Theory and Politics of the Public/Private Distinction." in Weintraub, J. and K. Krishan. *Public and Private in Thought and Practice.* Chicago: The University of Chicago Press.

Wilkens, I. 2002. "Vorsorgendes Wirtschaften auf dem Weg zu einer Oonomie des Guten Lebens." *Okologisches Wirtschaften*, No.2, pp.32～34.

Woolley, F. R. 1993. "The Feminist Challenge to Neoclassical Economics." *The Cambridge Journal of Economics*, Vol.17, No.4, pp.485～500.

World Bank. 2011. "Gender Equality and Development." *World Development Report 2012*, Washington DC.

World Bank－Gender and Development Group. 2003. *Gender, Equality & The Millenium Development Goals.*

World Economic Forum. 2018. *The Global Gender Report 2018.*

Yanz, L. and D. Smith. 1983. "Women As A Reserve Army of Labour: A Critique." *Review of Radical Political Economics,* Vol.15, No.1, pp.92～106.

Young, I. 1980. "Socialist feminism and the Limits of Dual systems Theory." *Socialist Review*, Vol.10, No.2～3, pp.169～188.

Yurval−Davis, N. and F. Anthias. 1989. *Women−Nation−State*. London: Macmillan.

Zebisch, J. 2004. "Was heißt geschlechtergerechter Haushalt konkret? Indikatoren für Gender Budgeting." *Fachtagung, Haushalt für alle! Mit Gender Budgeting zum geschlechtergerechten Haushalt*. Gender Budget Initiative München.

인명색인

사항색인

저자약력

홍태희

모두가 잘 먹고 잘사는 세상에 관심이 있어서 경제학을 공부하고 있고,
독일 베를린 자유대학교에서 경제학 박사 학위를 받았으며,
빛고을 광주, 조선대학교 경제학과 교수로 가르치며 배우며 살아가는
두 아이의 엄마이며 대한민국의 한 사람입니다.

여성과 경제 – 한국에서 여성 호모에코노미쿠스로 살기

초판발행	2020년 1월 30일
중판발행	2020년 10월 25일
지은이	홍태희
펴낸이	안종만·안상준
편 집	황정원
기획/마케팅	이영조
표지디자인	이미연
제 작	우인도·고철민·조영환
펴낸곳	(주) 박영사
	서울특별시 금천구 가산디지털2로 53, 210호(가산동, 한라시그마밸리)
	등록 1959. 3. 11. 제300-1959-1호(倫)
전 화	02)733-6771
f a x	02)736-4818
e-mail	pys@pybook.co.kr
homepage	www.pybook.co.kr
ISBN	979-11-303-0765-7 93320

* 파본은 구입하신 곳에서 교환해 드립니다. 본서의 무단복제행위를 금합니다.
* 저자와 협의하여 인지첩부를 생략합니다.

정 가   23,000원